평양을 새 예루살렘으로 만든 사무엘 마펫 선교사

한국 교회의 아버지
사무엘 마펫

한국 교회의 아버지 사무엘 마펫

발행	2021년 1월 7일
지은이	박성배, 강석진
발행인	윤상문
디자인	박진경, 이보람
발행처	킹덤북스
등록	제2009-29호(2009년 10월 19일)
주소	경기도 용인시 기흥구 동백동 622-2
문의	전화 031-275-0196 팩스 031-275-0296

ISBN 979-11-5886-187-2 (03230)

Copyright ⓒ 2021 박성배, 강석진
이 책은 저작권법에 따라 보호받는 저작물이므로 무단 전재와 복제를 금지하며,
이 책의 내용의 전부 또는 일부를 이용하려면 반드시 저작권자와 킹덤북스의
서면 동의를 받아야 합니다.

※ 잘못된 책은 구입한 곳에서 교환하여 드립니다.
※ 책 가격은 표지 뒷면에 있습니다.

킹덤북스(Kingdom Books)는 문서사역을 통해 하나님의 나라를 확장하고,
한국 교회와 세계 교회를 섬기고자 설립된 출판사입니다.

Samuel A. Moffett
평양을 새 예루살렘으로 만든 사무엘 마펫 선교사

한국 교회의 아버지
사무엘 마펫

박성배, 강석진 지음

킹덤북스

■ 사무엘 마펫_Samuel Austin Moffett(1864-1939)

평양을 세계 최대 선교 지부로 발전시킨 20세기 가장 위대한 선교사 중 한 분이요 한국 교회의 영적 아버지이다. 미국 하노버 대학과 맥코믹 신학교를 졸업하고 26세인 1890년에 미국 북장로교 선교회 파송으로 내한하였다. 1890년부터 1936년까지 46년간 한국의 평양을 중심으로 사역했다. 평양을 중심으로 1천여 교회와 3백여 학교를 세웠고, 평양 신학교를 설립하여 8백여 명의 목사를 배출하면서 평양을 새 예루살렘으로 만들었다. (1907년 한국 최초 프로테스탄트 교단)의 초대 노회장과 장로회 총회장을 역임했다. 사무엘 마펫 목사의 생애와 사역을 다시 출간하는 목적은 한국 교회의 비전을 새롭게 함과 동시에 다가오는 통일 한국과 선교 한국 교회의 모델을 사무엘 마펫을 통해서 정립하고자 함이다.

한국 교회의 아버지
사무엘 마펫
Samuel A. Moffett

CONTENTS

발간사 · 11
최일도 목사(다일공동체 대표)

추천사 · 17
민경배 박사(전 연세대학교 교수, 서울장신대학교 총장, 백석대학교 석좌 교수)
서정운 명예 총장(장로회신학대학교 명예 총장, 선교학 교수)
임성빈 총장(전 장로회신학대학교 총장)
이재서 총장(총신대학교 총장)
정성구 박사(전 총신대, 대신대 총장)
이상규 교수(백석대학교 석좌 교수)
장승익 박사(튀빙겐대학교 신학 박사, 함께하는교회 예수마을 담임 목사)
김형준 목사(동안교회, KOSTA 국제본부 이사장)
이소윤 PD(KBS 다큐 '130년간의 한국 사랑, 마포삼열과 그의 아들들' 연출)
유해석 박사(토마스 목사전 저자)
안인섭 교수(총신대학교)
최한우 박사(한반도국제대학원대학교 총장, 인터콥 본부장)
김태식 교수(한국침례신학대학교 교회사)
정성진 목사(전 거룩한빛광성교회 위임 목사, 현 한국 교회봉사단 대표,
  현 크로스로드선교회 대표)

프롤로그 · 57
영적 거인 마펫이 거리를 오고 갈 때마다 한국의 역사는 소리없이 자라나고 있었다
/ 한우리미션밸리 박성배 대표

일러두기 · 64

Part 1

사무엘 마펫의 평전 / 강석진

하나님께 온전히 바쳐진 한 사람은 위대한 역사를 이룬다

제1장 미 샌프란시스코항에서 언약의 땅 조선으로
1-1. 태평양을 건너서 • 66
1-2. 요코하마에서 준비된 사람들과의 만남과 조선 선교의 학습 • 69
1-3. 조선 제물포에 닻을 내리고 • 71
1-4. 선교 비전을 미국 선교 본부에 전하며 • 76

제2장 이북 지방의 선교 개척 시대
2-1. 미개척지 평양을 향한 1차 선교 여행(1890. 8. 29) • 81
2-2. 평양과 광활한 만주를 향한 2차 선교 여행(1891. 2. 25) • 88
2-3. 복음을 갈망하는 조선인을 향한 3차 선교 여행(1891. 9) • 105
2-4. 복음 전파와 추수할 곳을 찾아간 4차 선교 여행(1892. 5. 6) • 112
2-5. 평양 선교 거점을 위한 5, 6차 선교 여행(1893. 3. 6. / 5. 15) • 118

제3장 평양에 십자가를 세우며
3-1. 평양의 사랑방 전도와 첫 성탄 예배 • 124
3-2. '널다리골 교회'의 첫 주일과 첫 세례식(1894. 1. 7) • 127
3-3. 사랑방(舍廊房)과 노방 전도로 시작된 평양 교회 • 129
3-4. 평양 초대 기독교인 박해 사건 • 134
3-5. 평양 도성의 전쟁 참화 • 138
3-6. 생지옥 같은 평양의 역병 • 144
3-7. 고종의 호위 무사가 된 마펫과 선교사들 • 147

한국 교회의 아버지
사무엘 마펫
Samuel A. Moffett

제4장 선교의 지경을 넓히며
4-1. 미션 스쿨 예수 학당 설립을 위하여 • 150
4-2. 평안도에서 황해도로 넓혀지는 복음의 지경 • 154
4-3. 마펫이 본 평양인들의 무지와 타락상 • 157
4-4. 안식년 이후의 교회 급성장과 그 배경 • 161
4-5. 여성의 전도와 양육 사역 시대를 열다 • 167
4-6. 최초의 순교 선교사 토마스와 박춘권의 회심 • 174
4-7. 마펫을 박해했던 이기풍의 회심 • 182
4-8. 사경회를 통한 이북 지역의 교회 부흥 • 187
4-9. 천주교의 교회 핍박과 충돌 • 191
4-10. 장대현 교회를 건축하기 위한 준비 • 194
4-11. 평양, 한성(서울)과 의료 선교 정책에 대한 갈등 • 202

제5장 조선 교회의 자립, 자력의 기초를 놓다
5-1. 한국 교회의 모판인 평양 신학교 설립과 운영의 갈등 • 207
5-2. 최초의 독노회장인 마펫과 최초의 조선인 목사 7인의 장립 • 216
5-3. 마펫의 병든 아내를 향한 사랑의 편지 • 224
5-4. 마펫 아내(앨리스 피쉬 마펫)의 여성 사역 • 228
5-5. 부흥에 부흥을 더해 가는 평양 교회 • 238
5-6. 마펫의 선교 사역에 대한 평가 • 243

제6장 교회의 시련과 부흥
6-1. 두 번의 전쟁과 역병에도 다시 일어선 평양 교회와 학교 • 247
6-2. 교회의 재산권을 침탈한 일본 • 254
6-3. 경의선 건설에 강제 동원된 평양 주민들의 고통에 대한 마펫의 호소
 • 259

6-4. 길선주 장로의 백내장 수술로 시력을 되찾음과 교회의 기쁨 • 264
6-5. 선교의 다변화와 심화의 단계로 접어든 교회 • 267
6-6. 차고도 넘치는 장대현 교회 • 275
6-7. 전 지역의 복음 확산과 부흥의 불길 • 277

제7장 마펫의 후기 사역과 유골의 귀향

7-1. 사역의 소회와 하와이 농장의 조선인 교회 문제 제기 • 284
7-2. 마펫의 국제 회의 활동 • 290
7-3. 신사 참배 강요에 단호히 맞선 마펫 • 293
7-4. 반세기 사역과 70년 만에 돌아온 마펫 • 298

사무엘 마펫의 선교 정책/박성배

평양을 새 예루살렘으로 만든 사무엘 마펫의 선교 정책은
하나님이 오랫동안 준비하신 것이었다

제1장 신앙인 마펫: 청교도 신앙의 계승자로 조선에 오다

1-1. 스코틀랜드 장로교의 후예인 마펫 • 306
1-2. 청교도의 후예 마펫의 영성과 신학 • 309
1-3. 장 깔뱅과 존 녹스, 그리고 사무엘 마펫 • 314
1-4. 마펫과 맥코믹 출신들이 조선에 심은 복음 • 325
1-5. 신앙인으로 영적 아버지 역할을 하다 • 328

제2장 선교사 마펫: 복음의 능력을 드러낸 선교사의 삶

2-1. 하나님이 준비하신 선교사 마펫 • 332

2-2. 네비우스 선교 정책의 적용 • 337

2-3. 존 로스 선교 정책의 한국적 적용 • 346

2-4. 노방 전도와 장터 전도 • 355

2-5. 사랑방 전도와 성경 공부 • 359

2-6. 순회 전도와 교회 개척 • 363

제3장 목회자 마펫: 복음적 목회의 본을 보여주다

3-1. 목회자 마펫의 가정 - 한국인을 사랑하다 • 367

3-2. 개척기 - 널다리골 교회와 교회의 시작 • 372

3-3. 부흥기 - 장대현 교회와 평양 대부흥 운동 • 379

3-4. 마펫의 설교 - 대부흥의 요인이 되다 • 383

3-5. 분리 개척 - 1천여 교회로 자라나다 • 391

3-6. 목회 전략 1 - 사경회 • 400

3-7. 목회 전략 2 - 조사(助事), 권서(勸書), 영수(嶺袖)의 역할 • 404

3-8. 독노회와 총회 - 선교 없는 교회는 교회가 아니다 • 411

제4장 교육 정책 지도자 마펫: 복음적 양육으로 인재를 길러내다

4-1. 교육 정책 지도자 마펫 - 복음 인재를 양성하다 • 415

4-2. 마펫과 평양 신학교 - 한국 교회의 모판을 만들다 • 422

4-3. 마펫과 3숭실 - 함께 인재를 양성하다 • 429

4-4. 마펫과 한석진 - 아름다운 동역의 본을 보여주다 • 432

4-5. 마펫과 길선주 - 장대현 교회 조선인 첫 목회자가 되다 • 439

4-6. 마펫과 이기풍 - 한국 교회 첫 선교사가 되다 • 445

4-7. 마펫과 주기철 - 마펫의 신앙의 정절을 지키다 • 448

4-8. 마펫과 한경직 - 마펫이 세운 자작교회에서 성장하다 • 454

제5장 선교 정책 지도자 마펫: 복음화 사역에서 현지 교회가 차지하는 위치

5-1. 성경을 사랑하며 배우는 교회 • 464

5-2. 자립하는 교회 • 471

5-3. 훈련받고 책임을 지는 지도자 • 473

5-4. 한국 선교 정책의 성공 비결 • 475

제6장 조선을 사랑한 은인 마펫: 마펫의 유산

6-1. 3.1운동의 증언자 역할을 하다 • 479

6-2. 한국 교회의 은인 사무엘 마펫 • 483

6-3. 마펫이 한국 교회의 아버지인 10가지 핵심 이유 • 490

에필로그 • 497

나의 갈 길 다가도록 / 강석진

사무엘 마펫의 연표 • 506

미주 • 512

참고 문헌 • 527

색인 • 530

발간사

최일도 목사

(시인, 다일공동체 대표, 다일교회 원로 목사, 다일복지재단 이사장, 다일천사병원 병원장)

　기독교 2천 년 역사상 100년 만에 그 민족의 종교가 바뀐 나라는 전 세계에서 한국이 유일하다. 그 이전에 이 땅은 불교가 호국 종교로써 천년 세월을 지배해 왔고 그 후 조선 개국과 함께 유교 5백 년의 종교가 한국의 토착 종교처럼 한국인의 의식과 삶과 문화를 지배해왔다. 그럼에도 불구하고 19세기 후반부터 참으로 놀랍게 우리 민족사는 개벽의 역사를 맞이한다. 우리 민족의 종교가 뒤바뀌게 되는 반전의 역사가 1885년 4월 5일부터 일어난 것이다.

　가난과 질병과 외세의 침략으로 처절한 고난을 계속 이어온 이 땅 인천 제물포에 벽안의 선교사 두 사람이 들어옴으로 우리 민족에게 구원과 생명의 역사를 안겨 주었고 새로운 희망의 빛을 주었다. 이어서 곧 우리나라의 근대사를 여는 계기가 되기도 하였다. 이렇게 기독교가 한반도에 들어옴으로 한성(서울) 중심으로 근대식 병원과 학당이 세워지게 되므로 문명의 개화가 시작되었다. 그 후 곳곳마다 주의 몸 된 교회를 세워 복음과 구제 사역을 하며 학교와 병원을 세웠다. 진일보된 선교사들의 헌신적인 땀이 열매를 맺어 황무한 조선의 영혼을 구하는 새로운 민족사와 교회사가 시작되었다.

한성과 삼남 지역에만 선교 활동이 국한되어 있을 때, 과감하게 평양으로 들어가 널다리골 교회를 세우고, 평양 신학교를 세운이가 있었으니 그가 바로 사무엘 마펫(Samuel Austin Moffett) 선교사이다.

물론 그 이전의 알렌과 언더우드와 아펜젤러, 스크랜턴 등의 여러 선교사들의 헌신이 조선의 문을 열고 그것이 불씨가 되어 지방 선교의 발판이 되었으며 각 선교사들마다 그들의 고유한 역할과 열정적인 사역이 있었기에 그 후에 들어온 사무엘 마펫에게 큰 동력과 불꽃으로 작용되었던 것은 사실이다. 하지만 마펫은 여러 선교사들이 주저했던 이북 지역의 선교지를 그 특유의 도전 정신과 청교도적인 개척 정신으로 무장한 후 평양을 선교 거점지(Mission Station)로 정하고 그야말로 사도 바울 같은 희생과 열정으로 오직 그리스도의 사랑과 구원의 복음만을 전해야 한다는 초인적인 헌신으로 일관하였다.

그 당시 평양에서 벌어진 두 번의 청일, 러일 전쟁과 역병과 평양 감사의 핍박과 일부 주민들의 거센 반발 중에도 거침이 없는 사역으로 평양 도성을 10여 년 만에 "동양의 예루살렘"으로 만들어 놓았다. 뿐만 아니라 그가 세운 평양 신학교는 오늘의 총신대와 장신대를 비롯한 이 땅의 여러 장로교 신학교를 졸업한 한국 교회 사역자들의 모판이 되어 한국 교회의 뿌리가 되고 줄기가 되고 열매가 되었다. 그렇게 되기까지 그의 희생은 남달랐다. 이북 지역의 각 고을마다 찾아가 세례 요한과 같이 복음을 외치고 조선인들을 사랑하는 그 열정이 완악한 심령들과 척박한 민초들을 눈뜨게 하였고 거듭나게 하였다. 이는 그의 5년 동안에 약 10만km 이상의 도보 전도 여행이 이룬 땀의 결실이었다.

그의 눈물과 땀을 모두 쏟아낸 초인적인 사역은 열정의 화신 그 자체였고 그가 한국 교회에 미친 영향은 너무도 지대하기에 말과 글로 열거하기에 힘들다. 해방 이전에 이북 지역의 약 3천여 개 교회와 약 25만 명의 기독교인을 남겼고 분단된 이후의 이남엔 5만여 개 교회의 결실이 있었는데 이는 그가 120년(1901) 전에 세운 평양 신학교가 모태가 되었음을 아무도 부인할 수 없다.

이는 그를 이천 년 기독교 역사에 빛나는 신앙의 위대한 인물들 반열에 두어도 부족함이 없는 선교사로서 한 알의 밀알이 되었기에 가능한 것이다. 이 같은 그의 방대한 사역을 제대로 체계적으로 편집하고 정리한다는 것은 쉽지 않은 작업인데 이번에 동서양 선교 역사를 두루 연구한 장신대 동기 동창인 박성배 박사와 강석진 선교사가 나누어 서술한 마펫의 사역과 생애와 사상을 정리한 내용은 한국 교회사의 뿌리와 오늘날 한국 교회가 선교국으로 급부상한 결실과 함께 21세기 한국 교회가 돌아보고 내다보면서 해야 할 일과 가야 할 길을 너무도 분명히 제시해 주고 있다.

　본 저서는 대한민국 인구의 약 20% 이상이 기독교인이 된 오늘의 교회사적 배경과 마펫의 뛰어난 선교 정책이 선교학적으로 또한 인문학적으로 잘 서술되어 있기에 평신도나 신학생과 교역자들에게 좋은 자료가 될 것이라는 확신이 든다. 이번에 발간된 이 저서는 침체되어 있는 오늘의 한국 교회에게 시대적인 사명이 무엇인지를 잘 시사해 주고 있고 선교의 도전 정신을 다시금 뜨겁게 일깨워 주며 갈수록 개인주의와 물질주의의 홍수에 떠밀려 세속화 되어가는 한국 교회에 교회의 본질을 드러내면서 목회자와 선교사의 성경적 정체성이 과연 무엇인지를 진지하게 각성시켜 줄 것이다.

　마펫의 섬김의 정신을 이어받아 그 사명을 삼십여 년 전에 깨닫고 서울 청량리에서부터 빈민 선교를 시작한 다일공동체는 하나님의 은혜로 1988년부터 빈민 사역을 시작한 토종 NGO다. 30여 년이 흘러 어느덧 국내와 해외 열 나라에 지부와 21개 분원을 둔 국제적인 NGO가 되었으며 열 나라의 지역마다 교회가 세워지게 되었다.

　135년 전 이 땅에 복음을 전해준 미국에 복음의 빚을 갚기 위해 미국 애틀랜타에 미주다일공동체 본부를 세웠고 뉴저지와 시카고에 지부가 세워져 노숙인과 불우한 소수 민족에게 복음과 빵을 전하고 있다. 중국과 베트남, 캄보디아와 필리핀과 네팔, 그리고 아프리카의 탄자니아와 우간다에 세워진 지부와 분원마다 나사렛 예수의 영성 생활과 예전의 갱신으로 일하며 기도하는 공동생활과 나눔과 섬김의 봉사 생활을 실천하고 있다. 그리고 미국과 캐나다의 다일공동체와 손잡고 중남미에 최초로 세워질 과테말라 다일공동체를 위해 열심히 준비하고 있다.

마펫 선교사의 첫 번째 사명 실현지 평양에서 오늘의 광나루에 이르기까지 기라성같이 빛나는 길선주, 주기철, 손양원, 이기풍, 한경직 등 한국 교회가 자랑하는 하늘의 별처럼 빛나는 신앙의 선배들과 130년이 흐른 지금 한국 교회의 아버지가 뿌린 씨앗은 다일공동체와 다일공동체 교회뿐만 아니라 수천수만의 장신 후학들을 통해서 지속적으로 그 열매를 맺고 있다.

다일공동체는 아시아와 아프리카와 북미와 남미로 확산되는 나눔과 섬김의 사역을 하였지만 전 세계 나라 중 유일한 분단 국가인 대한민국에 모원을 두고 있지만 북한에는 분원이 없는 공동체라는 점이 가장 목이 메이고 생각만하면 가슴이 아프다. 아직도 북한 땅에 밥 퍼 나눔 사역과 교회와 병원과 교육 기관을 열지 못하고 있어 그날을 위해 오늘도 눈물로 간절히 기도하면서 무슨 일이나 받아들일 마음으로 기다리고 있다. 따라서 이번에 발간되는 "사무엘 마펫" 선교사의 영성과 복음 정신을 따라서 북녘 땅의 헐벗은 동포에게 복음과 빵을 함께 나누는 다일공동체의 "밥 피스메이커" 운동으로 제 2의 예루살렘이 다시 회복되는 귀하고 아름다운 역사가 있기를 간절히 소원한다.

어느 민족 누구에게나 하나님 앞과 역사 앞에서 결단할 때가 있다. 오늘의 한국 교회가 바로 그 시점에 서 있다. 교회가 교회답게 개혁되며 선교 초창기처럼 선구자 역할을 감당하며 우리 민족의 선두에 서서 가야 할 방향을 제시할 것인가? 아니면 몰락의 길을 걸을 것인가? 참으로 진지한 물음과 결단 앞에 서게 되었다.

이때에 『한국 교회의 아버지 사무엘 마펫』은, 장신대와 총신대는 물론이고 한국 교회를 모교회로 하며 경건과 학문을 연마하는 이 땅의 모든 신학생과 목회자들이라면 필히 읽어야 할 필독서가 되는 것이 마땅하고 옳은 일이다. 장신과 총신의 뿌리인 한국 최초의 신학교인 평양 신학교를 세운 설립자의 신학과 사상과 생애를 모르고 현대 신학만을 공부하는 것은 자기 정체성도 모르고 정체불명의 신학 사조만 따르는 참으로 어리석은 길이다.

우리 신학교의 파운더(Founder)요 한국 교회의 아버지인 사무엘 마펫의 평전이 출간되기까지 함께 기도하며 정과 성을 다 쏟은 귀우요, 두 저자인 박성배 박사와 강석진 선교사에게 다시 한 번 심심한 치하와 신뢰와 감사를 드린다.

추천사

민경배 박사

(전 연세대학교 교수, 서울장신대학교 총장, 백석대학교 석좌 교수)

  이번에 강석진 선교사님과 박성배 박사님께서 한국 교회의 실질적인 초석을 놓으신 사무엘 마펫 박사님에 대하여 오랫동안 땀 흘려 집성 집필하신 『한국 교회의 아버지 사무엘 마펫』을 상재(上梓)하시었습니다. 강석진 선교사님께서 사무엘 마펫 박사님의 평전(評傳)을, 그리고 박성배 박사님께서는 마펫 박사님의 선교 정책을 따로 담백한 문체와 수사(修辭)로 각각 한국 교회를 처음 세워 오늘의 세계 교회로 비상(飛翔)하게 한 그 실록을 돌을 깎아내듯 하나하나 정리해 나가고 있습니다. 이 저서는 개화 초기의 낯설고 고된 환경 속에서 우리 민족 구원의 사명을 안고 생명을 다해 하나님에게 몸 바쳐 헌신한 한 선교사의 실록(實錄)으로, 마침 한국 현대사의 완곡한 대본입니다. 그리고 그것이 우리 가슴에 그대로 얹저져, 그 고귀한 생애와 선교로 우리들 가슴속에 압도하여 밀려오고 있는 우리 역사의 증언입니다. 이 전기는 어떤 서평을 거치든지 우리 현대사의 축쇄판, 바로 그것입니다. 한 줄기세포를 양성하면 우리 몸 전체가 형성되는 원리처럼, 이 전기를 우리 가슴속에 이식하여 양성하면 우리 스스로가 그 중심에 서 있는 현대사가 되는, 그런 구도를 가진 원판(原板)입니다.

저자들은 원자료들을 도처 더듬어 한 형상을 설계하고, 거기 따라 한 인물사를 이런 거작으로 편성하여 연출한 것입니다. 이 두 분의 탐색력과 그 열정, 그리고 한 작품으로의 구상력과 그 살에 닿는 듯한 문필력은 통상의 수준을 넘어, 한국 사료 편성사(編成史)에서 한 규범적인 절묘한 원본을 하나 올려놓은 공적을 남기셨습니다. 마치 거칠고 푸석한 볏짚들이 정미기(精米機)에 말려 들어가 맑고 단단한 쌀알들로 나오는 것처럼 본서는 정미기와 같은 역할을 다해내고 있습니다.

더구나 본서는 다음 세대 전통 계승의 순도가 어떤 것인지 알리는, 일종의 검증분석표 역할도 하고 있습니다. 왜냐하면 본서는 살아간 초기 선교사의 생생한 실상의 모습을 전시하되 그만한 거인의 실록으로 이만한 세계적 교회로 부상한 그 과정과 경로, 그리고 그 상승(上昇) 결과를 그 행적에 따라 실상(實像) 그대로 엮었기 때문입니다. 대개 인물 전기는 의도하지 아니할지라도 과장할 가능성이 큰데 이를 글귀마다 경계하면서도, 아주 품위 있게 조리된 문체로 시종한, 그 탁월한 본서의 수사법은 우리에게 고도의 공감과 문필의 능(能)을 보여주고도 남음이 있습니다.

초대 선교사! 한국 교회를 실질적으로 처음 세우고 이렇게 거대 교회로 우뚝 서게 한 승리자의 모습, 그 헌신적인 고귀한 생애, 그것이 언제나 눈부시게 우리 곁에 빛나고 살아 있는지 밝히고자 그 기념비를 세우고 그 회고록을 출간하는 것이, 청동이나 대리석으로 명문(銘文) 하나 깎아 세우는 것, 못지 않아, 이 저서가 간행된 이 날이 무슨 한국 교회의 기념일 같아 가슴 벅찹니다.

이런 보감(寶鑑)을 귀중본으로 남기어서 세계적 한국 교회 그 영광의 역사에 동상(銅像)은 아니더라도 이만한 환호와 감격으로 일대기를 저렇게 높이 역사의 전당에 올리신, 강석진 선교사님과 박성배 박사님에게 무사(蕪辭)로나마 함께 뜨거운 치하의 글을 올리는 바이다.

추천사

서정운 명예 총장
(장로회신학대학교 명예 총장, 선교학 교수)

사무엘 마펫과 대학과 맥코믹 신학교를 함께 다녔고, 평양에서도 같이 사역했던 배위량(William Baird)은 마펫이 어느 분야에서 일했어도 탁월한 지도자였을 것이라고 했습니다. 곽안련(Allen Clark)도 "마펫은 윌리엄 케리, 로버트 모리슨, 데이비드 리빙스턴과 같은 반열에 든다."고 하였습니다. 그의 인격, 삶, 업적 등을 알면 수긍이 가는 평가입니다. 그럼에도 불구하고 그동안 우리는 그를 잘 알고 널리 알리는 데 소홀했습니다. 금년에 그의 내한 130주년을 맞아 그를 기리고 알리는 여러 가지 일들이 있었음을 기뻐하고 감사합니다.

그중의 하나가 박성배 목사와 강석진 선교사가 쓴 이 책입니다. 마펫의 일생과 그의 선교 사역을 종합적으로 기술한 전기이자 연구서입니다. 저자가 서문에 마펫에 관한 삼일절 기념 KBS1 다큐인 "130년

간의 한국 사랑, 마포삼열과 그의 아들들"을 보고 이 책을 쓸 결심을 했다는 것을 보고, 하나님의 오묘한 손길을 느꼈습니다. 작년 5월에 장로회신학대학교의 개교기념 행사를 마치고 몇 사람의 선교 동역자들과 식사하면서 마펫을 더 알려야 한다고 잠깐 의견을 나눈 것이 그 KBS1 다큐 영상물 제작의 시작이 되었던 것입니다. 몇 사람의 희생적 수고가 담긴 기념물입니다.

얼마 전 장로회신학대학교 역사박물관 개관 예배 때의 순서지 제목인, "씨는 자라 나무가 되어(눅 13:19)"라는 말씀 그대로입니다. 하나님의 역사 속에서 이 일, 저 일이 우리의 상상을 넘어 넝쿨처럼 어울려 자라는 것입니다. 마펫은 1890년, 26세의 약관으로, 멀고, 가난하고, 거칠고, 온갖 전염병이 그치지 않던 조선에 와서 평양을 중심으로 그의 남은 대부분의 일생을 바쳤습니다. 그가 눈물과 땀과 온 힘을 쏟아 기도하고, 가르치고, 전파한 복음의 씨앗들이 자라 나무가 되어 온 세상에 큰 그늘을 드리우고 천국 곳간을 채우고 있습니다.

위대한 인간, 목사, 신학자, 선교사였던 사무엘 마펫을 우리나라에 개척 선교사로 보내주신 하나님을 찬양하고 감사합니다. 그의 인격과 삶과 사역이 담긴 이 책이, 읽는 이들에게 진지한 자기 성찰과 귀중한 교훈의 깨달음과 거룩한 용기를 갖게 할 것입니다. 신선한 영감을 품고 선교적 도전에 맞서 나가게 할 것입니다. 지루하고 답답한 장마에 혼탁하게 흘러가는 강물 같은 이 시기의 우리 교계에, 맑은 물줄기 같은 이야기가 출판되는 것을 기뻐하고 감사하며 많은 분들의 정독을 권합니다.

추천사

임성빈 총장

(전 장로회신학대학교 총장)

　사무엘 마펫 선교사님은 전도자 양성을 목적으로 신학 교육을 시작하였습니다. 이것은 초기 한국 교회에서 상당히 중요한 의미가 있습니다. '선교사에 의한 복음 전도와 교회 설립'이 아닌, '한국인들에 의한 복음 전도와 교회 설립'이 가능하도록 이끌었다는 것입니다. 그래서 장로회신학대학교의 출발이라고 말할 수 있는 마펫의 '신학반'(Theological Class)은 초기 한국 장로 교회의 기둥이 되는 한국인들을 배출하게 되었습니다.

　또한 마펫 선교사님은 한국의 근대에 적잖은 영향을 끼쳤다고 말할 수 있습니다. 특히 제가 강조하고 싶은 점은 그 이전에 없었던 새로운 엘리트상을 가진 인재들을 양육했다는 것입니다. 마펫 선교사님은 장로회신학교와 숭실 학교를 통해서 종교적인 인재, 그리고 사회적인 인재를 길러냈습니다. 마펫 선교사님이 길러낸 인재들은 한국 사회와 한국 기독교에 매우 중요한 기둥들이 되었습니다. 요약하면 마펫 선교사님은 사람을 세우는 일을 하셨다는 것입니다.

본 서적『한국 교회의 아버지 사무엘 마펫』은 이와 같은 마펫 선교사님의 사역을 매우 정치(精緻)하게 묘사한 책이라고 말할 수 있습니다. 그 가운데서도 '1부 사무엘 마펫 평전'은 마펫 선교사님의 삶과 사역에 대해서 기술하였습니다. 1부를 집필한 강석진 선교사는 풍부한 상상력과 섬세한 묘사로서 이 책을 읽고 있는 독자가 마치 마펫 선교사님과 함께 길을 걷고 움직이는 듯한 느낌을 갖게 하고 있습니다.

뿐만 아니라 '2부 사무엘 마펫의 선교 정책'은 이 책의 제목에서 말하고 있는 것처럼 사무엘 마펫이 왜 한국 교회의 아버지인지 매우 섬세하게 논하고 있습니다. 2부를 집필한 박성배 목사님은 학술적인 측면에서 보더라도 성실과 정직함에 기초하여 매우 진지하면서도 흥미롭게 마펫의 선교 정책을 논하고 있습니다. 그래서 초기 한국 교회 선교 역사를 다룸에 있어 참고할 가치가 충분하다고 생각합니다.

따라서 본서는 초기 한국 교회의 기틀을 마련한 사무엘 마펫 선교사님의 삶과 사역, 그리고 복음 선교사로서의 신학을 오늘날 우리들에게 정교하면서도 친절하게 인도해주는 훌륭한 저술이라고 생각합니다. 사무엘 마펫 선교사님에 대해 알고자 하는 한국 교회 모든 구성원들에게 일독을 권하고자 합니다.

추천사

이재서 총장

(총신대학교 총장)

　세계 선교 역사상 가장 해외 선교 활동이 역동적으로 이루어진 시대가 1800년대 중후반이다. 이때 유럽과 미주 선교사들의 중요 선교지는 아시아의 거대한 인도와 중국과 일본이었다. 중국은 아편 전쟁기인 1840년대와 일본은 개화를 시작한 1850년대부터 개신교의 선교 역사가 본격화되었다. 조선은 1885년에야 선교가 시작되었고, 이들 나라 가운데에 가장 늦게 선교사들이 내한하였다.

　그러나 이들 세 나라 가운데에 선교의 결실을 가장 많이 거둔 나라가 바로 조선, 코리아였다. 여기에는 그만한 충분한 근거와 배경이 뒷받침해 주고 있다. 바로 미국, 캐나다, 호주의 장로교 계통의 청교도적 복음주의 선교사들의 활동이 그 예이다. 조선에 제일 먼저 선교의 문을 열고 정식 입국한 알렌(1884년) 이어서 언더우드(1885년) 선교사가 내한하여 전도가 불가한 상황이었기에 병원과 학교 설립으로 선교의 발판을 구축하였고 이후에 수많은 선교사들이 연이어 들어와 조선의 복음화에 지대한 기여를 했다.

그렇다면 지금의 한국 교회 역사에 가장 혁혁한 공헌과 영향을 준 선교사를 꼽는다면 누구를 꼽을 수 있을까? 당연히 "한국 교회의 아버지"라 일컫는 "사무엘 마펫"을 들지 않을 수 없다. 그에 대해 여러 가지 근거를 제시할 수 있지만 마펫 선교사는 어느 선교사와는 비교될 수 없을 정도로 열정(Passion)과 도전(Challenge)과 개척 정신(Frontier spirit)이 탁월했다. 무엇보다 가장 복음주의적인(Evangelical) 청교도 신앙을 조선인들에게 물려주었다. 이를 위해 그는 누구도 선뜻 가려 하지 않으려 했던 이북 지방의 중심지인 평양을 두고 고진 위험과 고생을 무릅쓰고 9차례 끝에 1894년 1월에 마침내 평양 도성에 십자가를 세웠다.

평양은 조선에서 가장 음란하고 폭력이 많았던 소돔성 같은 곳이었다. 그런데 1907년 평양 대부흥 운동이 있었던 후 선교사들은 그 평양을 "동양의 예루살렘이다."라고 불렀고 미국 선교 본부에 그렇게 보고를 하였다. 여기에는 마펫이라는 위대한 선교사의 희생과 탁월한 선교 정책과 그곳 도성인들을 사랑하는 눈물겨운 섬김의 손길이 있었기에 가능한 것이었다. 그는 현지인들을 예수님의 선교 정책인 제자화(Dicipleship)를 실행하여 한석진, 길선주 같은 7인의 목사를 배출하여 그들 스스로 복음을 전하고 교회를 개척하게 함으로써 조선의 복음화는 조선인들에 의해 조선의 교회가 자발적으로 세워지게 하는 이미 검증된 네비우스 선교 정책을 통해 이북 지역의 교회가 세포 분열하듯 널리 퍼지게 했다. 그가 조선을 떠나기 전인 1936년에는 1천여 개의 교회가 세워졌다.

이는 그가 사역한 지 40여 년 만에 성사된 것이었다. 그뿐만 아니라 교회마다 부설로 크고 작은 3백여 개의 학교들이 설립됨으로 그 시대에 그 지역의 문맹의 시대에서 문명의 시대를 개척한 위대한 업적을 이루었다. 특히 숭실중학교, 숭실대학교, 숭의여전의 설립과 운영은 이북 지방뿐만 아니라 암울한 일제 강점기에 조선인들을 개화시키고 근대화시킨 문명 전달자로서 마펫은 선교의 양대 축인 기독교화(Christianization)와 문명화(Civilization)를 동시에 구현함으로 한국의 근대화에 가장 큰 위업을 선교사로서 공헌하였기에 그를 한국 교회의 아버지로 불리는 데에 조금도 부족함이 없다. 특히 그는 선교사, 목회자, 교육자로서 법과 규율보다는 사랑으로 모든 사람들과 일들을 일관하는 사랑의 사도였다.

이번에 강석진 선교사와 박성배 박사의 사무엘 마펫의 삶과 사역을 심층적으로 전문화하고 집대성한 이 책은 그야말로 한국 교회의 선교 역사를 새롭게 각인시킨 수작으로 볼 수 있다. 강석진 선교사는 북한 선교 20여 년의 경험과 축적된 교회사 지식과 자료를 통해 마펫의 삶에 관한 평전을 대하드라마처럼 서술하여 읽는 독자들로 하여금 큰 감동을 가슴으로 느끼게 하였으며, 박성배 박사는 선교학의 전문적인 통찰력으로 마펫의 선교 정책과 그의 목회와 그의 탁월한 영성을 교회사적 사관과 맥을 찾아내어 다른 사료에서는 볼 수 없는 치밀한 기획력으로 마펫의 사역을 다층적으로 조명하여 선교의 지침서로도 손색이 없을 정도로 저술되었기에 누구나 배워야 하는 선교학의 교과서가 될 것이라 믿는다.

본 저서의 또 다른 차별화된 내용은 마펫 선교사의 삶과 그의 사역을 심층적으로 구분하고 분석함으로 사역자의 삶과 선교는 결코 분리될 수 없고 일체화된 사역을 바울처럼 해내었다는 모범적 사례를 제시해 주고 있다. 요즘 한국 교회는 너무나 세속화되어 있기에 교회의 성장과 성숙이 정체된 상황이다. 최근에는 코로나바이러스가 온 세상을 펜더믹화 하여 한국 교회를 더욱 무기력하게 만들고 있는 이때에 『한국 교회의 아버지 사무엘 마펫』은 한국 교회의 성도와 목회자들과 선교사들에게 새로운 각성과 도전을 줄 수 있는 유익한 자료가 될 것이라 확신하면서 이 저서를 기꺼이 추천한다.

추천사

정성구 박사
(전 총신대, 대신대 총장)

사무엘 마펫 목사는 한국 교회의 위대한 은인이자, 한국 교회에 기초를 놓으신 분이시다. 그는 20대에 북장로교 선교사로 한국에 와서, 평양 장로회신학교 교장, 총회장, 표준 성경주석 편집장, 미션 스쿨의 교장으로 많은 교회를 개척하며, 실로 동분서주하면서 한국 교회를 세우신 분이셨다. 특히 마포삼열 박사는 그가 지닌 구(old) 프린스턴의 신학교의 정통 신학과 신앙을 한국 교회에 끝까지 사수했다. 말하자면 그는 오늘의 한국 장로 교회의 뿌리를 든든히 내리게 했다. 특히 마펫 목사가 1919년 제 8회 장로회 총회장에 피선되어, 선천 삼노회 축하회에서 설교하시기를 "나는 이 나라에 '십자가의 도' 외에는 전하지 않기로, 오직 하나님의 뜻대로, 죽든지 살든지 구원의 복음을 전하기로 굳게 결심하였다"라고 하셨다. 이 설교에서 우리는 그의 철저한 복음적이고 개혁주의적 입장을 볼 수 있다.

이번에 두 분의 저자들이 사무엘 마펫 박사의 숨겨진 많은 자료를 새로 발견하여 대작을 남긴 것을 진심으로 축하한다. 이미 50여 년 전에 마포삼열 박사의 전기가 책으로 나왔으나, 이번의 책은 훨씬 더 역사적 사료에 충실할 뿐 아니라, 학문적으로 잘 정리된 대작이라 할 수 있다.

나는 마포삼열 박사의 아들 사무엘 휴 마펫 박사(Samuel Hugh Moffett, 프린스턴 신학교 선교학 교수)를 프린스턴 신학교에서 여러 번 만나 대화를 나누었고, 내가 프린스턴 신학교를 방문할 때마다 그가 소유하고 있던 선친의 유품과 사진 자료를 보여주면서 설명해준 적이 있다. 아마 그가 가지고 있던 자료들이 이 책에서 많이 포함된 듯 하다. 바라기는 이 책이 한국 장로 교회의 기초를 놓은 사무엘 마펫 선교사를 옳게 이해하고, 한국 교회가 사무엘 마펫 목사가 물려준 신앙의 유산을 잘 간수하게 되기를 소망한다.

추천사

이상규 교수
(백석대학교 석좌 교수)

해방 전 우리나라에 온 선교사는 1,500여 명에 달합니다. 18세기 말 근대 선교 운동이 시작된 이래 가장 많은 선교사가 파송된 두 나라는 인도와 중국이었습니다. 나라도 크지만 인구도 많았기 때문에 당연한 일이라고 할 수 있습니다. 그런데 우리나라에 1,500여 명의 선교사들이 입국하여 활동했다는 점은 놀라운 일이 아닐 수 없습니다. 이들의 내한을 재촉했던 중요한 이유는 조선에서의 복음에 대한 반응이 다른 나라에 비해 월등이 높았기 때문입니다. 저렴한 비용으로 최상의 결실을 얻을 수 있었기에 조선은 중요한 선교지로 부상하였고 여러 선교부가 앞다투어 선교사를 파송했던 것입니다. 이들 내한 선교사들이 세계를 놀라게 한 한국 교회 부흥과 성장을 가져온 것입니다. 바로 그 중심에 있었던 인물이 사무엘 마펫입니다.

미국 북장로교 선교부는 서울 지부를 개척한 이래 조선의 다른 두 지역 곧, 평양과 부산에 선교 지부를 개척하기로 하고 평양지부 개척자로 파송했던 인물이 바로 사무엘 마펫이었습니다. 마펫은 1893년 평양으로 가 평양지부를 개척하고 장대현 교회를 설립하고 평양 신학교를 설립하는 등 조선의 복음화를 위해 지대한 공헌을 했습니다. 그는 내한 선교사 가운데 가장 훌륭한 선교사 중의 한 사람이었고, 그의 가문은 4대에 걸쳐 한국에서 일한 선교 명문가를 이루었습니다. 이런 점에서 그에 대한 전기를 기술하고 출판하는 일은 매우 의미 있는 작업이 아닐 수 없습니다. 특히 본서는 침체된 한국 교회를 살리는 영적 동인이 될 것입니다. 수년 전 사무엘 마펫의 서한집이 출간되었고, 50여 년 전인 1973년에 마포삼열 박사 전기편찬위원회의 주관으로 전기가 출판된 바 있습니다만 이번 전기는 흩어진 각종 자료를 섭렵하고 그간의 연구 결과를 수용한 값진 저술이라고 생각합니다. 생애 여정뿐만 아니라 그의 선교관 혹은 선교 정책이 어떠했는가에 대해서도 깊이 성찰한 노작이라고 생각합니다.

저는 마펫이 언약도(Covenanter)의 후손이라는 점에서 육적으로 장로교 역사의 전통의 계승자이고, 한국 교회 장로교 역사와 전통을 확립한 자라는 점에서 정신적으로 한국 교회 창립자라고 생각합니다. 실제로 그의 동료였던 알렌 클라크(곽안련)는 마펫이야 말로 "한국 교회를 낳은 아버지"라고 말한 일이 있습니다. 이런 훌륭한 선교사의 전기가 출판된 것을 기뻐하고 감사하고 축하하며, 이 책이 널리 읽혀지기를 기대하는 바입니다.

추천사

장승익 박사
(튀빙겐대학교 신학 박사, 함께하는교회 예수마을 담임 목사)

한국 교회 선교의 역사를 새롭게 조명하고 눈뜨게 하는 책이 나왔다. 한국 교회의 역사를 언급할 때 반드시 언급하고 넘어가야 할 지점이, 평양 신학교의 건립이요 북한 교회 부흥의 르네상스 시기이다. 평양을 중심으로 한 북한 교회사를 언급하지 않고 한국 교회사 혹은 한국 교회의 선교사를 논할 수 없다. 왜냐하면 오늘날 한국 교회를 대표하는 주요 교단인 통합과 합동의 모체(母體)가 바로 평양 신학교이기 때문이다. 이 중심에 사무엘 마펫(Samuel A. Moffett) 선교사가 있다.

그는 평양 신학교를 설립했을 뿐만 아니라 노방 전도와 사랑방 성경 공부 등을 통해 천여 개가 넘는 교회를 세움으로써 명실공히 한국 교회의 기초와 부흥의 초석을 다진 선교사였다. 그런데 이 사무엘 마펫 선교사에 대한 삶과 선교를 한 눈에 볼 수 있는 그에 대한 평전과 선교에 대한 책이 『한국 교회의 아버지 사무엘 마펫』이라는 제목으로 출간되었다. 이 책은 중국에 머물면서 오랫동안 북한 선교를 해오다가 귀국하여 이미 『북한 교회사』를 쓴 바 있는 강석진 선교사와 연세대학교와 장로회신학대학교에서 한국 교회사와 선교학으로 박사 학위를 받은 박성배 박사 두 사람의 각고의 노력으로 빚어진 멋진 합작품이다.

본 추천자는 이 두 사람이 어떤 상황에서 어떤 각오로 이 책을 썼는지 그 전 과정을 지켜보았기에 누구보다도 두 사람이 얼마나 척박한 상황을 딛고 이 책을 집필했는지를 알고 있다. 두 분의 헌신과 열정에 감사를 드린다. 사무엘 마펫 선교사는 정말 한국인보다도 한국을 더 사랑했던 하나님의 사람이었다. 그는 46년 동안 오직 복음에 사로잡혀 한국을 너무 사랑하여 북한 전 지역을 발로 다니면서 하나님 나라의 복음을 전했던 정말 한국 교회를 낳은 영적 아버지라고 불러도 조금도 손색이 없는 분이다. 한국 교회는 진실로 마펫 선교사에게 갚을 수 없는 엄청난 사랑의 빚을 진 것이다.

한국에 대한 그의 헌신과 수고가 컸음에도 불구하고 한국 교회는 그에 비해 그동안 마펫 선교사에 대해 너무 무관심한 것도 사실이었다. 그에 대한 변변한 책도 신학적 작업도 거의 전무후무한 형편이었던 것이다. 물론 마펫 선교사에 대한 자료가 극도로 빈곤한 이유도 한몫을 차지했다고 하겠다. 이러한 빈곤하고 열악한 상황에서 강석진 선교사와 박성배 박사가 마펫 선교사의 삶과 신앙과 선교에 대한 책을 그의 내한 130주년에 맞추어 한국 교회에 내놓았다. 다소 늦은 감이 있지만 추천자는 그래도 이렇게 번듯한 책으로 출간되어 마펫 선교사에 대한 사랑의 빚을 조금이나마 갚았다는 안도감이 마음 한 구석에 놓여 감사할 뿐이다.

이제 이 책을 발판 삼아 후학들이 남북한 선교의 역사를 균형 있게 잘 조명하여 우리 민족과 나아가 세계를 향한 하나님의 구원 역사를 더 밝히는 일에 최선을 다했으면 한다. 혼돈과 무질서가 횡행하는 작금 이 위기의 때에 마펫 선교사의 복음 정신을 본받아 다시 한 번 겸손으로 허리를 동여매고 한국 교회와 사회를 살리는 생명 사역에 매진하는 한국 교회가 되기를 간절히 바란다. 이것이 이 책이 지금 필요한 이유이다. 한국 교회를 사랑하며 하나님의 나라를 최우선으로 구하는 모든 이들이 가장 먼저 손에 쥐어야 할 책이라고 생각되어 기쁘게 추천하며 일독을 권한다.

추천사

김형준 목사
(동안교회, KOSTA 국제본부 이사장)

우리나라 기독교는 유난히 선교사들의 복음의 빚을 많이 지고 있다. 그동안 여러 학자들을 통해서 선교사와 선교 역사에 대한 역사적인 조명이 많았지만 최초로 한국에 온 언더우드나 아펜젤러 선교사에 가려서 제대로 알려지지 않았던 사무엘 마펫 선교사를 소개하는 인물 평전이 나와서 참으로 다행으로 여긴다.

최초보다 더 어려운 것이 그 이후의 사역이다.

최초를 빛내게 하며 의미 있게 만드는 것도 다음으로 이어진 역사에 의해 결정된다. 그런 의미에서 사무엘 마펫 선교사의 역사적 재조명은 여러 가지 면에서 새로운 차원의 한국 선교 역사를 다시 볼 수 있는 소중한 기회를 제공해주며 한국의 근세 기독교 역사 속에 담겨 있는 저력과 영성이 어디에서 시작되었는지를 알 수 있게 된다.

이 책은 교회사적 자료만 아니라 당시 우리나라의 상황과 일반 백성들의 의식, 그리고 한반도를 둘러싸고 있는 열강들의 각축전 틈바구니에서 복음이 이 민족을 어떻게 새롭게 일어서게 하였는지에 대한 과정을 잘 살펴볼 수 있도록 풍부한 자료를 제공해 주고 있다.

그런 점에서 본서는 단순한 개인의 선교 사역이나 역사 자료가 아닌 한국을 깨운 선교의 영성이 무엇인지를 발견할 수 있게 해주기에 모든 그리스도인들에게 필독을 권한다.

추천사

이소윤 PD
(KBS 다큐 '130년 간의 한국 사랑, 마포삼열과 그의 아들들' 연출)

나는 모든 것을 듣고 있지만 아는 것이 전혀 없습니다. 확실한 것은 생각지도 못했던 일이 일어날 것이라는 사실입니다. 겁에 질린 수백 명의 사람이 피난을 가고 있고 관리들조차 동요하고 있습니다. 서울에서는 일본군이 북쪽에서는 청나라 군대가 내려오고 있습니다. 서울로 돌아오라는 동료 선교사들의 편지를 받았지만, 최종적으로 저는 여기에 남기로 했습니다. 전쟁이 치열해지면 저 역시 도망가야 할지도 모르지만 엄밀히 말하면 저의 소명은 여기에 있는 것이며, 하나님이 함께 하시므로 그분의 명령 외에 그 어떤 것도 두렵지 않습니다……. **1894년 청일 전쟁의 와중에서 쓴 마포삼열의 편지 중**

나로 하여금 사무엘 마펫 다큐멘터리를 제작하게 한 편지 중 일부다. 이 편지는 청일 전쟁 당시 평양에 있던 사무엘 마펫에게 서울로 피난하라는 편지를 계속 보내고 있던 미장로교 본부와 동료 선교사들에게 보낸 그의 '최종적 답'이었다. 당시 그는 갓 서른 살이었다. 이 편지에 쓴 대로 그는 일본과 중국이 한반도를 두고 격돌했던 평양을 떠나지 않았다. 전쟁이 끝날 때까지 평양의 교회와 시민들 곁에 있었다.

나는 이때 그가 '죽었다'고 생각한다. 미국에서 태평양을 건너올 때 이미 한 번 죽은 목숨이었고, 청일 전쟁 때 다시 죽었다. 이렇게 사무엘 마펫은 선교사로 46년을 사는 동안 자신이 그토록 사랑하는 하나님과 세상으로부터 버림받은 조선의 이름 없는 영혼들을 위해 주저 없이 목숨 건 선택을 했다.

다큐멘터리 제작을 위해 이 편지를 포함해, 미국 프린스턴신학교와 미국 장로교 본부에 소장된 수천 통의 편지를 꼼꼼히 읽었다. 그는 화학도 다운 정확성과 치밀함으로 한국에서 어떻게 살았으며 어떤 생각과 어떤 선택으로 자신의 믿음을 지키며 선교사의 소명을 실천해나갔는지를 기록했다. 그의 편지가 얼마나 생생했던지, 자료 속에서 그의 사진이 튀어나오면 마치 살아있는 사람 같아서 깜짝깜짝 놀라곤 했다.

그랬다. 그는 전 생애를 통한 숱한 '죽음'의 결심으로 내 앞에 또한 우리 모든 한국의 기독교인들 앞에 '생생하게 살아 있는' 사람이자, 부활하신 예수님의 분신이며 하나님의 마음이다. 내가 서른 살 무렵에 만나 지금까지 다루고 있는 우리나라 고대사로부터 현대사에 이르는 모든 역사를 통틀어 가장 감동적이고 역동적인 한민족의 부흥이자 마른 뼈나 다름없었던, 구한말의 우리 민족이 하나님이 아낌없이 부어주시는 생명수를 통해 다시 살아난 회복의 역사다. 무엇보다 한 민족을 택하시고 돌이키시고 기어이 그로부터 터져 나오는 찬양을 받으시기까지 세우신 종들을 통해 쉬지 않고 놀라운 일을 행하시는 하나님의 거친 숨소리와 진한 땀 내음이 배어있는 진정한 사랑의 역사다.

지난 3월에 KBS를 통해 방송된 사무엘 마펫 다큐멘터리를 제작하는 동안 신실한 기도자들과 21주간 합심 기도를 했다. 그 기도의 시작과 끝은 언제나 오늘날 이 땅에서 독립 국가의 주권을 가진 시민으로서 존재하는 모든 이들과 기독교인들이 사무엘 마펫을 배워서 신앙과 삶의 지혜로 삼을 수 있도록 해달라는 것이었다.

그래서 더욱 치밀한 고증과 아름다운 협력을 통해 세상에 나오게 된 이 책이 반갑고 감사하다. 이 방대한 작업을 해내신 박성배 목사님과 강석진 선교사님께 경의와 감사의 말씀을 전하며, 삶에 지쳐 갈 바를 모르는 믿음의 청년, 가정, 교회에게 이 책을 통해 하나님의 크신 위로와 지혜를 얻기를 바라며 강력 추천한다.

추천사

유해석 박사

(토마스 목사전 저자)

한 알의 밀이 땅에 떨어져……

오늘 이토록 소중한 책 『한국 교회의 아버지 사무엘 마펫』이 출간된 데 대하여 깊은 감동과 함께 저자들과 출판사에 감사한 마음 금할 길이 없다.

영국 웨일즈 하노버교회(Hanover Church)에서 파송되었던 로버트 저메인 토마스(Robert Jermain Thomas) 선교사는 1885년 가을에 스코틀랜드 성서공회(National Bible Society in Scotland)의 권서인으로 서해안에서 3개월 동안 성경을 보급하며 복음을 전하였다. 그 후에 LMS(London Missionary Society) 소속 선교사로 북경에서 사역할 때, 조선에서 온 동지사 가운데 평양에서 온 박(朴) 씨 성을 가진 상인이 평양에서 성경책을 입수하여 읽었다는 말과 함께 조선어로 "야소교 책이 참 좋소이다"라고 토마스에게 말하였다. 이에 감동을 받은 토마스는 그 내용을 LMS 선교부에 보내면서 지난 가을에 서해안에서 나누어진 성경이 평양 상류층에서 읽히고 있다는 보고를 하였다. 그러던 중에 미국 상선 제너럴셔먼호를 타고 평양에 왔다가 1866년 9월 복음을 전하고자 하는 뜻을 이루지 못하고 평양 대동강 변에서 27세의 나이에 순교하였다. 그러나 토마스의 죽음은 헛되지 않았다. 29세의 나이에 토마스의 뒤를 이어서 평양에서 사역을 시작한 사무엘 마펫이 평양 대동문 안에서 교회를 열었을 때, 토마스에게 얻은 성경을 가지고 온 사람들이 많이 보였다고 하였다.

그 후 사무엘 마펫은 토마스에 대한 깊은 관심을 가지고 1927년 토마스 기념재단(TMA : Thomas Memorial Association)이 설립되었을 때, 회장을 맡았다. 토마스 기념재단은 1927년 5월 8일 토마스의 죽음을 추모하는 특별 추모 예배를 계획하였다. 1866년 이래 61년 만에 처음 드린 이 예배에 천 명 이상의 사람들이 참석하였다. 토마스 기념재단은 토마스가 묻힌 곳으로 알려진 봉래도 근처 언덕에 교회를 세웠다. 1932년 9월 14일에는 토마스 목사 기념교회 봉한 예배를 드렸다.

평양은 토마스가 복음의 씨앗을 뿌렸고 사무엘 마펫이 그 터전 위에서 교회를 세워서 훗날 동방의 예루살렘이라는 명예로운 이름을 얻을 수 있었다.

필자는 사무엘 마펫의 글을 읽다가 1894년 청일 전쟁의 와중에서 쓴 그의 편지를 보고 눈물이 왈칵 쏟아졌다.

"나는 모든 것을 듣고 있지만 아는 것은 전혀 없습니다. 확실한 것은 생각지도 못했던 일들이 일어날 것이라는 사실입니다. 겁에 질린 수백 명의 사람들이 피난 가고 있고 관리들조차 동요하고 있습니다. 서울에서는 일본군이 북쪽에서는 청나라 군대가 내려오고 있습니다. 서울로 돌아오라는 동료 선교사들의 편지를 받았지만, 최종적으로 저는 여기에 남기로 했습니다. 전쟁이 치열해지면 저 역시 도망가야 할지도 모르지만, 엄밀히 말해서 저의 소명은 여기에 있는 것이며, 하나님이 함께하심으로 그분의 명령 외에는 그 어떤 것도 두렵지 않습니다."

이 땅에 피 묻은 그리스도의 복음을 전하기 위하여 얼마나 많은 선교사들이 때로는 순교와 고난과 헌신과 희생의 삶을 살아갔는가? 이 책은 한국 기독교인이라면 반드시 읽어야 한다. 그리고 그들을 본받아 예수 그리스에도게 진 복음의 빚을 갚아야 한다. 이 책으로 인하여 다시 한 번 복음과 선교에 대한 열정이 일어나기를 마음과 마음을 모아 간절히 소망한다.

추천사

안인섭 교수
(총신대학교)

"과거는 미래의 스승"이라는 말이 있습니다. 역사를 연구하고 그 의미를 묵상해야 예측할 수 없는 현재에서 앞날의 희망을 찾을 수 있다는 뜻입니다. 언제부턴가 한국 교회는 한국 사회로부터 이전보다 신뢰도가 떨어진다는 말을 듣고 있습니다. 부당한 면도 있지만 변명하기 어려운 점도 적지 않습니다. 이럴 때 우리는 한국 교회 선교 초기를 돌아보게 됩니다. 1880-90년대 기독교를 그렇게 배척했던 조선에 찾아온 서양의 선교사들은 어떻게 그 완고한 조선 사람들의 마음 문을 열 수 있었을까? 모든 한국의 그리스도인들에게 매우 중요한 질문이라고 생각합니다.

이런 맥락에서 이번에 사무엘 마펫 선교사의 조선 입국(1890년 1월 25일) 130년을 맞아 그에 대한 책 『한국 교회의 아버지 사무엘 마펫』

이 출판된다고 하니 매우 기대하는 마음으로 적극적으로 추천하는 바입니다.

　책의 PDF 파일을 받아 읽어보니 흥미롭게도 그 구성이 둘로 되어 있었습니다. 먼저 강석진 선교사님이 재미있고 유익한 스토리텔링을 통해서 사무엘 마펫 선교사의 전기를 잘 소개하고 있습니다. 제한된 사료를 접할 수밖에 없는 상황이었겠지만 나름대로 탄탄한 구성을 통해서 감동적으로 그의 이야기를 잘 살려내었다고 생각합니다. 후반부는 박성배 박사님이 사무엘 마펫 선교사의 신학적인 측면을 명석하게 기술해 주고 있습니다. 특히 마펫 선교사의 신학적 배경을 탐구해서 그 기원을 스코틀랜드 장로 교회뿐 아니라 더 나아가 종교개혁자 존 칼빈에게까지 둔 것은 매우 의미가 크다고 생각합니다. 한국 교회의 토대를 놓았던 "한국 교회의 아버지"가 종교 개혁의 후예라면, 한국 교회는 당연히 종교 개혁의 정신을 회복해야 할 것입니다.

　칼빈은 인간 사회를 "영적인 통치와 정치적인 통치(regnum spirituale, regnum politicum)"로 명확하게 나누고 있습니다. 첫 번째 통치는 영적인 생활에 속한 것이고, 두 번째 통치는 현세 생활에 필요한 법률을 제정하는 것에 관한 통치입니다. 칼빈은 16세기 유럽의 역사 속에서 하나님이 세우신 국가 질서를 파괴하려는 급진 종교 개혁 세력과, 국왕의 권력에 편승했던 로마 가톨릭의 양극단을 비판하면서 이 두 통치의 관계성을 정리해 주었습니다.

　이 책에서 잘 설명하고 있듯이 마펫 선교사는 조선이 일본의 식민지로 넘어가는 과정과 완전한 식민지 지배를 받는 어두운 역사적 상황 속에서 전도하고 평양 신학교를 세우고 교회를 세워나갔습니다. 이때 그는 하나님의 영적인 통치와 정치적 통치를 혼동하지 않으면서도 이 두 통치의 상호 관계를 잘 이해하며 사역했던 것으로 보입니다. 그것이 한국 교회가 첫 시작부터 바람직한 방향으로 나갈 수 있게 하는 중요한 방향타가 된 것입니다.

사무엘 마펫 선교사와 관련하여 중요한 점 가운데 하나는 1901년에 그의 자택에서 "평양 조선 예수교장로회 신학교"가 세워졌고, 그는 이 학교의 초대 교장으로 1904년부터 리더십을 발휘했다는 것입니다. 물론 장로교 교단의 분열에 따라 현재 이 학교는 총신대학교와 장로회신학대학교로 각각 발전해 갔습니다. 그뿐 아니라 다른 장로교 계통의 신학교들도 모두 이 학교를 기원으로 두고 있습니다. 한국 사회에서 장로교가 65-70%대를 차지한다고 한다면, 이 평양 신학교는 사실상 한국 교회의 목회자를 배출하는 데 결정적인 역할을 감당했다고 할 수 있을 것입니다. 이런 의미에서도 마펫 선교사는 한국 교회의 아버지라고 할 수 있을 것입니다.

아무쪼록 한국의 목회자와 신학도, 그리고 기독교인뿐 아니라 교양있는 일반 독자들이 이 책을 손에 들고 잘 읽어서 여러 면에서 혼란하고 어려운 한국 사회와 교회가 새로운 지혜와 힘을 얻어 미래를 잘 헤쳐나가는데 요긴하게 사용되기를 바랍니다. 마지막으로 이 책의 제작과 출판에 수고한 킹덤북스(Kingdom Books) 대표 윤상문 목사님에게도 격려의 말씀을 드립니다.

추천사

최한우 박사

(한반도국제대학원대학교 총장, 인터콥 본부장)

요즈음 우리나라 여러 역사학자들이 정치 이데올로기의 시녀로 전락하면서 우리 민족사, 특히 현대사에 대한 왜곡은 천박해지고 심각한 수준에 이르렀다. 지배 권력 강자에 의한 역사 왜곡은 과거에도 늘 있었으나 지금처럼 역사 왜곡이 노골적으로 자행되고 있는 것을 찾아볼 수 없었기에 아주 개탄스러울 뿐이다.

포항제철 설립자 박태준 씨가 부하들에게 지시하여 우리나라 과거의 경제 성장률에 관한 연구를 시켰다고 한다. 당시 연구 결과는 매우 심각하여 단군 이래 이어지는 0% 성장이었다. 중국, 일본 등 강대국 사이에 낀 우리 민족은 한 많은 한민족으로 오랜 세월 가난을 운명으로 알고 살았다. 그런데 역사 반전이 일어났다. 지금 우리나라는 G20 국가이며 세계에서 10번째 경제 대국이다.

역사 반전의 결정적 행위자는 미국, 영국, 캐나다, 호주 등 서방 국가에서 온 선교사들이다. 외국에서 선교사들이 들어와서 우리 민족의 운명을 바꾸어 놓았다. 그들은 교회를 세우고 학교와 병원을 세웠다. 뿐만 아니라 3.1운동이 일어났을 때 주요 민족 지도자들의 대부분은 크리스천들이었다.

이후 일제에서 해방된 후 크리스천들이 주도하는 제헌국회가 열리고 크리스천 이승만 박사의 리더십에 의해 대한민국 정부가 공식 출범하였다. 우리 민족의 근대사 및 현대사는 기독교 역사와 분리해서 이해하거나 평가할 수 없다. 누구도 부인할 수 없는 이러한 역사를 공공 교육 프로그램이나 교과서에서 배제하고, 또 지우려고 하는 사악한 안티 기독교 세력들을 우리는 극히 경계해야 한다.

근대 우리 민족사의 주요 행위자들은 선교사들과 그들의 토착민 제자들이었다. 역사의 주체는 하나님이시다. 하나님께서는 제자들을 통해서 역사를 만들어 가신다. 우리 민족사에서 이러한 역사 법칙은 매우 뚜렷하며 결코 부정되거나 과소평가 될 수 없다. 세계 여러 민족사를 보면 민족사의 대전환에는 항상 선교사들이 있었음을 알 수 있다. 그래서 우리는 선교사를 history maker라고 부르기를 주저하지 않는다.

지난 1세기 전에는 지구상에서 복음의 불모지로서 미신과 미개한 문명 속의 암흑의 나라였던 한국이 현재는 인구 비례 면에서 가장 많은 선교사를 파송한 나라가 되었다. 현재 세계 곳곳에서 사역하는 한국인 선교사는 공식 통계로는 약 3만 명이나 비공식적으로는 약 5만 명에 달한다. 토마스 선교사나 언더우드 선교사 또는 아펜젤러 선교사가 장차 조선에서 이렇게 많은 선교사들이 나오리라고 결코 상상도 못했을 것이다. 이는 전적으로 하나님의 놀라운 은혜이며 하나님의 위대한 역사이다.

1866년 9월 어둠의 조선 땅 평양에 최초로 복음을 전하고 순교한 토마스 선교사의 피가 평양 대동강에 뿌려진 지 28년이 지나자 1894년 1월에 마펫 선교사에 의해 평양 대동문 안 널다리골에 십자가가 세워지는 놀라운 부활의 역사가 일어났다.

이 당시 한성(서울)에는 약 20여 명의 선교사들이 사역을 하고 있었지만, 그 누구도 이북 지방에 상주하면서 사역을 하려고 하지 않았다. 바로 그때에 사무엘 마펫(Samuel. A. Moffet) 선교사가 과감하게 이북의 중심인 평양에 교회를 세우고자 사력을 다해 헌신했다. 각종 위험을 무릅쓰고 4년에 걸쳐 모두 8번 이상 평양을 출입하면서 교회의 초석을 놓기 위해 희생한 결과 마침내 그 땅에 십자가가 세워졌다. 이는 그에게 믿음의 선대로부터 흐르는 청교도적인 개척 정신이 있었기에 가능했다.

마펫 선교사의 계획은 그 지역에 단지 교회 하나만을 세우기 위한 것이 아니었다. 그는 평양을 중심으로 조선 전체의 복음화(Evangelization)를 위한 원대한 청사진을 세웠다. 이를 실현하기 위해 널다리골 교회를 세운 지 7년 만인 1901년에 '대한 야소교 장로회 신학교'를 설립함으로써 한국인에 의한 교회 자립화를 구축시켰다. 그로 인해 1885년 언더우드 선교사의 서울을 중심으로 한 선교 사역의 중심축이 평양으로 바뀜으로 한국 교회의 대부흥의 토대가 마련되었다.

특히 외국인 선교사 중심의 교회가 조선인 사역자들에 의한 자국의 복음화 운동으로 전환되는 큰 계기를 마련하였다. 그 결실이 바로 1907년 1월에 시작된 '평양 대부흥 운동'이다. 부흥의 역사는 활력이 있어 한반도의 복음화는 급속이 진행되었다. 또한 그로 인해 1907년 6월에 평양 신학교에서 최초의 한국인 7인의 목회자들이 배출되었고, 그해 9월에는 한국 교회의 조직을 최초로 만들어 '평양 독노회'가 설립되었다. 그는 교회 헌법을 창시하였으며, 한국 교회의 신경(Creed)을 최초로 창안 선포함으로써 한국 교회를 공교회화 하였다. 이로써 그는 지금의 한국 장로 교회의 토대와 모범을 만들어 명실공히 '한국 교회의 아버지'가 되었다.

이번에 강석진 선교사와 박성배 박사에 의해 출간된 『한국 교회의 아버지 사무엘 마펫』은 지금까지 한국 교회사와 선교 역사에서 일반적으로 인식되었던 기존의 선교 역사를 균형 있게 바로 잡아 준 귀한 사료라는 점을 높이 평가하고 싶다. 무엇보다 감동적인 이야기는 예수님께서 사망과 어둠의 그림자 위에 앉은 북쪽 갈릴리 지방을 복음의 옥토로 변화시키신 것 같이 마펫이 음란과 폭력과 우상이 만연한 이북 지역의 평양을 동양의 예루살렘으로 거듭나게 한 50여 년의 사역을 그의 육필을 근거하여 잘 담아내었다는 점이다. 이런 점에서 한국 교회의 목회자들과 선교사들, 그리고 평신도들에게 감동과 선교의 큰 도전 의식을 고취시켜 주고도 남음이 있는 귀한 사료라 평가한다.

'인터콥선교회' 또한 사무엘 마펫의 선교 정신과 전략 면에서 일맥상통하고 있음을 밝히고 싶다. 19세기 중·후반기에 전 세계적으로 온 열방을 향한 선교 전성 시대를 맞이할 때 구미의 선교사들이 세계 열방과 미전도 종족을 향해 프런티어로 천국 복음을 들고 나갔던 것 같이 본 선교회는 이 시대에 마펫과 같은 개척 정신과 도전 정신을 갖고 전방 개척 지역 미전도 종족, 특히 강력한 영적 진을 형성하고 있는 이슬람권 전략적 관문 도시를 향해 1천 5백 명의 젊은 선교사들이 목숨을 걸고 선교적 도전을 계속하고 있다.

현재 한국인 선교사들이 사역하고 있는 미전도 종족의 대부분은 가난과 갈등과 내전 등 정치 사회적으로 매우 불안정한 국가들이다. 선교사들의 꿈은 그 민족 가운데 하나님의 나라가 강력한 권능으로 임하는 것이다. 이를 위해 우리 선교사들은 강력한 영적 리더십과 비전을 가진 현지인 제자들이 일어나기 위해 삶을 드려 헌신하고 있다. 따라서 우리는 사무엘 마펫과 같이 역사 반전의 영적 리더십을 가진 수많은 선교사들이 한국 교회에서 일어나도록 기도하고 있다.

해외 선교에 헌신한 선교사들과 목회자들, 그리고 성도들이 이 책을 통해서 사무엘 마펫 선교사의 삶과 영성, 그리고 영적 리더십을 배우게 될 것이다. 우리 민족의 역사를 바꾸고 어두운 북조선의 관문 평양을 '동방의 예루살렘'으로 부흥시킨 사무엘 마펫과 그의 제자들의 이야기를 통해서 우리도 그런 위대한 선교사로 다시 일어나게 될 것이라 믿는다.

추천사

김태식 교수
(한국침례신학대학교 교회사)

극심한 교파주의에 의해 분열되었던 교회들이 성장하였던 19세기가 저물고, 20세기에 접어들면서 교회론을 기능적으로 접근하려는 새로운 시도가 시작되었다. 그것은 다름 아닌 교회를 선교학적으로 접근하는 것으로, 교회의 선교는 더 이상 교회가 행하는 한 기능(function)이 아니라 본질(nature)이라는 점을 강조하는 것이었다. 여러 교회가 '하나님의 선교'(the missio Dei)로 대표되는 새로운 교회론을 강조함으로써 교파주의는 선교 교회로 대체되기에 이르렀고, 이런 점에서 "교회의 역사는 곧 선교의 역사이다"라는 말은 20세기 이후의 교회 역사의 핵심을 말하고 있다고 해도 과언이 아닐 것이다.

지난 역사에서 각 교단과 교회들의 분열의 역사는 부끄럽고 은혜롭지 못하였지만, 이들이 보여준 자원주의와 경쟁의식으로 예루살렘과 사마리아와 유럽과 미국을 넘어 복음의 황무지와도 같은 이곳 조선 땅에 복음의 씨앗이 뿌려졌고 뿌리를 내려 오늘날 이렇게 큰 열매를 맺었다. 이러한 역사를 이루신 대표적인 선교사가 사무엘 마펫(Samuel A. Moffett)이다.

이 책은 한 사람의 위대한 선교사가 어떻게 이렇게 위대한 신앙인의 삶을 살 수 있었는지, 그리고 수많은 사역을 할 수 있었는지를 보여주는 영적 보고(寶庫)이다. 사무엘 마펫의 평전을 통해 우리는 조선의 한국 장로 교회의 설립과 발전 과정을 볼 수 있을 뿐만 아니라 그의 선교 정책을 통해 선교사, 목회자, 교육자로서의 한 위대한 선교사를 만날 수 있을 것이다.

이 책을 통해 독자들이 한국인보다 한국을 더욱 사랑했고 자신의 육신을 이곳 조선 땅에 묻히기를 원했던, 그리고 진정으로 조선의 자주독립을 위해 노력했던 우리가 결코 잊어서는 안 될 위대한 신앙의 스승이요 복음의 은인인 마펫을 만날 수 있게 되기를 희망한다. 저자들의 수고와 헌신을 통해 교파를 초월하여 널리 읽히고, 한국 교회를 더욱 사랑하고 복음의 빚진 자의 삶을 되돌아보는 계기가 되기를 소망하면서 일독을 권한다.

추천사

정성진 목사
(전 거룩한빛광성교회 위임 목사, 현 한국 교회봉사단 대표, 현 크로스로드선교회 대표)

사람이 살아가면서 잊지 않고 기억해야 할 것은 부모님의 사랑과 스승의 은혜입니다. 또한 믿음의 사람들은 하나님의 사랑과 예수 그리스도의 대속의 은혜를 결코 잊어서는 안 될 것입니다. 그리고 거듭난 감격을 체험한 성도라면 그 구원의 은혜가 은혜인 줄 모를 때 복음을 전해준 분을 결코 잊을 수 없을 것입니다.

그런데 우리 민족에게 복음을 전하기 위해 영적으로 무지하고 가난했던 이 땅에 목숨 걸고 찾아와 복음을 전해 준 선교사들의 은혜에 대해 잊고 사는 것은 아닌가 안타까움을 금할 수 없던 차에 강석진 선교사님께서 사무엘 마펫 선교사님의 평전과 박성배 박사님께서는 사무엘 마펫 선교사님의 선교 정책에 대해 상세하게 기술한 대작을 출간하시게 된 것을 크게 기뻐하면서 치하 드립니다.

두 분이 영역을 나눠 집필한 내용은 왜 사무엘 마펫을 한국 교회의 아버지라 부르는가에 대해 전 이해가 없었던 독자일지라도 그 말에 수긍할 수밖에 없을 정도로 마펫의 선교 여정을 상세하게 고찰했음을 알 수 있습니다.

두 분이 집필한 이 책은 한국 교회와 천만 성도들이 선교사들의 수고와 그들이 베푼 은혜를 돌아볼 수 있도록 한 역작입니다. 본서를 통해 작가들은 사무엘 마펫의 생애와 선교의 발자취를 자세하게 고찰했을 뿐 아니라 그가 얼마나 한국을 사랑했는가 하는 점을 그의 활동상을 자세하게 보여주고 있습니다.

마펫은 단순한 선교사가 아니라 한국 교회의 아버지라 불리기에 조금도 손색이 없는 인물임을 그의 행적의 편린조차 빠뜨리지 않고 찾아내서 기록한 저자들의 노력을 상찬하지 않을 수 없습니다.

강석진 선교사님은 작가 다운 수려한 필치로 마펫의 생애를 그려냈다면 박성배 박사님은 학자 다운 고찰과 절제된 언어로 마펫의 선교 정책을 잘 그리고 있습니다.

이 책은 한국 교회사를 연구하는 분들에게 큰 도움이 될 뿐만 아니라 한국 교회 성도들이 한국 교회사와 선교사들의 헌신과 마펫이 교회의 초석을 놓은 일과 공교회를 조직하고 발전시킨 공로를 밝히 알게 될 것입니다.

더욱 놀라운 것은 마펫 선교사가 대한 독립을 위해 열정을 불사른 일과 한국 교회가 스스로 일어날 수 있도록 지도자를 길러낸 일, 그리고 무엇보다 최초 목사들을 세우고 그들을 선교사로 보내는 등 교회가 지향해야 할 방향을 제시한 거룩한 행보들을 자세히 알린 것은 이 책의 백미라 하겠습니다.

특히 코로나 19로 길을 잃고 헤매고 있는 한국 교회를 위해 새로운 길을 제시하는 뜻 깊은 책이라고 생각합니다. 기쁨으로 가슴 뜨겁게 이 책을 추천하는 바입니다.

프롤로그

영적 거인 마펫이 거리를 오고 갈 때마다
한국의 역사는 소리 없이 자라나고 있었다

　2020년 2월 28일, 저녁 10:50부터 KBS1의 3.1절 특집으로 "130년 간의 한국 사랑, 마펫과 그의 아들들"이 방송되었다. 방송을 본 후에 나는 한 가지 다짐을 하였다. 그것은 "마펫의 일생을 쓰리라"고 다짐한 것이다. 마펫은 내가 목회자로 부름을 받고 20대의 젊은 나이인 1986년(28세)에 입학해서 제 82회로 신학 석사 과정(M.Div)을 졸업한 모교 장로회신학대학교의 설립자였을 뿐만 아니라, 오늘날의 한국 교회가 있게 한 "한국 교회의 아버지"였다. 그런데 그동안 마펫을 너무 몰랐다. 아니 잊고 있었다. 장로회신학대학교에서 박사 과정을 공부할 때인 2006년 마펫의 유골을 미국에서 한국으로 옮겨오는 이장(移葬) 예배에 참석했었다. 그런데 그때는 마펫의 생애를 쓰리라는 다짐을 하지 못했었다.

하지만 이번에 KBS1에서 방영한 3.1절 특집 방송을 시청하면서 가슴 뭉클한 깨달음들이 많았다. 마펫은 평양을 새 예루살렘으로 만든 믿음의 사람이었을 뿐만 아니라 한국인을 한국인보다 더 사랑한 "사랑의 사람"이었다. 특히 KBS1 방송 중에 신학교 시절 선교학을 배운 은사님이신 서정운 교수님(장로회신학대학교 명예 총장, 선교학 교수)과 장로회신학대학교 임성빈 총장님이 마펫에 관해서 이야기하시는데, 나도 모르게 눈물이 나왔다. 그 감동으로 "사무엘 마펫"을 쓰리라는 다짐을 하게 되었다. 이는 마펫의 후예인 한 목회자가 마펫의 정신과 목회와 선교에 대해 배우고자 하는 열망이었다.

2020년 2월 28일, 방송을 보고 다짐을 한 다음 날인 3.1절 날 아침에 조용히 기도하는데 한 사람이 떠올랐다. 2020년 1월에 『북한 교회사』를 출간한 강석진 작가였다. 그는 영락교회 한경직 목사님으로부터 북한 선교의 미션을 직접 부탁받고 20여 년 간 북한 선교를 담당해오면서 북한 선교와 관련된 여러 전문 저서를 출간했고, 극동방송에서 방송을 하며 왕성하게 활동하는 북한 선교의 전문가였다. 나는 강석진 작가에게 "사무엘 마펫"을 함께 써보자고 제안했다. 그는 마침, 청계산 기도원에 『북한 교회사』 다음에 어떤 책을 써야 할지?』를 하나님 앞에 기도하러 올라간 상황이었다. 그는 나의 이야기를 듣고 흔쾌히 승낙하였다.

그는 북한 선교를 20여 년간 해오면서 첫 책으로 『오래된 소원, (2015년, 홍성사)』으로 이미 인물 평전을 써본 경험이 있기에 강석진 작가로서 Part 1의 "사무엘 마펫의 평전"을 맡아서 쓰게 되었다.

나는 연세대학교에서 한국 교회사의 대가인 민경배 박사의 지도로 "한국 교회 초기 선교사들의 선교 정책"(1994)에 관해 신학 석사(Th. M) 논문을 썼다. 민경배 박사는 "한국 교회사는 선교 역사의 입장에서 쓸 수 있을 것이다"라고 했다.¹ 장로회신학대학교에서 박사 논문으로 "안디옥 교회 선교 모델을 통한 지역 교회 선교의 목회신학적 연구"(2009)로 박사 학위를 받은 내가 Part 2인 "사무엘 마펫의 선교 정책"을 쓰게 되었다.

막상 "사무엘 마펫"을 쓰려하니 너무나 막막하였다. 마펫 관련 자료들이 너무나 빈약하였다. 그래도 이미 나와 있는 마펫 관련 모든 자료와 관련 서적들을 수집하였다. 다행히 장승익 교수(튀빙겐대학교 박사)의 도움으로 도서관 자료들을 구할 수 있었다. 그리고 미국 UCLA 옥성득 교수가 2017년에 발간한 마펫자료집 4권(마포삼열 자료집, 새물결플러스)이 있었다. 또 47년 전인 1973년 대한예수교장로회총회 교육부에서 발간한 『마포삼열 박사 전기』가 있어서 대략의 방향을 구상하면서 목차를 잡을 수 있었다.

이 책의 Part 1은, 사무엘 마펫의 평전이다. 제1장 미 샌프란시스코 항에서 언약의 땅 조선으로, 제2장 이북 지방의 선교 개척 시대, 제3장 평양에 십자가를 세우며, 제4장 선교의 지경을 넓히며, 제5장 조선교회의 자립, 기초를 놓다, 제6장 교회의 시련과 부흥, 제7장 마펫의 후기 사역과 유골의 귀향으로 구성되어 있다. Part 1의 평전을 읽으면서 하나님께 온전히 바쳐진 한 사람 사무엘 마펫을 통해 일하신 크고 놀라운 믿음의 역사를 만나게 될 것이다. 하나님은 마펫을 사용하셔서 황무지와 같은 땅인 평양과 북부 지역을 제 2의 예루살렘으로 만드셨다.

본서 Part 2는 "사무엘 마펫의 선교 정책"이다. 마펫의 성공적인 사역은 훌륭한 선교 정책이 뒷받침 되었기에 가능했다. 그러나 그 이전에 그는 스코틀랜드 장로교의 후예로 훌륭한 복음적 신앙과 인격이 준비된 믿음의 사람이었다. 이런 점에 대해서는 그의 46년간의 모든 복음적 삶의 행적이 웅변으로 말하고 있다.

제1장 "신앙인 마펫"에서는 스코틀랜드 장로교의 후예인 마펫의 신앙과 청교도의 영성과 복음적 신학을 이야기하였으며 장 깔뱅과 존 녹스와 마펫을 같은 말씀의 사역자로 언급하였다. 마펫이 조선에서 위대한 발자취를 남길 수 있었던 것은 맥코믹 신학교의 동역자들의 연합의 힘이 있었다. 특히 마펫과 베어드는 8년간이나 미국에서 함께 공부한 절친이면서 조선 선교의 동역자가 되었다. 곽안련 교수의 말처럼 결국 마펫은 조선에서 "복음으로 한국 교회를 낳은 아버지의 역할"을 하였다. 잘 준비된 "신앙인 마펫"이 큰 믿음의 역사를 이루었다.

제2장 선교사 마펫에서는 마펫이 선교사로서 46년간 "복음의 능력을 드러낸 삶"을 정리하였다. 마펫이 조선 땅에서 성공적 사역을 하기 위해서 하나님은 이미 토마스 선교사, 존 로스 등의 사람들을 준비 하셨다. 멘토인 네비우스를 만나서 배웠고, 만주 선양에서 스코틀랜드 장로교 파송 선교사인 존 로스를 만났다. 그 결과로 노방 전도,

장터 전도, 사랑방 전도와 성경 공부, 그리고 순회 전도와 1천여 교회 개척이 이루어졌다. 마펫은 실로 복음 전도를 위한 열정의 사람이었으며 거리의 사람이었다.

제3장 목회자 마펫에서는 선교사로 이 땅에 파송 받아서 왔지만, 널다리골 교회를 시작으로 평양의 중심 교회가 된 장대현 교회를 중심으로 목회자로서의 역할을 충실히 감당해 나갔던 "복음적 목회의 본을 보여주었던 마펫의 믿음이 발자취"를 그리고있다. 이 시대 목회자들에게 "어떻게 목회를 해야 할지에 대한 모범적 모델"을 마펫이 이미 보여주고 있다. "목회자는 어떻게 살아야 하는가?"와 "교회는 무엇인가?"에 대한 해답을 발견할 수 있다. 3장에서는 큰 인격과 포용력으로 교회를 이끌었던 진정한 목회자 마펫을 만나게 된다. 제3장을 집필하는데 필자를 곤혹스럽게 한 것이 있다. 마펫이 목회를 하고 수많은 설교를 했음에도 불구하고 필자가 한 편의 마펫의 설교문 조차 만나지를 못했기 때문이다. 이때 필자의 사랑하는 친우이자 설교학 전문가인 조성현 교수가 마펫의 설교 세계를 2020년 신간 도서 『인물로 보는 한국 교회 설교』(기독교문서선교회)에서 이미 연구하였기에 큰 도움을 받았다. 이는 본서의 화룡점정(畵龍點睛)이라 아니할 수 없다. 진심으로 조성현 박사에게 감사를 드린다.

제4장 교육 정책 지도자 마펫에서는 "복음적 양육으로 인재를 길러낸 마펫"을 만나게 된다. 마펫의 최고의 업적은 평양 신학교를 세워서 800여 명의 목회자를 길러낸 일일 것이다. 그리고 베어드와 함께 평양 숭실 학교를 통해 수많은 인재를 양성한 일이다. 마펫의 헌신과

사랑 안에서 한석진, 길선주, 이기풍, 주기철, 한경직 등 한국 교회를 이끈 큰 거목들이 자라났다.

모 교회인 영락교회에서 한경직 목사님의 설교를 들으면서 청년 시절을 보냈던 필자는 "북한의 교회를 회복해야 한다고 외치신 한경직 목사님의 기도 제목"을 이루어 가는데, 작은 힘이나마 최선을 다해서 보태야 겠다는 다짐을 새롭게 하는 시간이 되었다. 마펫이 이루었던 평양에서의 그 믿음의 역사를 이 책에 쓴 대로 다시 행할 날이 오기를 기도하면서 마펫의 행적을 한 자 한 자 기록하였다.

제5장은 선교 정책 지도자 마펫을 다루었다. 마펫은 1910년 영국 에든버러에서 열린 국제 선교 컨퍼런스에서 "복음화 사역에서 현지 교회가 차지하는 위치"라는 제목의 강의를 하였다. 5장의 내용은 마펫이 직접 작성하여 강의한 내용이다.

마지막 6장은 조선을 사랑한 은인이었던 마펫이 남긴 영적 유산이다. 마펫이 한국 교회의 아버지인 10가지 핵심 이유를 정리하였다. 그는 한국에서 46년간 사역을 하면서 국제 무대에 4번 참여하였다. 선교 정책 지도자로서 마펫은 3.1운동의 증언자였고, 한국의 오늘이 있게 한 한국의 은인이었다.

필자는 본서를 집필하면서 한경직 목사와 사무엘 마펫의 특별한 관계와 인도하시는 섭리를 깊이 생각해 보게 되었다. 한경직 목사의 설교문을 영락교회 만남지를 통해서 군종으로 생활하고 있던 군부대에 보내왔던 기억과 전역 후 영락교회에서 신앙생활을 할 당시 한경직 목사께서 눈물을 흘리면서 "백두산의 나무를 베어다가 고향 땅에 다시 교회를 짓고 싶다"는 설교를 들었던 20대 청년 시절을 떠올렸다. 그리고 마펫 선교사를 통해서 세운 평양 신학교(현 장로회신학대학교)에 입학해서 목회자의 길을 준비하던 시간들을 떠올렸다. 이제, 마펫과 한경직 목사의 믿음의 유산을 이어받은 우리들이 가야 할 길은 북한 교회의 회복과 세계 선교의 사명을 신실하게 감당하는 일이라고 여겨진다.

이제, 예수님의 삶을 몸으로 실천했던 사무엘 마펫의 복음 정신을 기억하면서, 우리가 그 길을 함께 걸어가야 할 것이다. "영적 거인 마펫이 거리를 오고 갈 때마다 한국의 역사는 소리 없이 자라나고 있었던 것처럼", 이제는 우리들이 마펫의 믿음의 유산을 기억하면서 "통일 한국과 선교 한국"의 그 길을 따라가야 할 것이다.

인천공항 한우리미션밸리 글방에서
2020년 12월 14일
박성배 대표

◆ **일러두기**

- 본 저서에서는 사무엘 마펫(Samuel Austin Mofftt)의 이름을 편의상 <마펫>으로 간칭하였다. 각 저서와 자료마다 그의 이름이 다양하다. 본문 가운데 인용문마다 상이하게 표현되어 있다. 그에 대한 한국식 호칭은 마포삼열이다. 그의 가족 간에는 간칭으로 셈(Sam)이라고도 불리웠다.
- 한국의 국호가 각 시대마다 다르다. 조선 시대 말기인 1897에 고종(34년)은 <대한제국>이라고 선포함으로 그 시대 즈음에는 장로회 교단 이름도 정식으로는 "대한예수교장로회"라고 하였으며 그 이전에는 <조선야소교장로회>라고 하였다. 그러나 1910년에 한일합방 후에는 교회에서는 다시 <조선예수교장로회>라고 하였다. 1945년 해방 후에는 다시 <대한예수교장로회> 라고 하였다. 본 저서에서는 대부분의 인용 자료에서 조선 시대를 편리상 한국이라는 명칭을 많이 사용하였다. 선교사들은 선교 보고서에서 조선 또는 대한제국이라는 명칭을 사용치 않고 KOREA 라고 하였다.
- 구한말 기는 대한제국 선포년인 1897년부터 1910년까지를 말한다. 그러나 흔히 통상적으로는 조선 시대라고 하였다.
- 대한민국의 수도인 <서울>의 명칭은 해방 이후에 공식적으로 사용하였고 일제 강점기에는 <경성>이라 하였으며 일제 강점기 시기 이전에는 <한성>이 정식 명칭이었다. 본 저서에서는 이를 구분하지 않고 각 인용 자료마다 상이하게 <서울> 또는 <한성>이라고 혼용하여 기술하였다.
- 본 저서에서 이북 지역, 이북 지방의 경계는 서울, 개성 윗 지방(38도선)을 구분하였다.
- <관서 지방>이라는 지역 명칭은 평안도와 황해도 일대를 지명으로 사용하였다.

Part 1
사무엘 마펫의 평전

강석진

하나님께 온전히 바쳐진 한 사람은 위대한 역사를 이룬다

하나님은 자신을 위해 온전히 바쳐진 한 사람을 통해서 위대한 역사를 이루신다. 모세 한 사람을 통해서 이스라엘 백성들을 애굽의 압제에서 해방하게 하는 역사를 이루셨다. 여호수아 한 사람을 통해서 가나안 땅 정복의 역사를 이루셨다. 다윗 한 사람을 통해서는 통일 이스라엘을 이루셨다. 역사가 토인비는 "바울 한 사람이 타고 간 배가 유럽 문명의 역사를 싣고 갔다"라고까지 하였다. 사무엘 오스틴 마펫(Samuel Austin Moffett, 1864. 1. 25.-1939. 10. 24)은 26세에 조선 땅에 도착한 이래 46년간 하나님께 바쳐진 온전한 헌신으로 큰 믿음의 역사를 이룬 한국 교회의 아버지였다.

제1장

미 샌프란시스코항에서 언약의 땅 조선으로

1-1. 태평양을 건너서

1889년 9월 4일 미국 서부 제 1의 미항인 샌프란시스코항구에는 큰 기선이 부두에 정박된 채 그 배의 굴뚝에서 검푸른 연기가 바다 바람에 흩어지고 있었다. 그 배는 이 항을 출항하여 태평양을 건너 동양의 섬나라인 일본 요코하마항을 정기적으로 다니는 여객선이다.[2]

사무엘 마펫은 양손에 큼직한 가방을 든 채 배에 오르기 위해 흔들거리는 승선 계단을 타고 배에 올라 정해진 선실로 들어가 가방을 놓고 갑판으로 나갔다. 앞으로는 드넓게 펼쳐진 태평양 바다가 해지는 황금빛 햇살로 눈부시게 빛나고 있었고 배 위에는 갈매기들이 손을 흔들듯 날갯짓을 하고 있었다. 그는 1889년 4월 15일에 미국 북장로회 선교부로부터 조선에 선교사로 임명받고 몇 달에 걸쳐 선교 준비를 한 후 출항을 하게 되었다. 마펫은 승선하기 전에 선교 본부에 이 같은 편지를 보내었다. "나는 예수 그리스도 그분만 알기로 결심했습니다." 그는 조선 땅에 오직 예수 그리스도의 복음만을 전하기 위한 목표를 세운 것이다.

마펫이 고향을 떠날 때에 선교지로 나가는 것을 극구 반대하셨던 부모님과 교회의 성도들이 기차역에서 손을 흔들어 준 모습이 갑자기 떠오르면서 울컥하였다.

잠시 후 뱃고동 소리가 힘차게 울리더니 기선의 중기 기관이 힘차게 소리를 내며 부두를 벗어나 망망대해로 미끄러지듯 나갔다. 어둠이 내려진 밤바다를 바라보던 마펫은 그의 믿음의 조상들이 신앙의 자유를 찾아 신천지였던 미주 대륙을 찾아온 것 같이 자신도 하나님이 주신 언약의 땅을 향하여 향진하고 있다는 순간을 몸으로 느꼈다. 마펫이 망망대해의 나날 속에 자신이 할 수 있는 일상은 기도와 말씀 묵상일 뿐이었다.

일본 개항기의 요코하마항구

"내가 모세에게 말한 바와 같이 너희 발바닥으로 밟는 곳은 모두 내가 너희에게 주었노니 곧 광야와 이 레바논에서부터 큰 강 곧 유브라데 강까지 헷 족속의 온 땅과 또 해지는 쪽 대해까지 너희의 영토가 되리라. 네 평생에 너를 능히 대적할 자가 없으리니 내가 모세와 함께 있었던 것 같이 너와 함께 있을 것임이니라. 내가 너를 떠나지 아니하며 버리지 아니하리니 강하고 담대하라"(수 1:3-5).

마펫은 자신에게 아시아권의 중국, 인도, 일본과 남아시아의 필리핀 등의 많은 나라가 가운데에서 특별히 조선이라는 알려지지 않은 미지의 땅과 민족이 하나님께서 그에게 주신 기업의 땅이라 것을 확신하며 기나긴 항해 중에 무시로 갑판과 방에서 오직 하나님과 진지한 교제를 하며 영적인 무장의 시간을 가졌다. 그는 아침이면 어김없이 갑판에 올라 같은 기도를 드렸다.

"저를 보내시는 하나님 주께서 저를 보내시오니 믿음의 조상 아브라함 같이 하나님께서 언약하신 땅으로 갑니다. 연약한 어린 아이 같은 저를 늘 품어 주시고 불 가운데서도 물 가운데서도 저를 지키시며 저의 행하는 발걸음이 아름다운 소식을 전하는 복된 발걸음이 되게 하옵소서. 지금 이 배를 타고 가오니 훗날에 다시 이 배를 타고 고향으로 돌아오게 하옵소서!"

그 당시 조선(KOREA)에 대해서 백과사전에서는 다음과 같이 기술하고 있다. "코리아는 중국의 속국으로 작은 왕국이며 깊은 산 숲속에는 호랑이와 곰 등이 득실대고 사람들은 미개한 야만인들이며 도

전적인 데다가 해적과 같고 일부다처제가 일반화 되어 있다. 또한 부패한 불교가 왕성한 종교적 나라이다. 외국인의 출입은 허용되지 않는데 그 이유는 알려지지 않고 있다."

이러한 미지의 나라를 향해 선교지로 떠나는 선교사들은 복음을 위해 순교의 각오를 하고 떠났었다. 그 당시 대부분의 선교지는 정세적으로 불안하였고 각종 풍토병과 전염병으로 원주민뿐만 아니라 선교사들과 그의 가족들이 많이 희생되었다. 그의 긴 항해는 조선을 향한 선교의 결기를 더욱 다지는 시간이었다. 그 기선에는 북장로 선교부로부터 그와 함께 파송 받은 수잔 도티(Susan A. Doty)도 있었다. 그 배는 태평양 한가운데 하와이 섬에 정박을 잠시 한 후 다시 일본 요코하마항을 향해 주야로 항해를 지속하였다.

1-2. 요코하마에서 준비된 사람들과의 만남과 조선 선교의 학습

태평양을 횡단하는 긴긴 항해를 일범순풍(日帆順風)하여 일본의 동해 쪽의 최초의 개항지인 요코하마항에 무사히 당도하였다. 그곳에는 이미 근대화된 항구의 모습을 지니고 있었고 국제항으로서의 발전된 모습이 확연하였다. 마침내 닻이 내려지자 하선하기 위한 준비가 시작되었다. 마펫은 짐을 다 정리하고 하선하기 전에 갑판에 올라서 항구의 모습을 보던 중 부두에 나와 있는 몇 명의 서양인으로 보이는 사람들을 보았다. 그들은 놀랍게도 나를 알아보았다. 내 이름을 부르면서 사무엘 마펫 선교사가 맞냐고 배 아래서 소리치며 물었다. "당신이 사무엘 오스틴 마펫 맞소?"

너무도 놀란 마펫은 "네! 그렇습니다." "저희는 본부로부터 당신이 온다는 소식을 이미 받았기에 마중 온 것입니다. 내 이름은 언더우드 (Horace Grant Underwood)입니다. 어서 내려오시오." 너무도 감동적인 순간이었다. 그는 조선의 선교사로 이미 북장로교 선교부에 잘 알려진 사람이었다. 그렇지 않아도 조선에 가면 가장 먼저 만나고 배워야 할 그가 일본까지 와서 마중해 준다니 그저 놀랄 수밖에 없었다. 하나님의 예비하심은 빈틈이 없었다.

사실상 언더우드가 일본에 온 것은 영한, 한영 사전과 조선어 문법책 출판을 위해 와 있었던 것이다. 뿐만 아니라 조선에 의사로서 최초로 입국한 알렌(Horace Newton Allen) 선교사도 만나게 되었는데, 그는 방미 조선 사절단을 워싱턴으로 인도하고 다시 돌아가기 위해 그곳에 출국 준비를 하고 있었던 것이다. 알렌 선교사는 사실상 선교사의 신분이 아니라 1887년부터 조선에서 미국 공사관의 서기관으로 봉직하고 있었다. 마펫으로서는 그들이 조선 선교사의 개척자들이었기에 그에겐 조선 선교의 선생이었다. 그들로부터 조선에 대한 많은 유익한 정보를 얻은 것이 큰 힘이 되었다.[3]

요코하마는 미국을 비롯한 여러 나라에서 파송된 선교사들이 이미 활발한 일본 선교를 하고 있었다. 미국과 일본은 이미 30여 년 전에 수교 관계(1858. 7. 29)로 미주와 유럽의 많은 선교사들이 자리를 잡고 다양한 사역들이 정착되어 많은 성과물들이 있었다. 마펫에게는 '그래함 신학교', '도시샤 여학교', 나가사키의 '스터지 신학교' 등과 서구화 된 산업 시설과 도시의 모습이 40여 년 만에 이처럼 개화와 근대화되었다는 것이 믿어지지 않았다. 그는 조선이 일본보다 뒤쳐진 나라로 생각하고 있었기에 언더우드 선교사에게 조선에 대한 많은 이야기들을 무용담 듣듯이 들으면서 사전에 유익한 선교 학습을 받게 된다. 사실상 조선에도 수년 전부터 선배 선교사들에 의해 이미 근대화된 최초의 서양식 병원인 '제중원'과 여성 학교인 '이화 학당'과 '배재 학당' 등이 세워졌었다.[4]

마펫이 2주 동안 일본에서 가장 관심 있게 본 것은 교회 예배당뿐만 아니라 신학교와 미션 스쿨이었다. 일본은 이미 신학교가 운영되고 있었기에 현지인 목회자들에 의한 교회들이 세워지고 있었고 많은 사역자들을 배출하고 있었다.

1-3. 조선 제물포에 닻을 내리고

1890년 1월 25일 드디어 그의 사역지인 조선 제물포에 당도하였다. 그의 나이 26세의 열혈 청년이었다. 이곳에도 놀랍게 제중원의 2대 원장인 의사 헤론(John Heron), 기포드(D.L.Gifford), 정동 여학당 교장이었던 헤이든(Mary Hayden) 선교사와 그 외의 여러 선교사들도 마

개화기 전의 제물포구

치 자신들의 가족이 온 것처럼 반갑게 마중 나와 주었다.

이 작은 포구는 지난 1882년 5월에 조선과 미국이 수호통상 조약을 맺었던 곳으로 역사적인 현장이었다. 그 후 1884년 9월 20일 중국 상해에서 사역하였던 의사 알렌 선교사가 미국의 최초 조선 공사관에 의사가 필요하다는 소식을 듣고 선교지를 조선으로 변경하여 이곳 제물포로 들어와 미 공사관의 공의로 일하면서 선교사들이 조선으로 들어올 수 있는 발판을 만들어 낸 한국 선교 역사의 위대한 공헌자였다. 그가 입국한지 7개월 후에 그에 의해 개원된 최초의 서양식 병원인 '제중원'은 한국 교회사에 최초의 선교사로 공인된 언더우드 선교사와 아펜젤러 선교사의 첫 사역의 도착지가 된 것이다. 이들은 1885년 4월 5일 부활절에 조선 최초의 정식 선교사로 제물포에 발을 내디뎠다. 아펜젤러는 조선 땅에 발을 딛고 이같이 기도했었다.

> "우리는 부활절에 이곳에 도착하였습니다. 오늘 사망의 빗장을 산산이 깨뜨리시고 부활하신 주께서 이 나라 백성을 얽매고 있는 굴레를 끊으시고 그들에게 하나님의 자녀가 누리는 빛과 자유를 허락해 주옵소서."[5]

마펫의 눈에 들어온 제물포는 일본의 요코하마항구에 비하면 조그마한 포구로 초라하기 그지없었다. 그의 눈에 비쳐진 주변의 산은 모두 벌거벗은 민둥산 그 자체였다. 포구에서 일하는 짐꾼으로 보이는 노동자들의 표정 속에는 아무런 생기와 기쁨의 모습을 찾아볼 수 없었다. 그곳은 갈릴리처럼 사망과 어둠의 그늘에 앉아 있는 이방 땅이었다.

그는 선교사들과 일일이 인사를 한 후 제물포에서 한성 마포로 향하는 돛단배에 올랐다. 조선의 겨울 날씨는 매서운 강바람으로 옷깃을 아무리 여미어도 찬바람을 막을 수 없었다. 한강을 거스르는 배에서 바라보는 조선의 강변 모습은 평화로운 풍광이었다. 마펫은 선상에서 선교사들과 대화를 나누는 동안 긴장된 마음이 풀어지기 시작하였다. 그들의 나이도 마펫과 거의 비슷한 20대 중 후반의 청년기였고 미혼의 선교사들도 있었다. 머나먼 동방의 조그마한 이 땅에 이미 자국의 동료 선교사들이 와 있다는 것이 신기하게만 느껴졌다.

반나절 이상을 거슬러 올라온 배는 마포 나루에 당도하였다. 그들은 그곳에서 성내의 정동까지 걸어가야 했다. 길가에는 어린아이들과 어른들까지 그 일행을 구경거리를 만난 듯 바라보았고 아이들은 뒤를 쫓아오며 야유와 욕지거리를 퍼부었다. 마침내 그가 여장을 푼 곳은 언더우드의 집이었다. 마펫은 도착한 첫날을 이같이 회고하였다.

> "내가 지금도 분명히 기억하는 것은 조선에 도착한 첫날 밤은 몹시도 추웠다. 조선의 시내 거리를 구경하고 돌아온 탓인지 더욱 피곤하고 추워 견딜 수가 없었다. 그리하여 얼어붙은 손을 녹이려고 철로 만든 난롯불을 찾았다. 나는 비로소 여기가 인디애나의 메디슨에서 아주 멀리 떨어져 있음을 뼈저리게 느꼈다."[6]

마펫의 조선에서 첫날의 경험은 그 스스로가 헤쳐나가야 하는 미래의 예고이기도 하였다. 그의 일상은 당도한 다음 날부터 주야로 조선어 공부에 매진하여야 했다. 선교사에게는 열정만이 아닌 그 현지 언어와 그들의 문화와 생활을 이해하며 적응하기 위해서는 조선인과

마펫 첫 사역 예수교 학당

접촉을 해야 했고 그러기 위해서는 조선 언어를 하루속히 습득하여야만 했다. 이때에 이미 20여 명의 선교사들이 들어와 있었기에 "미국 선교사회"가 조직되었고 거기에는 규칙이 정해져 있었다. 선교사들이 금해야 하는 것 중에 하나가 조선 왕실의 방침이었기에 공식적으로는 조선인들에게 전도하지 말아야 했으며 의료와 교육과 복지 활동을 앞세우며 지혜롭게 사역을 해야 했다.

마펫은 6개월 동안은 조선어 선생인 서상륜으로부터 언어 학습을 철저히 배우고 시험에 통과 되어야 활동이 허락되었다. 그러나 조선어를 배운다는 것은 매우 어렵고 고달팠다. 이미 이러한 과정을 거친 게일 선교사, 언더우드, 헐버트 등이 있었지만 지옥 훈련 같은 과정을 거쳐야만 했다. 평양 장대현 교회의 목사로 활동하였던 그레헴 리 (Graham Lee)는 조선어가 "마귀의 걸작품"이라고까지 하였다. 드디어 1891년 3월에 언더우드는 엘린우드에게 마펫과 메리 기포드가 스크

랜톤과 서상륜이 담당했던 선교사회위원회의 어학 시험을 통과했다는 보고서를 보냈다.[7]

마펫은 그 이후에도 1년이 지나서야 조선인과 어느 정도 언어 소통이 가능해졌다. 그는 자신이 입경한 그 당시 20여 명의 선교사들이 사역을 제한된 환경에서 교육과 의료와 복음화에 개척자로서 시작하였으나 모두가 선교에는 무경험자들이었다. 그 당시 그들의 나이가 거의 20대 중·후반이었으므로 고아원과 학교 운영 등의 문제에도 견해차가 있어 충돌되기도 하였다. 또 서로 각자의 파송 배경이 달랐기에 역할 분담에도 많은 갈등이 있었다. 특히 초기의 제중원 산하의 사역은 조선 왕실의 경계를 늘 의식해야 했으므로 책임자와 그 밑의 사역자들 간에는 갈등이 있을 수밖에 없었다.

마펫은 그 당시 고아원을 잠시 맡아 운영을 하였으나 고아원의 설립자인 언더우드로부터 정식으로 인계를 받아 그 이름을 "예수교 학당(Jesus Doctrine School)"으로 개명하여 이끌어 갔다. 처음에 이 고아원을 언더우드 부부가 운영하였으나 고아들이 많아지면서 그의 부인은 고된 운영으로 병을 얻게 되자, 마침 신임 선교사로 온 마펫에게 이 고아원을 인계한 것이었다. 처음에 미국 선교부에서는 고아원 운영 자체를 반대하고 있었다.

그는 육영 사업이 아닌 정식 학교 교육을 위한 교육 프로그램을 세워서 새롭게 운영해 나갔다. 교육 일정은 새벽 5시 기상으로 하여 예배와 성경과 한문, 오락, 운동 등으로 짜여졌고 교육생들에게 청결과 예절과 자립정신 교육을 병행하였다. 그 후 1893년에 새로이 입국한 밀러(F.S. Miller) 선교사가 이 학교의 후임자가 되어 인수하였다.[8] 마펫은 그 사이에 몇 차례의 북부 지역의 선교 여행을 한 후 평양에 선교부를 설립하여 그곳에서 새로운 사역을 시작하게 되었다. 마펫에게는 조선에서의 육영 사역을 통해 조선의 현실을 보면서 문화와 조선인들의 의식을 이해하는 데 유익한 경험을 쌓을 수 있었다.

1-4. 선교 비전을 미국 선교 본부에 전하며

이 편지는 마펫 신교사가 미국에 있는 해외 선교부 총무 엘린우드에게 보낸 최초의 편지로서 조선에 와서 약 2개월간 체험한 자신의 느낌과 사역의 구상을 적은 것으로서 그 당시 조선인들이 억눌리며 아무 소망 없이 살아가는 삶과 지배 계층의 가렴주구(苛斂誅求)로 시달리며 폭정에 고통받고 있는 극심한 봉건적 사회상을 예리하게 보았다. 이러한 처절한 모습을 보면서 이들에게 복음 전파가 절실함을 호소하고 있다. 마펫은 조선의 지금의 현실은 암울하지만 하나님의 각별하신 조선의 선하신 뜻이 있음과 조선 민족은 희망적인 가능성이 있으며 조선의 선교사로 온 것이 하나님의 은혜이며 자신은 이 민족과 함께 헌신할 것을 다짐한다는 결의가 담긴 다음과 같은 편지(1890. 3. 18)를 보냈다.

"엘린우드 박사님께(Dear Dr. Ellinwood)

중략… 여기에 도착한 후 제가 받은 첫 인상과 시간이 지나면서 더 깊어진 인상은 이곳 사람들에게는 긍정적인 행복이 전혀 없다는 것입니다. 그들은 불만족스러운 삶에 복종하는 태도가 굳어져 버린 듯합니다. 제가 처음으로 본 행복한 얼굴은 우리 본토인 사역자들의 얼굴이었습니다. 그들과의 대조는 아주 분명했고, 제게 강렬한 인상을 주었습니다. 조선인들에게 진실로 복음이 크게 필요하다는 것 외에 다른 어떤 것이 첫 인상이 될 수 있는지 알 수 없습니다.

이것에 영감을 받아 저는 조선어를 공략하고 되도록 빨리 선교회의 업무와 상황을 이해하기로 결심했습니다. 조선어는 대단히 어렵지만, 3년 안에는 자유롭게 구사할 수 있어야 한다고 생각합니다. 2년 안에 그렇게 하면 예외적인 경우일 것입니다.

선교회의 사역과 상황을 이해하는 것은 조금 어려웠습니다. 언더우드 목사는 지금 일본에 머무르고 있습니다.[9] 전도 사역과 학교 사역의 거의 전부를 그가 운영해왔습니다. 지금은 헤론 의사의 두 손이 넘치도록 많은 일을 담당하고 있습니다.[10] 한 사람이 할 수 있는 의료 사역 외에도 선교회의 거의 모든 일을 감독합니다. 그 결과 그는 과로에 시달리고 있습니다. 언더우드 목사가 없을 때는 모든 사람이 헤론 의사에게 갑니다. 헤론 의사가 많은 문제를 상의하느라 어떤 일은 제대로 처리하지 못하는데, 이는 이상한 게 아닙니다.

너무 많은 사역, 아니 너무 많은 종류의 사역이 동시에 시작되었고 시작된 일들이 잘 관리될 수 없을 정도로 매우 빠르게 진행되는 듯합니다. 언더우드 목사는 조선어를 아는 유일한 목사이기에 관여하는 번역과 출판할 사전이 있는데, 그가 출판 업무로 일본에 있는 동안 여러 지방에 있는 권서인(勸書人, colporteur)들의 활동을 감독할 사람이 없는 실정입니다.[11]

고아원은 고아원에 대한 언더우드 목사의 계획을 전혀 모르는 사람들의 관리하에서도 운영되도록 해야 합니다. 세례 지원자들은 문답을 받을 수 없고 기다려야 하는 상태입니다. 전도 사역은 선교회의 지적인 감독을 받을 수 없고 기다려야 하는 상태입니다. 마지막으로 우리의 새 학교 건물은 맡아서 운영할 인력의 부족으로 인하여 당분간 개학할 전망조차 없이 비워두어야 합니다. 기회가 주어지더라도 우리는 사역을 확장할 수 없는데, 이미 시작한 사역도 제대로 감당하지 못하고 있기 때문입니다. --- 저는 언어 공부를 하고 있고 임시로 고아원을 맡고 있는데, 고아원은 기독교적인 사고의 영향을 어릴 때부터 받은 본토인 사역자를 양육하는 가장 효과적인 방법의 하나가 될 수 있다고 봅니다.

해야 할 일이 많고 그것을 할 수 있는 기회가 넘쳐난다는 사실은 의심할 여지가 없습니다. 사람들은 자유롭게 우리를 방문하고 복음을 진지하게 경청합니다. 제가 아는 한 권서인은 성경과 소책자 구입에 열심인 사람을 만나곤 했습니다. 특히 여자들이 배울 준비가 되어 있는 듯합니다.

헤론 부인은 매주 일요일 저녁에 그녀의 집에서 20-30명의 여자가 모이는 성경 공부반을 지도합니다. 그녀는 환등기를 사용하여 그림을 보여 주면서 복음서를 가르칩니다. --- 우리는 시간만 있으면 이런 종류의 모든 사역을 할 수 있습니다. 그러므로 우리는 실제적으로나 명목상으로 아무런 반대 없이 공개적으로 우리의 사역을 수행하도록 허락을 받으면 바로 수확할 추수를 준비해야 합니다.[12]

저는 그동안 선교회가 두 가지 상반된 견해를 견지해왔다고 알고 있습니다. 제가 이 두 견해에 양다리를 걸치고 있는 것은 아니지만 중간 입장을 취하는 것이 안전한 자리라고 믿습니다. 왜냐하면 우리가 할 수 있는 일이 넘치도록 있을지라도 공격적이고도 진지한 일을 조용하게 할 수 있기 때문입니다. 현재 우리의 사역에 대해 반대하는 증거는 없지만 이곳에서 우리의 위치는 확실하지 않습니다. 현재 왕(고종)은 그 권좌가 안전하지 않고 혁명이 일어나면 20년 전의 2만 명의 천주교도들을 처형한 자(홍선대원군)가 다시 권력을 잡을 수도 있습니다. … 언어 습득에는 최소한 2년이 걸립니다.

현재 사역은 12명이면 충분합니다. 지금부터 2년 후에 도착할 사역자들이 언어를 습득할 즈음이면 십중팔구 새 선교 지부들이 개설되어야 할 것입니다. 평안도의 중심이 지금까지 우리 권서인들 대부분의 사역이 이루어지고 있습니다만 앞으로 평양이 분명 새로운 선교지가 될 것입니다. 그러면 선교 지부를 곧바로 반드시 설치해야 합니다.

한성에서 반나절 떨어진 곳에는 약 200개의 마을이 있습니다. 만일 우리에게 조선어를 아는 사역자들이 있다면 각 마을마다 개인 지도 하에 구역을 개설하지 못할 이유가 없습니다. 우리에게 전면적인 자유가 허락될 때 이 구역들이 교회의 핵심이 될 수 있을 것입니다.

올해 여름 선교사들을 배정할 때, 조선에 한두 명이 임명되기를 기도합니다. 현재 콜로라도주 델노트르에 있는 베어드 목사에게 방금 들은 바에 의하면 이방인에게 전도하려는 소망을 실천할 수 있기를 바라며, 내년 가을엔 사역에 나설 준비가 되기를 바란다고 했습니다. 그는 가장 절친한 제 친구로서 우리는 8년간 대학과 신학교를 함께 다녔습니다. 그래서 우리는 함께 사역하기를 희망해왔습니다. 저는 그를 조선에 파송해 주기를 간청합니다. 한 가지만 더 말씀드리고자 합니다. 이곳에 온 이후 제가 가장 강하게 느끼는 것은 조선에서 이 사역을 할 수 있도록 인도해 주신 하나님께 지속적으로 감사하고 있습니다. 이 나라의 미래에 위대한 가능성이 있다고 저는 믿습니다.

조선인은 지적이고 매력적이며 관리의 수탈에서 벗어나고 노동이 천하다는 생각을 버리면 강한 민족으로 발전할 것입니다.

저는 이 민족의 도덕적, 영적 거듭남을 위해 하나님께 쓰임 받을 것을 신뢰하고 믿으면서 사역에 전적으로 헌신하기를 원하며, 선교회의 모든 업무에서 조화를 추구할 것입니다. 우리가 기도할 때 선교부를 기억하고 선교부가 성령의 인도하심을 받기를 기도하듯이 선교부는 우리를 기억해 주실 줄 압니다.

마포삼열 올림."[13]

이북 지방의 선교 개척 시대

2-1. 미개척지 평양을 향한 1차 선교 여행(1890. 8. 29)

마펫은 조선에 오자마자 조선어를 익히는 공부와 언더우드의 고아원 운영을 여러 달 동안 맡아 하면서 자신이 타지방을 새로운 선교 개척지로 구축해야 한다는 생각은 늘 하고 있었지만 선교부의 조직적인 팀 사역에 묶여 있을 수밖에 없었다. 그 당시 선교사들의 모든 활동을 일거수일투족을 왕실에서는 늘 경계하듯 눈여겨보고 있었기에 자유로운 사역 활동은 자칫 모든 선교사들의 사역에 부정적 영향을 줄 수 있었고 장기적으로 본다면 조급한 사역의 서두름이 장래 사역을 망치게 할 수도 있었다. 모든 선교사들은 각자가 자신만의 독립된 사역을 꿈꾸고 왔지만 제한된 선교 활동과 조선의 정세가 늘 불안하였기에 타지방을 향한 사역을 시도한다는 것이 결코 쉽지 않았다.

그러한 제한된 사역에서 벗어나 그동안 늘 열망하던 마펫은 이북 지역의 선교 여행을 마침내 실행할 수 있는 기회가 주어졌다. 이는 앞서 조선에 들어온 선배 선교사인 아펜젤러와 헐버트 선교사가 주도하여 성사된 것이었다. 아펜젤러 선교사는 조선에 입국한 그 해 1885년 8월 3일에 고종으로부터 근대식 교육을 위한 학당을 허가 받았으며 교명까지도 하사를 받음으로 최초의 근대식 교육을 실행한 사역이 안착되었다. 언더우드 또한 1886년부터 제중원 산하의 교육 사역과 고아원(후일 경신 학교) 운영을 함으로 그 이후의 사역자들에게 좋은 선교의 모델이 되었다.

마펫은 이들보다 5년 이후에나 들어왔기에 자신도 새로운 사역의 산지가 절실하였는데 이 두 사역자와 함께 이북 지역의 선교 정탐 여행을 하게 된 것은 그에게 크나큰 기회가 온 것이었다. 그 배후에는 언더우드 선교사가 마펫에게 이북 지역의 선교지 개척을 권유한 것이 결정적이었다. 아펜젤러의 선교 여행 목적은 이북 지방의 선교 교두보를 확인하는 것이었다. 헐버트 선교사의 여행 목적은 선교가 아닌 그동안 일본으로부터 들여오던 석탄을 조선 내지에서 공급받을 수 있는지를 알아보려 한 것이었다.

특히 아펜젤러 선교사는 이북 지방을 여행하면서 꼭 현장 확인을 하고 싶은 지역이 있었다. 그곳은 다름 아닌 압록 강변에 위치한 평안도 의주와[14] 황해도 장연군의 '소래교회'였다. 이 교회는 1884년 3월에 의주의 서상륜과 동생 서경조가 내려와 장연군 소래 마을에 친척 5명이 모여 예배를 드림으로 교회가 개척되어 자국인에 의한 최초의

소래교회

교회로 한국 교회사에 기록되었다. 한국 최초의 교회뿐만 아니라 그 일대의 황해도 전 지역의 복음화에 크게 기여했으며 1887년 9월 27일에 서상륜을 비롯한 14명의 소래교회 성도가 한성에 거주하며 사역하고 있었던 언더우드 선교사에게 세례를 받기 위해 찾아와 예배를 드렸다. 이들이 세례를 받음으로 이남 지역의 장로 교회로는 최초의 교회가 세워지는데 그 교회가 바로 지금의 새문안교회이다. 이러한 사실은 자생적 소래교회가 결국 이남 지역의 교회가 설립되게 하는 계기를 만든 결과물이 된 것이다. 이어서 1898년 10월에 백령도에서 한학 서당을 운영하며 관직에 있었던 허득(許得)이 소래교회를 찾아와 교회 개척과 지도자를 보내 줄 것을 요청함으로 지금의 백령도 "중화교회"가 세워지게 되었다.[15]

이들 3명의 선교사들이 선교 여행을 시작한 때가 8월 29일 늦장마기였기에 때로는 물이 불어난 냇가를 건너야 하는 위험을 감수해야 했다. 실제로 밤새 내린 폭우로 인해 물이 불어나 급류로 변한 냇가를 건너던 마펫은 그 급류에 휩쓸려 떠내려 가다 간신히 살아나는 일도 있었다.

이들의 첫째 방문지는 황해도 소래교회였다. 한성에 사역하는 선교사들은 조선인 스스로가 교회를 개척하였다는 사실이 믿어지지 않는 일이었다. 아직 선교사들이 들어가서 복음을 전하지도 않았는데, 자국인들에 의해 복음이 전해지고 그들이 자발적으로 교회를 세웠다는 사실을 꼭 확인하고 싶었고 그 연유를 알고 싶었던 것이다. 물론 1887년에 최초로 이북 지방에 선교 여행을 이미 하였던 아펜젤러와 언더우드 선교사는 만주의 존 로스 선교사에 의해 조선 청년들이 양육되고 조선어 성경이 번역되었다고 알고 있었지만, 마펫 선교사는 현장 확인이 필요했고 조선인들에 의한 교회 개척은 조선 교회사에 놀라운 사건이므로 이를 상세히 살펴본 후 장차 자신의 사역지에 적용될 수 있는 좋은 모델이 될 수 있는 지 관찰이 필요하였다.

'소래교회'는 선교사들 사이에 관심이 집중되는 교회였고 필수 방문지로서 순례지가 되어 있었다. 마펫도 가장 기대되는 방문지였다. 이 교회는 이미 언더우드의 한성 정동에서의 세례와 그가 1887년 11월 겨울에 소래교회를 방문하여 다른 교인들에게 세례를 줌으로 십수 명의 세례 교인이 형성되었고 지속적인 성장이 이어지고 그 소문이 선교사들에게 전해짐으로 일부 선교사들은 조선 문화와 언어를 직접 배우기 위해 1889년에 게일(J. S. Gale)에 이어서 펜윅(Malcom C. Fenwick)이 그곳 소래에 거주하기도 하였다.

이 소래교회는 선교사들 사이에서 한성의 새문안교회나 정동교회보다 더 관심을 받는 교회였으므로 마펫으로서는 당연히 관심을 갖고 있었다. 그 당시 그 교회의 교인의 수는 수십 명이었지만, 그 당시에 예수를 믿고 기독교인이 된다는 것은 상당한 신변의 위험과 가정적으로 큰 고초를 각오해야 했으므로 그 교회의 규모로 평가할 일이 아니다. 그들은 순교를 각오한 순교자적 신앙인들이었다는 점이 특이하였다. 왜냐하면 불과 수십 년 전에만 해도 천주교인들이 관가에 끌려가서 참수형에 처해지는 전국적인 공포의 시대가 있었기에 다시 그런 참상이 재현되면 서양의 종교를 믿는 자들이 다시 희생이 될 수도 있기 때문에 기독교인이 된다는 것은 결코 쉽게 결단될 일이 아니었다. 소래교회를 세운 서경조마저도 1887년 1월에 세례를 받는 일을 놓고 극심한 고심 끝에 결단을 하였다. 그의 신앙 간증을 보면 익히 알 수 있다.

"소래에 내려와 비밀히 신약을 두어 번 보아도 알 수 없는지라. 그러나 이 책 속에 기이한 술법이 있으리라고 기대하고 차차 모르는 것은 깊이 생각하여 보기를 여러 차례 해 보니 더러 알 것이 있는 동시에 전에 기이한 술법을 얻어 보려고 하던 마음은 없어지고 예수를 믿을 마음이 깊이 들어가는 동시에 그 교를 수용하면 피살되리라 하는 마음이 또 생겨 심중전(心中戰)이 일어나는지라. 이는 이전에 조선에서 천주교인 죽이던 일이 있음으로 나도 이 교를 믿으면 죽으리라 함이라. 그러나 예수를 믿어 속죄함과 구원얻는 줄은 알지 못하더니…."[16]

사무엘 마펫은 일행과 함께 개성과 안악을 거쳐서 마침내 소래교회에 당도하여 교회 지도자들과 성도를 만나보았다. 그 당시의 교회는 아직 초가 지붕의 농촌 주택이었으나 예배를 정기적으로 드리는 교회로서의 면모를 유지하고 있었다. 이처럼 황해도의 50호 정도의 작은 마을에 교회가 개척되고 유지되고 있다는 점이 기이하기도 한 것이었다. 그의 1890년 10월 20일 편지 내용을 보면 그곳을 방문한 후 이같이 서술하였다.

"… 그리고 안악을 떠나 집들이 드문드문 보이는 산골 지역과 금광을 지나 마침내 장연군의 작은 마을에 도착했습니다. 지금까지 조선에서 일군 사역지 가운데 가장 성공적이고 전망이 밝아 보이는 곳입니다. 이 시골 인근에서 우리는 8일을 머물렀는데, 여기에는 성경 말씀을 공부하기 위해 정기적으로 모이는 약 15명의 세례 교인이 있습니다. 이곳에 우리의 전도사와 권서인 한 명과[17] 우리의 가장 지적인 예수교인들이 배출되었습니다. 제가 천주교인에 대해 듣지 않은 곳은 바로 이 지역뿐입니다. 외국의 도움을 받으면 이곳은 작지만 영향력이 있는 개신교의 중심지가 될 듯합니다. 왜냐하면 이곳에서 우리는 이 나라의 도덕적, 정치적인 부패로부터 자유로운 중산층을 만났는데, 이들이 분명히 새로운 한국의 중추가 될 계층이기 때문입니다.[18]

… 저는 약 800여 킬로를 여행한 후 한양으로 돌아왔습니다. 이번 여행에 조선어를 약간 배웠고, 그들과 시골 풍습에 대해 더 많이 알게 되었으며, 이 나라를 복음화하려고 노력하는 우리 앞에 놓인 과업에 대해 좀 더 지적인 개념을 얻게 되었습니다. 또한 개인적으로 만족스러운 점은, 제가 전적으로 조선 음식만 먹고 조선식으로 살면서 일정 기간 건강하고 튼튼하게 지낼 수 있음을 증명한 것입니다."[19]

마펫의 1차 선교 여행 중에 약 2주 동안 평양에 체류한 것은 그가 그만큼 평양의 선교 기지에 대해 많은 관심과 계획을 갖고 있었음을 알 수 있다. 그 후 다음 해인 1891년 2월 25일에 제 2차 선교 여행을 게일과 소래교회 지도자인 서상륜과 함께 추운 겨울 날씨에도 불구하고 추진하였다는 것은 평양의 선교지를 더욱 구체화하기 위한 여행임을 말해주고 있다.[20]

마펫은 평양에 홀로 남아 이 도성이 하나님께서 자신에게 주신 사역의 산지임을 확신하면서 평양 도성을 샅샅이 찾아 그 지형을 그리며 다녔다. 그가 생각하기에도 조선 반도의 지형상 동서남북의 중앙이었고 중국과도 교통의 요지라는 점이 선교 전략지로서 매우 가치가 높은 곳이었다. 그는 이 씨라는 안내인과 함께 평양의 여관에 투숙하면서 도성 안을 살펴보던 중에 놀라운 것을 발견하였다. 그것은 1866년 25년 전에 토마스 선교사가 타고 들어온 제너럴 셔먼호의 닻줄이 대동문 성문 위에 걸려 있는 것이었다. 그 당시 그 닻줄은 셔먼호를 격침한 것에 대한 승리의 전리품이었는데, 오랫동안 그곳에 걸려 있다는 것은 토마스 선교사가 평양에 최초로 들어와 복음을 전하다가 순교했다는 확실한 증거를 각인시켜주는 증거물인 것이다.

더욱 놀라운 것은 자신이 투숙한 여관 주인이 최치량으로서 그 당시 11살이었는데 그가 그 당시의 증인이었고 성경을 받아 보았다가 후에 박영식 평양 영문 주사가 성경 회수령을 내릴 때에 그것을 갖다 바쳤고, 그 후 성년이 되어 박주사의 그집을 자신이 구입하여 여관업을 하였다. 마펫이 후에 널다리골 교회를 세웠을 때에 최치량이 교인 중에 어느 사람이 토마스 선교사가 뿌린 그 성경을 받았다고 했는데 그 사람이 바로 그였다.[21]

하나님께서는 마펫의 선교 여행을 통해 지난 30여 년 전에 토마스의 순교 현장과 그와 관련된 증인을 직접 만나게 하심으로 토마스 선교사의 순교 사건을 다시 회생시키어 그의 순교가 결코 헛되지 않았다는 사실을 생생히 체험케 했다. 하나님은 평양을 향하신 놀라운 일들을 치밀하게 계획하셨다는 사실을 알도록 하셨다. 그의 평양 선교 여행은 평양 복음화(Evangelization)를 위한 첫 걸음을 띠게 하도록 한 동인이 되었다. 결국 하나님은 토마스 선교사의 선교 비전(Vision)을 이어받도록 그를 그 땅으로 보내신 것이다.

2-2. 평양과 광활한 만주를 향한 2차 선교 여행(1891. 2. 25)

1891년 1월 29일 마펫과 고향 친구이자 하노버 대학과 맥코믹 신학교 동문으로서 절친인 베어드(Willam M. Baird, 배위량) 선교사가 부산으로 조선 선교를 위해 입국하였다. 마펫으로서는 천군만마를 얻은 듯 너무도 기뻤다. 이국 만리인 조선에서 절친한 친구와 같이 선교 사역을 하게 된 것은 다윗과 요나단처럼 우정 어린 동역 선교사로서 다시 맺어진 것이다. 베어드 선교사 부부는 상경하여 마펫의 집에 같이 동거하면서 적어도 1년은 조선어(표준어)를 배우게 되었다.

선교사 연례 회의가 원래는 매년 1891년 1월에 개최되었지만 베어드 선교사가 온다는 소식을 접하면서 그의 일정에 맞추어서 개회하기로 의견이 모아져 2월 3일부터 5일간 열리게 되었다. 이때 처음으로 선교회 규칙과 부칙이 채택되었는데, 이 회의에서 마펫의 주도로 선교사들 간의 마찰을 최소화하기 위해 마련된 것들이었다. 이 회의의 결정된 사안은 언더우드가 베어드에게 부산 선교 지부 개설을 위한 대지 구입을 지시했고, 마펫에게는 평양지부 개설을 위한 대지 구입을 허락했다. 이로써 미국 북장로교 선교회의 본격적인 남과 북 지방 진출이 본격화 되었다.[22]

1891년 2월 선교사 월례 회의에서 한성 중심의 사역이 이제는 사역자들의 증가와 사역의 확장 필요를 절감한 언더우드와 아펜젤러 등은 그동안 몇 차례의 이북 지방과 이남 지방의 선교 여행을 통해 후발로 들어온 마펫에게는 평양 선교 지부를, 베어드에게는 부산 선교 지부 개설을 위한 대지 구입을 확정했다는 것은 마펫에게 매우 고무적인 선교적 결정이었다. 이는 그에겐 구약의 열두 지파들에게 가나안 땅의 지경을 분배하였던 것 같은 느낌을 받았다. 선교회에서는 새로운 선교지 개척에 매우 진지하게 토의하고 기도하며 현지답사를 통해 확정한 것이었다.

> "너희는 각 지파에 세 사람씩 선정하라 내가 그들을 보내리니 그들은 일어나서 그 땅에 두루 다니며 그들의 기업에 따라 그 땅을 그려 가지고 내게로 돌아올 것이라"(수 18:4).

이러한 결정이 그 후에도 평양과 부산 이외에도 타지역의 새로운 선교지 결정에 좋은 귀감이 되었다. 이러한 결정은 마펫의 작년에 평양을 비롯한 이북 지방의 선교 여행이 크게 작용한 것이었고 이제 이를 더욱 구체화하기 위한 준비가 필요함으로 마펫은 서둘러 선교지 확정을 구체화하기 위한 제 2차 선교 여행을 준비하게 된다.

이러한 선교 여행의 준비에는 미국 공사와 사전에 상의를 하고 허가를 받아야 했다. 특히 조선 왕실에도 알림으로 불필요한 오해나 불신을 초래하지 말아야 했다. 이 당시 선교사들이 한성을 벗어나기 위해서는 호조(護照)라는 여행 증명서가 있어야 어느 지방에 가서도 신분의 보장과 관가로부터 보호를 받을 수 있었다. 뿐만 아니라 교통편은 조랑말을 준비하고 짐꾼들과 도보로 여행해야 했고 안내원과 식자재와 담요와 책과 전도지를 가져가야 했다. 당시 이북 지역에는 이남에 비해 치안이 불안한 점도 있기에 노상강도나 불량배를 만날 수 있어 권총까지도 소지하고 가는 경우도 있었다.

이번 2차 여행은 그 일정을 약 3개월을 잡았다. 동행인은 게일과 요리사 최윤화와 조선어 선생 서상륜과 조사 백홍준이었다. 이 여행 중에 노방 전도와 조선어 연습과 지리답사, 조선인에 대한 연구 및 의주와 만주 지역에서의 선교 사업 추진을 위한 답사와 더불어 마펫에게 가장 중요한 평양의 거주와 활동의 거점이 되는 땅과 집을 구입해야하는 중차대한 계획을 실행시켜야 했다.[23]

그로서는 자신이 독립적으로 사역이 뿌리내릴 수 있는 기회가 온 것이었다. 마펫은 그동안 언더우드나 아펜젤러의 견실한 사역의 결과물들을 보면서 많은 것을 배웠을 뿐만 아니라 자신도 그와 같은 사역을 실현해야 한다는 많은 도전을 받아 왔었다. 1891년 2월 25일 마펫은 자신의 사역지가 될 평양을 향해 출발하였다. 이북 지역은 아직 한겨울이었기에 말을 타면 발이 얼어붙는 듯한 고통을 감당할 수 없었기에 부득불 도보 여행을 감내함으로 발 동상을 방지해야 했다. 때로는 도상에서 세찬 눈보라를 견뎌내야 했다. 지난번 여행에는 8월 중이라 여행 중에 세찬 폭우를 산길에서 만날 때에는 나무 밑에 몇 시간이고 기다려야 했고 온 몸이 비에 젖는 고통과 며칠을 씻지 못하고 옷도 갈아입지 못하는 불결함도 감내해야 했었다.

여행 중에 하룻길을 평균 30킬로에서 40킬로를 가야 했기에 발에 물집이 생겨 걸음을 옮길 때마다 그 통증을 참으며 전진해야 했다. 저녁이 되면 주막집에 들어가 별도로 취사를 하고 주막의 객주들과 담소를 나누고 전도지를 전하며 전도를 하였다. 때로는 노숙을 하기도 했다. 이 당시에 언더우드가 앞서서 2년 전인 1889년 3월에 여의사로서 선교사이며 민비의 시의인 릴리어스 호턴(Lillias Horton)과 결혼을 하여 의주로 신혼여행을 떠났다. 그래서 그 당시의 선교사들의 여행 실정이 어떠했는지를 알 수 있다.

> "여행의 주요 방문지는 송도(개성)와 평양과 강계와 의주였다. 그들이 도중에 잠을 잘 때는 볏짚을 한 발도 넘게 깔고 그 위에 일본식 매트와 이부자리를 폈다. 주막의 온돌방에 익숙지 않았기 때문이었다. 특히 빈대, 벼룩의 공격을 피하기 위해서였다. 조선인들은 난생 처음 보는 서양 여성을 보기 위해 구경꾼은 어디에서나 밤낮을 가리지 않고 몰려들었다. 집에서 지낼 때에는 밤에 창호지를 뚫었고 낮에는 무턱대고 몰려들었다. 때로는 산적들의 습격을 받기도 했고 조수와 말과 마부들이 납치당하는 일을 겪기도 했다. 총을 써야 할 형편에서도 그들은 선교사였기 때문에 사용하지 않았다."[24]

이처럼 선교사들이 외지로 선교 여행을 한다는 것은 여러 모로 불편했고 위험했고 고생을 감내해야만 했다. 마펫 그 일행들도 마찬가지로 가는 곳마다 구경꾼들이 신기하듯 마펫 일행에게 모여들었다. 마펫과 게일은 그 기회를 이용하여 전도지를 나누어주었다. 조선인들은 호기심이 많은 민족이었다. 특히 노래를 좋아하여 그들 앞에서 종종 찬송을 하기도 하였다. 어눌한 조선말로 복음을 전하면 신기한 듯 바라보았다.

마펫 일행은 마침내 첫 방문지인 평양에 당도하여 5일을 머무르면서 집을 구입하려 했지만 관리를 해 줄 마땅한 사람이 없어서 성사시키진 못하였다. 평양을 선교 거점지로 하기 위해서는 서둘러서 집을 먼저 구입해야 했지만 현실적으로 아직은 여러 조건이 뒷받침해 주지를 못 하였다. 한성을 떠난 지 25일만인 3월 20일에 평양을 거쳐서 두 번째 방문 예정지인 의주에 당도하였다. 이 당시의 의주 방문에 대해 그의 서신에(1891년 3월 25일)서 이같이 기록하였다.

"… 우리는 걷기를 즐기며 좋은 건강을 유지한 채 3월 20일 중국과 국경을 마주하고 있는 도시 의주에 도착하였습니다. 전도 사역에 관한 한 성공적인 여행이었다고 믿습니다. 제가 쓰고 싶은 내용은 바로 이곳 의주에 대한 것입니다. 언더우드 목사는 의주에 선교 지부를 개설하는 일의 중요성에 대해 항상 강조했는데, 이제 그 이유를 알 것 같습니다. 우리는 이곳 상황을 보고 대단히 기쁘고 놀랐습니다. 여기에는 20-30명의 예수교인 무리가 있었으며 여러 사람들이 사역을 하면서 복음을 자유롭게 전했습니다. 주일 예배에는 30명이 참석했으며 아침과 점심과 저녁에 많은 사람이 찾아와서 우리와 함께 성경을 읽었고, 우리 전도사와 이곳 전도사는 옆방에서 복음에 대해 하루 종일, 그리고 밤늦게까지 이야기를 했습니다. 중국과 아주 가까운 이곳 사람들은 20년 동안 복음에 대해 들어왔기 때문에 복음을 두려워하지 않았습니다.

이곳은 로스 목사가 사역한 중심지입니다. 지금 로스 목사는 이곳에 있는 우리의 전도사 백홍준을 예수 믿게 했습니다. 그는 로스의 첫 개종자 중 한 명으로 17년 전에 예수교인이 되었으며 … 이곳에는 로스 목사의 신약 전서 한글 번역을 도와주었던 사람도 살고 있습니다. 이곳에는 많은 하급 관리가 신앙을 고백하는 예수교인이고 또 많은 상인들도 예수교인이라서 모든 계층이 복음을 우호적으로 생각합니다.

게일(Gail) 선교사와 저는 이곳에서 집을 알아보았고 들판 중앙에 자리 잡고 햇빛과 신선한 공기를 충분히 확보할 수 있는 크고 멋진 집 한 채 혹은 두 채가 연결된 집을 발견했습니다. 이 장소는 4-5백 달러에 살 수 있습니다. 만일 우리가 6월1일 경에 한성으로 돌아간 직후 선교회의 승인을 받으면 선교부에서 평양에 집을 구입하는 대신 이곳에 집을 구입하도록 허락해 주시든지 아니면 평양뿐만 아니라 의주에도 집을 매입하도록 허락해 주시기를 바랍니다."[25]

이 편지를 통해 파악된 마펫의 생각이 평양보다는 의주에 훨씬 많은 관심과 기대를 갖고 있음을 알게 된다. 평양에서는 자신이 준비하고 기대했던 선교 거점지 확보를 위한 집을 구입하지 못했다. 그 이유는 평양에는 지인이 없었고 그곳에서 아직 기독교인들을 만나지 못하였기 때문이다. 이북 지방의 제일 큰 도시이며 중심이라는 장점은 있었지만, 아직 선교 거점으로 본격적인 활동을 하기에는 그 여건이 전반적으로 형성되지 못하였음을 알게 된다. 마펫으로서는 큰 기대가 일단 차질이 생겼으나, 의주에 가 보니 언더우드가 2년 전인 1889년에 의주에 왔을 때 이미 의주 지역에는 자생적으로 기독교인들 무리들이 있었으며 조선어로 된 성경이 그들 손에 있었다는 얘기를 확인할 수 있었다.

그때에 언더우드가 놀란 것은 의주의 기독교인들이 한성에서 미국인 목사가 왔다는 소식을 듣고 수많은 기독교인들이 몰려와 세례를 달라고 강청을 하자 30명 만을 선별하여 그들을 배에 태워서 의주 앞에 흐르는 압록강을 건너 중국 측 강가에서 세례식을 집행하여 일명 "한국의 요단강 세례"가 된 감동적인 사실이 있었다. 그때에 언더우드가 의주 쪽 압록강에서 세례를 하지 않고 건너편 중국 측 강가에서 세례를 한 것은 그 당시 조선 왕실에서는 선교사들이 타지역을 여행하는 동안 예배나 선교 활동을 하지 말 것을 요구하였고, 미 공사관에게도 조선 정부가 금한 선교 활동을 하지 말 것을 강력히 부탁하고 선교사들 역시 그 규정을 지킬 것을 약속하고 호조(여행증명서)를 발급받았기 때문이다. 그래서 조선인들에게 세례를 준다는 것은 불법을 행하는 종교 활동이었기에 언더우드는 묘안을 짜내어 그들을 조선의 국경 경계를 넘어 중국 쪽 강에서 세례식을 거행했던 것이다.

이처럼 의주에 기독교인들이 형성되었던 것은 언더우드가 1885년 4월 5일 조선에 오기 2년 전에 이미 만주 심양(봉천)에서 선교 활동을 하였던 존 로스(Johan Ross)에 의해 양육되어 전도자가 된 백홍준과 서상륜에 의해 성경이 그들의 고향인 의주에 배포되고 그로 인하여 그곳 주민들 간에는 이미 기독교인이 되어 있었기 때문이다. 이러한 사실을 몰랐던 언더우드도 의주에 와서 이같이 큰 규모의 기독교인들이 자생적으로 형성되고 세례를 달라는 그 요청에 충격을 받고는 "우리는 복음을 뿌리러 온 것이 아니라 그 열매를 걷으러 왔다"고 고백을 하였다.

마펫은 소문으로만 들었던 그 현장을 직접 목격하고는 몹시 흥분되었고, 애초의 평양을 선교 거점지로 정했던 것을 차라리 의주에 정하는 것이 더 현실적으로 유리하다는 생각까지 했었다. 의주에도 선교 거점을 마련하기 위한 집을 구입해 줄 것을 선교회에 요청을 하였다. 그러나 최종적으로는 평양으로 선교 거점의 중심으로 결정되고 실행되었다.

그 외에도 의주는 타지역에 비해 중국과의 교역지요 관문이었기에 주민들과 관료들도 비교적 개방된 의식을 갖고 있었고 지적 수준도 있었기에 선교 전략적 측면에 강점이 많았다. 의주는 이미 선교 거점지로 준비된 곳이었다. 한성과는 정치적으로나 사회적으로 볼 때 판이한 분위기였다. 특히 이곳에는 백홍준이라는 걸출한 전도자가 있었고 그로 인해 많은 기독교인들이 조직되어 있었기에 인적 자원이 풍부했다. 마펫은 서상륜과 절친 사이인 백홍준에 의해 기독교인이 된 한석진을 만난 것이 바울이 바나바를 만난 것 같은 경우였다. 후에 한석진은 마펫을 섬겼고 사역의 동역자로서 조사 노릇을 하였으며 평양에 선교 거점을 마련하는 데에 결정적인 역할을 하였다.

후에 그는 평양 최초의 교회인 "널다리골 교회"의 영수가 되었으며 1901년에는 최초의 평양 신학교에 입학을 하고 1907년에 평양 신학교를 졸업한 후 최초의 7인 목사가 되었다. 놀랍게도 약 1백 년 후에 그의 후손이 미국으로 이민을 갔는데 그 후손 중에 증손녀 한은혜가 미국 장로 교회(PCUSA)에서 2010년에 목사 안수를 받음으로 그 계보를 이어가고 있다.

한석진은 이미 백홍준과 서상륜으로부터 전도와 양육을 받은 준비된 지도자감이었다. 그는 선비 집안 출신으로 한학에도 능통한 지식인이었고 품격을 갖춘 지식과 인격을 잘 갖춘 보기 드문 믿음의 사람이었다. 한석진은 자신의 마을에 미국인 목사가 왔다는 소식을 듣고 누구보다도 적극적으로 마펫을 가까이했을 뿐만 아니라 사도행전에 나오는 최초의 이방인이며 기독교인이 된 에티오피아의 간다게 여왕의 내시가 빌립 집사를 만나 복음을 듣고 세례를 받았던 것처럼 한석진은 마펫에게 세례를 줄 것을 강청하여 세례 문답을 한 후 감격적인 세례를 받았다. 그와 사역의 동행자가 됨으로 마펫은 2차 선교 여행에 최고의 동역자를 만나는 행운을 얻었다. 마펫의 의주 방문은 이북 지방의 선교 개척의 무한한 가능성과 잠재력을 확인한 매우 유익한 여행이었다.

의주에서의 일정은 매우 실제적인 열매를 얻은 결과를 낳았다. 그래서 다시 방문해야 할 선교지가 되었다. 마펫과 그 일행은 예정대로 만주 봉천(심양)을 방문하기 위해 압록강을 건너야 하기에 의주 강가 나루터로 나갔다. 그는 압록강을 보면서 다른 강과는 다른 강물의 짙은 녹색에 의아한 생각이 들었다. 그래서 마펫은 함께 동행하는 서상륜에게 이렇게 물어 보았다.

"이 압록강의 강물 색깔이 이처럼 녹색인 것이 참으로 기이합니다. 이런 강물은 처음 봅니다. 마치 녹색 물감을 타 놓은 듯 하군요." 그러자 서상륜은 "마 목사 선생님! 이 강의 이름이 그 이유를 말해주고 있습니다. 압(鴨)이라는 글은 오리라는 뜻을 갖고 있고 록(綠)은 초록의 푸르다는 뜻을 갖고 있죠. 이 강에는 녹색 머리의 색깔을 갖고 있는 강 오리가 있는데, 강물의 색갈이 그 오리 머리 색과 같아서 그런 이름을 붙인 것 같습니다."

마펫의 눈에 비친 강과 주변의 산들은 너무 아름다워 평화스럽게만 보였다. 나룻배는 급물살을 가르면서 강을 가로 질러 건넜다. 이들이 건너간 그 뱃길은 8년 전에 백홍준이 최초로 조선어 성경을 은밀히 품고 건너온 그 길이었다.

이번 여행의 중요한 목적은 존 로스(John Ross) 선교사를 만나는 것이었다. 그는 만주 봉천(심양)에서 1878년부터 사역을 하면서 조선 청년들을 전도하며 양육하고 그들과 함께 조선어로 쪽복음서를 1882년에 번역, 출간하였다. 1883년 봄에 번역과 출판에 함께 참여했던 이성하에게 최초의 조선어 성경을 조선인들에게 전하라고 그를 파송하였다. 그 당시는 성경과 기독교에 관련된 어떤 문물도 갖고 갈 수가 없고 조선 측 관가에서는 모든 도강자들의 짐 검사를 철저히 하였기에 성경이 발견 될 시에는 참수형에 처형되기도 하였다. 그러기에 이성하는 은밀하게 성경을 가져 갈 수 있는 방안을 찾기 위해 성경 보따리를 강변 주막집 방에 내려놓고 강가로 잠시 나가 정탐을 하고 돌아왔는데, 그 방에 놓아둔 성경이 그만 없어진 것이었다. 알고 보니 그 주막 주인이 이상한 봇짐을 보고 풀어 보고는 그것이 금서인 성경인 줄 알고 일부는 압록강에 던져 버리고 일부는 불에 태워 버렸던 것이다. 이에 낙심된 이성하는 다시 봉천으로 돌아가서 그 자초지종을 존 로스 선교사에게 얘기하자 그는 다음과 같은 예언을 하였다.

"성경이 던져진 압록강은 조선인들에게 생명수가 될 것이고 타다 남은 재는 조선 교회의 성장에 밑거름이 될 것이다."

놀랍게도 그의 예언대로 그 후 백홍준과 서상륜에 의해 성경이 압록강을 통해 건네져서 많은 성경이 의주에 최초로 비밀리에 유포되었고 내지로 번져 나갔다. 후에 조선에 들어온 언더우드와 아펜젤러가 의주에 갔을 때에 그들 손에 있는 조선어 '쪽복음서'를 보고 놀랐던 것이다.

마펫이 의주에 와서 만나 본 기독교인들은 이미 그 영향을 받아 자생적으로 기독교인이 되어 있었다. 그중에 두 명이 그의 조선어 선생이고 안내인인 서상륜과 백홍준이다. 마펫이 조선인들의 복음의 발원지를 직접 보게 된 것이다. 이와 같은 사연이 있음을 그들에게 들은 마펫은 강을 건너면서 자신이 이곳에 온 것이 하나님의 인도하신 발걸음이라는 것을 확신하며 감사한 마음이 들었다.

그 일행은 압록강을 건너 구련성이라는 만주의 강변 동네에 이르렀고 발걸음을 재촉하자 봉황산이라는 수려한 험산 준령을 맞이하게 되었다. 만주의 중심지인 봉천(심양)에 이르려면 약 300여 킬로미터의 여정을 거쳐야 했다. 참으로 고달픈 도정이었다. 그들은 마침내 봉천에 당도하여 존 로스를 만나 극진한 대접을 받고 많은 담소를 나누며 그간 그가 사역한 이야기를 며칠을 두고 들었다. 마펫은 그 만남을 통해 선교 정책에 큰 영향과 영감을 받았다. 특히 존 로스의 조선 청년들과의 성경 번역은 감동적이었고 자신이 장차 무엇을 해야 할지를 예지해 준 대화였다. 그가 십수 년 동안 경험한 만주의 사역과 조선인들과의 사역은 그에게 선교 지침서가 되었다.

존 로스가 개척한 교회의 이름은 "東關敎會(동관교회)"로서 예배당은 가히 압도적으로 높은 고층의 중국식 처마의 종탑과 예배당의 규모가 대단하였다. 뿐만 아니라 "文光書院(문광서원)"이라는 부속 건물을 마련하여 그곳에서 서상륜, 백홍준, 김진기, 이성하, 김청송을 제자 삼아 최초의 조선어 쪽복음과 신약 전서 성경을 번역하고 출판하여 조선인들에게 배포하면서 전도하도록 한 것을 볼 때 그는 조선 선교의 산파 역할을 한 위대한 선교사였다.

그 교회는 예배당 규모 못지않게 광활한 만주 대륙과 조선과의 국경 지대에 이르기까지 광폭의 사역을 하고 있었다. 봉천이라는 곳은 만주의 사통팔달 교통 요충지였고 그 지역에는 만주족들이 대부분 거주하였으며 조선인들은 주로 압록강과 두만강변에 소수 민족으로 흩어져 살고 있었다. 이미 그곳에는 그의 조선인 제자들에 의해 곳곳에 복음이 전해져 교회들이 개척되어 있었다. 또한 그 지역을 본인이 직접 방문하면서 그들에게 세례를 주고 직분자들을 세우며 조선어 성경을 배포하였다. 대표적 교회로는 통화현과 고구려의 수도였던 집안현의 "이양자교회"였다. 그의 제자인 김청송이 조선어 성경의 인쇄 식자 작업에 큰 기여를 하고 후에 자신의 고향으로 돌아가 그 지역 일대를 다니며 복음을 전하였다.

존 로스의 사역은 사도행전 이상의 많은 이야기들이 있었고 그의 20여 년 이상의 만주와 조선을 대상으로 한 사역은 또 다른 속사도행전이었다. 그가 그같이 성공적인 사역을 할 수 있었던 비결은 바로 네비우스 선교 방법과 자신이 시행착오로 몸소 겪은 선교 정책이었다. 그는 만주인과 조선인들에게 엄격한 교회의 자립(自立), 자조(自助), 자전(自傳)의 원칙을 따르도록 가르쳤다.[26]

마펫은 멀고도 험한 2차 선교 여행을 마친 후 한성으로 돌아와 엘린우드 박사에게 보낸 1891년 5월 21일자 편지에서 이같이 서술하고 있다.

"엘린우드 박사님께

저는 유쾌하고 유익했던 3개월간의 북부 지역 여행을 한 후에 다시 한성으로 돌아왔습니다. 그래서 귀하께 그 여행에 대해 간단히 설명하고자 합니다. 저는 의주에서 쓴 편지에 그곳에 있는 집의 중요성을 강조하고 그 구입을 허가해 줄 것을 요청했습니다. 선교회는 그 요청을 승인했습니다. 저는 우리가 거기에 발판을 마련할 수 있다고 진심으로 믿습니다. 제 생각에 그곳에서 우리 사역은 지금의 한성 사역보다 더 절실하게 지도자가 필요하기 때문입니다. 세례를 받을 사람이 한성보다 의주에 더 많이 있습니다. 그곳에는 더 많은 세례 신청자와 신실한 구도자가 있는데 그들 가운데 선교회로부터 재정 지원을 받는 자는 한 사람 밖에 없습니다.

우리는 이 사람, 전도사(백홍준)를 우리의 여행에 동행시켜 왔는데, 그가 돌아가면 그곳에서 세례 신청자들을 교육하도록 지금 제가 그에게 일련의 성경 공부를 가르치고 있습니다. 우리는 로스 목사와 그의 개종자들이 조선의 북부 지방과 국경 건너 중국의 조선인 촌에서 행한 사역을 조사할 목적으로 만주 봉천을 방문한 후 조선을 향해 정확히 동쪽으로 나아가 조선인 촌 마을(서간도 지역)과 이북 지방을 여행했습니다. 봉천 방문은 우리의 여행에서 가장 유익한 부분이었으며 로스 목사와의 대화를 통해 그의 조선 사역을 이해하게 되었습니다. 거기서 얻은 정보를 가지고 우리는 조선인 촌을 향해 출발했는데, 그 마을들은 조선 쪽에서는 거의 접근할 수 없기 때문에 조선보다는 중국에서 사역하는 것이 더 좋다는 사실을 알게 되었습니다.

우리는 중국과 조선 북부의 산악 지대에서 2주일을 보냈는데, 그 지역은 거주지가 별로 없고 가난하며 먹을 것이 부족해서 그 기간(보릿고개)에는 대부분 귀리와 조로 죽을 끓여 먹었기 때문에 우리는 그 지역을 "기아수용소"라고 불렀습니다. 북쪽 지방과 북부 산악 지대를 가로질러 가는 것이 바람직하지 않고 불가능함을 알게 된 우리는 조선의 중앙을 통과해서 동쪽으로 내려와 함경도 감영이 있는 함흥에 도착했으며 거기에서 가장 아름답고 부유하며 번창한 지역을 발견했습니다. 이미 시작된 사역을 적절하게 감독할 수 있게 되면 바로 원산에 선교 지부를 설립하는 것이 중요하다고 느낍니다. 이 지역에 선교사들을 보내는 것이 긴요합니다.

저는 전도의 관점에서 볼 때에 이번 여행이 성공적이었고 생각됩니다. 우리는 도시와 읍과 시골 마을에서 복음을 들어 본 적이 없는 수백 명의 사람들에게 전도할 수 있었습니다. 우리는 그들이 복음을 들을 준비가 되어 있음을 보았고, 계속해서 더 알기를 원하는 사람을 많이 만났으며, 한문 성경을 사용하여 우리 전도사들이 수많은 사람에게 순수한 복음을 가르쳤습니다. 씨는 뿌려졌기에 저는 열매가 있을 것을 의심치 않습니다. 우리는 여행 내내 불쾌한 경험을 한 적이 없습니다. 비록 사람들과 관리들의 호기심이 너무 강해서 우리를 30분 이상 내버려두지 않았지만 아주 정중하게 대했습니다. 이북 지방은 사람들의 마음이 열려 있어 성공적인 사역이 기대됩니다. 저는 건강한 상태로 돌아왔습니다. 많은 사역의 기회가 있어서 그만큼 유혹을 받았지만 과로해서 건강을 해치고 싶지 않습니다.…"[27]

상기의 그의 편지를 보면 비록 3개월의 대장정의 여행이었지만 마펫이 존 로스 선교사를 만나 그의 사역을 학습한 것은 곧 자신에게 선교에 교과서적인 것이었고 사도 바울의 선교 방법을 본받은 성경적 선교 전략이었다. 마펫은 존 로스의 선교 방법이 조선 선교의 중요함을 인식하고 롤 모델로 받아들였다. 실제적으로 마펫의 40여 년의 조선에서 선교 방법이 그대로 반영된 것이었다. 마펫은 맥코믹 신학교에서 배운 선교학과 실제적으로 선교 현장에서 몸소 체득한 선교 방법 간에는 다소 차이점이 있었으나, 실사구시적으로 선교 현지에서 검증된 선교 방법이라면 그것을 본인이 답습해야 한다는 강한 확신을 가지게 되었다. 무엇보다도 선교지의 현지인들에게 그들의 모국어로 된 성경을 번역해 주는 것이 선교의 가장 중요한 핵심이며, 신앙과 교회의 자립과 성장을 위해서는 현지인 지도자 양육이 성공적인 선교의 필수적인 요건임을 다시 한 번 확신하는 학습이 되었다.

만주 봉천의 '동관교회' 방문은 장차 마펫이 행해야 할 검증된 사역의 학습이었다면 의주에서의 경험은 자신이 개척해야 할 선교지에서의 이미 자생적으로 자존하는 조선인의 교회 현장의 목격을 통해 이북 지역의 선교에 밑그림을 그린 매우 유익한 선교 여행이었다. 실제적으로 훗날에 의주의 교회가 조선의 복음화에 발원지가 되는 복음화의 나비의 효과를 그 후에 한국 교회사에서 입증하게 된다. 의주의 백홍준, 서상륜, 서경조는 사실상 한국 교회를 잉태케 된 것을 보게 되는데, 그 사례로 의주에 최초의 복음과 성경이 1883년에 백홍준에 의해 압록강을 건너와 의주에 최초로 그들의 친인척과 지인들에게 전해지고 그들이 모여 예배를 드리면서 실제적으로 최초의 가정 교회가 형성되었다. 의주라는 곳은 외국 선교사들이 들어오기 이전부터 본토인들 사역자들에 의해 자생적으로 전도되어 선교사들이 들어와 사역하였던 한성보다는 세례 교인수가 더 많았다.

이처럼 기독교 모임이 의주 지역에 확산되어 관가에 알려지게 되자 서상륜과 서경조는 황해도 장연의 소래로 도피하여 그곳에 한국 최초의 소래교회(1884)를 개척하였다. 그 후 이들 14명의 무리가 다시 언더우드가 사역하는 한성으로 와 그에게 세례를 받았다. 그날이 바로 이남 지역에서 최초로 세워진 '새문안교회'(1887. 9. 27)가 탄생되는 날이다. 그 후 서상륜이 언더우드와 함께 사역을 동역하면서 한반도의 남과 북의 복음의 확장에 크게 기여하며 지리적으로 평양과 한성 간에 황해도의 소래교회(1883. 5. 16)가 그 고리 역할을 하게 된다.

뿐만 아니라 마펫이 의주를 방문하여 한석진을 만남으로 한석진이 그의 사역의 동역자가 되어 "널다리골 교회"가 개척되어 평양의 교회 개척 시대가 열리게 되었다. 결과적으로 의주는 한국 교회의 못자리 역할을 한 것이다. 즉 의주 출신의 백홍준, 서상륜, 서경조, 한석진은 선교사들에게 여호수아와 갈렙 같은 역할을 함으로 한국 교회의 자생력을 갖는 자양분이 된 것으로 볼 수 있다. 특히 서상륜은 존 로스에 의한 조선어 성경 번역에 지대한 공헌자였고 백홍준은 그 조선어

서상륜

서경조

성경을 최초로 성공리에 조선 의주에 반입시킨 공로자였다. 뿐만 아니라 선교사들에게는 조선의 선교 개척에 길잡이 역할을 하며 조선 팔도와 만주 지역에 이르기까지 복음을 전하며 교회를 개척한 조선의 속사도들이었다. 결국 마펫이 의주 출신인 이들을 만나게 된 것은 하나님의 인도하심이었고 그들은 한국의 복음화와 교회사에 없어서는 안 될 믿음의 선조(Founder)들이었다.

마펫의 2차 선교 여행은 그의 사역과 삶을 온전히 이북 지역에 헌신키로 다짐하게 된 계기가 되었고 그의 일생일대의 목표와 방향을 확정하게 된 계기가 되었다. 그가 행한 발걸음은 한성을 출발해서 평양, 의주, 만주 봉천, 함경도의 강계, 함흥, 원산, 철원을 거쳐 약 2천여 킬로의 고된 대장정의 비전 트립(Vision Trip)과 전도 여행이었다. 이번 여행을 다녀 온 후 그의 기고문을 통해 당시 상황을 확인할 수 있다.

> "이번 3개월에 걸친 여행에서 우리는 수천 명에게 복음의 씨앗을 뿌렸습니다. 동시에 조선에 대한 그동안의 내 생각을 수정하게 되었습니다. 우리는 이 기간 동안 어떤 난처한 일이나 불쾌한 봉변을 당하지 않았습니다. 단지 외국인에 대한 의심에서 오는 약간의 반발은 당하였습니다. 그렇지만 복음 진리에 대한 그 어떤 반대도 찾아보지 못했습니다."[28]

이북 지방의 선교 여행에는 언더우드 외에 그래함 리, 빈턴, 윌리엄 홀, 스왈렌 등이 앞서서 여러 차례에 행하였지만 마펫만큼 수년간 9차례나 평양을 비롯한 이북 지역의 선교 답사 여행(약 10만킬로)을 한 선교사는 없었다. 그만큼 마펫에겐 이북 지역의 선교지에 대한 열망이 강하였다. 그에 못지않게 철저한 준비를 체계적으로 추진하였다. 이는 그 이후의 그의 사역의 결실이 입증해 주고 있다. 마펫의 초기 선교 여행의 목적은 다른 선교사들과 달랐다. 언더우드는 복음을 받아들인 사람들에게 세례와 전도를 위한 여행이었다면, 마펫에겐 이북 지역의 사역 거점지 확보와 상주를 통한 교회 개척에 있었다. 그래서 그는 이를 위해 현지인의 세례와 지도자 양육과 주택 구입에 집중하였던 것이다.

2-3. 복음을 갈망하는 조선인을 향한 3차 선교 여행(1891. 9)

마펫의 북쪽 지방인 평양과 의주 지역의 선교 행보는 그 진행이 매우 빠르게 진행되면서 그에 따른 많은 견실한 결실을 거두었다. 그가 3차 선교 여행을 다녀 온 후 1891년 10월에 파송 선교회에 보낸 편지를 보면 이 같은 내용을 확인할 수 있다.

"지난 2월 나는 토론토대학교 YMCA의 게일(Gail) 선교사와 함께 북쪽 지방으로 출발했습니다. 우리의 목적은 복음을 전하고 조선의 언어와 나라와 사람들에 대해 배우며, 의주와 조.중 국경 바로 너머에 있는 조선인 촌에서 이미 이루어진 사역을 살펴보는 것이었습니다. 말 여러 마리와 마부에 대한 비용을 부담하지 않고 어디에서나 자유롭게 멈추어 얼마 동안이든지 머물 수 있도록 우리는 담요와 옷, 한문 복음서들을 많이 넣은 보따리 2개를 조랑말에 싣고서 본토인 전도사 서 씨(서상륜)와 함께 걸어갔는데, 주로 그를 통해서 전도할 작정이었습니다. 첫 이틀 후 우리는 진흙 투성이의 험한 길을 만났지만 피곤한 기색 없이 하루에 30-40여 킬로미터를 갈 수 있었습니다.

두 개의 대도시 송도(개성)와 평양에서의 주일을 포함하여 마을과 읍에서 내킬 때마다 멈추어 며칠씩 보낸 후 마침내 수도에서 약 500여 킬로미터가 떨어진 북쪽 연안 의주에 도착했습니다. 가는 도중에 많은 여관에서 우리에게 관심을 보이는 사람들과 이야기를 나누었는데, 많은 사람들이 한문 복음서와 언문(한글) 요리 문답서를 구입하려 했습니다. 아주 깊은 관심을 가진 사람은 우리가 어디에 사는지 물어보았는데, 그들은 한성에 가게 되면 우리를 찾겠다고 약속하기도 했습니다. 한석진 전도사가 얼마동안 사역했던 중국 국경에 있는 의주에서 우리는 추수할 때가 무르익은 들판과 선교사가 찾아와 자신들과 함께 살기를 갈망하는 사람들을 발견하고 무척 놀랐고 기뻤습니다. 우리는 그곳에 12일간 머무르면서 이미 복음을 들었던 자들

평안도 의주교회

에게 매일 가르쳤고 처음 복음을 들은 많은 사람들에게는 구원받는 소식을 알려 주었습니다.

우리가 작은 방에서 매일 성경을 읽는 동안 전도자들은 방 밖에서 다른 사람들과 이야기를 나누었는데 매일 밤 어떤 때는 1시나 2시까지 전도자들이 주변 마을에서 찾아온 자들에게 설교하는 것을 들을 수 있었습니다. 우리는 의주에서 2주간 있었고, 많은 사람들이 참석한 예배를 두 번 드렸는데, 두 번째 예배 때에는 이전에 세례를 받았던 한국인 10명에게 성찬식을 베풀었습니다. 또한 의주에서는 5명에게 구성 지방에서는 10명에게 세례 신청을 받기도 했습니다. 후자의 사람들은 한성의 겨울 신학반에 참석했던 한 노인으로부터 가르침을 받고 있었습니다.

그곳 관리들로부터 대단히 정중한 대접을 받은 우리는 의주 관찰사에게 표지가 잘된 한문본 신약 전서 1부를 보냈는데, 며칠 후 그와 식사할 때 그는 그 책을 꺼내 이야기를 했습니다. 도성들과 읍들로 둘러싸인 의주는 그곳을 경작할 선교사의 존재를 절실히 필요로 하는 가장 전도가 유망한 땅이었습니다."[29]

마펫은 2차 선교 여행을 다녀온 지 1개월 후 바로 3차 여행을 실시하여 다시 평양과 의주를 방문하고 의주에 선교 활동의 거점을 위해 집을 구입하고 두 번째 세례를 남자 3명과 여자 2명에게 베풀었다. 이 당시의 세례를 받겠다는 것은 자신이 기독교인임을 그 지역 사람들에게 공개적으로 선포하는 용감한 행동이었다. 세례를 주는 것이 이들이 자원한다고 하여 누구나 다 주는 것은 아니었다. 문답식에 통과하여야 했으므로 분명한 기준이 있었다. 후에는 세례와 장로직 같은 직분을 받을 때에는 남자들은 제사와 축첩과 음주와 흡연 문제까지 단절하여야만 했고 신학교 입학은 더욱 까다로웠다. 이런 조건에 맞추지 못하였던 서상륜은 후처 문제를 처리하지 못해 동생인 서경조만이 평양 신학교에 입학한 사례도 있었다.

마펫에게 2명의 여자 성도가 세례를 받았다는 사실은 그 당시 사회상으로 볼 때에 매우 고무적이며 파격적인 것이었다. 이러한 일은 한성에서는 생각할 수 없는 일인데, 의주에서는 여자도 과단성 있게 세례를 받는 경우는 그만큼 그 지역 사람들의 의식이 개방적이며 종교의 선택과 활동에서 남녀 차별이 거의 없음을 말해주는 것이다. 의주에서의 여성의 세례는 단순한 일회성이 아니고 그때부터 여자도 신앙인으로서 교회의 봉사와 전도의 역할에서 그 사회성이 매우 높아짐으로 비단 의주뿐만 아니라, 그 이후 타지방과 특히 평양에서 교회의 부흥에 상당히 기여했음이 교회 역사가 입증하고 있다. 특히 평양에서의 여자 신학교 설립은[30] 이북 지역에서의 여성 전도자와 그 외의 사역에 그들의 비중이 매우 컸음을 말해준다. 선교사의 복음 전파로 인해 조선 시대에 교회가 여성들의 사회적 활동의 주된 영역이 되었고 여성들도 교육을 받는 결과로 이어지게 되었다.

마펫이 첫 번째 의주 방문 때에 한석진이 그에게 최초의 세수자였는데 불과 몇 개월 사이에 다시 5명의 세례를 원하는 성도가 뒤따랐다는 것은 그만큼 그 지역의 기독교 활동이 매우 활발하며 진취적이고 관가의 방해나 금함이 없었기 때문이었다. 의주에서는 1884년 서상륜과 서경조가 서양의 종교를 전하고 성경을 배포했다는 이유로 관가에 잡혀가서 감옥 생활을 한 적이 있었다. 그런데 불과 5,6년 사이에 많은 사람들이 세례를 받았다는 것은 조선 사회에도 큰 변화가 생겼음과 기독교가 그곳에서는 자리를 잡아가고 있음을 입증하고 있는 것이었다.

또 다른 사회적 요인은 그 당시 조선 전역에 동학란이 번져나가면서 사회 기강이 느슨해졌고 왕정의 통치력이 제대로 작동되지 못한 점도 작용된 것이었다. 그러한 가운데에 평안도의 의주는 기독교의 영향력이 지속되어 해방 전 까지만 하여도 교회 자료에 의하면 76개 교회가 있었다는 사실은 그 뿌리가 그 당시로부터 기인된 것임을 알 수 있다.

의주는 지역적 특성과 그 지역 사람들의 의식이 내지 사람들과는 달리 호방적인 성격을 갖고 있었다는 점과 후에 압록강을 접하고 있는 새로 생긴 신의주와 선천과 정주는 타지방보다 탁월할 정도로 기독교인들이 많았다는 점 등 곧 압록강 연안이 바이블 벨트(Bible belt)로 형성되었던 것을 교회사 자료를 통해 알 수 있다.

마펫 선교사는 이미 1890년에 한성의 언더우드와 기 포드(Daniel Gifford), 헤론(John W. Heron) 선교사들에 의해 언더우드 집에서 신학 교육이 실시되고 있는 모습을 보고 조선에서의 단순한 성경 학습이 아닌 현지인의 지도자 양육이 이루어진 점을 눈여겨 보았고 자신에게 사역지가 생기자 바로 동일한 교육 과정을 실행하였다. 1892년에는 사경회가 최초로 한성이 아닌 이북 지방인 의주에서 개최되었다. 마펫은 1893년에 평양에서도 이를 실시하여 여름과 겨울에 동일한 사경회를 실시하였다. 김이련과 김관근 부자 등 12명을 대상으로 1892년에 의주에서 열린 사경회에서는 마펫과 게일 선교사와 더불어 조선인으로는 처음으로 백홍준 조사가 사경회 교사로 책임을 맡았다.[31]

이것은 네비우스 선교 정책을 구현하는 일환으로 장차 조선 교회의 지도자를 양성할 목적으로 개설되었는데, 사경회에 참석한 자 가운데 성적이 우수한 자는 한성에서 열리는 신학반에 입학해 성경과 교회 치리에 관한 것을 공부한 후 전도인으로 임명받아 사역했다.[32] 이 신학반은 초창기에 초기 단계의 책임은 언더우드와 마펫이 맡아 하였다. 이러한 마펫의 성경 학습반 운영의 경험이 10년 후인 1901년에 평양 신학교 설립으로 이어져 조선의 교회 지도자 양성의 중심이 한성에서 평양으로 옮겨지게 된다. 그 이유 중에 하나가 이때의 학습반 구성원들의 대부분이 이북 지역 출신이었고, 마펫이 평양과 의주에 선교 거점을 삼음으로 그 중심축이 자연스럽게 이동하게 된 원인이기도 하였다. 초기 한성에서의 성경 학습에 대한 관심이 덜한 한성(서울) 출신들은 개화의 문명을 학습하는 것을 추구한 반면에 이북 출신들은 순수하게 복음을 배우고 교회 사역자가 되려는 동기가 상이한 점도 작용된 것으로 볼 수 있다.

참고로 조선에 들어 온 여러 선교사들은 그 나름대로 자신의 사역지 확보를 위해 개척지를 찾듯 전국의 동서남북의 각 지방을 향해 한성을 벗어나 선교지 개척을 위한 여행을 하게 된다. 그 사례가 1887년부터 1894년까지 선교사들은 50여 차례에 걸쳐 선교 탐색 여행을 했다. 스왈렌(W. L. Swallen), 게일(J. S. Gale), 맥길(William McGill) 등은 원산, 철원 등 동부 지역을 탐색했고, 감리교의 홀(William James Hall)은 평양을 탐색했다. 1892년 가을에 올링거(F. Ohlinger)가 원산을 여행했고, 미국 남장로회에서는 1892년 호남 지역을 탐색했다. 레이놀즈(W. D. Reynolds)가 공주를 방문했고, 1893년에는 전킨(W. B. Junkin)과 테이트(Mattie S. Tate)는 전주 지방에서 노방 전도를 했다. 1894년에는 레이놀즈와 드루(A. D. Drew)가 전라도 전역을 다니며 전도 활동을 하였다. 이 당시의 조선의 선교 현황은 마치 미국의 서부 개척 시대와도 같아서 새로이 들어 온 선교사들은 그들의 사역지가 필요하였기에 조선의 복음 전파가 크게 확산되는 결과를 가져왔다.

대부분이 선교사들은 안전을 이유로 수도나 항구에 머물게 된다. 외교관들이 상주하는 곳에서는 언제든 도움을 요청할 수 있지만, 그 밖에 지역은 선교사들을 적극적으로 보호해 줄 기관이 없었다. 그럼에도 마펫을 비롯한 조선에 온 선교사들은 주거와 사역 환경이 열악했던 내륙 곳곳으로 과감하게 들어가 선교 거점을 마련했다. 그로 인해 복음이 한반도 곳곳에 퍼져나가게 되었다.[33]

마펫의 선교 거점 확보와 평양을 비롯한 이북 전 지역의 사역에 가장 큰 동역과 안내와 조력에 힘쓴 이는 한석진이었다. 그의 공로는 매우 지대하였다. 이는 마펫이 그만큼 현지 사역자의 역할을 인정하고 함께 동역자로 세워주고 협력한 결과였다. 또 현지 복음화의 토착화를 위한 장기적 포석이기도 한 것이었다. 마펫의 사역 결실에는 한석진의 절반의 공헌과 참여가 있었음을 부인할 수 없다. 마펫은 한석진 조사의 조언과 설득을 충분히 수용함으로 어떤 문제가 발생할 때마다 이를 앞서서 해결하고 자발적인 전도와 대변의 역할에 충실하였다. 한석진은 마펫의 권유로 한성에서 언더우드가 세운 성경 공부반에서 학습을 받았기에 성경에 대한 이해력이 높았고 양반 가문이었기에 한학에도 능통하였으며 성품도 훌륭하였고 매사에 적극적이며 일에 대한 책임감도 투철하였다.

마펫에게 또 한 사람의 소중한 동역자는 서상륜이었다. 그는 마펫에게 어학 선생님으로 대변과 통역의 역할도 하였다. 또 평양에서 사랑방 전도에도 함께 동역하였다. 마펫은 그 당시 조선말에 능하지 못하여 전도와 설교에 충분한 전달력이 약하였다. 그런 언어상의 문제를 서상륜이 잘 보완해 주었다. 서상륜은 과거 몇 년 동안 존 로스 선교사와 함께 조선어 성경을 번역하면서 함께 하였고 영어에도 약간은 소통이 가능하였기에 조선으로 들어 온 후 여러 선교사들의 조선어 학습을 시켰으며, 선교사들이 타지방으로 여행할 때는 동행하면서 길잡이를 하였다. 마펫에게 한석진과 서상륜은 모세를 돕던 여호수아와 갈렙처럼 보조와 동역의 역할을 충실히 하였다.

2-4. 복음 전파와 추수할 곳을 찾아간 4차 선교 여행(1892. 5. 6)

선교사 전도 여행 행차 모습

마펫은 3차 선교 여행을 마친 후 6개월만인 5월에 휴브라운(Hugh Macdermid Brown) 의사 선교사와 동행하여 평양을 거쳐서 의주에서 4개월 동안 장기 체류를 하면서 의주의 12명 신앙인을 대상으로 하여 여름 사경회를 실시하였다. 이는 곧 이북 지역의 사역이 점차 초기 정착 단계를 거쳐서 활성화 단계로 접어들어 기성 신앙인들에게 성경을 체계적으로 가르쳐 그들의 신앙이 완숙 단계로 성숙시키는 진일보된 사역으로 진행되고 있음을 보게 된다. 이러한 변화는 매우 바람직하여 현지의 토착인들이 스스로 전도하며 가르치며 교회를 세워나가는 과정으로 성장과 결실을 거두는 단계임을 보여주는 것이다.

이를 의욕적으로 추진한 대표적 사역자가 바로 마펫이었다. 다른 선교사들도 마펫의 이북 지역 사역에 대해 높이 평가하고 신뢰했으며, 그의 사역에 적극 동참함으로써 그 추동력은 더하여졌다.

그는 4개월간의 사역을 마치고 돌아와 선교 본부 총무 엘린우드에게 1892년 9월 6일 장문의 선교 보고 서신을 보냈다 (수령일 10월 20일).

"엘린우드 박사님께

4개월간 여행을 마치고 조금 전에 한성으로 돌아왔습니다. … 의주에 도착한 후 전망이 밝은 상태로 사역을 시작했습니다. 그런데 브라운 의사가 떠날 수밖에 없어서 저와 브라운 의사는 크게 실망했습니다. 하지만 저는 여름 사역(사경회)이 만족스럽고 유익하였다고 보고할 수 있어서 기쁩니다. 브라운 의사가 떠난 후 저는 젊은 김 씨가 사역해 온 여러 마을을 순회하였습니다.

그가 사역한 결과를 돌아보고 의주에서 개최할 여름 신학반을 위한 자료를 수집하려고 갔습니다. … 많은 사람들이 저를 만나 복음에 대해 이야기하려고 20-30리 떨어진 곳에서 찾아왔습니다. 작년에 이 지역에서 세례를 신청했던 사람들 가운데 일부는 박해가 두려워 관심이 식었지만 다른 사람들은 그동안 성경을 공부했고 교회에 입교하기를 원하는 것처럼 보였습니다. 저는 이런 사람 여러 명과 처음 세례를 신청한 자들을 만나서 문답을 했으며, 그 중 2명에게 세례를 베풀었습니다. 한 사람은 서당의 훈장이고 다른 사람은 농부였는데, 두 사람은 거의 2년 동안 가르침을 받았습니다. 그동안 등록 교인에 대한 우리의 경험이 전혀 만족스럽지 못했기 때문에 저는 세례를 조심스럽게 주는 것을 원칙으로 삼고 있습니다.

우리에게 온 사람들 대부분은 경제적 도움을 받으려고 왔으나 철저한 교육을 받은 후 그런 동기에서 벗어난 자들이 일부 있습니다. 유교 교사로 고위 관직에 있었던 72세 노인은 작년에 저와 함께 오랫동안 대화를 나누었던 사람인데, 이번에 제게 다시 와서 자신은 예수를 믿는 자라고 선언했고 복음에 대해 더 많이 듣기를 간절히 원했습니다. 그가 1년 후에는 입교할 준비가 되어 있기를 고대합니다. 이 마을에서 5일을 보내면서 저는 시골 사람들의 일상생활과 관습에 대해 소중한 정보를 많이 얻을 수 있었습니다. 저는 지금까지 외국인이 한 번도 방문한 적이 없는 지역을 통과해서 의주로 돌아왔으며 주일은 근처 삭주읍에서 보냈습니다. 어느 곳이든지 첫 방문지는 분명히 만족스럽지 않습니다. 호기심만 만족시키려는 군중에게 어떤 일을 한다는 것은 어렵습니다. 왜냐하면 그들은 복음에는 전혀 관심이 없었기 때문입니다. …

저는 12일간 의주를 떠나 있다가 돌아와서 제 집(평양)에 머물면서 매일 설교하고 가르쳤습니다. 방문객이 줄을 지어 찾아오고 그들에게 옛날의 복음을 반복해서 들려주었습니다. … 우리는 주일마다 정기 예배를 드렸으며 여러 주일에 소년들이 몰려와서 그들에게 복음서 그림을 설명해 주었습니다. 저는 그곳에 있는 우리 교인들에게 예수교와 직접 연결된 자로 밝혀 주었으나, 그곳에 있는 우리 교인들이 예수교와 직접 연결된 자로 밝혀지는 것을 상당히 꺼리는 것을 알게 되었습니다. 의심할 여지없이 세례를 받은 대부분의 사람들이 그저 세상적인 이익을 추구했고 30명 이상 가운데 절반이 복음에 대해서는 전혀 무관심했다고 생각합니다. 예수교인이 된 증거를 보여주는 자는 10명 밖에 되지 않고, 이들 중 일부는 조롱을 견딜 용기가 없다고 말할 수 있습니다.[34]

저는 진리를 굳게 붙잡고 그 안에서 즐거워하는 5-6명의 사람이 있다고 말씀드릴 수 있어서 큰 위로를 받으며 수많은 사람이 복음에 대해 들었다는 사실에 큰 위안을 받습니다. … 많은 사람들이 귀신 숭배를 포기했다고 들었습니다. … 8개의 읍과 마을에서 온 12명이 한 반이 되어 15일간 저와 함께 지내면서 성경의 주요 교리를 배우는 과정을 이수했습니다. 그들은 매일 두 시간씩 저와 함께 공부를 했고, 오후에는 제가 가르친 내용을 더 자세히 설명해주었습니다. 사경회 참석자 중에 77세의 노인이 있었는데, 그는 시골에서 들었던 것을 충분히 알기 위해 60킬로 떨어진 곳에서 왔습니다.

의주에서의 마지막 2주일 동안 빈튼 의사가 저와 함께 있었는데, 그 기간에 4백여 명이 넘는 환자를 치료했습니다. 그 결과 더 많은 가정에 들어갈 수 있는 문이 열렸으며, 이전에는 제 영향력이 미치지 않았던 많은 사람의 호의를 얻는 데 크게 도움이 되었습니다. 의료와 전도 사역을 결합하는 유익에 대해 높이 평가하지 않을 수 없습니다. 의료 사역은 전도 사역을 위한 수단이 되어야지 그 자체가 목적이 되어서는 안 될 것입니다. 저는 우리 의사 두 사람이 그들의 의료 사역에 대해 이와 같은 견해를 가지고 있다는 사실을 증언하게 되어서 기쁩니다.

저는 의주의 사역에 대해 희망적으로 쓰지만, 3개월간의 의주 거주와 주변 시골의 순회 여행을 통해 평양이 우리 선교 지부를 설치해야 할 적합한 장소라는 사실을 더욱더 확고하게 가지게 되었습니다. … 의주는 상업이 꾸준히 쇠퇴하고 인구도 줄고 있으며 제가 두루 여행한 지역에 인구가 별로 없어서 놀랐습니다. 반면에 평양은 인구가 훨씬 많고 주변에 곡창 지대가 있으며 도의 중심이므로 북부 지방의 전략적 요충지입니다. 의주는 평양에서도 사역을 할 수 있기에 평안도를 위해 3명의 남자 선교사가 반드시 있어야 하는데, 그 가운데 한 명이 와야 의주와 그 인근 지역에 특별한 관심을 기울일 수 있습니다.

의주에 우리의 선교 지부를 설치하도록 지지하는 유일한 이유는 우리가 그곳에서 사역을 시작했고 들어가는 데 어려움이 없다는 것입니다. … 우리가 평양에 들어갈 수 있는 능력에 대해서는 의심하지 않습니다. 우리가 들어가서 즉시 서양식 집을 지을 수는 없습니다. 혹시 의사와 함께 들어가도 그럴 수 있을지 모르겠습니다. … 모든 선교사가 내륙에 들어가서 여러 달 동안 한옥에 살면서 통조림과 현지에서 구할 수 있는 한국 음식을 먹고 살 수 있을 만큼 건강한 체질을 가진 것은 아닙니다. 이런 점에서 우리는 어려움이 있을 수 있습니다. …

다시 말씀드리면 우리는 그곳에 거주할 조약상의 권리가 없기 때문에 조심할 필요가 있으며 다만 반드시 주민들의 호의를 얻어서 거주할 권리를 따 내야 합니다. … 제가 알기로는 감리회 선교사들은 평양을 위해 의사 한 명을 요청했습니다. 다른 모든 선교 지부에서 했던 것처럼 평양에도 우리가 처음으로 들어가기를 희망합니다. 우리는 새로 올 선교사들을 간절히 기다리고 있습니다. 귀하께서 새 의사 2명을 찾았다는 소식을 듣고 조금은 고대합니다. 안녕히 계십시오.

마포삼열 올림."[35]

마펫 선교사가 의주에 전도 여행을 통해 확인한 것은 이북 지역의 복음 전파의 무궁한 잠재력이었다. 그래서 자신의 사역에 우선순위와 정착할 지역은 평양이 확실하였으나, 일단은 의주에서의 사경회와 이미 기성 기독교인들의 집중적인 양육 사역의 중요성과 그 가치를 알았기에 평양 사역의 착수를 일단 유보하여 놓았다. 마펫의 그러한 판단은 결과적으로도 정확하였다. 무엇보다도 의주는 만주 봉천에서 사역한 존 로스 선교사의 제자들에 의해 의주에 복음이 확산되

선교사 전도 여행

고 있었고, 신도들이 있었기에 이들의 학습과 세례와 지도자 양육에 집중하기로 하였다. 뿐만 아니라 의주에는 잘 훈련된 로스의 제자들인 백홍준이 있었고 그에 의해 전도된 한석진을 만남으로 그는 마펫의 크나큰 동역자가 되어 평양 선교와 널다리골 교회 개척에 오른팔 역할을 하게 되었다.

2-5. 평양 선교 거점을 위한 5, 6차 선교 여행(1893. 3. 6 / 5. 15)

마펫이 4차 선교 여행을 다녀온지 얼마 지나지 않아 1892년 8월에 중국 산동성의 '뉴창'과 '지푸'와 '등주'를 2주 동안 방문하고 돌아왔다. 또 그해 겨울 12월에는 레이놀즈와 같이 이남 지방인 '공주'를 방문하고 돌아왔다. 이는 아직 평양에 선교 거점을 위한 집을 구입하지 못하였기 때문에 당분간 타지역으로 선교 여행을 한 것으로 보인다. 평양이 이북 지역의 선교 중심지로 그 중요성은 확실했으나 왕실의 통치력이 충분히 미치지 못한 상태에서 그 지역엔 무원칙의 통치가 무질서하게 집행되고 있었다. 평양은 특히 조선 왕조 민비의 친인척인 관리가 평양 관찰사로 와 있었고 그의 교만함과 폭정으로 평양 도성 백성들도 고통을 받고 있었다. 특히 선교사들에게는 매우 비협조적이고 적대적이었다. 1893년 평양에 홀 선교사가[36] 집을 구입하자 민 관찰사는 홀의 조선인 조수를 관가로 불러들여 폭행을 하고 감옥에 가두기도 하였고 일부 세력은 아예 선교사들을 죽이려는 음모를 꾸미기도 하였다.

그러나 이때 홀 선교사는 마펫 일행과 평양을 탐방한 후에 오히려 평양이 선교 전략지로서 최적임을 다음과 같이 선교회에 보고를 하였다.

> "첫째, 이 도성(평양)은 조선에서 가장 문란하고 더러운 도시라는 평을 받고 있음으로 선교의 도전 대상지가 되며,
> 둘째, 자기들의 기분에 맞지 않으면 일반인이건 관원들이건 막론하고 돌로 때리는 폭력배들이 있는 곳으로 유명하며,
> 셋째, 인구가 10만 명이 넘으며 주민들은 적극적이고 상업적이라 비교적 번성할 여지가 있는 도시이며,
> 넷째, 한성과 베이징 간을 연결하는 도로 선상에 위치하므로 육로 사정도 괜찮고 대동강을 통한 해상 교통도 용이한 점으로 볼 때 평양은 정말로 찬란한 역사의 도시임이 틀림없다."[37]

그 당시 평양은 상업이 발달하고 교통의 요지였기에 세속적이고 기생이 많은 문란한 도시였다. 그러나 선교사들은 그러한 악조건이 오히려 선교의 최적지일 수 있다고 역으로 판단하였다. 결국 선교사들의 판단이 옳았음을 한국 교회사가 입증하고 있다.

마펫은 이북 지역의 5번째 선교 여행에 스왈론과 그레함 리와 서상륜과 한석진과 함께 평양으로 들어가 두 명의 조선인 이름으로 주택을 구입하였으나 이를 관가에서 문제를 삼아 결국 계약을 취소하고 반환하였다. 이 당시 집 구입 문제로 지역 주민과의 관계가 매우 험악한 상황에 이르렀다. 평양 감사는 이 일을 알고는 주민들을 동원하여 이를 저지하였다. 자그마치 3백여 명의 성난 주민들이 몰려와 집 매매를 반대하는 단체 행동에 대해 마펫은 연장자인 대표에게 그 이

유를 묻자, 평양 관찰사의 명령을 받고 왔다고 했다. 만일 그가 떠나지 않으면 자기의 생명이 위태롭다고 설명을 하였다. 이에 마펫은 자기가 법적으로는 합법적 권리가 있으나, 연로자의 판단을 존중하고 자신은 그 다음날 떠나가기로 약속을 하였다. 그는 자신이 온 순수한 목적을 전하며 그들을 설득함으로 그 이후에 오히려 친구를 얻게 되는 계기를 만들었다.[38]

마펫은 결국 3주 만에 돌아왔다. 그 후 다시 2개월 후 혼자서 평양으로 가서 주일 예배를 인도하고 한석진의 이름으로 마침내 집을 구입하였다. 그러나 마펫은 그 집에 거주하지 않고 최치량의 여관에서 숙식하면서 그곳에서 예배를 드렸다. 평양에 마펫의 사역이 정착될 수 있었던 점은 한석진 조사(1869-1939)의 도움이 컸다. 1893년 봄에 그가 평양에 온 이후 주일 예배를 정기적으로 인도했다. 1893년에 마펫 선교사는 이같이 선교 보고를 하였다.

> "제가 온 직후 이곳에 가족과 함께 이사를 온 한석진은 조용히 작은 집을 매입하는데 성공했고, 저는 그 집에서 가을과 겨울의 대부분을 보낼 예정입니다. 다음 연례 회의를 위해서 한성으로 돌아가고 한 차례 의주를 방문할 것입니다.…
> 저는 한 사역자와 같은 좋은 조사를 만나 진실로 감사합니다. 그의 용기와 열의를 보고 저는 깜짝 놀랐는데, 그는 아주 열심히 전도합니다. 우리는 함께 도성 근처 교외로 많이 걸어 다녔고 모여 있는 사람들에게 이야기를 하였습니다. 지난 주에 우리는 큰 마을로 나갔고 큰 나무 밑에서 책을 팔고 전도했습니다. 상당히 많은 군중이 모였고 우리 두 사람은 열심히 책 내용을 설명해 주었습니다. 지난 주일에 우

리는 한 조사 집에 조용히 모였고, 저는 약 20명의 사람들에게 설교했습니다. 복음을 듣고자 하는 사람들이 매일 여관에 있는 저를 찾아오고 있습니다. 그래서 서서히 우리의 존재와 사명이 알려지고 있습니다.

저는 이렇게 여름을 보낼 수 있기를 바랍니다. 비록 사역의 현 단계상 오래 머물러 있는 것이 바람직하지만, 이 지역 주변은 완전히 불결하고 날씨가 더워지고 있으므로 안전하지 않습니다. 이번에는 한석진의 집이나 이곳에 대한 그의 권리에 대해 어떤 의문이 제기되기 전에 저는 떠나기를 간절히 바랍니다. 지금 제가 이곳에서 체류하는 것이 일시적인 방문으로 인식되어 있기 때문입니다. 다음 방문 때에는 여관으로도 가고 동시에 그의 집에 묵기도 하는 것이 안전하리라고 생각합니다.

북장로회 기도 달력에서 '조선의 달'인 8월에 평양의 사역을 위해서 교회가 특별히 기도해 주시기를 간절히 바랍니다. 당혹스러운 문제들이 계속 발생하고 결정을 내려야 하지만 어떤 결정을 내려야 할지 모를 때 저는 자주 다음과 같이 외치고 싶습니다. "누가 이 일을 온전히 감당할 수 있겠습니까?" 하지만 저는 주님의 말씀을 그대로 믿는 믿음을 가지고 싶습니다. 이 도성을 여는 것은 우리의 지혜가 아니라 주의 인도하심이며 주께서 우리의 실수를 뛰어넘으실 것을 인식하려고 노력합니다.

평양은 극도로 사악한 도성이며 철저히 음란에 빠진 곳입니다. 이번 여행으로 제가 그 도시에 관하여 알게 된 것은 형언할 수 없이 소름이 끼쳤습니다. 만일 복음 전파를 통해서 평양이 변화되는 것을 보는 특권을 누린다면 저는 진실로 감사하게 될 것입니다."[39]

평양 대동문

　그러나 한석진의 이름으로 구입한 집이 관가에 알려지자 구입이 취소되었고, 그 후 그 해 7월에 다시 시도하여 1893년 7월에 평양 대동문 안에 있는 한옥을 구입하여 완전한 소유가 될 수 있었다. 이 집이 평양 최초의 교회인 "널다리골 교회"가 된다.[40] 이처럼 성사된 것은 마펫이 전면에 나서지 않고 현지인 한석진을 내세웠기 때문에 가능했다. 마펫은 그 사실을 알고 서둘러서 그 집에서 예배를 인도하거나 사경회를 행하지 않았다. 마펫의 그러한 생각은 매우 현명하였다. 즉 현지인들의 외국인에 대한 반감을 최소화하기 위한 의중으로 그 집에 거처하여 사역을 하기보다는 초기에 여관을 이용하여 그곳을 찾아오는 평양 사람들에게 복음을 전하므로 오히려 현지인들과의 소통의 폭을 더욱 넓혔으며 점진적 사역이 결과적으로는 더 큰 열매를 맺게 되었다. 이 당시 사용한 여관은 최치량의 여관이었을 것이다. 최치량은 마펫이 평양에 안착하기까지 큰 도움을 주었고 최종에는 그 널다리골 교회의 기독교인이 되었다.
　마펫은 평양 사역의 중심을 한석진에게 실어 주었고 여름 동안에는 한석진이가 교인들을 주도적으로 지도하도록 하였다. 이제 평양에 그들이 중심이 되어서 주일 예배를 드리면서 그 수가 날로 증가하였다. 그러나 참석자들은 주변 사람들에게 경멸과 조롱의 대상이 되었고 요주의 인물이 되었다. 기독교 자체를 폄하였고 선교사들을 심지어는 '양귀(洋鬼)'라고까지 하였다. 그 당시 기독교를 "야소교(耶蘇敎)"라고 했고 믿는 자들을 경멸하기까지 하였다.

그러므로 당시 예수를 믿고 교회를 다닌다는 것은 상당한 용기와 희생이 따랐다. 가족에게 핍박을 받는 경우는 다반사였다. 예수를 믿은 후에는 집안의 제사를 거부했고, 금주를 하였기에 주변 사람들로부터 소외되기도 하였다. 그뿐만 아니라 1866년에 있었던 천주교인들의 대대적인 처형이 다시 일어나 야소교를 믿는 자들에게 가해 질 것이라는 소문도 돌았기에 예수를 믿는 다는 것은 곧 자신의 생명을 내놓아야 했기에 쉬운 선택은 아니었다. 그래서 그들 중에는 이러한 것이 두려워 도중에 포기하는 사람도 있었지만 대부분 꾸준한 신앙생활을 하였다.[41]

제3장

평양에 십자가를 세우며

3-1. 평양의 사랑방 전도와 첫 성탄 예배

평양에 선교 거점을 세우기까지 마펫의 헌신과 그 고생은 필설로 다 할 수 없다. 그는 사도 바울의 열정 못지 않게 복음 전도와 교회를 세우기 위해 도보로 다닌 기록이 5년에 걸쳐서 약 10만km에 달하였다. 그 거리는 태평양을 건너는 거리의 약 10배(서울-LA 간 약 9,600km)가 넘는 대장정이다. 그는 지칠 줄 모르는 열정으로 모두 9차례 평양과 의주와 만주와 그 외의 이북 여러 지역에 복음의 길을 그의 발바닥으로 길을 다져가며 만들어 갔다. 때로는 자전거로 5일을 걸려 평양을 가기도 하였다. 그는 복음을 전하기 위해 날씨를 불문하고 폭우와

폭염과 때로는 급류가 흐르는 시냇물을 생명을 걸고 건넜고, 눈보라 치는 겨울의 모진 삭풍에도 굴하지 않았고 장터에서 복음을 전하다가 돌에 맞아 피를 흘리기도 하면서 복음을 전하여 교회의 거점을 세우는 데에 온 생명을 다 받쳤다.

"그들이 그리스도의 일꾼이냐 정신없는 말을 하거니와 나는 더욱 그러하도다. 내가 수고를 넘치도록 하고 옥에 갇히기도 더 많이 하고 매도 수없이 맞고 여러 번 죽을 뻔하였으니, 유대인들에게 사십에서 하나 감한 매를 다섯 번 맞았으며 세 번 태장으로 맞고 한 번 돌로 맞고 세 번 파선하고 일주야를 깊은 바다에서 지냈으며 여러 번 여행을 하면서 강의 위험과 강도의 위험과 동족의 위험과 이방인의 위험과 시내의 위험과 광야의 위험과 바다의 위험과 거짓 형제 중의 위험을 당하고 또 수고하며 애쓰며 여러 번 자지 못하고 주리며 목마르고 여러 번 굶고 춥고 헐벗었노라"(고후 11:23-27).

성경을 벽지로 바른 최치량의 여관

1893년 11월 11일 마펫은 평양에 올라갔다. 겨울철 추위를 무릅쓰고 8번째로 평양을 가기로 결정한 것은 그동안 조선에 와서 3번째 한성에서 선교사들과 그 가족과 함께 성탄절을 지냈으나 조선인들과는 성탄절을 함께 보낼 기회가 없었기 때문이다. 그는 이미 7월부터 평양에 선교 거점지로 활용되고 있는 평양 대동문 안에 홍종대의 집을 합법적으로 사서 장만했고 그곳을 이미 교회로 사용하고 있기에 이번 성탄절은 그곳의 성도들과 함께 예배드림이 그들에게도 큰 기쁨이 되고 자신에게도 그 못지않은 기쁨이 될 것이라는 생각에 평양행을 결정한 것이다. 그뿐만 아니라 평양에 마펫보다 집을 먼저 장만한 홀 의사 선교사가 거주하고 있었기에 피차 큰 위로와 기쁨의 성탄절이 될 수 있다고 판단했기 때문이다.

마펫은 2개월 만에 다시 평양에 가는 길이기에 전혀 두렵거나 불안하지 않았다. 자신이 평양에 동방 박사가 되어 예수님을 가장 먼저 경배할 수 있다는 것만 생각해도 가슴이 뛰었다. 평양에는 이미 눈이 내려 들판과 집의 지붕에는 흰 눈이 쌓여 있었다. 저녁이 되면 집집마다 굴뚝에서 흰 연기가 피어오르는 모습은 매우 전원적 풍경이었다.

평양에 도착한 후 마펫은 한석진에게 자신이 갑자기 평양에 온 이유를 설명해 주었다. "한 조사님! 다음 주일이 무슨 날인 줄 알고 있나요?

갑작스런 그의 질문에 한석진은 달력을 보면서 "예, 12월 마지막 주일이군요. 그런데 무슨 특별한 일정이 있으신가요?"

"예, 다음주는 온 세계의 교회가 예수님 탄생하신 날을 기뻐하며 경배하는 성탄절입니다."

그 말은 들은 한석진은 놀라하면서 "아니, 그러면 그날이 예수님의 생신이지 않습니까? 그럼 그 날을 우리도 예수님께 생신 잔칫상을 차려드려야 겠어요. 그러면 어떻게 준비해야 하나요? 저희 조선 풍습과는 다르겠죠?"

그날 마펫과 한석진을 비롯한 몇몇 성도들이 모여 최초로 평양의 성탄 예배를 드리면서 평양 하늘에 "고요한 밤 거룩한 밤" 찬송 소리가 울려 퍼졌다. 기퍼드 선교사는 한성에서 성탄 선물을 평양으로 보내줌으로 마펫은 마치 미국의 가족들로부터 선물을 받는 듯하였다. 그는 그 선물을 받고 12월 28일에 기퍼드 선교사에게 감사의 편지를 보냈다.

3-2. '널다리골 교회'의 첫 주일과 첫 세례식(1894. 1. 7)

가을부터 여러 달 동안 한석진으로부터 성경을 배우던 최치량을 포함한 10여 명이 주일 예배와 수요일 저녁 기도회에 정기적으로 참석했다. 1893년 11월에 마펫은 이들을 학습자 반으로 받았다. 이들은 단순히 지적으로만 예수를 믿는 자들이 아니었다. 기도를 통해 성령의 도움을 입어 시련과 시험을 거친 자들이었다. 마펫은 드디어 1월 첫 주에 학습자반 10명을 문답했고 세례 문답을 통과한 8명에게 1월 7일 주일에 공개적으로 세례를 주고 성찬식을 베풀었다. 최치량, 전재숙, 문홍준, 이동승, 조상정, 한태교, 박정국 7인과 이름이 알려지지 않은 한 명이었다. 나머지 2명은 학습 교인으로 받았다. 마펫은 이 감격스런 첫 공식 예배이자 교회의 창립일이 된 이 날에 대해 '미국 북장로교 해외 선교부' 총무 엘린우드에게 1894년 1월 12일자 편지로 보고를 하였다.

> "그날은 한 씨와(한석진) 저에게 즐거운 날이었습니다. 왜냐하면 우리의 합심 기도와 간절한 소망을 통해 영혼들이 그리스도의 교회에 모인 것을 목도했기 때문입니다. 그들의 믿음은 성령의 나타나심과 능력 안에서 서게 될 것입니다. 다른 두 사람을 공개적으로 학습자반에 받았습니다. 주께서 조선에서 가장 사악한 이 도시에도 일하고 계시며 주님의 사람들을 불러내기 시작하였습니다. 이들 가운데 두 명은 약 40세이고, 나머지는 20-30세입니다. 그들은 하나님의 말씀을 진지하게 공부하고 기도하는 무리입니다."[42]

이후 이동승을 첫 영수로 선출했으며, 최치량을[43] 집사로 안수했다. 이동승은 마펫의 어학 교사였으며 교인들을 잘 지도하여 장로로 채택되었으나 안수 받기 전 1900년 5월에 병사했다. 1895년에는 이영언, 송인서, 신상호, 재령인 한치순 등이 교인으로 활동했다.[44] 평양에 최초로 세워진 널다리골 교회의 시작은 1891년 3월경에 제 2차 선교여행에 최치량의 여관방에서 마펫과 한석진과 최치량 등 불과 몇 명이 모여 예배드린 것이 시작이 되었고, 그 후 1893년 평양 홍종대의 집을 마침내 구입하여 12월에 성탄 예배를 드렸다. 그 후 1894년 1월 7일 성찬식과 임직 예배를 드린 날이 '널다리골 교회' 설립 날짜가 된 것이다. 이 같은 마펫의 교회 개척은 험하기 그지없는 8차에 걸친 평양 방문과 수없는 노방 전도로 결실된 것이다. 그의 지칠 줄 모르는 선교 열정은 그 어느 선교사들과는 비교될 수 없는 것이었다. 그의 그러한 개척 정신은 곧 청교도들의 개척 정신(Frontier spirit)과 예수님의 제자화(Discipleship) 교육을 누구보다 철저하게 이어받았기에 일관성 있는 헌신으로 이어졌다.

3-3. 사랑방(舍廊房)과 노방 전도로 시작된 평양 교회

마펫의 평양 최초의 교회 개척은 사랑방 전도와 노방 전도 전략으로 시작되었고 결실을 맺었다. 평양 도성의 주민들을 자신의 집 사랑채 공간을 통해 그들에게 전도하고 친교하는 가장 효율적인 장소로 활용함으로 그들과 친밀하게 소통하는 데에는 최적이었다. 즉 마펫은 조선인들을 자신의 거처로 초청하거나 그들이 자발적으로 접근하도록 하여 그들의 이웃이 되는 공동체의 장소가 되도록 하였다. 그러자 그들은 마펫을 양코쟁이 또는 양귀라고도 하면서도 호기심과 경계심을 품고 접근하여 점차 친밀감을 더해가는 기회를 삼았다.

특히 마펫은 한석진과 함께 평양 도성 거리를 다니며 자신의 존재를 알리며 그의 목적 사업이 무엇인지를 알려 주곤 했다. 이에 대해 마펫은 1894년도 선교 보고서에서 이같이 밝히고 있다.

"한성에서 예수교 학당 일을 그만 두게 되자, 나는 그레함 리 목사와 함께 평양으로 출발하였다. 1893년 10월에 평양에 도착하여 석 달 동안 그곳에 머무르면서 사랑방에서 전도 사업을 계속하였다. 이 사랑방의 건너 방에는 한석진 조사와 그의 가족이 살고 있었다. 나는 이 사랑방에서 떼를 지어 오는 방문객들을 맞으면서 매일 거의 온종일 복음을 전하며 가르쳤다. 하루 건너씩 오후에 한 시간 혹은 두 시간 정도 대동강변과 변두리로 다니면서 사람들이 모여 있는 곳을 찾아 노방 전도를 시작하였다.

노방 전도에는 두 가지 효과가 있었다. 첫째는 복음을 널리 전파할 수 있었고, 둘째는 평양에 서양 선교사가 왔다는 것을 알릴 수 있었다. 그리하여 나를 보려고 찾아 드는 사람은 매일 장사진을 이루었다. 어떤 때는 저명한 인사의 집 사랑방으로 초청을 받기도 하였는데, 가서 보면 보통 수십 명의 사람이 모여 있었다. 나는 거기서 한석진 조사와 함께 그들의 물음에 대답하면서 예수교의 진리를 가르쳤다. 그 집 주인이 예수를 믿을 마음이 생겼을 때에는 밤에 그 집 사랑방에서 성경 공부를 하는 것이 보통이었다.

주일날 아침에는 우리 사랑방에서 정식 예배를 드리게 되었는데, 그때에 나는 사회와 설교를 도맡아 하게 되었다. 주일 오후에는 아이들을 위한 주일 학교를 개설하였고 주일 밤에는 한 조사의 지도로 저녁 예배를 드렸다. 그런데 신자들의 태도가 처음부터 매우 진지하고 엄숙함을 보고 놀라지 않을 수 없었다. 그들은 찬송을 부를 때에는 그 뜻을 알고 진심으로 노래를 불렀고 기도할 때에는 무엇을 간구해야 할지를 잘 알고 있었으며 회중 기도를 올리며 뜻을 함께 모았다. 어떤 필요한 사업을 시작하면 그 사업이 완성 될 때까지 힘써 기도를 하였다."[45]

평양의 감격적인 "널다리골 교회"의 개척 이후 점차 교회로서의 역할이 정착되어 가자 그 소문이 온 도성 안에 전해져 많은 사람들이 관심과 경계심을 품었다. 그런 중에도 마펫은 교회 내의 직분자들의 성경 학습과 전도 활동을 지속하였다. 그 결과 교회는 점차 견고하게 성장해 나갔다. 특히 "사랑방"이라는 조선인들의 특이한 공동체 모임이 매우 적절한 전도 공간으로 활용되었다. 마펫은 이 사랑방에 대해 지인에게 보내는 서신에서 이같이 소개하였다.

> "제게는 응접실, 공부방, 식당, 침실의 구실을 하는 방이 조선인들에게 '사랑'이라는 방이 되었습니다. 말하자면 그 방은 언제 어느 때든지 밤낮을 가리지 않고 모든 사람에게 개방되어 있는 겁니다. 그래서 그곳은 개인적인 시간을 갖기가 불가능합니다. 이른 아침부터 한 밤중까지 사람들이 계속 몰려와서 저는 쉬거나 밥 먹을 시간이 거의 없을 정도입니다. 하지만 저는 가끔씩 신선한 공기를 마시고 운동하기 위해서 휴식 시간을 가지며, 산책을 하면서 많은 사람과 이야기를 하고 소책자(전도지)를 나누어 주고 저의 존재를 더 널리 알릴 수 있었습니다. 그 책자를 읽은 많은 사람들의 집에 초대를 받았는데 이들은 진리에 대해서 더 알기를 원했습니다.
>
> 저는 또한 한석진 조사와 함께 주변 마을에 서너 차례 걸어갔고, 그곳에서 끊임없이 몰려오는 구도자들을 만났습니다. 이제 이 지역에는 소책자를 읽고 복음서 이야기를 토론하는 수백 명의 사람들이 있습니다. 만일 박해나 조롱을 두려워하지 않게 된다면 수많은 사람들이 새 진리를 기꺼이 수용할 것입니다."[46]

마펫이 저들과 함께 섞인다는 것은 서양인의 동양인에 대한 우월감을 포기하는 것이었다. 선교사는 그들의 이웃이며 친구이며 지역적 공동체라는 일체감이 생기자 그들도 마펫을 동일한 이웃으로 받아들이게 되어 자연스런 친밀감이 조성되어 갔고 그곳이 신앙적 공동체로 발전되어 갔으니 하나님의 놀라운 역사라 하지 않을 수 없다.

그는 다시 사랑방에 대한 역할에 대해 1895년 10월에 선교 본부에 보낸 편지에서 매우 소상하게 소개하고 있다. 그 서신에서 '널다리골 교회'라고 서술하지 않고 '대동문교회'(East Gate Church)라고 소개하였다.

"대동문교회는 전에 내 사택이라기보다는 숙소로 사용했던 건물에 들어서 있는데, 교회로 사용했던 그 방은 이제 사랑방이 되었습니다. 우리는 이곳을 교회로 간주합니다. 이곳에서 주일 오후마다 예배를 드리고 학습 교인을 받으며 성찬식을 거행하고 구제 헌금을 드리기 때문입니다. 또한 이곳에서 매일 저녁 많은 교인들이 모여서 한석진의 지도 아래 기도와 성경 공부를 합니다. 수요일 밤에는 기도회가 정기적으로 열립니다. 또 사랑방에서 책을 파는데, 이 방은 교인이나 다른 사람들에게 항상 개방되어 있습니다. 사랑방의 비용은 올해까지 선교회에서 부담하거나 개인 자금으로 충당했고, 이후에는 매서인과 합의하여 마련했는데 매서인은 키니네(말라리야 약)도 팔아서 비용을 충당했습니다. 이 후자의 합의가 만족스럽지 않아서 지금은 그 비용을 본토인 교회가 부담하고 있습니다.

사랑방과 교회의 용도를 뚜렷이 구별하도록 벽보를 붙여 주의를 기울이게 했습니다. 곧 교회의 방으로 기도, 묵상, 성경 읽기, 성경 공부를 하기 위해 오고 싶은 자에게 매일 개방되어 있다면 사랑방은 종교적 대화뿐만 아니라 사교적이고 세속적인 대화를 위해서도 열려 있습니다. 이것은 본국(미국)에 있는 기독교청년회(YMCA)의 라운

지 운영 방식을 따른 것입니다.

주일 아침마다 모든 교인이 도시 성 밖에 있는 우리의 사택에서 드리는 예배에 참석합니다. 그러나 우리는 이것을 아직 교회라 하지 않습니다. 그 방은 이미 너무 좁아서 주일 아침에 두 회중으로 나누어서 하나는 교회에서, 다른 하나는 1.6킬러 떨어진 우리 사택에서 주일학교 방식으로 오전 성경 공부를 할 계획입니다. 이어 오후에 교회에서 드리는 정기 예배 때 이 두 집회를 합치려고 합니다. 아침 집회 참석자가 늘어나 방에 비해 규모가 너무 커지거나 성경 공부 모임이 다른 구역에서 만들어질 수도 있기 때문에, 우리는 본토인 스스로 마련할 두 번째 교회를 설립하는 일이 현명하다고 여겨질 때까지 그 오전 모임들을 다시 나누어 도시와 주변 지역 곳곳에서 소규모 집단이 모이도록 조정하려고 합니다. 그러나 오후에 예배 시간에는 하나의 중앙교회에 연합해서 모이도록 할 것입니다. 이 계획을 통해 교회의 일체감을 높이고 개종자와 학습 교인을 더 철저하게 가르칠 뿐만 아니라 우리의 사역을 조직화하고 통일시키는 데 도움이 될 것이라고 믿습니다. …"[47]

마펫이 전도의 장으로 최대한 활용한 장소는 바로 '사랑방'이었다. 이는 바울이 유대인들의 거주지마다 있었던 회당(Synagogue)을 전도와 양육의 장으로 활용하였던 것처럼, 그는 일반 대중 속에 파고들어 그들과 마음을 소통하면서 이웃이 되고자 전도의 장으로 적극 사용하였다. 그러나 이 장소는 조선 가옥의 특징상 매우 협소하였다. 이 당시 마펫이 사용하였던 사랑방의 공간에 대한 소개를 게일 선교사가 저술한 '밴가드'(Vanguard/선봉자)[48] 저서에서 확인할 수 있다.

"벽 일부가 떨어져 나간 방문 아래로 많은 사람들이 몰려들고 들락 거렸다. 세로 3m, 가로 2.4m, 높이 1.8m의 어둡고 좁은 방은 질식할 정도였다. 창호지 문틈 사이로 햇살이 약간 비쳤으나 통풍이란 것은 거의 없었고, 방에 들어설 때면 동양인 특유의 냄새가 사람을 질식 시킬 정도로 풍겨왔다. 방 한쪽에서 단정한 머리에 서양식 복장을 하고 방석 위에 책상다리로 앉은 사람은 우리의 친구 윌리스(마펫)이 다.…"[49]

3-4. 평양 초대 기독교인 박해 사건

평양을 선교 개척지로 목표를 세운 여러 선교사들이 있었다. 그 가운데에 가장 적극적으로 추진한 선교사는 마펫과 홀이었고 그 외에 노블 선교사도 있었다. 홀은 의사로서 평양에 최초로 집을 구하고 그곳에서 사역을 시작하였다. 그 후 마펫도 적극적으로 추진하면서 그의 조사인 한석진 명의로 집을 구입하고 그를 중심으로 전도하고 소수의 기독교인들이 모여 예배를 드렸다. 평양의 민병석 관찰사와 일부 주민들은 갑작스럽게 서양인들이 평양을 출입하고 집을 사고 사역이 시작되는 것을 보면서 극도로 예민해졌고 경계하기 시작하였다. 일부 평양 관리들은 선교사들을 평양에서 쫓아내고 돈을 뜯어낼 계책까지 세웠고 이를 실행하기 위해 민비의 친가인 민 평양 관찰사에게 허락까지 받았다.[50]

이 시점에 마펫은 4월에 의주와 평양 사역을 마치고 한성으로 돌아가 있는 상태였고 제임스 홀 선교사는 평양에 거주하고 있었다. 그

와중에 1894년 5월 9일 수요일 늦은 밤에 널다리골 교회 성도 7명(한석진, 최치량, 신상호, 송인서, 우지룡 등)이 수요 예배를 드리고 있을 때 관가의 포졸들이 들이닥쳐 이들을 난타하고 포승줄로 묶어 감옥에 넣었다. 또한 집을 판 홍종대도 구속되었고 홀과 함께 사역하는 김창식을 비롯한 조선인들도 구금되었다. 홀은 외국인이기에 체포되지 않았으나 위기를 느낀 그는 급히 한성의 스크렌톤에게 전보를 쳤다.

> "창식 구금, 오 씨와 마펫 친구 한석진 구타, 세 가옥의 전 주인들 모두 구금, 이곳 가족과 하인의 보호 요망."

민병석 평양 관찰사(감사)는 홀에게 명령서를 보내 경고를 하였다. 그 내용은 "구입한 집을 전 주인에게 돌려줄 것, 환자만 치료할 것, 예수교를 전하지 말 것" 등이었다. 이는 사실상 선교를 하지 말라는 것이었다. 한성에서 마펫을 비롯한 모든 선교사들은 저들에게 생명의 위협이 가해질 것을 걱정하면서 긴박하게 대처하였다. 미국과 영국 공사에게 이 사실을 알리고 조선 정부에 항의하고 구금되어 있는 이들을 속히 석방하도록 요구하였다. 미 공사는 만일 이를 속히 행하지 않으면 군함을 평양으로 보내겠다고 경고를 하였다. 그 사이에 평양에서는 일부 불량배들이 밤이면 홀의 집에 돌을 던지고, 물도 구할 수 없게 하였다. 나날이 분위기가 악화되어 가는 상황이 전개되었다. 왕실의 외교 담당 부서(외아문)에서는 평양 감사에게 이들을 석방하라고 전보를 보내었다.

평양 관가에서는 구금된 널다리골 교회 성도들을 곤장으로 체형을 가하면서 '야소교'를 믿지 말도록 배교를 강요하였다. 민 관찰사는 이들에게 "하늘을 향해 주먹질을 하고 하나님을 욕하면 놓아 주겠다"고 하며 겁박하였다. 이중 김호세와 홍종대는 살기 위해 하나님을 욕했다. 그럼에도 김창식은[51] "나는 하나님을 욕할 수 없다"고 외쳤다. 다행히도 왕실로부터 이들을 모두 석방하라는 전보를 받은 관찰사는 이들을 감옥에서 내보내었다. 김창식은 거의 죽기 직전에 살아남았다. 한편 한성에 머무르고 있던 마펫은 널다리골 교회 성도들이 걱정이 되어, 매켄지 선교사와 함께 즉시 평양으로 향하였고 그들을 만나 무너져 버릴뻔 했던 교회를 다시 수습하고 위기에 빠진 교회를 다시 세웠다.

사건이 수습된 후 미국과 영국 공사관은 관련자들의 처벌과 배상을 요구하여 결국 왕실이 500달러의 거금을 배상하는 것으로 하고 수습되었다.[52] 이 당시 평양의 평민과 천민들은 선교사들에 대해 호의적이었으나, 관직의 관리들과 특히 평양 민 관찰사는 선교사들의 평양 거주와 활동이 자신들의 기득권의 위협으로 받아들이면서 매우 배타적이고 비판적이었다.

이 당시 교회를 세우는 과정에서 겪은 또 다른 일에 대해 마펫은 1934년 6월 30일에 열린 경신 학교 강당에서 거행된 미국 북장로교 선교회 조선 선교 50주년 기념식에서 행한 연설에서 이같이 증언하였다.

"1894년 봄 홀 의사가 아내와 어린 애기를 데리고 평양에 도착한지 얼마 되지 않은 어떤 날 저녁이었다. 나의 조사 한석진과 다른 사람 열다섯 명이 모여 기도회를 드리면서, "몸은 죽여도 영혼을 죽이지 못할 자를 두려워하지 말고"라는 성경을 읽고 기도한 후 막 일어나려는 데, 갑자기 포졸들이 달려들었다. 오라 줄로 결박하고 몽둥이로 때리고 목칼을 씌어가지고 관청으로 잡아갔다.

그런데 다른 사람은 다 놓아주고 한석진과 홀 의사의 조사 김창식과 나에게 집을 판 사람만은 가두어 두었다. 이들을 투옥한 후에 하나님을 욕하고 배교하면 석방하겠다고 위협하기에 이르렀다. 마침내 형장으로 끌려가 다시 한 번 더 하나님을 욕하고 배교할 것을 권유했다. 목칼은 목에 씌어져 있었고 형리의 칼은 바로 목 위에 내리치려 할 무렵 이상하게도 형리는 두 사람에게 목칼을 벗어놓고 집으로 돌아가라고 하였다. 이는 한성에서 고종 황제로부터 석방하라는 칙명이 내린 까닭이었다.

5월 풍문으로 떠돌던 박해가 정말로 오고야 만 셈이었던 것이다. 그리하여 신자들은 그리스도를 위하여 받는 고난이 어떠한 것인지를 배우게 되었고 그리스도를 위하여 끝까지 참는 신앙이 어떠한 것인지를 그때의 위정자들에게 확증시켰다. 내가 서둘러 평양에 내려갔을 때 나는 하나님께 무한한 감사를 드렸다. 그것은 저희들의 마음속에 그리스도의 사랑의 능력이 가득 차 있었다는 것을 증거해 주었기 때문이었다.

아무도 저들을 그리스도에게서 분리시킬 수 없었으며, 저들의 신앙을 빼앗을 수 없었다. 그들이 석방된 후에도 약 석 달 동안이나 신자들은 불안과 공포 속에 살면서 언제 잡혀 갇힐는지, 언제 악형을 당하는지, 언제 참형을 당할는지, 알 수 없는 나날을 보내고 있었다. 평양 감사와 그의 부하들은 박해를 감행한 자들에게 대한 처벌을 거부할 뿐만 아니라, 서양 사람들이 떠나면 예수 믿는 사람을 하나도 남김없이 죽여버린다고 위협하고 강제로 빼앗은 돈의 상환마저 거부하였다.

이러한 위험에 직면하면서도 한 조사와 김 조사 등 다섯 사람과 그 외에 주일 예배에 잘 참석하는 몇몇 신자는 굳게 서서 기도와 성경 공부를 하기 위하여 계속 모였다. 그들은 오랫동안 위험 속에 살아왔으므로 내가 평양에 도착했을 때에 그들은 한없이 기뻐하였다. 그들은 나만 있으면 안전할 것으로 생각하였다.

그러므로 내가 저들을 위하여 할 수 있는 일이란 다른 무엇보다도 저들과 함께 있는 일이었다. 주님께서는 그 두려움을 통하여 우리들을 더욱 가깝게 만드셨다. 나는 그때에 저들이 나의 건강을 염려하여 그처럼 간절히 기도하던 일을 언제나 잊을 수 없다."

이처럼 평양에 최초 교회가 세워지기까지 생명의 위협과 배교의 강요가 있었음에도 이들은 흩어지지 않았고 사망의 위기 가운데서 자신들의 생명을 지켜주신 하나님의 보호하심을 직접 체득하는 과정을 통하여 저들의 신앙이 더욱 굳어졌고 마펫에 대한 저들의 사랑과 신뢰가 더욱 높아졌다.[53]

3-5. 평양 도성의 전쟁 참화

마펫의 평양 전도 사역은 급속히 결실되어 가고 있었으나 조선의 국가 형세는 동학란으로 나날이 위태로운 상황으로 치닫고 있었다. 이 나라의 정세가 어떻게 될지 아무도 몰랐고 조선 왕조는 아무런 희망을 주지 못하였으며 외세의 힘에 무기력하기만 하였다. 이 당시 일본은 강국으로 급부상하면서 동아시아에 긴장을 높였다. 개화와 근대화에 성공한 일본은 청나라와 힘겨루기에 들어가게 됨으로 결국은 조선의 지배권을 놓고 청일 전쟁(1894. 7. 25-1895. 4)이 벌어졌다. 그 가운데에 평양에서 격돌된 전투가 가장 치열하였고 그 피해를 평양 백성들이 그대로 떠안았다. 그로 인해 교회와 성도들도 그 전쟁의 참화를 비껴 갈 수가 없었다. 평양에서 벌어진 시가전 초기의 위기 상황을 게일 선교사가 저술한 실화 소설 『밴가드』에서 이같이 서술하였다.

"갑자기 전쟁의 소리가 들려왔다. 6만 명의 중국군이 압록강을 도강해 왔다. 그들은 압록강을 건너 평양을 향해 대포를 쏘며 번개처럼 몰려왔다. 용, 황새, 거북 등의 문양을 새긴 온갖 색깔의 깃발들이 시내로 물밀 듯이 쳐들어와서 윌리스(마펫)의 집을 지나갔다. 씻지도 않아 더러운 수많은 중국 병사들이 아편과 마늘 냄새를 풍기며 피 냄새를 찾아 헤맸다. … 군인들 대부분은 전과자, 살인자, 절도범, 약탈

청일 전쟁 일본군 평양 입성

자와 같이 처음부터 도저히 이해가 안 되는 피와 살을 가진 자들로 구성되어 있었다. 다른 외국인들도 떠나버렸기에 몇몇 기독교인들이 윌리스(마펫)에게 떠나라고 말한 것도 이상한 일이 아니었다. 그러나 그가 탈출할 수 있는 모든 출구가 막혀 버렸는데, 어떻게 도망할 수 있겠는가? 조선인들은 그들의 집과 조상 신들을 버려두고 사방으로 달아났다. 그 자랑스런 도시가 황폐해졌고, 김 씨에게 주리를 틀었던 평양 감사도 부서져버린 멋진 가마를 서문 밖에 버려 둔 채 목숨을 부지하기 위해 줄행랑을 쳤다."[54]

마펫은 피신에 성공하여 약 6주간 한성에 머물며 다시 평양으로 돌아갈 날만 학수고대하던 차에, 일본군이 청군을 물리치고 압록강 국경까지 북진하여 평양은 전쟁의 화마에서 벗어나 평온을 되찾아 가고 있다는 소문을 접하였다. 그는 평양 교회로 돌아갈 준비를 하였다. 마펫은 고대하던 평양으로 돌아와 미국 선교 본부에 보낸 1894년 11월 1일자 편지에서 이같이 보고하였다.

"저는 전쟁으로 인해 저의 사역지에 접근하지 못하게 될까 크게 두려워했으나, 6주간 떠나 있었을 뿐, 주께서 저를 이곳에 다시 돌아오도록 길을 열어 주셔서 지금은 기쁩니다. 저는 청 군대가 평양을 점령하고 있던 8월 중순 이곳을 떠났으며, 그때 일본 군대는 공격을 하기 위해 한성으로 오고 있는 중이었습니다. 평양에서 전투는 9월 25일 벌어졌고 청 군대가 완패하여 일본 군대가 평양을 점령하였습니다. 아직 많은 피난민들이 청 군대와 같이 피난길에 오르다가 상당히 많은 사람들이 죽었습니다.

대부분의 교회 성도는 도성에 남았고 교회에 다시 모였습니다. 주께서 그들을 보호하셔서 한 사람도 다치지 않았습니다. 청 군대가 물러가고 일본 군대가 오자 소문에 조선인들을 죽일 것이라는 소문이 돌자 다시 평양 주민들은 공포에 떨었습니다. 한석진 조사는 그 소문에 온 가족을 데리고 도망을 하였으나 소문으로 끝나자 다시 교회로 돌아왔습니다. … 평양 외곽 지역에 도피한 주민들은 공포에 질려서 돌아오지 않았고 도심지의 주민들은 무리를 지어 거리에서 불안해 하였습니다. …

평양으로 돌아오는 도중에 보니 여러 마을들이 불에 탄 폐허들로 남았고 여기 저기 거리에 죽은 말과 소의 시체가 버려진 상태였습니다. … 우리가 교회로 돌아왔다는 소문이 나면서 마을 사람들이 짐을 진 채 예배당으로 돌아와 전쟁 상황을 물었습니다. 매일 사람들이 돌아왔고 우리를 보고 기뻐하였습니다. 그들은 우리가 오자 안전해졌다고 믿게 된 것입니다. 저들은 그동안 사택에 있던 물건들과 창문까지 땔감으로 사용했습니다. 전투는 끝났지만 회복되려면 여러 달 아니 1년은 지나야 될 것 같습니다. 아직도 매장하지 않은 죽은 짐승들과 시체가 부패하여 그 악취로 대기가 오염되고 있었습니다. …

우리는 전투가 벌어졌던 여러 지역을 방문하였는데 그런 비참한 장면은 다시는 보고 싶지 않습니다. 이런 것을 보면서 평화의 왕이 오셔서 새롭게 된 땅을 다스리고 통치할 때를 간절히 갈망하게 됩니다. … 저는 과로로 말라리아에 걸려 자리에 누웠습니다. 작년 사역과 여름 내내 오랫동안 평양 관찰사와 말라리아와 싸운 것이 저에게는 적지 않게 힘들었습니다. 현재 이곳 위생 상태가 매우 나쁘기에 다시 한 번 병에 걸렸음을 인정하지 않을 수 없었습니다. 홀 의사는[55] 제가 한성으로 가야한다고 강력히 권고 했습니다. 특별히 그가 나를 돌봐주어서 1주일 만에 저는 다시 일어 설 수 있게 되었습니다. 주님께 감사드립니다. …"

평양으로 다시 돌아온 마펫은 얼마 후 다시 청군이 평양과 의주를 퇴각하면서 저지른 북부 지역의 참화 소식을 듣고 다시 1885년 1월 14일에 선교 본부에 이같이 보고하였다.

"엘린우드 박사님께
방금 의주 근방에 사는 두 남자가 왔는데, 북부 지방에 있는 모든 기독교인들은 건강하게 생존해 있기는 하지만 큰 어려움을 겪었을 뿐 아니라 지금도 곤경에 빠져 있다는 소식을 전해 주었습니다. 청국 군대가 평양을 떠나 의주를 거쳐 황급히 달아나면서 미친듯이 조선인들을 죽이고 약탈했습니다. 그때까지 우리 신자들은 의주에 남아 있었으나, 큰 혼란이 닥치자 급히 짐을 대충 챙겨 시골로 피신했습니다. 지금 그들은 산에서 진흙과 나뭇가지를 얽어서 만든 오두막 집에 살고 있는데, 이 추운 겨울을 보내려면 상당히 고생스러울 것입니다. 일본군이 의주를 점령한 후 얼마 지나지 않아 전도사 김관군이 그곳으로 다시 들어갔습니다. 그는 일본군이 선교 사택을 점유한 것을 보고 그곳에 들어가려다가 쫓겨났습니다. 저는 그가 그곳을 다시 소유할 수 있도록 미국 공사를 통해 일본 당국의 허가증을 받도록 희망하고 있습니다.
평양에서 의주까지 간선도로를 따라 많은 건물이 파괴되었고, 모든 사람이 사방으로 흩어졌습니다. 언제 다시 사태가 정상화 될지 알 수 없습니다. 시련과 곤경의 때에 많은 사람이 귀를 기울이고 배우려는 마음으로 복음을 향해 돌아서고 있다고 앞서 언급한 두 사람에게 들었습니다. 이 모든 어려움을 통해 주께서 큰 영광을 받으실 것이라고 저는 확신합니다. 주께서 저를 주님의 도구로 사용하실 수 있도록 최대한 오랫동안 현장에 있기를 원합니다. 리 목사와 저는 함께 가기로 결정했습니다.…"[56]

이 편지의 내용처럼 의주에서 평양으로 피신해 온 현주민에게 그곳의 교회 상황을 접하자 마펫은 지체없이 의주로 떠나 그곳의 사역 현장을 복구하려 300여 킬로미터를 마다하지 않고 그곳을 향해 갔다. 그곳은 아직 전투가 끝나지 않은 상태일 수도 있으나 위험에 처해 있는 양떼를 찾아가는 선한 목자의 책임성 있는 모습을 보게 된다. 그곳은 평양을 선교 중심지로 정하기 전에 그에게 조선 이북 지방의 사역 가능성을 확인한 곳이었고 첫 사역의 현장이었기에 그는 남다른 애착을 가지고 그 현장으로 달려간 것이다. 마펫은 전쟁의 참화 속에서도 평양과 의주의 성도들을 돌보며 교회를 다시 재건하는 일에 자신의 생명을 마다하지 않았다. 만일 그 위기에 처한 성도들을 마펫이 바로 돌보지 않았다면 그 교회는 다시 회생되지 못하였을 것이다.

청일 전쟁은 평양을 비롯해 평안도 일대를 처참하게 파괴하였다. 특히 9월 15일부터 17일까지 사흘간 전투에서 평양은 거의 초토화되었고 도성 인구 약 6만 명이 1만 5천명으로 줄어들었다. 양국 간의 치열한 전투로 인해 양국의 군대들 중 특히 청군의 피해가 막심하여 그 시체들이 곳곳에 쌓여 있었다. 일본군은 최신식 무기와 잘 훈련된 군대를 갖추고 있었기 때문에 이 전쟁을 통해 확실하게 조선에서 청나라의 정치적 영향력을 완전히 청산하였다. 그로 인해 일본이 조선의 새로운 통치국으로 자리 메김을 하게 되는 계기가 되었다. 일본군은 저들이 후퇴함에도 불구하고 끝까지 추적하여 국경 지대인 압록강 넘어 만주의 요령 반도까지 점령하였고, 그해 4월이 돼서야 청일 전쟁은 일본의 승리로 끝났다. 청 군대는 패배의 분풀이를 조선 백성에게 하면서 후퇴하였기에 수많은 백성들을 살해하고 약탈하였고 가옥들은 화마에 쓸어졌다.

3-6. 생지옥 같은 평양의 역병

처절한 청일 전쟁이 끝났지만 평양은 다시 엄혹한 새로운 상황에 처해지게 되었다. 전쟁의 후유증도 상당했지만 설상가상으로 여름마다 찾아오는 계절형 콜레라 전염병으로 많은 인명이 쓸어져갔고 그 역병을 피하여 많은 주민들이 짐을 싸고 시골이나 산으로 피신해야 했다. 평양 도성의 백성들은 하늘의 징벌같이 엄습해오는 역병으로 하루하루 연명하며 두려움에 떨어야 했다. 전쟁보다 더 무서운 그 당시의 상황을 마펫은 1895년 8월 21일에 다음과 같이 선교부에 알렸다.

"중략 … 바로 지금이 무척 견디기 힘든 시련의 시간을 통과하도록 부르심을 받은 때입니다. 많은 상황이 복합적으로 얽혀서 우리의 평양 사역이 올해 가을에 어떻게 될지 매우 불확실한 상황입니다. 주님께서 우리가 언제 움직여야 할지 보여주실 때까지 기다리면서 당분간 모든 계획을 중단하지 않을 수 없습니다.

저는 5월과 6월까지 위생 상태가 허락하는 한 오래, 그리고 자주 평양과 주변 시골에 머무르면서 지냈습니다. 그러나 열병이 재발하고 북쪽에서 콜레라가 발생하여 도시를 휩쓸었습니다. 불쌍한 평양! 전쟁으로 완전히 피폐하게 되었습니다. 지금 그 도시의 상황은 니느웨와 바벨론의 멸망에 대한 예언을 상기시킵니다. 그곳에 있는 제 어학교사가 지난 주에 보낸 소식에는 사람들이 떠난 텅빈 도시의 성 안과 밖에 시체들이 널린 채 햇살을 받으며 썩어가고 있다고 합니다. 하나님께서는 우리 남자 신자들을 자비롭게 대하셔서 지금까지 등록 교인 한 명과 가을에 세례를 주려고 예정했던 학습 교인 한 명만 데려가셨습니다. 가족 가운데 죽은 이들이 많이 있지만, 기도에 응답하셔서 대부분의 남자들은 모든 질병을 피했고 병에 걸린 자들은 회복되었습니다. 다수의 사람들은 산 속에 있는 안전한 마을로 갔습니다. 그러나 최근의 편지에 따르면 재앙이 그 도시에서는 그쳤지만 이제 근처 마을로 퍼지고 있다고 합니다.

작년 전투에서 사망한 청나라 군인들의 시체가 부패하여 우리가 올해 봄에 그곳에 머무를 수 있을 수 없게 되었을 뿐만 아니라 저 역시 심한 말라리아에 걸려 제 모든 친구들이 저에게 휴식을 취하라고 강권하는 상황입니다. 많은 사람들이 지금 제가 미국행 휴가를 요청해야 한다고 생각합니다. 그러나 저는 아직은 그렇게 할 필요를 전혀 느끼지 않으며 이삼주 동안 한성 근처에서 있는 산에서 약간의 휴식을 취하면 다시 건강을 회복할 것이라고 믿습니다.

하지만 저를 괴롭히는 것은 지금 당장 제가 더 많은 난관과 싸우거나 콜레라가 발생한 평양의 비위생적인 상황과 다시 싸울 수 있을 만큼 건강하지 않다는 사실입니다. 비록 1년간 우리가 그곳에서 영구적이고 평안하게 정착하기 직전의 상태로 지냈지만, 우리는 아직 평양에 제대로 자리를 잡은 것이 아닙니다. 제가 바라는 것은 본국을 방문하도록 이끄신다고 느끼기 전에 그곳에서 사역할 리 선교사와 그의 가족과 웰즈 의사와 더불어 우리의 선교 지부를 그곳에 알차게 설립하는 것입니다. 그러면 저는 지체하지 않고 기쁘게 저의 어머니께로 갈 것입니다. 지금 저의 어머니는 편지할 때마다 제가 돌아오기를 간절히 바라고 있습니다.

우리가 평양으로 돌아갈 계획을 세운 날짜인 9월 1일에 갈 수 있을지 불확실하기 때문에 제가 지금 힘든 시간을 보내는 것을 박사님은 이해주시리라고 생각합니다. 하지만 아마도 당분간 지체하는 것은 저에게 기력을 회복할 시간을 주셔서 제가 올겨울에 만나게 될 모든 기회를 위해 더 나은 상태로 사역할 수 있도록 하려는 주님의 계획인 듯합니다."[57]

마펫은 청일 전쟁이 끝나자 평양에 복귀하였지만 바로 이어서 전염병으로 성도들이 흩어져야 했고 자신의 몸도 지쳐있고 말라리아에 걸려 고생하는 가운데서도 자신이 맡은 사역에 책임감을 갖고 교회를 온전케 하며 다시 회생시키기 위해 최선을 다했다. 이런 그의 그 모습을 보면 헌신적인 선교자임에 틀림없다. 또한 그도 인간의 성정을 가졌기에 지치고 힘든 상태에서 고향과 어머니를 그리워하는 모습에 인간적 동정심을 품게 된다. 이처럼 마펫의 사역 초기 개척기엔 관가의 박해가 있었고 그 후 교회가 세워진 후에는 바로 청일 전쟁으로 교회에 큰 위기가 찾아왔다.

　다시 회생된 교회에 큰 시련이 찾아 온 것은 평양과 이북 전역에 창궐한 전염병이다. 그 자신도 감염되어 생명의 위협을 받는 최악의 상황이 왔지만 마펫은 다시 굳건한 신앙으로 일어나 그 모습을 교회 성도들에게 보여줌으로 모두가 교회의 존망의 선상에서 회복되었다. 이처럼 평양에서의 교회가 세워지고 성장하는 과정은 곧 시련의 아픔이기도 하였지만 오히려 더 견고해진 부활의 모습으로 거듭나게 되었다.

3-7. 고종의 호위 무사가 된 마펫과 선교사들

　1895년 10월 8일 명성 황후가 일본에 의해 시해된 을미사변 이후 고종은 자신도 언제 살해될지 모르는 극도의 공포와 독살의 위험에 시달려야 했다. 이때 고종은 마펫을 비롯해 언더우드와 헐버트 등이 권총을 소지한 채 돌아가면서 야간에도 경계와 자신의 신변을 지켜 줄 것을 요청하였다. 특히 마펫과 언더우드는 조선말에 능통해 고종은 이들을 매우 반겨하고 의지하였다. 선교사들은 왕의 침실 옆에서 잠을 잤고 심지어는 왕의 식사를 미리 먹어보는 역할도 하였다. 선교사들은 1895년 10월부터 1896년 1월까지 계속 왕궁에 들어가 보초를 섰다. 친일파 김홍집 내각은 고종에게 단발을 강요했으나, 고종은 상투를 지키기 위해 러시아 공사 베베르에게 도움을 구했다.

　이 같은 상황에 마펫은 풍전등화와 같은 급박한 왕실이 무너져 가는 참담한 모습을 역사의 현장에서 지켜 본 산 증인이다. 마펫은 이러한 상황을 생생히 지인에게 편지를 통해 증언하고 있다.

"중략… 회의가 열리는 동안 왕비 시해 사건이 발생했고 이어서 여러 정치적 동요가 일어났습니다. 그 살해는 대단히 비열한 행위였습니다. 우리는 왕비가 천사가 아님을 알고 있지만 그럼에도 심각할 정도로 정의감에 타격을 받아서 외국인 공동체 전체의 분위기가 어두워졌습니다. 왕과 그의 충성스런 경호원인 연로한 다이 장군 역시 위험하게 되었습니다. 왕은 알렌 의사에게 외국인 몇 사람을 왕궁으로 데려올 수 있는지, 아니면 자신 곁에 둘 신뢰할 만한 사람이 있는지 물어 보았습니다. 이에 우리 선교사 모두가 자원했고 그때부터 매일 밤 선교사들이 교대로 왕궁에 머물렀으며 덕분에 다이 장군도 잠을 잘 수 있었습니다. 물론 외국인 한 두 명이 함께 있게 된 것이 실질적인 보호가 되는 것은 아니지만, 정신적 효과는 매우 커서 더 심각한 문제를 피하는데 분명 도움이 되었을 겁니다.

불쌍한 조선! 다시 한 번 조선 앞에는 어둠과 음침함과 실망밖에 없는 것처럼 보입니다. 왕과 백성 모두 영국과 미국이 구해주러 오고 조선이 개혁을 이룰 수 있도록 맡아 주기를 희망해왔지만, 어느 쪽에서도 조언 외에는 기대할 것이 없는 듯합니다. 그 어느 쪽도 다른 열강과 충돌을 야기할 수 있는 일을 기꺼이 하려고 하지 않습니다. 러시아와 일본은 심각하게 대립하고 있습니다. 일본은 러시아와의 전쟁 준비가 될 때까지 자신들의 뜻대로 모든 일을 처리하려고 합니다. 그래서 무슨 일이 일어날지 아무도 모릅니다.

왕궁에 있을 때 저는 왕을 알현하도록 허락을 받았는데, 그는 제가 조선어를 말 할 수 있어서 크게 기뻐하는 것 같았습니다. 고종과 왕

세자는 우리를 접견했습니다. 그들은 정말 가련한 분들입니다. 사실상 자신의 방에 연금된 죄수들인데, 두 사람의 적으로서 권력을 가진 자들이 두 사람에게 배신자나 취할 조치를 윤허하라고 강요하고 있습니다. 그 배신자들은 왕으로 하여금 왕비를 후궁의 위치로 낮추는 문서에 서명하게 하려고 시도했으나, 왕은 서명하기 전에 먼저 자신의 오른팔을 잘라 내겠다고 합니다. 왕은 담력이 부족했지만 어느 정도의 결단력은 있어 보입니다. 그는 개신교 선교사들을 좋아하지만 너무 나약하여 그의 소원과 정책은 무시됩니다.

왕비는 강력한 사람으로 왕과 대원군과 영의정과 일본의 장관이자 대단한 니오우에 공사를 차례로 눌러 이겼습니다. 그녀는 철저히 반일적이고 일본의 계략을 가로막았습니다. 그녀도 불쌍한 여인! 그들이 그녀를 이길 수 있는 유일한 방법은 그녀를 제거하는 것뿐이었습니다. 한성은 정치인들로 가득하며 저는 이곳을 벗어나기를 고대합니다.…"[58]

제4장

선교의 지경을 넓히며

4-1. 미션 스쿨 예수 학당 설립을 위하여

마펫은 천신만고 끝에 평양에 교회를 개척하여 수십 명의 성도들이 모였지만 그들은 거의 장년과 노년층이었다. 그래서 소년과 청년층을 교회로 인도해야 했다. 그러나 그 당시 조선 사회에서는 성인과 아이와 부녀자를 구분짓고, 각자에게 적합한 공동체에 참가해서 인격적으로 동등한 대우를 받을 문화가 전혀 없었다. 성인이 되어야 상투를 틀고 인간 대접을 받는 관습이 지배적이었다. 교회가 정상적인 역할을 하기 위해서는 이들을 교회라는 공동체 속에 성인들과 같이 동일한 구성원이 되도록 돕는 것이 필요했다. 교회는 가정을 기초로 하여야 가정 신앙으로 이어져 삶속에 신앙이 뿌리내려야 사회성 있는 신앙으로 성숙되어져 갈 수 있었다. 마펫은 이러한 문세를 교육으로 제도화하려 하였다.

한성에서는 이미 아펜젤러가 1885년 배재 학당을, 스크렌턴이 1886년 이화 학당을, 언더우드는 고아들을 모아 경신 학당을 설립하여 근대식 서양 교육을 시작하였다. 이 당시 이북 지역에서는 이러한 근대식 교육 기관이 없고 서당이라는 사교육이 지역마다 소규모로 있었으나 양반 계층의 자녀를 대상으로 중국 한문을 가르쳤을 뿐이다. 즉 종합적인 근대식 교육 기관은 전무하였다. 마펫은 조선에 들어와 시작한 사역이 언더우드가 설립한 고아들의 양육과 교육을 잠정적으로 했던 경험이 있었기에 조선에서의 교육 사역은 교회 사역 못지않게 중요하다는 것을 익히 알고 있었다. 마펫은 평양에서도 이처럼 절실했던 교육 사역을 위해서는 무엇보다도 교육을 감당하는 전문 선교사가 필요하였다. 그러기 위해서는 본국에서 교육을 전담하는 선생이 와야 했다. 마펫은 이를 위해 미국 선교 본부에 그 필요성을 호소하는 보고서를 1896년 1월 21일에 올렸다.

> "중략… 저는 결코 그 학교(예수교 학당)에 대한 관심을 잃어버린 적이 없습니다. 저는 3년간 그 학교를 책임지면서 열심히 일했고 많은 생각을 했습니다. 이후 교육위원회 위원으로서 저는 그 학교의 사역 진행 상황과 필요를 늘 알고 지냈습니다. 저는 우리가 교육 사업 계획을 튼튼한 기초 위에 지혜롭게 건축하고 있다고 믿습니다. 이제 그 초등학교는 기독교 분위기 속에서 기독교 교육 과정과 기독교인 교사들로 잘 세워졌으므로, 우리가 전국에 초등학교 설립을 준비할 때

따라야 할 모델이 될 것입니다. 우리는 초등 과정을 잘 세웠으므로 이제는 한 단계 더 나아갈 때라고 느끼게 됩니다. 연례 회의는 동일한 기독교적 기초 위에 중등 과정과 실업 과정을 점진적으로 설립할 것을 추천했습니다. 밀러 목사는 선교회 회계로 또 초등 과정에 있는 거의 100여 명의 학생들을 돌보느라 두 손에 일이 가득합니다. 그를 도와주고 초등학교 감독 일을 덜어 줄 자가 없으면 밀러는 중등 과정(실업 학교)을 적절하게 발전시킬 수 없습니다.[59] 조력할 선교사를 파송할 때, 실업과를 설립하고 지도할 수 있는 사람을 보내주시면 더 좋겠습니다. 그러면 졸업 후에 수공업자가 되려는 자들에게 큰 복이 될 뿐만 아니라 좋은 학생이요 진지한 기독교인임을 증명하여 고등 과정에 진학해 미래의 교사, 전도사, 의료 보조원 등으로 훈련받을 자들에게 육체적, 정신적으로 큰 혜택이 될 것입니다. 약간의 실업 훈련으로 미래에 교사와 전도사가 될 자들은 더 폭넓은 인물이 되고 적은 봉급으로 사람들과 더불어 살아가는 데 잘 적응할 수 있을 것입니다.

제가 이해하기로는 선교회가 단순한 세속적 교육이나 영어 교육을 제공하는 것보다는 건강한 육체와 건전한 정신과 노동의 존엄성에 대한 바른 개념을 가진 기독교인을 배출하는 교육을 실시하시기를 진심으로 원합니다.… 우리는 이 학교가 곧 좋은 인물들을 길러서 한성과 동일한 교과 과정으로 설립될 초등학교의 교사 수요를 충분히 공급할 수 있기를 희망합니다. 그래서 그 초등학교들은 한성의 중고등 학과에 진학할 학생들을 배출하게 될 것입니다.

우리는 5년 후에 한성에 대학을, 그리고 평양과 원산과 부산에 중학교를 설립할 준비를 해야 하며, 이 중학교 사역은 한성의 중학교를

> 졸업하고 배출될 본토인이 주로 감당해야 합니다. … 만일 박사님께서 올해 새로운 사역을 착수할 계획이 있으시면 조선을 위해 이 실업 과정의 교사를 보내주시길 간절히 바랍니다.
>
> 마포삼열 올림"[60]

이 편지에서 알 수 있듯이 마펫이 구상했던 학교 시스템은 초등 제를 기초로 하고, 이어 중급 과정을 두는 것이었다. 그다음 실제적인 전문 직업을 취득할 수 있는 전문 실업 교육을 함으로써 근대 기술을 전수하고, 현지의 기술 자생력을 키워 전문 기술인이나 실업가를 양성하는 것이었다. 그리하면 이들이 그 시대의 산업 발전의 기반을 구축하고, 서구 사회처럼 자본가를 배출할 것이라 생각했기 때문이다. 그래서 이러한 합리적인 장기 교육 제도를 미국 본 선교회에 제안하였다. 무엇보다 이들을 양성할 교사와 교육 환경을 마련해야 한다고 강조했다.

사실 이러한 실업 학교 모델은 한성 YMCA에서 실시하고 있었기에 마펫도 동일한 교육 제도를 이북 지방의 평양과 원산에 설립할 것을 제안하였다. 조선이 오랫동안 상공업 종사자들과 기술자들을 천시해왔다. 그 결과 상업 및 경공업이 발달하지 못했다는 사실이 이러한 제안의 배경으로 작용한 것 같다. 그러나 미주와 유럽과 일본은 산업 혁명을 기반으로 이미 상공업 교육을 통해 빠른 속도로 발전하였다. 그 결과 이들 나라들은 조선보다 모든 분야의 산업이 급속하게 발전하여 부국강병국을 이루었다. 하지만 근대화에 뒤떨어진 조선은 결국 그들 국가들로부터 식민지가 될 수밖에 없다. 조선의 근대 교육의 필요성을 절감한 마펫은 이북 지역뿐만 아니라 전 조선에 실용성 있는 체계적 교육 제도를 확립해야 한다는 점을 강력하게 주장하였다. 마펫의 그러한 교육의 열망은 평양에 3개의 숭실 학교를 설립함으로 그 결실을 보았고 그 학교에서 배출된 인재들이 조선의 근대화에 이바지 하게 되었다. 이처럼 마펫은 교육에도 큰 안목을 지닌 교육자이기도 하였다.

4-2. 평안도에서 황해도로 넓혀지는 복음의 지경

평양에 널다리골 교회가 설립된지 2년째 되는 1896년에 마펫은 복음 전파의 확장을 위하여 그의 동료와 함께 황해도 지역으로 선교 여행을 시도하였다. 사도 바울이 실라와 함께 2차 선교 여행을 위해 유럽의 첫 관문 빌립보를 갔을 때에 그곳에는 장차 바울의 동역자가 되고 최초의 유럽 교회가 세워지는 데에 결정적인 역할을 한 루디아라는 여인이 그곳에 있었던 것처럼 마펫 일행이 평안도를 떠나 인접해 있는 아래 지방인 황해도에 도착했을 때에 하나님께서 예비해 놓으신 믿음의 사람이 있었다. 그로 인해 황해도에 예기치 않게 가정 교회가 개척이 되었다. 황해도가 황금 벌판을 지닌 곳으로 이북 지역에서는 제일 풍요로운 지역이라 훗날 이북 지방에서 대형 교회들이 가장 많이 설립된 것을 보게 된다. 또한 여성들을 대상으로 한 사역도 그곳에 더욱 확장되어 가고 있음을 아래의 선교 보고서 (1896. 2. 1)를 통해 알 수 있다.

"엘린우드 박사님께

웰즈 의사와 저는 2주일간 황해도 북부 지역에 여행을 하고 방금 돌아왔습니다. 그 지역은 리 목사가 연례 회의 때 보고했던 곳입니다. 우리는 시간이 촉박했고 더욱이 혹독한 추위가 방해하는 바람에 원하는 만큼 모든 주의를 기울일 수 없었습니다. … 작년에 학습 교인을 보고했던 황해도의 신환포, 대동천, 순미 등 3개 지회에서 저는 28명에게 세례를 주고 여성들을 포함한 30명을 새롭게 학습 교인으로 등록시키는 특권을 누렸습니다. 이 모든 지역에서 매우 만족스러운 성장이 있었으며, 우리는 지속적으로 튼튼해지고 안정되고 있습니다. 동시에 이 지역들로부터 복음의 지식은 더 널리 선포되고 있습니다. 순회 지역에서 교인들은 힘을 합해 예배당과 학교로 사용할 건물을 구입하는 데 필요한 액수의 절반을 모았습니다. 평양의 기독교인들이 헌금을 보내고 우리 선교사들도 약간의 금액을 보태어 그 목적을 성취했습니다.

'대동천' 지역에서는 복음이 모든 사람들의 가슴에 깊이 자리 잡은 증거를 볼 수 있어 마음이 기뻤습니다. 작은 마을이지만 거의 모든 주민이 기독교인이 되었고, 모든 사람이 기쁜 마음으로 주일을 지킵니다. 힘들게 일하는 여자들에게 이것은 정말 커다란 복입니다. 이곳에 6명의 아들을 가진 64세의 노인이 있었는데, 큰 아들은 43세입니다. 이 노인과 막내를 제외한 다섯 아들이 세례를 받았으며 그 집안의 여성 여러 명이 학습 교인이 되었습니다.

이 지역들에 더 많은 관심을 갖는 것이 필요하며 우리는 곧 그 지역에서 활동할 본토인 조사를 두고자 합니다. 또 우리는 60명 이상의 학습 교인이 등록된 세 개의 새 지회를 설립했는데, 거의 대부분은 남자로 집안의 가장입니다. 이 가운데 한 곳은 역시 평양 교인들과 우리의 작은 도움으로 좋은 예배당 건물을 얻었으며, 15개가 넘는 주변 마을 교인들이 이곳에 모입니다. 이번 여행 때 심방한 지역에는 현재 기독교인이거나 학습 교인이 거의 40개 마을에 있었으며, 주일에 모여 예배하는 곳은 6개 마을입니다.…"[61]

마펫은 황해도의 여러 마을을 순회하면서 그곳에 이미 예수를 믿은 기독교인들을 만나게 되었다. 지금까지는 그들에게 세례를 베풀 사람이 없었다. 그런데 마펫이 와서 세례를 주고, 여성이 포함된 학습자들이 생겨나자 매우 기뻐했다. 이처럼 황해도 지역이 자생적으로 기독교인이 생긴 데에는 그만한 몇 가지 이유가 있었다. 지난 해에 평양에서 청일 전쟁이 벌어지자, 평양의 소수 기독교인이 다른 피난민들과 함께 황해도로 피난하여 그곳에서 전도를 하여 기독교인들이 되었고, 또 다른 경우는 황해도 사람이 전쟁 전에 평양에 갔다가 마펫을 만나 전도를 받고 학습을 받아 기독교인이 된 한치순 같은 황해도 성도가 있었다. 이영언이라는 사람은 황해도 재령으로 피신하였다가 한치순에게 전도 되어 몇몇 신도가 모여 한치순 집에서 예배를 드리게 되었다. 이후에 그들은 교회용으로 집을 매입하여 예배당을 마련하기도 하였다.

황해도의 전도와 교회 개척은 선교사들에 의한 것이 아니라, 그곳 현지인들에 의해 이루어졌다. 평양보다는 광범위하게 교회가 스스로 개척되어 갔고 교회당을 준비할 때도 먼저 저들이 헌금을 모았다. 그 후에 평양의 성도와 선교사들의 후원이 보태져 마련되었던 것이다. 마펫은 황해도 지역의 이런 고무적인 복음의 확산 현상을 보면서 이들을 지도할 조사와 같은 지도자가 필요함을 호소하였다. 마펫은 이처럼 황해도가 새로운 전도의 신개척지임을 확신하고 기대하면서 그 지역을 집중적으로 관리해야 함을 절감했다. 이 당시에 전도와 양육의 집중 관리 지역으로는 평양, 의주, 황해도 재령을 꼽고 있었다. 이렇게 새롭게 떠오르는 선교지와 맞물리면서 새로운 선교사들이 평양으로 집중하게 되는 계기가 되기도 하였다. 이러한 자발적 교회의 생성과 현지인들에 의한 개척의 경우가 사실상 황해도를 비롯한 타지방에서도 있었을 것으로 사료된다.

4-3. 마펫이 본 평양인들의 무지와 타락상

마펫이 조선에 들어온지 6년이 지나면서 특히 평양에서 그들과 함께 동거동락하는 삶을 사는 동안 그들의 사고관과 삶의 모습과 무속 종교 의식의 세계를 면밀히 통찰할 수 있게 되었다. 이를 통해서 이들을 좀 더 깊이 이해하며 그들에게 어떻게 다가가 어떤 방법으로 그들을 전도하며 거듭난 삶으로 변화시킬 수 있는지 그 방법을 터득한 것은 사역의 큰 자산이었다. 그는 그동안 현지 사역을 하면서 자신이 본 조선인들의 내면의 세계와 삶에 대해 매우 다층적으로 파악한 것을 사실에 근거하여 1896년 6월 29일

평양 기생 양성소

날짜로 지인에게 전하였다.

"하슬럽(Haslup) 박사에게

… 저는 비록 무엇보다 먼저 복음을 전하라는 사명을 주님으로부터 받았으나, 두 번째로 이곳에 그리스도 예수 안에 있는 하나님의 사랑을 알지 못하는 사람들에게 복음을 전하도록 교회로부터 보냄을 받은 사명자로서 서 있다는 사실을 염두에 두지 않을 수 없습니다.

… 박사님께서 지난 편지에서 여러 가지 질문하셨으므로, 먼저 그것들을 차례로 다루되, 단정적인 대답 대신 현장에서 사례를 통해서 답하도록 하겠습니다. … 기독교 국가에 살아왔던 사람에게 이런 이방 나라에 사는 사람들의 육체적, 도덕적, 영적 상태를 적절히 묘사한다는 것은 가능하다고 생각하지 않습니다. 그들은 야만인이 아닙니다. 왜냐하면 그들은 동양 문명을 가지고 있기 때문입니다. 그들이 모두 무식하거나 가난한 것은 아니지만, 절대적인 죄와 비참함 속에서 타락하고 저급하고 도움없는 절망 가운데 미움과 악의와 비방과 역겨운 감각적인 생활에 자신을 내어주고 밤낮으로 괴롭히는 미신과 두려움 속에 살아가고 있습니다.

거짓말이 보편적이며 몸에 깊이 배어서 가장 일반적인 진술에 대한 신뢰도 방해합니다. 어느 누구도 이웃을 믿을 수 없고 모든 사람을 의심하며, 아버지와 아들 사이, 형제와 자매 사이, 남편과 아내 사이에 상호 불신이 존재합니다. 최악의 혼란을 일으키는 사기, 횡령, 위조 온갖 종류의 기만이 모든 사업 거래에서 뻔뻔스럽게 이뤄지고 있습니다. 그래서 사업가들은 속임수로 비열한 분위기 속에 완전히 둘러싸여 있는 현실입니다.

비도덕성이 표현할 수 없을 정도로 만연해 있고 이 도시에서 너무 뻔뻔스럽게 자행되므로 소위 존경할 만한 자들도 딸을 관아에 소속된 기녀(기생)로 등록하는 것을 행운으로 간주합니다. 이는 기생이 됨으로써 이익을 얻을 수 있고 또 그들 가운데에 일부는 관리에게 영향력을 행사할 수 있으므로 그들은 수치를 모릅니다. 여러 해 동안 사람들은 그런 공개적인 부도덕성을 보며 성장했기 때문에 그것과 너무 친숙해져서 완전히 무관심하게 되었고 그 사악함에 대한 감각이 굳어져 버렸습니다. 술취함, 노름, 싸움질, 욕설, 이기심, 잔인함 등을 매일 모든 곳에서 모든 계층 속에서 악화된 형태로 보게 되며, 특히 여자와 어린이들이 당하는 고통과 비참함을 생각하면 가슴이 아픕니다.

회개와 죄 용서에 대한 교리를 설교해야 할 필요는 의문의 여지가 없습니다. 제 설교의 주된 주제는 죄에서 구원하시는 예수 그리스도입니다. 나는 그들에게 반복해서 기독교의 독특성은 죄 용서이며 그들이 오래전부터 나쁘다고 알아온 거짓말, 도적질, 간음, 살인 등을 행하지 말 것과 우리가 도덕을 가르치러 온 것이 아니라, 그들이 이미 죄에 빠져 있고 죄 안에서 영원히 상실되었고 절망적이고 무력하지만, 죄에서 구원하시는 그리스도 예수 안에 있는 하나님의 사랑을 말하기 위해 왔다고 이야기합니다. 유일하신 하나님이 계시고 하나님이 우리에게 유일한 종교를 주셨기에 하나님만이 구원의 길을 계시하셨다는 것과, 다른 모든 체계는 단지 인간이 만든 것으로서 비록 세속적 지혜와 도덕적 진리를 말할 수는 있지만 죄로부터 구속할 능력이 없다고 거듭 강조합니다. …"[62]

마펫의 이 같은 생각은 철저한 기독교 윤리 의식으로 본 조선인들의 의식과 삶에 대해 예리하게 비판을 한 것이다. 그는 이들을 성경에 입각한 말씀과 윤리관으로 재정립시키며 나아가서 성경적 윤리관과 사회 규범에 이르기까지 그들의 삶의 모든 영역을 완전히 개변시켜야 한다는 선교사로서 그의 사명 의식이 매우 결연하였음을 보게 된다. 그 당시 조선인들 중에 천민과 평민들이 전체 인구 중에 차지하는 비중이 학식과 도덕을 엄히 여긴 식자층에 비해 훨씬 많았기에 대부분의 사람들이 죄를 죄로 여기지 못하는 무감각한 상태에 있었다. 윤리의 기준 조차 없는 그들의 삶을 보면서 마펫은 실망감과 더불어 분노마저 느꼈을 것이라는 생각이 든다.

본 내용 중에 자기 딸을 관가의 몸을 파는 기생으로 들여놓고 그것을 마치 벼슬이라도 한 양 자랑하며 이를 이용해서 어떤 사회적 사욕을 채우려는 부모의 몰염치한 모습은 소돔과 고모라성의 죄악상에 견줄만한 악한 습성들이었다. 마펫은 그러한 평양인들의 삶을 그리스도의 복음으로 변화시키기 위해 자신이 이곳에 보내졌음을 더욱 절감했다. 하슬럽 박사에게 보낸 편지에서 그는 자신이 조선에 온 것은 도덕을 가르치러 온 것이 아니라 죄악에 빠진 저들을 하나님의 사랑과 유일한 그리스도의 구원의 길을 제시하기 위해 이곳에 왔음을 강조하고 있다. 죄가 많은 곳에 은혜가 더 많은 것처럼 이들에게 은혜의 구원의 소식이 더 절박했던 것이다.

그 당시 조선에서 양반 계층과 평양처럼 사업에 종사하면서 부유한 삶을 사는 사람들은 일부다처제를 당연시했으며 기생집 출입과 노름과 무속 행위로 생을 탕진하는 사람들이 많았다. 특히 평양에는 기생집이 많았고 기생 양성소까지 있었다. 초기 선교사들도 평양의 타락한 모습을 보고 오히려 이곳에 교회가 있어야 함을 절감하였다. 마펫이 평양에 처음 가서 여관에 머물렀을 때에 그 집 주인 최치량이 바로 전형적인 타락한 인물이었다. 그런 그가 마펫을 만나 복음을 듣고 성경 학습을 받은 후에 세례를 받았으며 널다리골 교회의 최초의 장로가 되었다. 또한 교회 건축에도 상당한 재정의 헌금을 하였고 사립 학교도 설립하여 평양의 복음화와 사회 발전에 크게 헌신한 하나님의 사람이 되었다.

그 이외에도 한국 교회사 중에 최초의 7인 중의 한 사람인 목사 이기풍도 평양에서 술주정꾼이었고 싸움꾼이었으며 전도하는 마펫에게 돌팔매질을 하여 얼굴에 큰 상처를 내게 한 그였지만, 한국의 최초 선교사로 하나님 앞에 귀하게 쓰임 받았다. 그뿐만 아니라 평양의 깡패였던 김익두 목사도 전도 받아 신앙인이 되기 전에는 타락한 대표적 인물이었으나 그도 기독교인이 되고 평양 신학교를 졸업한 다음 하나님의 능력을 받아 수없이 많은 조선인들을 이적과 기사로 치유하면서 그리스도에게 인도함으로 한국 교회의 부흥에 큰 공헌을 하였다.

4-4. 안식년 이후의 교회 급성장과 그 배경

평양의 성도들은 마펫이 최초의 안식년을 미국과 유럽 곳곳에서 여행을 하고 평양으로 돌아온다는 소식을 듣고 새로이 오는 원님이라도 맞는 듯 길가에 미리 나와 줄을 서서 기다렸다. 드디어 마펫이 그들의 눈앞에 나타나자 저들은 환호하며 눈물나는 감동을 그에게 안겨 주었다. 이는 평양의 성도들이 그를 얼마나 존경했고 가까이 했는지 그 친밀감과 신뢰와 사랑을 단적으로 보여준 것이었다. 그도 자신을 그처럼 환영해 준 것에 대해 놀라워하며 감동을 받고 아래와 같이 선교부에 1898년 4월 6일 편지를 통해 알렸다.

"… 조선인들이 저를 환영하면서 보여준 환대와 전체 지역에서 하나님의 영이 행하시는 깊고 진정한 사역이 그들 가운데 분명하게 나타나는 것을 보고 제가 느꼈던 큰 기쁨에 대해 약간의 설명을 드리고 싶습니다. 저는 기독교인들이 보여준 사랑과 관심으로 인해 지금까지 경험하지 못한 큰 감동을 받았습니다. 제가 한성에서 자전거를 타고 오는 길에 50-60명의 신자들이 저를 만나기 위해 길에 나와 있었습니다. 그 첫 무리는 "중화교회"에서 온 일부 교인들과 함께 평양 외곽 30여킬로 지점의 길에 나와 있었습니다. 그곳에서부터 평양까지 길을 따라 이곳저곳에서 사람들이 저를 기다리고 있었고 진심으로 저를 열렬히 환영해 주었는데, 박사님께 분명히 말씀드리지만, 이런 모습을 보고 저는 무척 감동을 받았고 감사했습니다. 이 박수 갈채는 제가 8년 전에 받았던 냉대와 얼마나 대조적입니까!

하지만 제가 가장 감사했던 것은 저와 함께 사역했던 거의 모든 사람들과 복음의 영향력 아래 들어왔던 사람들이 굳건히 서 있고, 그들의 믿음이 성령의 능력의 나타나심 안에 있음을 보게 되고, 그래서 그들이 우리의 개종자가 아니라 주님의 개종자이며 복음 자체가 그들을 사로잡고 있음을 발견한 것입니다. 제가 없는 동안 많은 수의 사람들이 늘어났는데, 그 일부는 과거에 제가 반복해서 복음에 대해 이야기했지만 극심하게 반대했던 자들이었으나, 이제 제게 와서 기쁜 얼굴로 지난 날 저에게 퍼부었던 욕설과 모욕을 취소하고 싶다고 말했습니다. 사역에서 이루어진 진보를 보고 저는 기뻤습니다. 도착한 날 밤에 저는 약 250명의 남녀가 기도회로 모인 자리에 나가서 회중 앞에 섰는데, 그때 제 생각은 약 5년 전에 제가 7명에게 세례를 주고 작은 교회를 만들었던 시점으로 돌아갔습니다.

제가 돌아온 후 처음 맞이한 안식일에 저는 4개의 주일 학교와 2개의 예배 처소를 방문했는데, 한 예배는 남성들을 위한 것이고 다른 예배는 여성들을 위한 것으로, 저는 600-700명이 예배를 드리려 모인 것을 보았습니다. 약 200여 명의 여성 회중에게 말할 때 저의 가슴은 감사로 가득 찼으며, 제가 할 수 있는 말은 그저 "기쁘오(Kitpou), 기쁘오(Kitpou)"가 전부였습니다. 진실로 주께서 이 사역을 놀랍게 축복해주셨습니다. 지난 한 달간 저는 원근 각처에서 끊임없이 줄지어 찾아오는 방문객을 만났는데 그들은 제가 돌아온 것을 보고 큰 기쁨을 표현했습니다. 또한 모든 지방에서 편지가 쇄도하고 있습니다. 그래서 저는 더욱더 복음의 능력과 경이롭고 광범위한 영향력을 배우고 있습니다. …"[63]

마펫과 그의 동역자들에 의해 개척된 평양 교회의 부흥은 그 성장세를 더하면서 급성장을 거듭하게 되었다. 특히 그가 미국에서 안식년을 마치고 돌아온 후 그 성장세는 계속되어 그 자신이 놀랄 정도였다. 이에 대해 1898년 6월 27일 편지에서 이같이 소개하였다.

"… 황해도 방문을 마치고 돌아온 이후 계속 리 목사와 저는 세례 신청자를 심사하느라 바쁘게 지냈습니다. 모두 학습 교인 명부에 이름을 올린 지 1년에서 3년이 된 사람들이었습니다. 그들 가운데 어제 45명에게 세례를 주었는데, 남자 23명, 여자 22명이었습니다. 이로써 평양 교회는 등록 교인이 200명이 넘으며 심사를 기다리는 많은 학습 교인이 있기 때문에 9월 성찬식 예배 때는 다른 사람들이 추가될 것입니다.

교회는 이제 잘 조직되었습니다. 안수를 받지 않은 부사역자의 봉급은 전적으로 교회가 부담하였고, 안수받지 않은 장로인 영수 2명과 집사 3명이 있습니다. 이 제직회를 통해 교회 시무를 지도하는 것은 큰 기쁨이며, 저는 그들과 한 달에 두 번 회의를 합니다. 지도와 훈련을 받으면 멀지 않아 제직회에 교회 치리를 안전하게 맡길 수 있을 겁니다.

제가 돌아온 지 4개월이 못되어 197명의 남녀에게 문답을 거쳐 세례를 주었고, 500여 명 이상을 학습 교인으로 받아들이는 특권을 누렸다고 보고할 수 있습니다. … 동시에 저의 관할 아래 있는 북부 지역에는 20개 이상의 미조직 교회들이 있는데, 제가 심방해서 세례 문답을 하고 조직해 주기를 기다리고 있습니다. …"[64]

이와같이 교회가 성장하면서 예배의 규모가 확장되자 별도의 건물에서 남녀가 따로 예배와 성찬식 등의 행사를 진행함으로 교회의 면모가 정착과 규모 있는 교회의 모습을 갖추어 가고 있음을 보게 된다. 이 내용에 대해 마펫 선교사의 부인, 메리 앨리스 피쉬 선교사는 1898년 9월 23일자 편지에서 이같이 밝히고 있다.

"평양에서 3주일 전에 성찬식이 있었습니다. 공간이 작아 남자와 여자는 별도의 건물에서 예배를 드리지만, 이번에는 그 예배가 좀 더 친밀한 교제를 위한 것이어서 성찬을 받는 자만 약 450명을 수용할 수 있는 남자 교회에 모여야 한다고 광고했습니다. 등록 교인 만으로도 예배당은 수용 인원을 초과했습니다. 외부인들이 문과 창문으로 된 모든 입구에 몰려들었습니다. 17명의 남자와 23명의 여자, 합계 40명이 세례를 받고 입교하였습니다. 이것은 선교사들이 시간을 내어서 주의 깊게 심사한 숫자입니다. 50명에서 60명 정도 더 되는 사람들이 배우고 있고 입교인이 되기 위해 문답을 기다리고 있습니다. 예배는 엄숙했고 인상적이었습니다. 노년의 사람들이 타락해서 걱정으로 찌들고 희망이 없는 얼굴에서 주님의 식탁에 앉아 마음과 얼굴이 변화되어 진실한 신앙으로 예배하는 모습을 보는 것은 복음의 능력에 대한 진정한 객관적인 교훈이 됩니다. 안식일에 그곳에 앉아 있을 때 그곳은 지구상에서 가장 행복한 장소였으며, 이것이 할 수 있는 가장 복된 사역인 것 같습니다. …"[65]

마펫이 안식년을 포함해서 약 4년에 걸쳐서 교회가 성장하게 된 결과의 요인을 분석한다면 네 가지로 나누어서 생각해 볼 수 있다. 첫째, 그가 7년 전에 만주 봉천에서 중국인 사역과 조선어 성경을 번역한 존 로스로부터 배운 네비우스 선교 정책을 평양 선교 사역에 적용시킴으로 교회의 성장이 뿌리내리고 있음을 증명해 준 것이었다. 그 선교 정책의 핵심은 자국인들에 의한 자치(自治), 자양(自養), 자전(自轉)이었다. 평양의 교회들은 외국인 선교사의 주도하에 자라나는 초기 단계를 벗어나 교회의 자립 단계로 들어가는 과정이었다.

둘째, 이러한 초기 단계가 성공하기 위해서는 그 교회의 지도자들의 기본적인 학식과 지적 수준이 있어야만 선교사에 의한 교육의 결실이 가능한데, 그 당시 한석진과 백홍준, 최치량 등은 한문의 해독과 한글을 이해하며 성경의 가르침에 이해력이 있는 지적 능력이 있었기에 성경의 이해와 가르침과 교회의 운영에 그 능력이 발휘될 수 있었던 것이다.

셋째, 그가 교회를 1년간 비운 사이에도 교회 지도자들인 조사와 장로들이 헌신적으로 봉사해주며 자신들이 교회의 주인 의식을 갖고 교회 성장을 위해 열심히 모이며 배우며 확장해 갔다는 점은 마펫의 자국인 지도자 양육 선교 전략이 성공적으로 결실되어 가고 있음을 증명해 주는 것이었다. 그들은 누구의 지시와 방침에 의해 수동적으로 움직인 것이 아니라, 이제는 자발적인 헌신과 그 교회의 주인 의식을 갖게 된 것이 교회 성장의 큰 원동력이 된 것으로 볼 수 있다.

넷째, 이북 지역에서는 신분 차별 의식이 이남 지방보다 덜하였기에 평민과 천민층들도 교회 참여도가 높았다. 즉 양반 계층들이 일반 백성들과 차별화 하지 않은 점도 긍정적으로 작용되었다. 그러나 한성 지역에서는 초기에 평민과 하층민들을 대상으로 교회가 시작되었기에 양반 계층들의 참여도가 매우 빈약하였고, 이들 계층이 한 장소와 한 예배당에서 합석하여 예배를 드리려 하지 않았다. 그래서 결국은 교회가 분립되는 경우도 있었다. 1895년 한성의 "곤당골교회"(현 승동교회)는 백정 출신 박성춘 등이 있었다. 결국 양반 교인들이 이탈하여 '홍문수교회'를 세웠다. 그러나 그 후 이 두 교회는 곤당교회로 합쳐졌다. 특히 1911년에는 곤당골교회 출신 백정 출신인 박성춘이 장로로 임직되고, 1914년에는 선조 임금 11대손 왕손 이재형이 장로가 됨으로 한 교회에 백정 출신과 왕손이 한 교회를 섬기게 되는 놀라운 역사를 갖고 있다. 이는 세계 교회사에서도 찾아 볼 수 없는 놀라운 변화로서 그리스도 안에서 신분 해방이 된 기적의 역사였다.[66]

4-5. 여성의 전도와 양육 사역 시대를 열다

마펫의 이북 지역에서의 교회 성장에서 빼어 놓을 수 없는 부분은 바로 여성들을 대상으로 한 전도와 그들이 교회의 봉사와 부흥에 기여할 수 있도록 제도화 한 것을 높이 평가해야 한다. 물론 이 시대에는 남자가 여자에게 접근하여 전도하는 것이 봉건적 사회였기에 금기였으나 한석진 같은 조사 부인의 전도 활동과 여자 선교사들의 조선 여성들에 대한 의료 봉사와 전도와 양육 전략이 크게 작용했다. 따라서 여성 성도들이 단순한 교회 구성원의 부분이 아니라 교회 성장에 큰 기여가 있음을 그 당시의 선교 보고 자료를 통해 충분히 확인된다.

초기에 널다리골 교회의 전체 성도의 수가 약 6, 7명이었는데 그 중에 여성이 약 2명이었다는 점은 그 시대상으로 볼 때에 매우 파격적인 것이었다. 조선의 봉건 사회에서는 여성의 사회 활동이 거의 없었다. 이름도 없었고, 남편과 가정에 예속되어 자녀 양육과 남편의 뒷바라지와 가사에만 전무한 상태였는데, 교회라는 공동체 속에 저들의 역할

전도하는 여선교사

이 점차 지대해지면서 교회 성장에 크게 공헌하였다. 나아가 그 영향이 자녀와 남편이라는 가족 공동체 내에서도 큰 영향을 미친 것으로 볼 수 있다. 조선 초기 교회에서 여성의 역할이 교회 성장의 밑거름이 된 것은 분명하다. 교회가 개척된 지 불과 4년 만에 여성이 차지하는 비중이 절반 이상이 되어 갔다는 것은 거의 폭발적인 증가세였다고 할 수 있다.

이는 그만큼 교회가 여성들의 사회 참여 의식을 고취시켰으며 이를 신앙이라는 매개를 통해 성취했음을 보게 된다. 더욱 놀라운 사실은 교회에서 학교라는 공 교육장으로 연결되어 진보되어 갔다는 점이다. 여성들의 교회 참여는 여성들의 교육으로 발전하였다. 그들의 능력을 사회 조직 내에서 발휘할 수 있는 환경을 교회가 제공했다. 그 당시 교회가 여성들에 대한 계몽과 근대 교육으로 이끌어 들인 것이다. 따라서 초기 기독교는 여성의 의식 변화와 삶에 크게 기여했으며, 곧이어 교회가 미션 학교를 통해 여성 교육에 힘쓰므로 남녀평등과 여성의 재능을 사회화 하는 데에 크게 공헌한 바 있다. 이는 한국 교회사와 근대사가 입증하고 있다.

마펫의 열정적인 사역 중에 여성들도 포괄적으로 수용하여 그들을 대상으로 한 사역이 놀라운 전도의 결실을 거둔 사례들이 많았다. 그 중에 마펫의 사역 파트너였다가 결혼하게 된 의사 선교사인 메리 앨리스 피쉬(Merry Alice Fish Moffett)[67]가 1899년 4월 29일 선교 본부로 보낸 편지를 보면 잘 알 수 있다.

"최근에 시내 교회(널다리골 교회) 소속의 가장 유능한 여성 신도 2명이 스스로 조직한 국내 전도회에서 이 시찰회의 일부 지역으로 파송되었는데, 그 결과 그 지역의 여성들이 대단히 큰 관심을 가지게 되었고, 배우려는 열심이 일어났습니다. 두 여성이 전도 여행에서 돌아왔을 때, 먹거나 쉬기 전에 먼저 제 서재로 와서 밝은 표정으로 어디를 심방했는지, 어떻게 복음이 수용되었는지 이야기했습니다. 그들이 예수를 믿는 교인인 것이 알려지자 길에서 자주 모욕적인 일을 당해서 참아야 했다고 한 명이 말했습니다. 그러나 그녀는 웃으며 다음과 같은 말을 덧붙였습니다.

"그것이 예수님을 위한 일이라면 그리고 이런 물건을 가지고 집으로 돌아 올 수 있다면 아무 상관이 없어요."

그러면서 그녀는 한 무당이 준 무의와 작은 놋 바라를 제게 건네주었습니다. 그 무당은 더 이상 귀신에게 주문을 올리지 않고 참된 하나님을 알게 되었습니다. 작년에는 그 지역에 세 장소에 신자가 1-3명

평양의 마펫과 선교사들

이었지만, 지금은 한 마을에 30여 명이 있고 다른 두 마을에는 각각 거의 20여 명씩 있습니다. 그 가운데 한 곳에서는 사람들이 교회에 참석하기 위해 8킬로를 걸어 다닙니다. 다른 한 마을에서는 마포삼열 목사가 3명의 여성에게 세례를 주었는데 56, 62, 70세 노인이었습니다. 이 가운데 한 명은 세례를 받기 위해 마포삼열을 따라 약 20여 킬로의 길을 걸어왔습니다. 비록 이들은 예수님 안에서 새 생명과 기쁨을 얻은 것 외에 다른 것을 알지 못했지만 모두 행복한 모습이었습니다. …"[68]

이처럼 평양을 위시한 이북 지역에서의 복음의 확산에는 평신도 여성들의 자발적인 참여와 활동이 크게 작용한 점은 이남 지역과는 다른 양태였다. 여성 전도와 교육 사역의 몫을 크게 한 앨리스 피쉬 마펫이 쓴 1899년 9월과 10월 선교 보고서를 통해 평양을 위시해 타 지역의 전도 대상에서 여성들의 기독교(서교 또는 야소교)에 대해 지대한 관심과 양육을 받고 교회의 제도권 내에 들어 온 그 과정을 상세히 알 수 있다.

〈평양 선교 지부 여성 사업 연례보고서〉

"지난 5월 평양의 남부로 시골 여행을 다녀 온 한 사역자가 다음과 같이 말했습니다. "글쎄, 조선 어디에서도 내가 가본 그 지역만큼 여자가 많은 곳은 없을 것입니다. 그들은 어디서나 모이며, 배움에 목말라 하는 자들이 부지기수입니다." 단순히 호기심을 가진 자들 가운데 결국 꾸준히 읽는 것을 배우는 자들이 있으며 그들은 하나님의 말씀을 찾고 있습니다.

시골에 있는 여자들의 모임과 시내 중심의 사역 사이를 이어주는 연결선들은 다음과 같습니다. 첫째, 시골의 미조직 교회에서 온 제한된 수의 사람이 참석하는 사경회 모임. 둘째, 교회가 전도하기 위해 파송하는 여성들. 셋째, 중요한 연결선으로, 시골에서 가장 많은 수의 여자들을 만날 수 있는 베스트 선교사의 순회 여행이 있습니다. 그녀는 방문하는 곳에서 사경회를 개최합니다.

시내 사역은 작년에 보고된 것과 동일한 형태로 남아 있습니다. 시내의 여성 교회에서 주일 아침에 열리는 성경 공부 모임은 베어드 부인이 미국에 가기 전까지 인도했고, 이어서 베스트 선교사가 3, 4월에 담당했으며, 이어 스왈론 부인이 도착해 맡았습니다. 참석자 수는 75-100여 명입니다. 4개 반으로 나누어 두 반은 조선인 여성이, 한 반은 베스트 선교사가, 다른 한 반은 스왈론 부인이 가르쳤습니다. 수업 후에 스왈론 부인은 학습 교인만 따로 만나 잠깐 기도하고 성경 구절을 암송했습니다.

시내 수요일 오후 성경 공부반에는 평균 50명의 여자와 10-12명의 여학교 소녀들이 참석했습니다. 연초에 베어드 부인이 마가복음을 계속 가르쳤습니다. 1월에 피쉬 의사가 이 반을 맡아 마가복음 공부를 마쳤고 『성경도설』을 이용하여 구약의 역사를 공부하기 시작했습니다. … 스왈론 부인은 아직 글을 읽지 못하는 부인들과 함께 십계명을 암송하게 했고, 그들이 그것을 외우면 소리로 배운 글자들을 가르쳤습니다.

성 밖에 있는 여성용 사랑방에서 주일 아침에 리 부인이 인도한 성경 공부가 진행되었는데 올해 참석자는 80명이었습니다. 4개 반 가운데 리 부인이 나이 많은 부인들을 가르쳤고 웰즈 부인은 젊은 부인 반을, 헌트 부인은 어린 소녀 반을 … 성경 공부와 기도를 위한 사랑방 수요일 모임에서는 『성경도설』을 교재로 구약 이야기를 공부했습니다. 베스트 선교사는 여름에 이 반을 맡았습니다. 참석한 여성 가운데 41명은 글을 읽을 수 있었습니다. 물론 여학교의 어린 소녀들을 제외한 숫자입니다. 20리 떨어진 풀무골에서 일요일이나 수요일에 거의 빠지지 않고 걸어오는 흥미로운 작은 여자가 있습니다. 그녀는 아직 모든 찬송을 외우지 못한 다른 여자들에게 항상 자신의 찬송가를 보라고 줍니다. … 웰즈 부인이 맡고 있는 젊은 여자 반은 흥미진진한 표정으로 빨리 배우고 있는데, 사랑 반을 밝게 만들고 있습니다.

안식일에는 건물이 차고 넘치기 때문에 회중을 수용할 수 있고 공부 반을 분리해서 더 잘 가르칠 수 있는 더 많은 공간이 절실하게 필요합니다. 가난한 교인을 돕고 시골 교회의 예배당 건축을 도우며, 시골에서 전도하고 가르치기 위해 여성들을 파송할 목적으로 국내 여전도회를 조직할 계획이 교회의 몇 명 여성들의 가슴속에서 시작되었습니다. 그 여전도회가 1898년 7월에 조직되었습니다. 그 이후 363냥이[69] 모금되었습니다. 이 금액 중 10냥은 '소우물교회'의 새 건물을 위해 기증되었습니다. 12냥은 순회 전도하는 조선인 여자를 위해 지출되었습니다. 27냥은 자선에 사용되었습니다. 순회 전도에 배정한 12냥이 적은 금액으로 보일 것입니다. 그러나 순회 전도하는 전도부인들은 시골 사람들로부터 도움을 받기 때문에 두 전도부인이 2-3주간 여행을 위해서는 3냥만 필요합니다. …

웰즈 부인은 여자 초등학교 일과 23명의 젊은 여자들을 가르치는 일

외에 병원에서 입원 환자들과 가정에 있는 부인들을 심방했습니다. 그녀는 특히 조선 글로 된 책, 혹은 집에서 제본한 조선 복음서, 그리고 이제는 출판되어 이용할 수 있는 조선어 서신서 등을 수집해서 서가에 꽂아 놓는 가정 도서관을 시작해야 한다고 말합니다. 그녀는 가는 곳마다 환대를 받으며 수많은 아픈 여자들이 그녀의 방문을 기다리고 있습니다. … 이 지역(무진)에서 가장 흥미로운 인물은 위 씨로, 70세 가까운 노령임에도 불구하고 부인 사경회마다 참석하기 위해 20여 킬로를 걸어왔습니다. 모든 여자가 그녀를 존경하며, 그녀는 부드럽지만 단호한 영향력을 행사합니다. 그녀는 혼자 살고 가난하며 길쌈을 해서 생계를 유지합니다.

4월과 5월에는 17일간 베스트 선교사가 황해도의 다섯 곳을 방문했는데, … 대체로 그들은 똑똑했고 가르침을 잘 받아들였으며 이구동성으로 누군가 자주 와주기를 원했습니다. … 연초에 헌트 부인은 웰즈 부인의 학교에서 산수와 노래 부르기를 가르쳤습니다. 여름에 개최된 부인 사경회와 남자 신학반과 웰즈 부인의 젊은 여성 성경 공부반에서 헌트 부인은 노래를 가르쳤습니다. 두 달 동안 매 주일 아침을 강 건너편에 있는 여성 성경 공부반과 보냈으며 나머지 시간은 사랑방에서 어린 소녀들과 보냈습니다. 또한 헌트 부인은 시골 여자들의 사경회를 위해서 세 번 순회 여행을 했는데, 함께 간 전도부인이 통역해서 가르쳤습니다.

사역은 모든 곳에서 대단히 고무적입니다. 여러분께서 이 수백 명의 여성들을 알 때 우리가 느낀 큰 기쁨이 여러분의 가슴에 동일하게 일어나기를 빕니다. 우리는 그들을 찾아가서 관심을 갖도록 만들 필요가 없습니다. 그들은 이미 우리에게 가르쳐달라고 간청하고 있습니다. 그들로 인해 하나님을 찬양합니다. … 동시에 우리는 올해 요청하는 2명의 다른 여성 선교사를 이 추수지로 보내 줄 것을 하나님께 기도하며 정중히 제출합니다.

평양 선교 지부를 대신하여 앨리스 피쉬 마페트 올림"[70]

4-6. 최초의 순교 선교사 토마스와 박춘권의 회심

한국 교회사에서 최초의 순교자이며 성경을 조선인들에게 전해준 토마스 선교사는 1866년 9월 2일 대동강 지금의 만경대 앞에서 박춘권에 의해서 참수를 당한 것으로 여러 자료에서 서술되고 있다. 그 당시는 쇄국 정책을 취하고 있었기에 외국과 통상이나 서양의 문물과 종교 반입이 불법이었고 범법자에게는 극형에 처해졌었다. 이러한 조선의 엄중한 정세 중에 미국 상선인 제널럴 셔먼호의 평양 입성은 조선의 조정과 평양 주민들에게는 매우 충격적인 사건이었다. 이 당시 셔먼호를 격침시킨 인물은 평양 관찰사 박규수(연암 박지원의 손자)의 지휘하에 이루어졌으며, 이때에 혁혁한 공을 세운 사람이 바로 박춘권이었다. 놀랍게도 그가 현직에서 은퇴한 이후 평양의 널다리골 교회를 찾아와 마펫에게 자신이 그 당시 셔먼호 사건에 관여했음을 고백하였고 예수를 영접한 후에 1899년 9월에 세례 교인이 되었다. 그 교

널다리골 교회의 박춘권

회의 영수가 되었다는 기록도 있으나 검증된 것은 아니다. 마펫은 오랜 전의 이야기로만 알고 있었던 일이있지만 그 당사자가 직접 찾아와서 자신이 한 일을 고백한 사실에 대해 크게 고무되어 선교 보고서 (1899년 10월)에서 이같이 밝히고 있다.

> "… 새 교회(장대현 교회)를 지을 부지에 올 해에는 그 둘레에 돌담을 쌓았으며, 올 봄에 교회 건축 공사를 시작할 계획입니다. 9월 성찬식 예배 때 59명의 남녀가 세례를 받았는데, 특히 흥미로운 경우가 많았습니다. 이들 중에 10명이 70세 이상이었습니다. 그 중에 한 명은 77세의 노인으로 역사에 남을 만한 인물입니다. 30년 전 평양에서 미국 상선 제너럴 셔먼호가 불타고 모든 선원이 죽임을 당했을 때, 이 사람은 배에 올라 포로로 잡혀 있던 이현익 중군(장교)을 손으로 붙잡고 함께 물속으로 뛰어들어 무사히 강변으로 헤엄쳐 나왔습니다. 또한 그 범선을 불태우는 데 참여했고 스코틀랜드 성서공회 소속으로 평양에 처음 신약 전서를 전한 토마스 목사를 포함해 선원들이 처형되는 것을 목격했습니다. …"[71]

최초의 순교자를 만들었던 박춘권이 셔먼호 사건 이후 33년 만에 마펫을 찾아와 기독교인이 되었다는 사실은 너무도 극적인 것으로서 마치 예수를 믿는 무리들을 살해하고 잡아 가두는 일에 앞장섰던 사울이 다메섹 도상에서 예수를 만나 사도가 되어 소아시아와 유럽에 복음을 전했던 사건과도 비견될 수 있는 것으로서 한국 교회사에 기록되어 있다. 마펫이 이 선교 보고서에서 밝힌 내용을 보면 박춘권이 직접 토마스 선교사를 참수에 처했다는 서술은 없다. 단지 그 당시 셔먼호 침몰 작전에 참여한 인물이고 이를 직접 목격한 인물로 소개하고 있다. 박춘권이 어느 특정인을 목표로 참수했다고는 볼 수 없다. 이 당시 군인과 평양 도성의 흥분한 군중들이 배에서 뛰어내려 올라 오는 사람들을 잡아서 어느 누구를 어떻게 살해 했는지 또는 군인들이 외국인 승선원들 중 누구를 잡아서 박규수에게 보고하고 살해했는지, 집단적으로 행했는지는 정확히 알 수 없다. 그리고 마펫을 만난 박춘권이 33년이 지난 그 사건에 대해 소상히 얘기를 하지 않을 수도 있었다.

박춘권이 1822년생이었으므로 셔먼호 사건 당시 44세였고 세례를 받을 나이는 77세였다. 대부분의 그 당시 사료들은 토마스 선교사가 박춘권에게 죽기 전에 성경을 전해주었다고 기록하고 있다(고종 실록에는 이 기록이 없음). 박춘권은 그 이후 그 공로를 인정받아 평양 근처 안주 시골에 관직인 우후(虞侯)을 받아 여생을 보내었고, 널다리골에 교회가 세워졌다는 소식과 미국의 마펫 선교사가 그 교회에 상주하고 있다는 소문을 듣고 그를 직접 찾아와 지난 날의 이야기를 했을 것이다. 그가 기독교를 받아들인 결정적 이유는 토마스 선교사가 참수형을 당하기 전에 여러 사람들에게 던져주었던 그 성경을 은퇴 후 탐독하면서 성경의 진리와 그 가르침에 감동이 되어 예수를 믿기로 작정한 것으로 유추할 수 있다. 이처럼 그가 마펫을 직접 찾아오고 성경에 대해 체계적으로 학습을 받고 세례를 받았다는 사

토마스 선교사 매장지와 장대현 교회 성도

실이 무엇보다도 중요하다. 뿐만 아니라 박춘권이 마펫 선교사를 찾아와 회심과 세례를 받았다는 것은 토마스 선교사의 순교 33년 후로서 그의 순교가 헛되지 않았음을 반증하는 것이다. 평양 최초의 교회 설립이 결코 그의 순교와 무관치 않음을 말해 주고 있는 것으로 볼 수 있다.

그러나 박춘권이 세례를 받은지 4년이 지나자 놀랍게도 장대현 교회는 1903년에 널다리골에서 장대재 지역에 예배당을 신축하고 이전하여 교회 이름을 지역 이름을 따서 '장대현 교회'로 개명하였다. 장대현 교회는 토마스 선교사 사건을 교회 역사로 정립하기 위해 1918년부터 그 당시의 증인들을 찾아내어 그 사실을 조사하여 책으로 기록하기 위해 힘썼다. 그 일에 오문환 장로가 그 작업을 주도하여 후에 책을 발간하게 된다. 그 증인 중에 한 사람이 최치량으로서 그 당시 그의 나이가 11살이었으며 그때에 토마스 선교사로부터 성경 3권을 직접 받은 당사자이기도 하였다. 오문환이 1928년 발간한『도마스목사전』에 보면 박춘권이 토마스 선교사를 죽인 그 당시의 기억에 대해 이같이 고백하였다.

> "내가 서양 사람을 죽이는 중에 한 사람을 죽인 것은 내가 지금 생각할수록 이상한 감이 있다. 내가 그를 찌르려 할 때에, 그는 두 손을 마주잡고 무슨 말을 한 후 붉은 베를 입힌 책을 가지고 우스면서 나에게 밧으라 권하였다. 그럼으로 내가 죽이기는 하였스나 이 책을 밧지 않을 수가 없어서 밧아왔노라" 하였다.[73]

그러나 이 같은 자료와는 상반된 다른 자료에는 다음과 같이 기록

토마스 선교사 순교 기념교회

하고 있다. "토마스 선교사와 그의 중국인 조수 조능봉은 생포되어 강 언덕으로 끌려갔고, 분노를 이기지 못한 수많은 군민들에 의해 죽임을 당했다. 제너럴 셔먼호는 불에 탔고 그 안에 타고 있던 모든 사람들도 죽었다."[74] "본 자료에서는 박춘권의 토마스 선교사에 대한 참수를 언급하지 않고 셔먼호의 모든 선원들이 함께 처형되고 그들의 시신이 그 지역(쑥섬)에 집단 매장된 것으로 기록하였다. 이처럼 토마스의 순교에 대해서 상이한 기록과 증언은 양비되어 있음으로 좀 더 치밀한 연구가 필요하다. 그러나 분명한 사실은 토마스 선교사의 평양 대동강에서의 최초의 순교 바톤을 마펫이 이어 받아 평양을 복음의 도성으로 변화시켰다는 것이다. 무엇보다도 토마스 선교사의 순교 사건에 연류 되었던 당사자가 평양 최초의 교회에 한 구성원이 되었다는 사실을 더욱 중시해야 할 것이다.

마펫이 미국 선교 본부에 보낸 본 보고서에서 특이한 또 다른 점은 토마스의 죽음에 대해 순교라는 표현을 하지 않고 "처형되었다"라고 기술하고 있다. 이는 셔먼호 사건에 대한 진상과 토마스 선교사의 상세한 정보가 없었고 교회사적인 정리가 되어 있지 않았기에 그러한 표현을 했을 것으로 본다. 그러나 한국 교회사를 보면 토마스의 죽음에 대해 조선 예수교 장로교 총회에서 그의 순교 60주년이 되는 1926년에 마펫 선교사를 중심으로 평양의 기독교인 1천여 명이 모여 순교 기념 예배를 드렸다고 한다. 그 다음 해 1927년 9월에는 조선예수교 장로교 총회에서 그를 '조선 개신교 최초의 순교자'로 공식 천명하였다. 그가 순교한 지 70년이 되는 1933년 9월 14일에 그가 묻힌 곳인 평양시 낙랑구 승리동에서 장대현 교회와 여러 평양의 교회 성도들이 모여 T자 형상의 토마스 선교사 순교 기념교회 헌당식에 참여하였다.

그 후 일제 강점기 중에 철거되었다. 다시 60여 년 후인 2001년에 평양 낙랑구역 승리동에서 '평양과기대학교' 설립을 위한 부지 공사를 하는 중에 교회 종탑의 잔해를 발견하였는데 고증 결과 토마스 선교사 순교기념 교회당과 일치한다는 결론을 내렸다.[75] 이로써 토마스 선교사의 순교는 확실하게 한국 교회사에 최초의 순교자로 공인되었다. 결과적으로 본다면 토마스 선교사가 순교된 지 28년 만에 평양에 최초의 교회가 세워졌으며 박춘권이 자의적으로 교회를 찾아와 33년 만에 세례 교인이 되었다는 것은 인위적 사건이 아닌 하나님의 주권적 인도하심으로 보아야 할 것이다.

토마스 선교사와 박춘권의 관계는 셔먼호 격침 사건으로 종결된 것이 아니라, 30여 년이 지난 그 이후에도 연속됨으로 평양 최초의 교회와 마펫 선교사와의 만남으로 다시 맺어지는 한국 교회사의 한 인물로 기록이 되었다. 이러한 사실을 더 뒷받침하는 사료가 마펫과 함께 평양과 의주 등 이북 지역을 여러 차례에 함께 여행하고 마펫의 선교 사역을 가장 가까이 보았던 선교사로서 널다리골 교회의 개척사의 산 중인이기도 한 인물이 제임스 게일 선교사이다. 그는 후에 마펫의 일대기를 실화 소설로 써서 '뱅가드'(1902년 영문)라는 제목으로 캐나다에서 출간하였다. 글 속에 박춘권이 셔먼호 격침에 어떻게 관여했고 예수를 어떻게 믿게 되었는지를 매우 사실적으로 서술하였다. 그 책 목차에서는 '박 대장'이라는 소제목 속에서 소개되고 있다.

"고 씨는(연동교회 초대 장로인 고찬익) 박 대장(박춘권)의 집에서 보호를 받으며, 치료를 받고 있었다. 자신감 넘치는 얼굴에 챙이 넓은 모자를 쓴 노인인 박 대장은 1866년 일어난 사건에서 조선의 명예를 끝까지 지킨 사람으로 전국에 알려졌다. 박 대장은 역사적으로 유명한 인물이 되었지만, 50세 경에 관직에서 물러났다. 60세가 된 지금 은퇴하여 늙은 사람 중 하나로 잊혀 가고 있었다. …
1866년 음력 7월 15일(양력 8월 17일), 대동강에 보기에도 두려운 커다란 검은 돛을 단 배 한 척이 항해에 왔다. … 그것은 미국이라는 들어본 적이 없는 땅에서 온 제너럴 셔먼호라는 상선이었다. 도심에서 피난을 떠나는 사람들이 너무 흔해서 평양 감사는 모든 사람이 죽음의 고통을 무릅쓰고 서라도 집에 머물러 있어야 한다는 명령을 내렸다. 셔먼호가 닻을 내리면서 발포한 총성이 시내를 거의 마비시켰다. … 미국 배는 가공할 신비에 가득 차 있는 거대한 검은 도깨비처럼 변했다.
누구도 감히 배에 다가가지 못하고 하루 이틀 동안 가능한 멀리 떨어져서 볼 뿐이었다. 평양 사람들이 이 배에 대한 공격을 포기하려 하자, 관아의 관리인 박 씨(박춘권)가 앞으로 걸어 나와서 자신이 서양 오랑캐를 몰살시키겠다고 했다. … 박 씨는 밑이 평평한 배 두 대를 구해서 불에 타기 쉬운 나뭇가지를 가득 싣고 그 위에 유황 가루를 뿌렸다. … 다음 날 도화선에 불을 붙였다. 화약을 실은 배 한 척이 폭발하여 낡아 못쓰게 된 배와 장작들이 화염에 휩싸였다. 그 배는 셔먼호 바로 앞까지 갔다. 순식간에 배 전체가 불타올랐고 강둑으로부터 돌과 총과 곤봉이 뒤따랐다. 희생자들은 여기 저기 소리를 질렀고 몽둥이로 얻어맞고 쓰러져 산산 조각이 났다.

박 대장의 명령 아래 두 세 명을 산채로 잡아 시내로 끌고 가서 그날의 전리품으로 평양 감사에게 바쳤다. 감사와 부하들은 하얀 피부에 파란 눈에, 그리고 곱슬머리를 한 이렇게 건장한 무장 군인들을 보고 놀라움을 금치 못했다. 호기심이 가라앉자, 감사는 그들 머리를 베어 시내에 매달아 놓으라고 명령했다. 평양은 기분이 좋은 날이었다. 박 대장의 이름은 모든 서양 귀신을 물리치는 부적으로 사용되었다. 배에 타고 있던 모든 사람들이 죽고 배의 앙상한 철골 뼈대만을 드러내었다. 돛 줄을 풀어낸 다음 시내의 대동문 앞에 승리의 표시로 매달아 놓았는데, 지금까지도 거기에 걸려 있다. 박 대장은 대원군으로부터 훈장도 받았고 여러 곳에서 영예가 쏟아졌다.

그러나 30년의 세월이 흘렀는데 그의 집에는 걱정거리가 있었다. 그는 잠을 제대로 잘 수 없었고 거의 먹지도 못했다. … 그의 아내는 죽어서 그의 고민을 들어줄 여자도 없었다. 그가 신뢰하던 왕 씨라는 성을 가진 친구는 기독교인이 되었다. 박 대장은 자신의 세상적인 명성을 자랑스러워했고 그러한 자부심으로 허영심에 차 있었는데 이제는 아무 쓸모가 없었다. 무엇인가 그의 영혼을 갉아 먹고 있었는데, 그것을 없애버릴 수가 없었다. 자신의 상태가 이러한 서양의 가르침과 뭔가 신비한 방법으로 연결되어 있다는 것을 알고는 있었다. 부랑자 고 씨에게도 획기적인 변화가 와서 지금은 기독교인들이 모이는 집에 참석하고 있지 않은가?

어느 일요일 박 대장은 가능한 남의 눈에 띄지 않도록 혼자 교회로 향했다. 그는 예배를 드리던 무리들을 한 마음과 한 뜻으로 감동시켜 준 성령에 감화를 받았다. … 박 대장은 일찍 자리를 떳는데 수치스러움을 무릎쓰고 윌리스(마펫)를 찾았다.

"고민이 있어서 찾아 왔습니다. 당신도 알다시피 나는 옛날에 당신네 나라 사람들을 죽였습니다. 그들은 그렇게 사정했지만 나는 듣지 않았습니다. 나는 오늘 밤 당신의 종교가 가르치는 생명에 대해 여쭙기 위해 왔습니다.… "[76]

본 인용문은 게일의 실화 소설 『밴가드』에서 묘사된 그 당시 셔먼호의 전투 상황이 다른 사료와도 모순되지 않고 일치되어 있음으로 결코 그 사건을 과장 없이 사실적으로 기술하였다. 그 본문에 나오는 인물들도 실제적인 인물로서 매우 객관화 된 서술로 볼 수 있다. 게일도 박춘권과의 대면과 대화를 했을 가능성이 매우 높다. 그러하기에 박춘권의 회심 사건을 매우 비중있게 묘사하였으며 그가 예수를 믿게 된 심리적 동기도 설득력 있게 증거하여 박춘권의 역사성을 더욱 보충해 주고 있다.

4-7. 마펫을 박해했던 이기풍의 회심

한국 교회사 초기에 선교사를 박해한 인물을 두 명 꼽는다면 첫째로는 박춘권으로서 1866년 평양 대동강으로 셔먼호를 타고 들어와 최초로 성경을 전한 토마스 선교사를 참수한 인물이다. 두 번째의 인물을 꼽는다면 이기풍을 들 수 있다. 그는 마펫이 노상 전도를 할 때에 몹시도 괴롭혔고 심지어는 장날에 운집한 사람들에게 복음을 전할 때에 돌을 던져서 마펫이 그 돌에 맞아서 피를 흘리고 쓰러지게 하여 그 얼굴에 흉터로 남게 되었다. 이 당시 마펫을 비롯한 선교사들은 정기적으로 열리는 장날이면 곳곳에서 몰려든 사람들을 대상으로 전도를 하였다. 당시 평양에 장이 열리는 모습을 제임스 게일 선교사는 『밴가드』라는 소설에서 이같이 소개하고 있다.

> "장날이 되었다. 첫 닭이 울자 수많은 시골 사람이 쏟아져 들어와서 동이 틀 때에는 수천 명의 사람이 마을을 가득 채웠다. 그들은 말은 없었지만 진지한 표정으로 온통 그날 장사만을 생각하고 있었다. 그들은 콩, 쌀, 가죽, 담배, 숯 등을 담은 봇짐을 황소의 등에 묶어서 왔다. 나중에 술잔이 여유있게 한 잔씩 돌아가자, 사람들의 입이 열리기 시작했고 오후쯤에는 왁자지껄해졌다. …"[77]

마펫은 이러한 장날을 이용해서 평양인들에게 복음을 전하였다. 이 당시 서양인들을 보는 조선인들의 시선은 곱지 않았다. 일종의 침략자로 보기고 하고 조선의 미풍양속을 해치는 반문화적인 대적자들로 인식하였다. 특히 조선인들이 많이 모이는 곳에 서양인들이 나타나서 서양의 종교를 전하는 행위에 대해서는 특히 적대적이기도 하였다. 평양의 한량으로 소문난 이기풍은 미국 선교사들이 전도하는 행동을 적개심을 품고 바라보았다. 이러한 이기풍에 대한 모습과 그가 회심한 사건에 대해 〈NEWS POWER〉 인터넷 매체에서는 이같이 소개하고 있다.

"이기풍은 1868년 11월 21일 평양에서 태어났다. 그는 어려서부터 재치와 슬기가 특출하여 여섯 살 때 사서삼경을 외우고 12살 때에는 붓글씨로 백일장 장원에 뽑힌 바 있다. 반면 그의 성품은 그의 조부의 직설적인 성품을 닮아 그는 어렸을 때부터 거세고 괄괄하고 적극적인 성품이어서 자기의 비위에 거슬려 보이면 참지 못하여 일을 내고 마는 사건들이 많이 발생했다. … 이기풍은 24살 되던 해에 생전 구경한 적도 없는 코 큰 사람을 보았다. 큰 체구의 서양 사람이 자신의 눈에 거만한 몸짓으로 보였고 걸어가는 꼴을 보고 비위가 거슬려 그의 뒤통수를 노려보며 가만히 그의 뒤를 따라가는데, 그가 바로 샤무엘 마펫 선교사였다.

이기풍은 마펫 선교사의 집을 확인하고 돌아가 돌팔매질에 명수인 친구 대여섯 명을 이끌고 마펫 선교사의 집 대문을 걸어차고 모아온 돌을 마펫 선교사의 집으로 던져 유리창을 깨뜨리고 기왓장을 부수었다. 그로부터 한 달 후 그가 우연히 장터로 지나다가 사람들이 모여 있는 것을 보고 호기심이 생겨 군중을 헤치고 가까이 갔더니 서투른 조선말로 복음을 전하고 있던 마펫 선교사를 발견하게 되었다. 그는 그 자리에서 돌을 던져 마펫 선교사의 턱에 맞혔고, 마펫 선교사는 피를 흘리며 거꾸러졌다.

이외에도 이기풍은 건축 중인 장대현 교회를 때려 부수고, 삼일 밤 예배를 인도하러 가던 마펫 선교사의 턱을 날카로운 돌로 상처를 내 흉터로 남게 되었다. 그뿐 아니라 교회 건축 중에도 시설을 때려 부수고 거리낌 없이 횡포를 부리고 폭력을 일삼던 중 성령님의 강권적인 역사가 나타나기 시작하였다. 그 이후 자기가 던진 돌에 맞아 스러진 마펫 선교사의 모습이 수시로 떠오르는 등 괴로움을 겪게 되자 식욕도 잃게 되었다. 심지어 꿈에도 마펫이 자신이 던진 돌에 맞아 피를 흘리고 쓸어진 그 모습이 나타나면서 그 괴로움을 감당할 수 없어, 마침내 마펫을 찾아가서 사과를 하였다.

그가 이처럼 변화된 데에는 마펫이 원수를 사랑하라는 말씀을 철저히 이기풍에게 실천하였기 때문이다. 그가 어떤 사고로 병상에 있을 때에 마펫은 그를 직접 찾아가서 병문안을 하고 사랑을 베풀기도 하였고 병 치료에 도움을 주기도 하였다. 이때부터 이기풍은 서서히 변해가게 되었다. 마펫이 이기풍에 대해 쓴 글을 보면 확인할 수 있다.

> "이기풍은 1891년 평양 거리에서 나에게 돌을 던지며 박해하던 사람이다. 그는 그때에 영문의 아전(衙前)이었는데, 원산으로 이사가서 그곳에서 회개하고 1896년 세례를 받았다. 그는 예수를 믿은 후 소안론(Swallen) 선교사의 밥짓는 사람이 되어 그와 함께 지방으로 순회하고 열심을 다하여 전도에 힘썼다."

이기풍의 딸 이사례 권사의 아버지의 회심 증언은 마치 사도 바울의 극적인 회심 사건과 유사하다고 증언한다. "갑자기 방 안이 환해지더니 머리에 가시관을 쓴 분이 나타났다. 너무나도 눈이 부셔서 쳐다 볼 수가 없었다. 기풍아, 기풍아, 왜 나를 핍박하느냐? 너는 나의 증인이 될 사람이다." 놀라서 깨어 보니 꿈이었다. 온 몸은 땀으로 흠뻑 젖었다. 아버지는 그 자리에 엎드렸다. 생전 눈물을 흘릴 줄 모르는 아버지의 눈에서 회개의 눈물이 콧물과 뒤범벅이 되어 한없이 흘러내렸다. … 이기풍은 해가 뜨면 나가서 전도하는 일이 전부였다. 체력이 왕성한 그는 (30살) 피곤할 줄도 모르고 미친듯이 예수를 증거했다. 그의 전도의 열정은 대단하였다."

1899년 그는 평양으로 돌아와 스왈론 선교사를 도우며 전도 운동을 본격적으로 시작하였다. 1901년에는 자신이 피박하였던 장대현 교회 장로로 임직을 받고 동시에 '평양 신학교'에 입학을 하였다. 1907년 6월 10일 장대현 교회의 뜰에서 역사적인 제 1회 평양 신학교 졸업식이 거행되어 한석진, 길선주 등과 함께 7명이 졸업했다. … 1908년 2월에 평양 독노회로부터 한국 교회 선교 역사상 최초의 해외 선교사로 임명받아 제주도로 파송되었다."[78]

평양의 초기 교회 개척사는 사도행전의 기록 못지 안은 많은 감동적 사건들이 있었다. 즉 사도행전 28장의 연속된 기록같이 그 당시의 교회 역사는 성령행전이기도 했다. 그 당시 선교사들을 가장 괴롭혔던 여러 인물들 중에 한 사람인 이기풍은 한국 교회사에도 큰 공헌을 한 목사였다. 사도 바울이 회심하기 전에는 사도들과 기독교인들을 가장 많이 괴롭혔지만 그가 사도로 부르심을 받은 이후에는 여러 사도 중에 가장 헌신적이며 가장 많은 환난과 핍박을 당하고 가장 많은 곳에 복음을 전하였던 것처럼 이기풍 목사는 한국 교회사에 최초의 해외 선교사로 택함 받아 유배지이며 우상이 가장 극심한 제주도에 파송되어 헌신적인 전도로 그곳에 성내교회 등 8개 교회를 개척하고 전라도 지역에도 여러 교회를 개척한 한국 초대 교회의 바울 같은 인물이 되었다. 예수를 핍박했던 사울이 그의 제자가 됨 같이 이기풍도 동일하게 선교사를 핍박하였으나 그가 마펫 선교사의 복음의 바톤을 이어 받아 한국의 복음화를 이루기 위해 생명을 다 받쳐 헌신한 사실은 하나님의 크신 은혜의 역사가 아닐 수 없다.

4-8. 사경회를 통한 이북 지역의 교회 부흥

마펫의 평양 교회 부흥의 성공 요인 중에 가장 결정적인 것은 사경회였다. 이는 등록된 교인들뿐만 아니라 또 성경과 기독교에 대해 알고자 하는 구도자들의 폭넓은 층들이 성경 학습과 전도와 일찍이 조선에서 없었던 신분과 남녀 차별없는 교육의 기회를 줌으로 저들에게 새로운 진리와 서양 종교에 대한 호기심을 크게 자극한 것이기도 하였다. 뿐만 아니라 교육에는 만민 평등의 기회를 조선인들에게 일찍이 없었던 교육 혜택을 준 것이기도 하였고, 이 사경회는 조선인들에게 성경을 보게 함으로 문맹 퇴치에도 크게 기여하였으며 교육의 필요성을 저들에게 절감하게 한 것이기도 한 것이다. 이 사경회는 전도된 사람들에게 그들의 신앙을 심어주고 구체화시킴으로 온전한 그리스도인이 되게 하는 교육 과정이기도 하였으며 교회의 성장에 자양분을 제공하며 축적케 하는 원동력이 되었다.

평양에서의 성공적인 사경회가 교회를 견실하게 성장시켰다. 이를 타지방에도 확장 적용시키자 의주와 재령에도 놀라운 반응으로 나타났다. 특히 평안도의 선천 지역에서는 부흥의 물결이 일고 있었다. 이에 대해 마펫은 1898년 12월 1일자 선교부 총무에게 보낸 편지에서 이같이 밝혔다.

"… 이곳(선천)에 새 선교 지부를 개설하려는 분명한 전망을 가진다는 점에서 다릅니다. 우리 모두는 이 지역이 평양에서 너무 멀리 떨어져 있고, 평양에서 적절하게 사역하기에는 너무 광범위하다고 확신합니다. 개설해야 할 지점은 평양에서 약 200여 킬로 떨어진 곳으로 자전거로 달려도 3일이 걸립니다. 이미 이루어진 사역의 발전에 대해서 말씀드리자면, 휘트모어 목사는[79] 이미 한 사람이 돌 볼 수 있는 사역 이상을 감당하고 있습니다. 저는 지금 이곳 선천에 있습니다. 평양 사역이 긴급하지 않아서가 아니라, 이 여행이 긴급히 필요했고 또 향후 북부 사역의 전체 발전에 큰 파급 효과를 일으키려는 의도를 가지고 있기 때문입니다. 우리는 이곳에서 사경회를 개최했는데, 40명 이상의 남자와 10명의 여자가 등록했습니다. 그들은 10개 군으로부터 왔는데, 여러 마을에서 온 개인적인 신청자(구도자)들도 있지만, 20개 미조직 교회의 기독교인을 대표하는 사람들입니다.

선천읍교회는 한 명의 남자 세례 교인과 41명의 학습 교인으로 구성되어 있으며, 두 개의 예배당을 가지고 있는데, 각각 남성용과 여성용입니다. 지난주 주일 예배 참석자는 약 150명이며, 이번 주 매일 밤마다 열린 전도 집회에는 약 100명이 참석했습니다. 우리는 아침부터 밤까지 일하고 있습니다. 매일 30분간 세례 지원자와 학습 교인들을 문답했습니다. 그 가운데 15명을 세례 교인으로 받았는데, 저는 이들이 하는 것보다 더 명확한 신앙 고백을 들은 적이 없고 이들보다 더 선명하게 기쁜 모습을 가진 자들을 본 적이 없습니다. 이들은 모욕과 박해를 참고 견뎠고, 교회 건축과 운영을 위해 스스로 헌금했으며, 엄격하게 안식일을 지키고, 속죄에 대한 명확한 견해를 가지고 있으며, 새로운 피조물이 되었다는 증거를 보여주고 있습니다. 우리는 안식일에 25명 이상에게 세례를 주고 많은 사람을 학습 교인으로 받을 것이며 성찬식을 거행할 것입니다. 다음주에 사경회가 끝나면 이들은 각자 자신의 마을로 돌아가 사역할 것입니다. 그 결과 수백 명의 구도자들이 더 알기 위해 문의하러 올 것입니다. 우리는 이곳 의주 선교부를 떠나 다른 지역으로 가서 세례 문답을 하고 가르치고 설교할 것입니다. 그 후 저는 다음달에 열릴 겨울 신학반을 준비하기 위해 급히 평양으로 돌아갈 것입니다. 올해 신학반은 약 100명에서 200명이 참석할 것으로 전망됩니다. 그들 가운데 50명은 전체 선교 지부에서 선발된 조사와 영수입니다."[80]

평안도의 교회 부흥은 가히 폭발적이었다. 오히려 청일 전쟁과 역병이 있었음에도 그러한 시련기를 통해 교회가 그들에게 피난처가 되었기 때문이다. 1895년에 75명이었던 것이 1898년에는 1천 58명으로 늘어났다. 이들은 모두 세례 교인이었다. 1898년에는 교회의 전체 신자 수가 3천 명 이상이 되었다. 이러한 놀라운 성장은 겨우 3년 동안 거의 40배 이상 늘어 날 셈이었다. 그같이 되기까지는 한성에선 10년 이상이 걸렸던 경우와 대조해 보면 하나님의 크신 역사가 아니면 달리 설명할 수 없다.[81]

마펫의 열정적인 사역은 평양을 비롯하여 의주와 선천과 황해도의 재령을 비롯해서 조선인 평신도의 자발적인 전도와 교회 개척과 예배당의 건축으로 이어지면서 상당한 확장성을 갖고 광범위하게 복음이 전파되었다. 사경회와 전도 집회 때에는 공간 시설을 감당할 수 없을 정도로 수백 명씩 모였다. 수십 킬로의 먼 거리에서도 자발적으로 모여드는 조선인들의 적극성에 감동을 받은 마펫을 비롯한 동료 선교사들과 조사와 각 교회의 영수들은 더욱 열정적으로 사역에 헌신하였다. 이 같은 조선인들의 열정적인 반응과 학습열과 헌신의 모습은 다른 민족에게 찾아 볼 수 없었던 일이었기에 미국의 선교 본부에서도 상당한 기대와 협조로 이어졌다. 적어도 아시아에서는 가장 성공적인 선교 모델로 부상되었다. 그래서 미국 선교 본부에서도 이곳에 더 많은 선교사들을 보내기 위해 준비하게 되었고 재정적인 후원도 뒤따라 주었다.

마펫은 조선인들의 체계적인 양육과 그 가운데에 교회 지도자로 쓰임받을 지도자를 양육하기 위한 전략으로서 교회에 이미 활동하고 있는 영수와 조사들 50여 명을 선발하여 그들을 심화 학습시키는 방법으로 전임 사역자로 세우고자 하는 최상급의 교육 프로그램을 만들었다. 결국 이 단계가 신학교 설립의 기초가 됨으로 평양에 교회가 개척된 지 7년 만에 '평양 신학교'가 설립되게 된다.

마펫은 단순히 개교회의 부흥에 고무된 것이 아니라 자신도 생각지 못할 정도로 선교 지경이 크게 확장된 것에 대해 놀라워하였다. 당시 상황을 설명하면서 선교 본부에 이같이 호소하였다.

> "사방에 널려 있는 기회는 정말 놀라우며 우리 교회에 이보다 더 큰 기회가 주어진 적은 지금까지 없었다고 믿습니다. 저는 지금과 같은 총무님의 전적인 협력을 강력하게 간청합니다. 이 지역에 목사 한 명과 의료 선교사 한 명을 파송하여 주시기를 부탁합니다. 그들은 즉시 와야 합니다. 그들이 조선어를 습득하기 전에 그들 손에 할 일이 가득 차 있을 겁니다."[82]

4-9. 천주교의 교회 핍박과 충돌

마펫의 사역이 평양을 위시하여 황해도에 이르기까지 크게 확장되면서 그 지역의 천주교와 충돌이 발생하게 된다. 이는 그만큼 천주교도 교세의 확장이 이북 지역에도 이어지면서 같은 지역에 구교와 신교와의 불가피한 경쟁 관계로 악화된 것이다. 이처럼 개신교나 천주교의 확장이 될 수 있었던 배경에는 왕실의 통치권이 약화 된 것이 원인이기도 하였다. 1885년에 언더우드와 아펜젤러가 조선에 들어오고 마펫이 5년 후에 들어 왔지만, 그 당시만 하여도 순수한 선교 활동에는 법적으로 금하였기에 의료와 교육 사역에 치중하였고 선교사들은 은밀하게 비공식적으로 복음을 전하는 사역을 이어갔다. 1894년 동학란과 그해 평양에서의 청일 전쟁과 1895년 민비 시해 사건과 1896년 고종의 아관파천 등의 사건으로 왕실이 전국적으로 통치권이 약화되면서 선교사들의 사역을 통제할 수 없게 되었다.

특히 고종이 1897년에 대한제국을 선포하면서 수세적인 대외 자세에서 개혁 개방의 국내 정책을 취하자 외국의 선교사들의 사역에 법치적으로 간섭과 통제를 하지 않음으로 선교사들의 사역도 공개화 되고 활성화 될 수 있는 여건이 주어졌다. 그 결과 이북 지방을 비롯한 전국적으로 천주교나 개신교의 사역이 크게 힘을 받아 교세가 전국적으로 크게 확장되어 갔다. 그러한 과정에서 조선에서의 선교 사역에 100여 년이 앞선 천주교는 개신교의 확장을 못마땅하게 받아들였다. 천주교인들에 의한 개신교인들에 대해 물리적 방해와 핍박의 사건들이 곳곳에서 발생되기도 하였다. 이러한 종교 대립은 마치 16세기 유럽에서의 천주교와 개신교 간의 갈등과 대립과도 같았다. 이에 대해 마펫은 1899년 7월 10일 선교 보고서에서 이같이 밝혔다.

"… 천주교인들은 단단히 결심하고 교묘한 방법으로 우리의 황해도 사역을 와해시키려고 끈질기게 노력해왔습니다. 그래서 천주교인들은 가르침을 받지 못한 학습 교인이 많았던 미조직 교회들을 와해시키는 데 성공했습니다. 그들은 우리의 많은 신자를 핍박했으며, 신도들을 빼앗아가려고 온갖 수단을 다 사용했고, 우리 미조직 교회가 있는 모든 곳에 사역자를 두었으며, 정치적인 힘과 영향력을 사용했고, 위협하고 협박하거나 소송을 도와주겠다고 약속했습니다. 이렇게 사악한 조직의 간교한 요원들이 활동하고 있습니다. 그들은 모든 수단을 동원하여 우리 사역의 발전을 가로막고, 사람들을 낙담시키고, 사기를 떨어뜨리고 신앙의 길에서 벗어나게 했습니다. 올해 그 지역에서 많은 학습 교인이 떨어져 나갔다는 보고가 올라올 것이 분명합니다. 그러나 정치적 요인과 천주교의 공격적인 전도로 인하여 떨어져 나갔음에도 불구하고 고무적인 경우가 많고 참된 기초 위에 서 있는 자가 많으며, 견고하고 진실하게 남아 있는 자가 많기 때문에 우리는 즐거워할 이유가 많습니다.

우리에게는 열린 문이 있고 우리가 따라잡을 수 없을 정도로 기회가 넘치기 때문에 우리의 관심을 필요로 하는 사역을 어떻게 돌볼 것인가가 우리의 가장 큰 문제입니다. 스왈론 목사와 헌트 목사는 현재 황해도 일부 지방의 사역에 시간과 관심을 쏟고 있는데, 그런 관심이 꼭 필요한 시점에 그곳에 질서를 잡고 힘을 복돋아 주기 위해서 신실하게 일하고 있습니다. …"[83]

이러한 불상사에 대한 구체적 사례는 다음과 같다. "가톨릭교회가 개신교의 복음 사역에 적의를 품고 개신교 교회를 박해한 최초의 사건은 1898년 황해도의 재령 원내동 교인들이 개신교 예배당을 건축할 때 일로, 100여 명의 천주교인이 집단 폭행을 가하면서 그 예배당을 공동 사용할 것을 고집하였다. 결국 이 사건은 재판으로 무난히 해결되었다. 그러나 그 후에도 천주교와 개신교의 갈등은 계속 이어졌다.

1903년 황해도 신천, 재령, 안악, 황주, 장연 등지에서 자행된 천주교도의 예수교인 박해는 매우 심각하였다. 그들의 만행으로 인해서 정부가 해주에 재판소를 설치하여 사태를 판정하려 하자 천주교 신부들과 교인들이 오히려 관리들을 구타하고 감금하는 사태로 악화되었다. 그때 황해도 관찰사 이용직이 빌헬름 신부를 사사로 만나서 이 사건을 처리하려 하였으나 여의치 않았다. 이 험악한 사태를 용기와 지혜로 처리한 인물이 왕실 법부의 이응익이었다. 그는 1902년 2월부터 황해도에 가서 개신교 예수교인의 피해를 기민함과 끈기로 조사하고 천주교인들의 악한 비행과 만행을 수집해서 보고서를 작성하여 1903년 9월 1일 고종에게 제출하였다. 고종은 이런 불법에 가담한 사람들을 검속해서 한성에서 재판하라고 명령하였고 15명의 중범자들이 10월에 재판을 받아 실형이 선고되었다."[84]

이 사건은 개신교 교회사의 초기에 발생한 구교와 신교와의 갈등과 충돌이었다. 이 문제는 결국 고종의 어명에 의해 한성 법정에서 치리와 판결된 것으로서 이조실록에서도 근대사의 신교와 구교 간의 대립과 갈등이 사회적 문제가 된 종교 사건으로 다루고 있다. 이를 "1902년 해서교안(海西敎案)"이라 하였다.

4-10. 장대현 교회를 건축하기 위한 준비

　1894년 1월 평안도 평양에 최초로 개척된 널다리골 교회는 그 전년도 10월에 성경 학습을 받은 22명 중에 7명에게 세례를 주고 최초로 성찬식을 갖음으로 교회로서 면모를 갖추었고 한국 교회사에 그 역사를 남기게 되었다. 이러한 결과는 마펫과 그의 조사인 한석진의 헌신적인 전도와 섬김과 열정의 결과로 나타난 것으로 그 이후 폭발적인 부흥을 거듭하게 되었다. 마펫은 당시의 자신의 삶을 이렇게 평가하였다. "나는 오랫동안 내가 바라던 바로 그 환경 속에 살고 있다. 즉 나는 사람들과 직접 접촉하면서 그들과 함께 살고, 종일 그들과 만나며, 내가 그들 생활 속에, 그리고 그들이 내 생활 속에 들어오는 것을 소원해 왔던 것이다. 물론 이것은 쉬운 일이 아니다.[85]

　널다리골 교회는 청일 전쟁을 거친 후 2년 후부터는 급상승의 부흥을 거듭하였다. 1896년에는 평안도가 남북도로 분할되었다. 평안도 전체도 사회적으로 안정되면서 교회도 성장세를 이어갔다. 교회의 급성장은 여러 가지 문제를 낳았다. 첫째는 늘어나는 교인들을 체계적으로 가르치며 양육하는 지도자 부족으로 본토인의 지도자 양성과 이들을 지도할 선교사의 수가 턱없이 부족하였다. 이를 해결하기 위해 마펫 선교사는 미국 선교 본부에 여러 차례에 걸쳐서 간청을 하였다. 물론 본부에서는 조선에 갈 선교사의 자발적인 헌신자가 있어야 했고 재정적으로 이들을 지원할 후원이 뒤따라 주어야 하는 2중적인 문제도 있었다.

　둘째는 조선의 정세가 전쟁으로부터 안정되면서 평양으로 선교지를 택하여 온 선교사들이 급증하였으나, 이에 따른 문제도 생겼다.

즉 이들이 거주할 주택을 제공해 주는 문제가 함께 돌출되었다. 특히 여성 선교사들에게는 더욱 심각하였다.

셋째는 매해 수백 명씩 급증하는 성도들을 수용할 예배당과 교육 장소가 부족하였다. 널다리골 교회를 증축하였으나 이 또한 오래가지 못하여 예배당을 크게 새롭게 건축해야 하는 문제가 대두되었다. 이 교회 건축 문제가 처음 나온 것은 1897년 3월 경인데 제직회를 통해 본격적으로 논의되었다. 이에 대해 '마펫 사무엘의 전기'에는 이같이 기술되어 있다.

"이 무렵 마포삼열과 한석진은 교회 신축을 위하여 제직들과 함께 논의를 거듭하였다. 그러나 모두 지어야 한다는 의견에는 일치를 보았으나 건축비가 문제였다. 더욱이 마포삼열은 지금 짓는 예배당은 장차 평양의 중심이 되는 어머니 교회가 될 것이니 큰 규모의 건축비를 널다리골 교회 교인들이 부담하기 어려울 것임으로 미국 선교부에 청원하겠다고 제의하였다. 이때 한석진은 반대 의사를 표명했다. 하나님의 집을 짓는데 조선 사람이라고 불가능할 이유가 없다고 했

장대현 교회 건축

다. 조선 사람의 힘으로 교회를 짓겠다고 나섰다.

이러한 주장을 가장 반갑게 여긴 사람은 누구보다도 마포살열이 아닐 수 없었다. 연륜으로 보아 아직 초창기이지만 그동안 조선 교인들의 신앙 의지가 이만큼 성장한 데 대하여 그로서도 놀라면서 기뻐하지 않을 수가 없었다. 결국 마포삼열은 한석진의 주장을 긍정하고 받아들이면서, 그리고 새로 건축할 대지는 이미 매입해 두었던 장대현의 높은 언덕으로 정하고 건축비는 우선 교인들이 자발적으로 주선하는 데 합의를 보았다. 아울러 건축 방식은 조선식 기와집으로 작정하였다. 교회 건축 양식에 있어서 어떤 사람은 서양식을 고집하는 사람도 없지 않았다. 하지만 마포삼열은 오히려 조선식을 원하고 권장했다. 한석진도 마포삼열과 의견을 같이 했다.

드디어 1900년 음력 첫 주일에 마포삼열과 한석진은 교인 앞에 건축 문제를 끄집어 내었다. 예배가 끝난 후 두 사람은 현재의 예배당이 협소하다는 것과 매일 같이 늘어나는 새로운 신도들을 더 수용하기 위해서는 새 교회를 지어야 한다고 이야기했다. 이러한 결단과 광고는 아주 모험적이요, 충격적인 일이기도 했다. 이때 교인들의 반응은 예상대로 적극적으로 나타났다. 실로 놀라운 일이 아닐 수 없었다. 토지 문서를 바치는 자, 패물을 바치는 자, 그것도 없는 자는 노동과 기물로 바치겠다고 했다. 건축이 시작되면서 교인들 중에는 석수장이도 있었고 더러는 양덕과 맹산까지 가서 좋은 목재를 구하여 뗏목으로 대동강으로 끌어내려 오는 교인들도 있었다. …

또 감사할 것은 샌프란시스코에 있는 '트리니트 교회'에서 신축될 이 교회에 풍금을 기증하기 위하여 모금하고 있었는데 250명의 주일학교 학생들이 10센트씩 헌금을 하였다. …"[86]

이처럼 교회 건축에 마펫과 교회 성도들도 함께 공감하면서 자발적으로 교회 건축을 위한 헌금 운동이 일어났다. 많은 성도들이 이에 동참하기 시작하였다. 이에 대해 마펫은 널다리골 교회의 예배당 건축에 어떻게 조선인들이 헌신적으로 참여하고 있는지를 미국 선교본부에 보내는 두 편의 편지(1900. 1. 25. / 2. 6)에서 이같이 호소하고 있다.

"… 방금 끝난 사경회에 거의 모든 조사와 영수와 전망이 밝은 사역자들이 250명 이상 참석했습니다. … 우리는 1월14일 성찬식으로 사경회를 마감했습니다. 지난 8월에 그렇게 했을 때, 건물과 마당이 차고 넘쳐서 절반만 예배당 안에서 예배를 드릴 수 있었습니다. 이번에는 남자들만 해도 너무 많아서 다수의 남자들이 바깥에 서서 예배를 드려야 했습니다. 크고 새로운 교회 건물이 바로 지금 필요합니다. 올해에 교회 건물을 확보하지 못한다면 큰 실망과 문제가 될 것입니다. 2주일 후에 한 번 더 작정 헌금을 할 예정이며, 건물을 착공할 수 있도록 충분히 모금되기를 간절히 기도하고 있습니다. 건축 기금을 위한 성탄절 헌금이 거의 100엔이었던 것으로 판단해 볼 때, 고무적이라고 생각됩니다. …"[87]

"6개월간 우리는 긴급히 필요한 새 대형 교회 건물을 착공할 충분한 기금을 모금하고자 대대적인 노력을 기울여 왔습니다. 교회 제직들과 건축기금위원회가 계속 만났고, 조용하지만 많은 일을 한 후에 우리는 지난 주일에 교인들에게 작정 헌금을 하도록 했습니다. 우리는 지난 두 해 동안 교인들로부터 600엔을 모금했습니다. 그러나 선교지부와 선교회가 채택한 계획에 따라 우리에게 필요한 4천엔의 건물을 건축할 수 있으려면 그전에 2천엔을 모금해야 했는데, 이는 건축비의 1/3 이상을 외국 지원금으로 지원할 수 없기 때문입니다. 만일 우리가 조선인들이 교회 건축에 필요한 금액을 모금할 능력이 있다는 것을 느끼도록 그들에게 충분히 이야기한다면 그들은 모든 노력을 다 쏟아 부을 것입니다. 아마도 1/3의 도움을 주지 않아도 건축할 수 있을 것이라고 생각합니다.

발전된 계획은 3년 안에 최소한 2천엔에 해당하는 금액을 선의로 작정 헌금하도록 부탁해서 그 금액을 받을 수 있다는 확실한 믿음 위에 긴급하게 필요한 건물을 즉시 착공할 수 있도록 하는 것이었습니다. 박사님께서 주일 예배에 참석할 수 있었더라면 유익했을 겁니다. 남자들 예배에서 리 목사와 저와 교회 제직 3명이 설명했고, 여자들 예배에서는 스왈론 목사와 2명의 제직이 설명한 후 작정 헌금을 기록했습니다. 은혜의 기적이라고 할 수 있는 한 교인은 1894년 청일 전쟁이 일어나기 직전에 제가 세례를 주었던 일곱 세례 교인 중의 한 남자가(최치량) 200엔을 작정 헌금했습니다.[88]

이어서 최근에 개종한 남자가 240엔을 작정 헌금했는데, 이는 개인이 작정한 헌금 중에 가장 많은 액수였습니다. 나머지 작정 액은 80엔에서 40엔(20센트)까지 다양했으며, 400여 명이 헌금하여 총액이 거의 3천엔에 달했습니다. 회중 앞에 서서 얼마나 많이 작정 헌금을 할 수 있을 것인지 결심하는 많은 남자들의 숙고하는 얼굴을 바라보는 것은 흥미로운 일이었습니다. 회중이 너무 많아서 앉을 자리를 찾을 수 없었던 일부 교인들은 우리가 서 있는 곳 바로 뒤에 있는 문으로 돌아와서 그 문을 통해 자신들의 작정 헌금 액수를 큰 소리로 외쳤습니다. 그들의 열정이 그들을 따뜻하게 해주었을 겁니다. 왜냐하면 그날 바깥 기온이 영하 17도였기 때문입니다. 참으로 혹독한 추위였습니다.

일부 여자들은 은반지로 연보함으로써 올해에도 그들의 관심과 열심을 보여주었습니다. 조선인들은 물론 우리도 깜짝 놀랐고 한량없이 기뻤습니다. 그들의 작정 헌금은 그들 대부분에게 임할 축복도 의미합니다. 이들이 기독교의 모든 은혜 가운데 발전하기를 빌며, 주께서 이들에게 지속적으로 복을 주시고 우리에게 이들을 인도하는 지혜를 주시기를 기도합니다. …

추신: 저는 위에 쓴 글을 완전히 정당한 방법으로 사용하기를 원합니다. 즉 새 주택과 신임 선교사들에 대한 우리의 요구에 대하여 선교부가 관심을 기울여 주시기를 요청합니다. 주택은 올해에 매우 긴급하게 세 채가 필요합니다.…"[89]

이 같은 마펫의 예배당 신축에 대한 간곡한 편지의 내용은 이 당시 교회 신축과 선교사들을 위한 사택 건축이 얼마나 절실한지와 특히 교회 건축에 널다리골 교회의 온 성도들이 얼마만큼 적극적으로 참여하고자 했는지를 여실히 보여준다. 사실 이들은 교회라는 개념과 예배당의 상징적 의미에 대해 성경적으로 충분한 이해가 없었을 것이고 또 경쟁적으로 다른 교회와 비교 의식을 가질 만한 대상 교회도 없었음에도 남녀노소 할 것 없이 그 참여도가 높았던 점은 매우 감동적이라 아니할 수 없다. 사실 불과 몇 년 전에 평양을 초토화한 청일전쟁과 전염병으로 인해 수습되는 과정 중에 이처럼 이들이 예배당 건축에 가난한 여인도 자신의 은반지를 뽑아서 조금이라도 건축비에 쓰임 받고자 했던 이야기는 모두에게 크나큰 감동을 주고 있다.

마펫의 2월 편지를 보면 건축비 전체 금액이 4천엔으로 되어 있고 건축을 시작하려면 2천엔 이상이 확보되어야 한다고 했으나, 그해 10월26일 그가 미국 선교 본부 엘린우드 박사에게 보낸 편지에 의하면 이미 그레험 리 목사와 의사이며 과거 목수의 경험이 있던 샤록스 선교사가 이 교회의 건축에 참여하여 진행되고 있음을 확인할 수 있다. 이는 분명히 교회 성도들이 지속적으로 건축 헌금에 참여하여 건축을 시작해도 좋을 만큼의 건축 기금이 확보된 것으로 볼 수 있다.

> "리 목사와 샤록스 의사는 새 교회 건축에 바쁩니다. 샤록스 의사는 실무 경험이 있는 목수인데, 마침 필요한 때에 평양에 도착해 그렇게 큰 교회 건물을 짓는 공사를 하는 리 목사에게 귀중한 도움을 주고 있습니다."[90]

이러한 그들의 헌신된 신앙은 장차 그 교회가 크나큰 교회로 성장할 수 있는 무궁한 잠재력을 보여준 증거라 할 수 있다. 마펫의 성경적 리더십이 얼마나 컸는지도 가늠해 볼 수 있다. 이 당시 교회 현황을 보면 평양의 교세 성장이 크게 앞섬으로 선교사들의 사역과 재정적인 뒷받침이 못 따라 준 것으로 보인다. 그러나 널다리골 교회 성도는 미국의 선교회로부터 재정 지원없이 자립적인 교회 건축을 해낸 것으로 보인다. 평양 중심인 장대재라는 언덕에 세워진 교회는 초대 개척 시대를 마감하고 이북 지역의 상징적인 모교회인 새로운 시대를 열게 되었다. 그곳 지명을 따서 교회 이름을 장대현 교회라 명했다. 교회당 건축은 1901년에 완공되었다. 마펫은 1901년 9월 연례회의에서 교회 건축 진행 상황을 이같이 보고하였다.

"올해 가장 뚜렷한 발전을 이룬 것은 교회 건축이었습니다. 지난 가을 첫 번째 예배실에 대한 공사가 충분히 진행되어 연례 회의 때 열린 예배에 거의 1천여 명의 회중이 모일 수 있었습니다. 그전까지 주일마다 많은 사람을 돌려보내야 했지만, 예배실이 겨울 전에 완공되어 차고 넘치는 회중을 수용했습니다. 2월에는 또 다른 작정 헌금을 했고 추가로 300냥(엔)의 연보를 받았는데, 리 목사가 휴가를 떠나는 6월 이전에 다른 예배실을 완성할 수 있도록 모든 사람이 2년차 작정 헌금을 한 번에 내도록 권고 받았습니다. 교인들은 만족스러웠고 날씨가 좋아지자말자 새 예배실 공사를 시작했습니다.

6월에 지붕을 올렸고 벽을 세우고 마루를 깐 후에 대략 1천 4백 명의 수용 인원이 예배를 드릴 수 있게 되었습니다. 건물은 이제 매 주일마다 가득 찹니다. 우리는 3년 차 작정 헌금이 들어오는 내년에 최종 마무리를 하고 대략 3백여 명 이상을 수용하게 될 두 개의 2층 공간을 추가할 수 있기를 희망합니다. 올해 들어온 헌금은 거의 1만냥(엔)에 이르며 건축 기금이 시작된 이후 작정 헌금 총액은 3,263냥이 됩니다. 전 회중은 지난 가을과 새로운 예배실이 완성된 올 여름 많은 사람이 모인 모습에 감동을 받았습니다. 매 주일 경건하게 예배하는 큰 군중은 우리 모두에게 새로운 영감을 주었습니다. …"[91]

다음 해인 1902년 1월 6일에 신년 사경회에 마펫은 감격스런 그 모습을 그 아내에게 보내는 편지에서 감격스러운 예배를 소개하고 있다.

"내 사랑하는 엘리스에게

어제는 큰 교회의 강단까지 가득 찬 대단한 날이었소. 사경회 참석자로 인해 회중이 크게 늘어났기 때문이요. 소년들로 하여금 여자석에 앉게 했지만 그래도 남자석이 모자라 남자 몇 명을 여자석에 앉도록 했소. 번 하이젤 목사와 블레어 목사가 문 밖으로 나가 남자 숫자를 세었는데 참석자를 처음으로 제대로 계수한 경우였소. 남자가 863명이었소. 여자석에 간 소년들이 분명 100명이 넘었으므로, 합하면 약 1천 명의 남자와 대략 500명의 여자가 참석했소. 따라서 교회 건물에 사람이 가득 차면 대략 1천 5백 명까지 들어간다고 해도 과언이 아니오. 이번 주일에 그렇게 많은 사람이 참석했소. …"[92]

4-11. 평양, 한성(서울)과 의료 선교 정책에 대한 갈등

구한 말(1897)이 되면서 선교사들의 사역지가 이북 지방에서는 평양을 중심으로 크게 확장되었고 이남에서는 한성을 중심으로 3남 지역으로 확장되어 갔다. 그러나 마펫과 베어드와 게일을 중심으로 한 평양 선교 팀들과 이남의 언더우드와 아펜젤러 사이에 선교 정책을 놓고 심각한 갈등을 겪는다. 서로가 미국 선교 본부를 설득하려 했다. 심지어는 상대방을 비방하기까지 이르게 되었다. 이에 가장 불거진 문제가 제중원이었다. 병원이 에비슨 원장으로 인하여 미국의 세브란스라는 거부가[93] 그 병원을 근대화 하기 위해 1만 달러라는 당시에 거액의 헌금으로 최고 시설과 최대 규모의 병원을 건축하고자 할 때에 이북과 이남 지역의 선교사들 간에 충돌이 발생했다. 특히 마펫은 매우 단호하게 언더우드의 일반 학교 설립 선교 정책과 에비슨의 큰 규모의 근대식 병원 설립에 크게 반대하였다.

옥성득 교수는 이러한 갈등에 대해 이같이 서술하였다.

"마포삼열은 선교 초기 단계에서는 의료와 교육보다는 전도의 우선권을 믿었다. 복음 자체가 아닌 병원과 학교와 사회 사업 단체 같은 기구가 기독교를 대변해서는 안 된다는 원칙이었다. 그는 이 정책을 서북 지역뿐만 아니라 한성 이남에서도 초기 단계에서 시행해야 한다고 주장했다.

1901년 1월 미국 공사 알렌이 고종에게 새 병원을 위해 루이스 세브란스가 1만달러를 기부했다는 말을 듣고, 고종은 "미국인이 그렇게 많은 일을 하고 있는데, 나도 스스로 무슨 일이든 해야겠다며 병원 부지를 주겠다"고 약속했다. 이 이후 장로회 선교회는 두 파로 분열되어 세브란스 병원을 놓고 격론을 벌였다. 뉴욕 선교부의 세브란스 이사와 엘린우드 총무의 지지를 받고 대형 병원을 지지한 한성파(에비슨과 언더우드)는 의료 선교를 복음 전도를 위한 도구로 바라보던 평양파(웰즈와 마펫)와 싸웠다. 후자는 대구의 아담스와 군산, 부산, 원산 선교 지부의 다른 선교사들이 지지했다.

이것은 기독교 문명론과 네비우스-로스 방법의 대결이었다. 전자는 한성에 본부를 둔 거대한 연합 기관들을 통해 조선의 기독교화를 추진했다. 후자는 선교회들이 서로 선교지를 분할하고 작은 기관들의 도움을 받아 신속한 복음화에 치중했다. 전자는 교파 연합적이고 전국적인 기관 사업을 추진했기 때문에 뉴욕 선교부의 지원을 받았다.

이는 문명론(Civilization)의 기구주의와 토착 교회 설립론의 영성주의 간의 갈등이었다. 웰즈 의사는 에비슨과 고든 선교사가 구상한 병원 설립에 1만 4천 달러의 비용이 들고 한성의 명동성당과 동일하게 미국인에게도 너무 고급스러운 건물이라고 비판했다. 그는 미국 일부 도시에서 채택한 25개의 병상에 최신 시설을 갖춘 두 개의 병동을 가진 모델을 선호했는데, 그 비용은 5천 달러에 불과하다고 대안으로 제시했다. …

언더우드는 평양 선교사들의 태도는 선교회의 "발전에 대한 반역"이라고 보고, "입으로 복음의 말씀을 선포하는 것만 우리가 해야 하는 유일한 사역"이라고 생각한다고 비판했다. 언더우드와 에비슨은 의료 사업이 선교의 문을 여는 수단이라는 견해에 반대했다."[94]

가장 이상적이며 성경적 선교 정책은 그 시대와 그 지역 환경과 조건에 따라 융통성 있는 현실적 정책이 필요할 것이다. 어느 선교지에 문맹인들이 많다면 글을 읽고 쓰게 하여 성경의 바른 이해와 합당한 교육 환경을 제공 해 주어야 한다. 구한 말 조선인들 중 문맹률이 매우 높았기에 학교 설립과 지도자 양성을 통한 문명 사역이 절실했다. 당시뿐만 아니라 조선은 오랜 동안 위생 개념 결여와 잘못된 민간 처방으로 결핵과 이질과 계절형 전염병 등에 대한 과학적 치료 행위가 거의 전무하였다. 예를 들어, 코레라가 만연할 때에는 많은 사람들이 대문에 고양이 머리 그림을 창호지에 그려놓으면 퇴치할 것이라는 잘못된 관습도 있었다. 그 당시 선교사들은 코레라가 수인성 전염병으로서 반드시 물을 끓여 먹도록 하였고 상수도 수돗물을 먹도록 고종에게 제의하여 이를 실시하였다.

선교 초기에는 현지인들의 보건과 위생 교육과 의료 시설이 마땅히 필요했다. 예수님께서도 말씀만 선포한 것이 아니라 각종 병자들을 치유하시고 굶주린 자들에게 오병이어를 제공하셨고 제자들을 대상으로 교육 사역을 공생애 중에 지속하셨다. 사도 바울도 말씀 선포 사역만이 아닌 병든 자, 귀신 들린 자 등을 치유하는 사역에 힘썼다. 기회가 주어지면 어느 때든지 육신의 치료 사역을 통해 영적인 치료 사역을 지속하였다. 특히 예수님께서는 병을 고쳐 주시면서 네 죄가 사함 받았다고 하였고 다시는 죄를 짓지 말라며 영육의 치유 사역을 공생애 기간 중에 지속하셨다. 사도행전의 초대 교회도 이 같은 전통을 지속하였다. 그러므로 말씀 선포(Kerygma)와 교육과 봉사와 구제와 치료(Diaconia) 사역은 동시에 이루어져야 한다. 그래서 복음을 전할 때 그 지역의 환경에 따라 균형있는 사역이 필요하다. 조선에서는 많은 병든 자들이 무속 행위로 치료를 받으려 했기 때문에 그 당시 선교사들에게는 이러한 의료 사역은 필수였다.

제임스 게일 선교사가 그 당시 평양에서 직접 목격하고 체험한 것을 소재로 하여 저술한 '밴가드'라는 실화 소설을 보면 평양인들의 무속 행위와 생활상에 대해 자세히 알 수 있다.

"평양의 밤은 어둡고 소름끼쳤다. 좁은 골목 사이로 여기저기 몇 개의 불빛이 널려 있었다. 관아의 아전들이 알려주는 길고 괴상한 소리가 일정한 간격을 두고 반복되었고, 강 아래서는 귀신들에게 소원을 빌면서 두드리는 북 소리가 들려왔다. 길 너머에는 누군가가 죽었는지 "아이고! 아이고!" 하는 통곡 소리도 들렸다. 곳곳에 있는 주막집은 밤거리를 더욱 오싹하게 했다. …"[95]

이 당시 선교사들은 영적으로도 조선인들을 무속 종교에서 자유케 하는 사역을 펼쳐 나가야 했다. 이를 위해 사탄의 권세와 맞서서 싸우며 이들을 생명의 세계로 인도해야 했다. 그것은 곧 어둠과 빛의 싸움이었고 사망과 생명과의 싸움이었다. 이러한 상황에서 마펫 선교사는 무지와 우상으로 가득 찬 평양 도성을 변화시키기 위해 영적으로 무장하여 예수 그리스도의 십자가를 앞세우고 선봉에 서서 싸웠다. 그 결과 마침내 그 도성에 승리의 십자가를 세웠다.

제5장

조선 교회의 자립, 자력의 기초를 놓다

5-1. 한국 교회의 모판인 평양 신학교 설립과 운영의 갈등

마펫의 초기 사역은 전도와 교회 개척에 집중함으로 매우 가시적인 성과를 거두었다. 그 결실이 1894년 1월 7일 평양 대동문 널다리 골 교회이다. 세례 교인 8명과 2명의 학습 교인으로 교회를 시작했다. 그 이후 비약적인 교회 성장이 평양을 비롯한 평안도 지역과 황해도에 이르기까지 폭 넓게 이어지면서 선교의 지경을 넓히게 되었다. 가히 폭발적인 성장을 이루었다. 1898년에는 세례 교인과 비세례 교인을 합쳐서 약 3천여 명으로 증가하였다. 1894년 개척 인원 10명에서 출발된 교회가 4년만에 약 3백 배로 폭발적인 성장을 한 것이었다. 이러한 교회 성장 수치는 이남 지역과는 비교될 수 없는 현상으로서 여기에는 다양한 성장 요인이 복합적으로 작용된 것으로 보아야 한다. 즉 마펫 선교사의 개인적 선교 적략과 지역적 및 사회적 환경이 함께 조합된 결과로 보아야 할 것이다.[96]

아울러 이 같은 관서 지방(평안남북도)의 기독교인이 급증한 데는 신입 교인들을 대상으로 한 양육과 사경회라는 큰 집회 활동이 크게 작용했다. 아울러 마펫 선교사의 현지인 동역자들인 조사와 교회 지도자인 영수라는 조직을 효율적으로 잘 관리하면서 그들의 신앙을 성숙시켰기 때문이다. 또 평신도들에게는 전도 훈련이 크게 작용한 것 같다.

특히 교회의 지속적인 성장과 성도의 신앙 내적인 성숙과 그 교회의 주인 의식의 함양과 참여 의식을 주기 위해서는 외국 선교사들에 의해 주도되는 교회 성장보다는 현지 토착인들에 의한 교회 성장이 주도되어야 했다. 이를 위해서는 교회 지도자 양성을 위한 신학교 설립이 후속적으로 집행되어야 했다. 마펫은 이 점에 누구보다도 착안하여 이를 시행하였다. 이러한 다음 단계의 전문적인 교회 지도자가

평양 신학교 학생(1906)

양성되려면 먼저 기초적인 일반 지식과 자국어와 한문에 대한 이해도가 높아야 신학이라는 학문과 성경을 이해할 수 있었다. 다행이도 서북 지방에는 이남보다도 이러한 교육 수준이 높았다. 교회 내에 기성 교인들과 조사와 영수들은 그 사회의 식자층이었다. 대표적 인물이 한석진, 서상륜, 백홍준 서경조, 양전백, 이기풍, 방기창, 성린서이다. 이들은 한학과 조선글(한글)에 능한 사람들이었기에 신학 교육을 받을 만한 대상이었다.

마펫은 이러한 지도자 자격이 갖추어진 이들을 대상으로 심화 학습 과정을 통해 급성장하는 교회의 지도자 양성의 필요성을 절감했고 기초적인 신학교를 세우고 운영하기 위해서는 다른 선교사들과의 연합과 미국 선교 본부의 지원과 승인이 필요하였다. 이런 점에서 한성의 언더우드는 앞서 시작하였다. 1892년 2월 북장로교 선교부는 독자적인 신학 교육 방향과 원칙을 정했고 신학교가 공식적으로 설립되기 전까지 잠정적으로 신학반을 운영하기로 했다.

이에 따라 언더우드는 1890년 가을, 자기집 사랑방에서 성경 공부반을 개설했다. 1891년에는 새문안교회에 1개월 단기 과정의 신학반을 운영했다. 평북 의주에서 온 김관근과 백홍준, 황해도 소래의 서경조와 최명오, 서상륜, 정공빈과 한성의 홍정후 등이 수강생이었다. 1892년에는 수강생이 16명으로 불어났는데, 김관근, 김규식, 송석준, 양전백, 한석진 등이 포함되어 있었다.

이 당시 조선 왕실에서는 아직 기독교의 활동을 공인하지 않은 상황이었기 때문에 한성의 신학반은 신학교로 발전되기 어려웠다. 또한 이 학습반에 찾아오는 사람들도 대부분 서구 사상을 알고 싶어 했던 개화 지식인들로, 목회자가 되는 것을 기대하지 않았다. 반면, 평양의 마펫의 사랑방에서 실시되었던 성경 공부는 매우 빠르게 성경 학습반으로 발전했고, 그가 이끄는 평양 선교 지부의 역점 선교 정책이 되었다. 서북 각 지방의 영수를 비롯한 평신도 지도자들은 성경 학습반을 통해 신앙과 교회의 조직을 배웠기에 자기 교회로 돌아가 신앙 공동체를 이끌고 갈 정도로 그 신앙과 지식의 수준도 높아졌다. 이에 대해서는 마펫이 선교 본부에 보낸 서신을 통해 확인할 수 있다.

> "저희는 목회 후보생으로 두 명을 저희의 관리하에 두게 해 달라고 협의회에 요청했습니다. 그들 중 한 명은 지금 저희에게 있는 유일한 안수 받은 장로로서 현재의 부교역자입니다. 다른 한 사람은 장로로 선출 될 자로서 3년간 베어드와 헌트의 지방 사역을 돕는 자입니다. 저희는 이 사람들이 안수 받기 전에 몇 년간의 학업 과정을 거치게 하려 합니다."[97]

1900년 마펫은 한성에서 실시해 오던 신학반을 흡수하여 평양에 정규적인 신학교로 승격시키겠다는 구상을 내놓았다. 마펫의 성과에 고무되어 있던 해외 선교 본부도 그 요청을 허락했고, 신학교 설립 자금도 보내 주겠다고 약속했다. 재한 장로교 공의회도 마펫의 공식 제안을 받아들여 조선인 평신도 지도자들을 추천하기로 약속했다. 이에 마펫은 1901년 1월에 장대현 교회 장로인 김종섭과 방기창 두 사람을 목사 후보생으로 선발하고 자신의 집 사랑방에서 신학 교육을 시작했다.

1901년 9월, 미국 남북 장로 교회, 캐나다 장로 교회, 호주 장로 교회로 이루어진 대한예수교장로회 연합공의회는 신학교 설립 안을 공식적으로 의결했다. 이때 신학교 장소를 평양으로 하고 이름을 가칭 '대한야소교장로회신학교'로 정했다. 신학교의 교과 과정을 5년으로 하고 매년 3개월씩 교육하도록 결정했다. 다른 지역의 장로교 공의회에 신학생을 추천해 보내라고 요청도 했다. 5년 학제로 운영되었던 것은 1년에 3개월씩 농번기를 피해 개강해야 했기 때문이다. 그런데 처음 학생 길선주, 양전백, 방기창, 이기풍, 송인서, 김종섭은 모두 평양의 장로교 선교사들이 추천한 인물들이었다. 다른 지역의 장로교 선교는 활성화되지 않았던 때라 학생들을 보내지 못했다. 그만큼 마펫은 독주하고 있었다.

1904년 마펫은 2년의 임기로 신학교 초대 교장으로 추천되었다. 길선주 등 6명의 목사 후보생은 2학년 과목을 이수한 상태였고 마펫의 조사였던 한석진과 소래교회에서 사역하던 서경조는 이미 조사로서의 예비 과정을 마쳤기 때문에 1905년 새로운 학기에 3학년으로 편입할 수 있었다.

이로써 마펫이 설정한 평양 신학교의 전통은 한국 장로교 교회의 원형으로 자리잡았다. 그런데 평양 신학교는 한성 선교부의 전통이나 선교 방식을 외면했고 갈등을 선도함으로 선교의 결실을 앞세워 마펫의 신학과 선교 방식만 고집함으로 그 우위를 주장했다. 그래서 그는 한성의 기독교 종합대학교를 설립하려는 자체를 막으려 했다. 또 언더우드의 선교 방식을 일방적으로 비판했다. 이후 평양의 선교사들은 한성의 장로교 선교사들과 치열하게 갈등했다. 선교사들이 오히려 복음의 이름으로 한성과 평양, 경기도 충청도와 이북 서북으로 지역을 나누고 지역 갈등을 더욱 부추겼던 것이다.[98]

최초의 장로교 신학교 설립 허가가 미국 선교 본부로부터 최종적으로 나게 된 데에는 객관적 근거가 있었다. 첫째, 그 당시의 외국인들의 종교 활동이 조선의 수도 한성에서는 합법적으로나 공식적으로 활동할 수 없었기 때문에 신학교 설립을 수도에 무리하게 강행할 수 없었다. 둘째, 신학교의 기초반이 되는 성경 학습반에 참여하고 있는 교육생들은 거의 대부분 이북 평안도 출신이었다. 학습 참여 동기 또한 이북 지방 출신들은 교회 목회자를 목적으로 한 것이었으나, 이남 한성 출신들은 개화 문명과 서양의 학문을 배우고자 하는 사람들이 대부분이었다. 셋째, 이북의 교회 성장과 교세가 압도적으로 이남 지역의 교회를 앞섰기에 교회의 성장 잠재력과 가능성을 마펫의 사역지인 이북 지방에 비중을 둘 수밖에 없는 객관적 요인이 되었다.

또한 마펫의 의견은 기독교 종합대학이라는 큰 규모의 대학 교육기관 설립에는 막대한 예산이 필요하였기에 한정된 재원으로 그 당시 각 지방에 교회 설립과 중소규모의 병원 설립과 전문 사역자들에 대한 사역과 생활비 지원에 투자하여 순수한 복음 확장에 더 비중을 두어야 한다는 주장이었다. 물론 선교사들 간에 인간적인 비교의식과 사역 결과에 대한 시기심 같은 요인이 작용된 점도 간과할 수 없을 것이다. 이러한 모습은 조선의 선교에서만 나타난 문제점은 아니었다. 사역자들 간의 상대방에 대한 비판은 사도행전 시대에도 바울과 베드로 사이에도 있었고 바울과 바나바 사이에도 있었다. 하나님께서는 인간들의 약점에도 불구하고 최종적인 목적을 이루어 가심을 성경 속에서 찾아 볼 수 있다.

사역자들 간의 인간적인 문제점은 어느 해외 사역지에도 있어 왔다. 한국 교회사 초기의 선교사들 간의 문제점은 대승적 차원에서 보아야 할 것이다. 마펫이 결과적으로 언더우드보다 개척한 교회 수나 전도한 교인 수는 압도적으로 많으나, 이는 결과물로만 볼 것이 아니라 서로의 역할과 시기상으로 볼 때 선과 후의 역할에서 먼저 그 길을 닦아 놓은 사역자가 있고 후에 이를 활용하고 결과물을 거두는 사역자의 역할이 있음을 알아야 할 것이다. 언더우드와 마펫이 그러했다. 마펫이 이북 지방의 사역을 맡게 된 것도 언더우드의 권면이 있었기에 가능했다. 뿐만 아니라 이북 지방의 선교 여행의 길을 열고 그 현장을 알게 한 선각자의 역할을 한 사람은 바로 언더우드였음을 알게 되면 그들의 사역 결과를 일방적으로 평가하기 어렵다. 각자의 소명에 따라 충성한 것이다.

> "나는 심었고 아볼로는 물을 주었으되 오직 하나님께서 자라나게 하셨나니 그런즉 심는 이나 물 주는 이는 아무 것도 아니로되 오직 자라나게 하시는 이는 하나님뿐이니라"(고전 3:6, 7).

이처럼 신학교를 어느 지역에 설립해야 함에 대한 선교사들 간의 갈등은 그 이후에도 계속된다. 특히 신학교와 그 외의 교육 기관 운영상의 예산 지원 문제가 대두될 때 평양의 선교사들과 이남 한성의 선교사들 간에 다시 갈등하게 되는 모습을 보게 된다. 모습을 보게 된다. 평양에서 사역하는 마펫과 베어드와 헌트와 마거릿 베스트 선교사가 연합하여 미국 선교 본부에 항의 및 시정을 구하는 서신을 1904년 4월 9일 보냈다.

"브라운 박사님께

조선에 있는 한 기관과 연계해서 목회자들을 교육하는 부서를 설립하는 문제를 다룬 귀하의 1903년 12월 26일자 편지는 선교부에서 고려되었습니다. 의견을 조기에 표현해 달라는 귀하의 요청에 따라, 우리는 선교회와 '장로회 공의회'가 목회자 교육에 대한 문제 전체를 좀 더 철저하게 토론해서 그 사안에 대한 그들의 관점을 귀하에게 제시할 기회를 갖게 되기 전까지 선교 본부가 분명한 조치를 취하지 않기를 바라면서, 고려할 몇 가지 의견을 제시하고자 합니다.

작년까지 신학 교육 문제는 조선의 다른 지역에서는 거의 생각하지 않았고 관심을 두지도 않았습니다. 우리 북부 지역에서만 교육 분야에서 상당한 진전을 이루었기 때문에 목회자 교육을 위한 계획에 대하여 심각하게 고려했습니다. 하지만 작년에 선교회와 공의회가 이 분야와 관련된 문제를 토론하기 시작했고, 내년 회의에서 이것은 아마도 가장 중요하게 고려해야 할 사안 중 하나가 될 것입니다. 우리는 선교 본부가 특정 목적이나 장소를 위한 자금을 지출하는 분명한 조치와 방식을 알고 싶습니다.

한성은 지리적 중심지인 동시에 모든 정치적 음모와 야심의 중심지이자 학생들의 영적 성장에 결코 도움이 안 되는 곳입니다. 한성이 신학 교육의 중심지, 적어도 유일한 중심지여야 하는가는 심각한 문제입니다. 다시 말씀드리면, 자금과 건물만이 성공적인 교육 기관을 만드는 것은 아닙니다. 우리는 주변 상황이 자연스러운 성장을 약속하지 못하는 장소와 시점에서 일어나는 강요된 성장을 보고 싶지는 않습니다. 사실 그 문제는 우리가 대단히 중요하다고 생각하고 초기 전도 운동에서 상당한 주위를 요하는 것입니다. 그러므로 우리는 웰즈 의사 가족의 귀중한 기부금이 선교회 사역의 다른 목적에 사용하거나, 선교회와 장로회 공의회가 좀 더 광범위한 계획을 준비하고 선교 본부가 그것을 고려할 때까지 자금 사용을 연기해 주기를 바랍니다.

선교 지부를 대표해서 마포삼열, 베어드 위원회, 헌트
1904년 4월 9일 선교 지부가 승인함.

서기 마거릿 베스트 올림."[99]

이 보고서는 그 당시 조선의 선교 분할과 그에 따른 선교 본부의 인적 배치 및 예산 지원이 조화롭게 진행되지 못했기에 지역 간 선교사들의 경쟁이 과열되고, 인간적 시기심이 발현된 된 것이 문제의 한 요인이라는 것을 보여준다. 이러한 문제는 각국의 선교지에서도 흔히 있었고 선교 본부와 선교지의 선교사 간의 갈등도 중국의 허드슨 테일러 선교사의 경우에서도 찾아 볼 수 있다. 사도행전에서도 사도들 간에 선교 방법과 성경의 해석과 선교 여행에 누구와 함께 가느냐의 문제를 놓고 심각하게 다툰 예를 보게 된다.

"바나바는 마가라 하는 요한도 데리고 가고자 하나 바울은 밤빌리아에서 자기들을 떠나 함께 일하러 가지 아니한 자를 데리고 가는 것이 옳지 않다 하여 서로 심히 다투어 피차 갈라서니 바나바는 마가를 데리고 배 타고 구브로로 가고 바울은 실라를 택한 후에 형제들에게 주의 은혜에 부탁함을 받고 떠나"(행 15:37-40).

5-2. 최초의 독노회장인 마펫과 최초의 조선인 목사 7인의 장립

1907년 6월 20일 평양 신학교 졸업식이 장대현 교회에서 개최되었다. 졸업자는 7명으로 길선주(40), 방기창(58), 이기풍(40), 송인서(40), 한석진(47), 서경조(58), 양전백(39)이었다.

졸업 이후 3개월이 지난 9월 17일 오전 9시에 장대현 교회에서 최초로 독노회 설립을 위한 행사 식순이 진행되었다. 이는 복음이 뿌려진지 24년 만에 결실을 보게 된 것이다. 먼저 배유진, 그래함 리 목사가 성찬 예식을 거행하고, 이 해의 공의회 회장인 사무엘 마펫 목사가 노회 설립 취지를 설명하기 시작하였다. 여기에는 미국 남북장로회와 영국과 캐나다와 호주 장로회 네 곳 총회에서 얻은 권리대로 여러 선교사를 대표하여 '조선예수교장로회 노회'를 창설하노라고 기도함으로 개회가 되었다.[100]

서기 한석진이 호명한 회원은 마포삼열을 포함하여 선교사가 33명, 한국인 서경조를 비롯한 36명과 찬성 회원 9명을 합하여 모두 78명이었다.

조선야소교장로회 전체 총노회 제1회 기념

다시 그날 오후 2시에 같은 장소에서 개회하고 노회 임원을 선출하게 되었다. 공의회 회장으로서 임시 사회를 맡아보던 마포삼열은 노회장 선거를 요청하자, 기일 목사가 마포삼열 목사를 천거하고 투표하여 노회장으로 피선되었다. 이로써 마포삼열 목사는 독노회장이 되었고 조선예수교장로회 노회의 제1대 노회장으로 피선되었다.

노회장으로 피선된 마포삼열 목사가 다시 등단하자 노회 절차 위원장인 편하설이 은으로 십자가를 면에 세기고 청홍으로 태극을 머리에 그리며 광채 있는 은으로 띠를 띠운 견고한 고퇴(의사봉)를 드렸다. 이것은 조선예수교장로회를 견고하게 십자가로 설립하여 영광을 돌리며 세세토록 노회장에게 전달하라는 뜻이 있었다. 노회장이 된 마펫은 이렇게 답사하였다.

"이 고퇴는 회장의 물건이 아니요, 영원토록 조선예수교장로회 노회의 고퇴니 그렇게 아시요!" 하고 의장석에 앉았다. 곧 이어서 목사 장립식이 진행되었다. 이날 독노회 및 제1회 총회록에서는 다음과 같이 기록되어 있다.

"회장(마포삼열)이 신학교 졸업학사 서경조, 방기창, 이기풍, 길선주, 송인서, 양전백, 한석진 7인의 시재할 강도와 해석을 14인 목사로 검사 위원을 정하여 금일 하오 7시 30분에 보고하라 하시고 또한 칠 인에게 문답을 허하시매 이눌서(William Davis Reynolds) 씨는 신학을 묻고 안이와 씨(James Edward Adams)는 정치를 묻고 전위렴(W. M. Junkin) 씨는 성화 사기를 묻고 기일(Gale) 씨는 성경 내력을 물은 후에 우종서 씨가 문답 그치기를 동의하여 가로 결정하다. 회장 이(마포삼열) 신학사 칠 인의 문답이 어떻게 됨을 물으시매, 배위량

평양 신학교 졸업식 현장

씨가 문답은 잘하였으니 시재할 강도와 해석의 보고함을 듣고 목사 장립하기를 동의하여 가로 결정하다."[101]

이날 오후 7시 30분에 마포삼열 노회장은 신학교를 졸업한 7인에게 시취(시험)할 위원 14인 목사를 선정하였다. 그리고 저녁 회의 때 마포삼열은 시취의 결과를 총회원 앞에서 물었다. 배위량 위원이 일어서서 7인 목사될 사람들이 대답을 잘 하였다고 보고하고 이어 목사로 장립할 것을 동의하여 찬동하기로 결정되었다.

노회장은 노회원에게 7인을 조선 장로회 정치를 하여 맡도록 할 것과 목사 안수를 하게 하여 우리와 같은 직분을 위임하도록 요청하였다. 전원 일치의 가로 결정되어 마포삼열은 기도한 후에 7인에게 안수집례를 거행하였다. 실로 감개무량한 순간이었다. 이들 7인은 조선예수교장로회 교회의 자립을 선포한 것이며 상징적으로는 교회의 바톤을 선교사로부터 이어 받은 것으로 이제 조선예수교의 교회가 자국인 목회자에 의해 자립, 자전, 자양의 길로 나가게 된 것이다. 이로써 초대 노회장인 마펫이 조선 교회의 산파역을 잘 하였기에 조선예수교장로 교회가 탄생 된 것은 하나님의 크신 은혜이다. 이날 노회의 서문은 길선주와 한석진 두 사람이 초안하고 마포삼열이 검토한 선언문이었다.

"신령하고 크도다. 이 아름다운 노회여 교회의 머리되시는 주 예수 그리스도께서 일찍이 사도와 문도를 택정하여 세우사 천국의 복음을 천하에 전하여 만민의 영혼을 구원케 하셨으니, …

우리 조선 인민들이 하나님을 알지 못하고 사신과 우상을 섬기매 장차 하나님의 형벌을 피할 수 없더니 자비하신 하나님께서 우리 나라 인민을 돌아보사 미국 남장로 교회와 북장로 교회와 영국 오스트레일리아 장로 교회와 캐나다 장로 교회의 주를 믿는 모든 형제자매들의 마음을 감동시켜 이 네 곳 교회 총회로 선교사를 택정하여 이곳에 보내시며 하나님의 명령을 받은 선교사들이 갑신년에 이곳으로 나와 도를 전한지 이십삼 년 동안 회개하고 주께로 돌아온 자가 근 십여 만 명이다.

곳곳에 장로를 장립하고 교회를 설립하여 영미 양국 선교사들과 한국 각처 장로들이 모여 교회 일을 의논하나 그러나 아직 조선인 목사를 장립치 못하므로 노회를 이루지 못하고 그 회 이름을 장로 공의회라 칭하고 그간에 십오차를 모이더니 하나님께서 은혜를 풍부히 주심으로 수년 전에 미국 남장로 교회와 북장로 교회와 영국, 오스트레일리아 장로 교회와 캐나다 장로 교회 네 곳 총회에서 특별히 조선 장로회 노회를 세우기로 허락한고로 장로 공의회 회장 마포삼열 목사께서 네 곳 총회의 권을 얻어 조선 교회에 노회된 취지를 설명하시다. 이 노회는 교회의 머리 되시는 주 예수 그리스도를 힘입어 십자가를 튼튼히 의지하고 견고하여 흔들리지 말고 세상 사람 앞에 영화로운 빛이 되며 하나님 앞에 거룩하고 정결한 노회를 이루어야 하겠다 하시고 주 강생 일천구백칠 년 구 월 십칠 일 오정에 조선 노회를 설립한 후에 조선의 신학교 졸업 학사 일곱 사람을 목사로 장립하고 조선

예수교장로회 노회라 하셨으니 이는 실로 조선 독립 노회로다.
할렐루야 찬송으로 성부 성자 성신께 세세토록 영광을 돌리세. 아멘."[102]

이 노회 회록 서문의 작성과 순서에 넣도록 사전에 이를 길선주와 한석진에게 맡긴 것은 마펫의 주도면밀한 의중에서 비롯된 것이었다. 이 서문은 결국 조선에서의 최초 노회 창립의 주역이 바로 조선인 목회자들의 몫으로 배려해 준 것일 뿐 아니라, 이들에게 이제는 조선예수교의 주인 의식과 책임감을 지워준 의미심장한 문언으로 교회 역사에 독립선언문과도 같은 것이었다.

노회 제 2일째인 1907년 9월 18일 오전 8시 4분에 다시 개회가 되었다. 노회장 마포삼열은 사도행전 15장 6절에서 29절까지 봉독하고 이기풍 목사의 기도로 회의가 계속되었다. 이 회의에서는 조선예수교회 신경(Creed)과 규칙을 제정하자고 한위렴 목사가 동의하면서 7인 위원을 선정하여 노회시에 보고하자고 했다. 드디어 마펫은 신경과 정치 조사위원 공천을 회원에게 허락하자, 이눌서, 마포삼열, 기일, 방기창, 한석진, 배위량, 양전백 7인으로 결정을 보았다. 이 신경은 곧 조선 장로회의 미래상을 결정짓는 중대한 요청이었다. 이것은 교리 문제와 직결된 것이기에 장로 교회의 신앙노선과 방향을 결정짓는 행위였다. 더욱이 첫 번째로 제정되는 것이기에 이것은 실로 중요한 의의를 그 속에 내포하고 있다. 마펫은 창립 노회에서 결정된 사항 중에서 제일 중요한 안건으로 다루었다. 이 신경은 한국 교회의 토착화된 신앙의 토대를 구축한 것이며 이를 탄생시킨 산파는 바로 마포삼열이었다.

이로써 마펫은 조선예수교 교회를 미국 선교부로부터 독립시키는 데 공헌자였다. 이처럼 이 땅에 복음이 뿌려진지 25년 만에 신학교가 세워지고 자국인의 사역자가 세워지고 노회라는 교회 조직이 만들어지고 자국의 신경을 선포한 사례를 세계 선교 역사에 찾아보기 어려운 전무후무한 일이기에 세계 교회사에 길이 남을 교회 역사가 되었다.[103]

이처럼 한국 교회가 탄생되기까지 마펫은 산파 역할을 충실히 함으로 한국 교회사와 세계 교회사에 역사의 한 페이지를 기록하게 되었고 이로 인하여 한국 교회는 공교회로서 세계 속의 교회로 등장하게 되었다. 이에 대해 장신대 서원모 교수는 그의 논문 "한국 장로 교회 정치 원리와 실제(1922년 헌법을 중심으로)"에서 그 독노회와 1907년 정치 규칙이 성사되기까지의 과정을 소상하게 서술하였다.

"1907년 노회는 지금까지 존재했던 노회위원회를 대리위원회(Sub-presbyteries)로 변경하고 그 구역은 전과 같이 정했으며 피택 장로와 목사 후보자의 시취 및 목사 위임(installation)을 각 대리위원회에 위임했다. 이는 목회 임직만을 제외하고 대리위원회가 거의 노회처럼 기능하도록 인정한 것이라고 볼 수 있다. 더욱 중요한 것은 독노회가 조선예수교장로회 공의회에서 제안한 신경(Creed)과 정치를 채택한 일이다. 1907년에 독노회는 웨스트민스터 소요리 문답과 12신조를 한국 장로 교회의 헌법으로 보고를 받고 임시로 1년 동안 채택하여 검토하기로 결정하였으며 이듬해인 1908년에는 특별위원인 한석진, 마펫의 보고에 의지하여 12신조와 소요리 문답을 완전히 채택하였다. 즉 신경과 함께 정치 규칙도 똑같은 절차를 통해 채택되었다. 이 정치 규칙은 제 1회 노회록에 "대한예수교장로회 규칙"이라는 제목으로 첨부되었는데, 이는 1907년 조선예수교장로회 공의회가 웨스트민스터 정치 대신에 노회에 제안한 규칙으로 1922년 새로운 헌법으로 대체될 때까지 존속되었다.

1907년 정치 규칙은 전문 5조 14항과 세칙 7조로 이루어져 있는데, 제 1조는 교회, 제 2조는 예배 절차, 제 3조는 직원, 제 4조는 교회의 치리, 제 5조는 규칙 개정에 대해 다룬다. 이 정치 규칙에는 미국 장로 교회법 정치편 서문으로 나오는 장로교 정치의 8가지 원리가 나타나고 있다.[104]

마펫은 1907년 독노회 설립을 위해 이에 필요한 헌법을 직접 만들었다. 그 법은 한 나라의 헌법을 창안하여 반포해야 나라로서 주권국임을 선포하게 되는 것처럼 그는 그 당시 교회가 교회 헌법의 기초 위에 세워져야 함을 알고 지금의 한국 교회의 헌법을 구상하며 구체화하고 마침내 그 헌법의 기초 위에 교회를 세웠던 것이다. 즉 한국 교회의 헌법 창안자가 된 것이다. 그가 만든 헌법이 한국 장로회의 기초를 이루었고 그 정치 체제를 만들고 탄생시켰기에 한국 장로 교회의 아버지가 되었다. 1929년에 개정 헌법을 만들 때에도 그 위원 중에 한 사람으로 활약했고, 그 후에 계속하여 총회 정치부의 한 사람으로서 활약을 계속하였다.

이렇듯이 교회 정치의 기본법을 친히 작성한 마펫은 교회 치리에 있어서 그 기본법을 충실히 이행하였다. 기본법에서 규정하지 못한 것은 그때에 따라 정황과 조건에 의해 기본법의 허용하는 범위 내에서 처리했다. 뿐만 아니라 그는 법에 얽매이지 않고 법을 보다 더 효율적으로 살려 나가는 데 최선을 다하였다.

그는 교회 정치를 법 만능으로 처리하는 데 별로 중점을 두지 않았다. 교회는 법 이전에 사랑이 우선이요, 법보다도 은혜가 더 기본법이라는 것을 잘 알고 있었다. 따라서 사랑과 은혜와 인격이 결핍되어 해결의 실마리를 못 찾거나 방향을 상실했을 때 교회법이 필요하다고 생각한 사람이었다. 그는 율법의 사람 이전에 사랑의 목자였고 연약한 자에게는 자비와 긍휼함을 우선적으로 베푼 사랑의 속사도였다.[105]

최초의 목사 장립식을 사회하던 회장 마펫은 남다른 크나큰 감동과 감격을 느꼈을 것이다. 1903년의 입학생 7명으로 시작된 평양 장로회신학교는 1906년에 50명, 그리고 1915년에는 등록 학생이 250을 넘었다. 평양 신학교는 한국 교회를 출산시키는 산모이며 모판으로서 한국 교회의 태생과 성장의 근원이었다. 이렇게 될 수 있었던 데에는 여러 조건과 요인이 잘 조합이 되었던 것이다. 시작은 마펫의 사택에서 시작된 것이었으나 미국 북장로교 해외 선교부로부터의 행정적 재정적 지원으로 교사진 확보와 교육 시설과 강의실 같은 교육 부대 시설이 점차 필요하게 되었을 때에 마펫의 사역에 많은 힘을 실어 주었던 시카고의 맥코믹(Mrs. Nancy Nettie Fowler MacComick) 여사의[106] 지대한 재정적 지원이 결정적인 뒷받침이 되었다.

> "1908년에 마펫 교장은 본교의 대지를 먼저 구입하고 교사를 건축하기 위해 적극적으로 활동을 하였다. 이 무렵에 맥코믹 여사로부터 1만 1천원의 기부금을 얻는데 성공했다. 마펫은 지체하지 않고 평양 하수구리 100번지에 마련된 언덕에 약 5천여 평의 대지를 마련하고 여기에다가 아담한 집을 짓기로 하였다. 그해 5월15일 정초 예배를 드린 후에 그 대지에 각종 나무를 심었고 조선식 큰 기와집 건축 공사로 몇 달 만에 완공을 보았고 교사는 교장 집에서 이곳으로 옮겼다."[107]

그 후에도 맥코믹 여사는 1922년에 다시 7만여원의 큰 금액을 기부하여 새 교육 시설을 건축하게 되지만 새로 건축된 이 평양 신학교 건물은 단연 이채로운 서양식 모습으로 부각되었다. 그 이후에는 근대식 기숙사를 1913년에 완공하였다. 여기에는 전국 교회와 각국 선교부의 재정 지원으로 모두 6채의 건물로 이루어졌다. 두 채는 맥코믹 기념관, 알렉산더 기념관(남장로회)으로 또 두 채는 마르다 기념관(미국 북장로회), 그리고 빅토리아 기념관(호주 장로회)으로 평양 신학교 교사가 완공되었다.[108]

마펫 선교사는 1903년에 평양 신학교의 설립자 일뿐만 아니라 지속적으로 학교를 발전시키기 위해 강단 교육과 행정과 운영 재정에 24년간 책임을 다하면서 평양이 동양의 예루살렘으로 불리우게 한 최고의 공헌자이다. 물론 그 당시 약 40여 명의 선교사들은 여러 국가와 다양한 교파와 교단에 소속되어 있었지만 저들은 마펫의 리더십에 충분히 힘을 실어 주었고 협력하는 동역자가 되어 주었기에 교회의 부흥과 신학교 발전을 함께 일구어 한국 교회의 요람을 만들어 내었다.

5-3. 마펫의 병든 아내를 향한 사랑의 편지

마펫의 꿈같은 결혼 생활은 그리 오래가질 못했다. 그의 아내는 1897년 미국 북장로 의료 선교사로 내한하여 평양지부에 배치되어 함께 동역하면서 결혼에까지 이르게 되었다. 1899년에 결혼한 후에도 그들은 평양을 중심으로 여성들을 대상으로 여성 성경 연구반을

구성하여 여성 지도자도 양
육하였으며 여성 맹아들을
위한 학교 설립도 하였다.
엘리스는 열악한 환경 속에
서도 여성들을 대상으로 사
역의 한 축을 감당하면서 헌
신하였다.

마펫과 부인

　결혼한지 3년이 되는 해에는 과로로 힘들어 했고 이질병에 걸리게 되었다. 이를 바라보는 마펫도 신혼의 즐거움보다는 아내가 얼마나 더 버텨 줄 지 알 수 없었다. 그래서 안식과 치료가 필요하다고 판단했다. 이 문제를 놓고 동료 의사와 상의하였으나 담당 의사도 장기간 요양이 필요함으로 본국으로 돌아가 전문 치료를 받을 것을 권면하였다.

　결국 마펫과 엘리스는 의사의 권고를 받아들이고 본국으로 돌아가 치료받는 방법을 택하였다. 1901년 11월 23일 마펫은 결혼한지 3년 만에 아내를 멀리 보내야 했다. 그는 함께 가지 못함을 마음 아프게 생각하였고, 아내는 일본까지만 전송해 줄 것을 부탁하여 일본 나가사키까지 함께 가서 미국으로 가는 모습을 지켜보게 되었다. 아내를 떠나 보낸 마펫은 오직 편지로만 자신의 마음을 전할 수밖에 없었다. 그가 1901년 12월 14일 아내에게 보낸 편지에서 그의 아내를 향한 사랑이 얼마나 극진하였는지 그 애틋함을 느끼게 된다.

"사랑하는 엘리스에게
　　하루가 끝났지만, 당신에게 얼마 되지 않는 내 소식과 사랑의 말을 아직 쓰지 못했소, 편지를 쓰고 방문객을 만나느라 하루 종일 바빴다오. 우리를 사랑하고 우리에게 관심이 있는 사람들이 얼마나 많은지 몰라요. 풀무곡 이 씨 부인은 당신에 대한 모든 것을 알고 싶어 했소. …

자! 내가 이렇게 잠깐 동안 많은 소식을 당신에게 말한 적이 없었던 것 같소. 내가 당신에게 얼마나 말하고 싶은지, 사랑하는 당신을 향한 내 감정의 작은 출구를 얻자마자 내 펜이 저절로 굴러가서 얼마나 기쁜지 모르오. 나는 당신과 정말로 이야기를 나누고 싶소. 나는 매일 당신 꿈을 꾼다오. 하루에도 열두 번씩 당신에게 달려가, 당신을 올려다보는 나 자신을 발견하오. 당신이 없는 이 집이 어떤지 당신은 모를 것이요. 사랑이여! 그렇소 나는 이제 당신을 사랑했던 것보다 지금 더 사랑하고, 내가 알 수 있는 것보다 더 사랑하오. 아무튼 나는 기꺼이 당신이 본국으로 돌아가서 몸이 좋아지고 휴식을 취하도록 할 만큼 당신을 사랑하오. 비록 이곳이 이전과 비교하면 사막과 같을 지라도 말이요. 나는 당신의 첫 편지가 당신을 더욱 보고 싶도록 만든다고 할지라도 그것을 고대하고 있소.

부모님께 내 사랑을 전해주오. 우리가 얼마나 서로 사랑하는지 두 분이 조금이나마 아신다면, 내가 겪는 현재의 곤경을 측은히 여기실 것이요. 비록 당신이 부모님과 함께 있어서 두 분이 즐거워하듯이 나도 함께 기뻐하지만 나는 두 분이 나를 가엾게 여기신다는 것을 알고 있소.

내 모든 사랑을 다시 당신에게 전하며, 당신의 샘으로부터."[109]

마펫은 아내를 보내놓고 그녀를 향한 그리운 마음과 절절한 사랑을 한 순간도 잊지 못하고 그 마음에 넘쳐나는 사랑의 고백을 분주한 사역 중에도 며칠에 한 번씩 장문의 애서를 보냈다. 그의 편지 자료집에 보면 그 해로부터 돌아오기까지 거의 아내를 향한 편지가 대부분이었음을 알 수 있다. 이는 타국의 삶과 사역에서 선교사 이전의 한 남자로서 아내의 사랑의 필요성과 그 아내가 마펫에게 일체화 된 배필자였음을 편지를 통해 고백하고 있다. 그는 성탄을 앞두고 그해 12월 23일에는 그 이전 편지보다 더 애절한 편지를 써서 보내었다.

"사랑하는 여인에게(Girlie dearest)

매일 당신의 사랑이 내게 얼마나 소중한지, 그리고 당신에 대한 그런 사랑을 가지고 있는 것이 얼마나 기쁜지 더욱더 실감하고 있소. 그 사랑이 한 사람의 삶을 얼마나 충만하게 만들어 주는지 당신이 그립소! 그렇다오. 나는 정말 당신이 그립지만, 매일 당신이 나와 얼마나 가까이 있는지, 그리고 당신이 늘 나와 함께 있는 것이 얼마나 내 마음에 하루 종일 기쁨의 노래를 부르게 하는지! 내가 당신을 얼마나 사랑하는지 당신에게 다시 말할 수 있는 기회가 있으면 좋겠소.
여보, 나는 이 사실에 대해 당신에게 쓰지 않을 수 없소. 왜냐하면 당신과 당신의 사랑이 내 모든 삶과 생각 속에 영향을 미치기에 쓰지 않을 수 없소. 왜냐하면 당신과 당신의 사랑이 내 모든 삶과 생각 속에서 현저하게 가장 위대한 사실이기 때문이오. 나는 당신의 사랑 안에서 가장 행복하고 즐겁소. 오! 사랑하는 당신, 내가 어떤 식으로든 당신이 내게 준 것과 동일한 삶의 행복과 충만함을 당신으로 하여금 맛보게 할 수 있다면 나는 정말 감사할 것이오. 당신과 한동안 떨어져 있어서 내가 당신을 위해 무언가 해줄 기회가 없기 때문에, 나는 그런 기회가 있을 때 당신의 삶을 기쁨과 햇빛으로 더욱 가득 차게 했더라면 얼마나 좋았을까 생각하오. 오! 나는 정말 당신의 소식을 고대하고 있소. 당신이 잘 지내고 있다고 쓴 요코하마에서 보낸 편지가 성탄절에 도착한다면, 내 성탄절은 기쁜 날이 될 것이오. 선교사 공동체는 내일 4시에서 6시 30분까지 헌트 부부 집에서 성탄절 전야 저녁 식사를 할 예정이오. …"[110]

마펫의 아내를 사랑하는 고백의 편지를 보노라면 솔로몬의 술람미 여인을 향한 사랑의 연서를 보는 것 같다.

"내 누이, 내 신부야 네 사랑이 어찌 그리 아름다운지 네 사랑은 포도주보다 진하고 네 기름의 향기는 각양 향품보다 향기롭구나. 내 신부야 네 입술에서는 꿀 방울이 떨어지고 네 혀 밑에는 꿀과 젖이 있고, 네 의복의 향기는 레바논의 향기 같구나 내 누이, 내 신부는 잠근 동산이요 덮은 우물이요 봉한 샘이로구나"(아 4:10-12).

5-4. 마펫 아내(앨리스 피쉬 마펫)의 여성 사역

피쉬 마펫은 1901년 11월 23일에 사역으로 인한 피로 누적으로 병을 얻음으로 정상적인 사역이 불가하자 미국으로 치료와 요양차 떠났다. 다행히도 회복이 빨리 되자 그 다음해 10월 6일에 평양으로 돌아와 마펫이 감당할 수 없는 여성들을 대상으로 한 사역에 매진하였다. 그녀는 자신의 사역을 연례 회의에 선교 보고서를 통해 다음의 내용으로 제출하였다.

"1902년 10월 6일 평양에 돌아온 이후 제가 처음 재개한 일은 여성 학습 교인 반으로, 장대현 교회에서 매주 수요일 오후에 열렸습니다. 지난 9개월 동안 이 학급의 참석자와 이에 대한 관심이 꾸준히 증가했습니다. 봄에 참석자 수가 학습 교인인 초등학교 소녀들을 포함하여 최고 80명에 달했으며, 여러 주간 계속 65명 이하로 떨어지지는 않았습니다. 참석자가 증가한 것은 여성들의 집을 신실하게 심방해 온 박 씨 부인의 공이 큽니다. 참석자들은 매주 공과 개요 등사지를 받으면 거의 전부가 암송 요절을 외웁니다. 글을 읽지 못하는 한 여성은 암송 구절을 외우는 일에 절대 실패가 없는데, 딸이 크게 읽어 주면 그것을 듣고 배워서 암송합니다. 정기 참석자 중 24명이 올해 세례를 받고 다른 성경 공부반으로 갔습니다. …

잠시 정규 사역을 할 수 없었던 봄에 저는 '한천'의 안계광에게 홀 의사 부인이[111] 한글에 적용해서 만든 점자를 가르치는 기회가 있었습니다. 안 씨는 빨리 배웠고 3주간 매일 교육받은 후에 시골에서 와 한 달 동안 이곳에서 충실하게 공부하며 보낸 다른 두 남자에게 읽고 쓰는 법을 가르치기 시작했습니다. 시각 장애인을 위한 이 실험적 사역은 필요한 경비를 부담한 웹 부인의 후한 연보에 대한 응답으로 착수된 것입니다. 두 남자에게는 새로운 세상이 열렸고, 그들은 이제 그들에게 주어지는 어떤 것도 읽고 쓸 수 있습니다. 이 남자들이 이룬 성취에 일부 조선 기독교인들이 관심을 가지게 되었고 그 결과 조선 교회가 지원을 받고 선교 지부의 교회들에서 약 40여 명을 받게 되어 저는 맹인 학교를 개학할 때가 멀지 않았다는 희망을 가지게 되었습니다. 3명의 어린 소녀들이 일주일에 두 번 오르간 수업을 받고 있는데 훌륭한 진보를 이루었습니다. 올 봄에 조사와 영수의 가정 공부 과정을 위해 10개의 성경 공부에 대한 간단한 개요를 준비한 것은 제게 기쁨이었습니다.

마포삼열 목사님과 4일간에 걸쳐 '소우물'과 '미림' 동네에 있는 두 교회로 짧은 시골 순회 여행을 하면서 여성을 위한 두세 번의 별도 예배를 드렸고 여성과 어린이들에게 약을 처방했습니다.

정중하게 제출합니다.

앨리스 피쉬 마펫"[112]

마펫 부인이 미국에서 휴양을 마치고 돌아와 여성을 대상으로 한 사역에 큰 힘을 기울이자 그 결과는 놀라울 정도로 여성도들이 급증하게 되었다. 그녀는 미국에서 온 지 2년 후인 1904년 5월 25일 편지에서 그 부모에게 자신의 자랑스럽고 감동적인 사역의 사례들을 들어 선교지 소식을 다음과 같이 전하였다.

"… 처음에는 샘이(남편 마펫)이 "너무 많은 사람이 시골로 피난을 갔기 때문에 아마도 올 봄에는 세례 받을 사람이 많지 않을 듯해"라고 말했습니다. 그러나 이곳에 남아 있던 사람들이 시골에 가 있는 사람들에게 세례 문답이 진행되고 있다는 말을 전했음이 틀림없습니다. 왜냐하면 사람들이 계속 몰려오고 있고, 전혀 예상치 않은 지역에서 사람들이 오기 때문입니다. 마침내 샘은 "글쎄, 이런 추세라면 전쟁에도 불구하고 올해 가장 많은 사람에게 세례를 주겠군"이라고 말했습니다.

주일 아침에 권 씨가 여성 성경 공부반에 갔을 때, 그녀는 멀리 떨어진 성문으로 들어오는 한 무리의 사람을 보고 속으로 "무슨 일인가? 저렇게 많은 사람이 도시로 오다니 오늘이 무슨 공휴일이지?"라고 생각했습니다. 나중에 그녀는 저에게 이렇게 말했답니다. 그 사람들을 몇 분간 바라보았는데, 그들이 모두 예배당에 오는 교인이라는 것을 알게 되었습니다. 소문이 가까운 시골 마을들로 퍼지고 많은 사람이 오후 예배에 모였습니다. 주일 예배는 인상적이었습니다. 강단 앞부분에 예배당 양쪽 남녀 예배실 두 방향으로 각각 세례 받을 70명의 남성과 61명의 여성이 앉았습니다. 그런데 여러 명의 소년, 소녀가 포함되어 있어서 연령 대가 12세부터 76세까지였습니다. 세례식이 개회되고 간단한 질문 몇 개와 답이 오간 후에 앉은 순서대로 세례를 베풀었습니다.

그레험 리 목사는 남자들에게 세례를 주고 동시에 샘은 여성들에게 세례를 주었습니다. 이어 샘이 세례의 성격 등에 대해 간단히 설교한 후 예배를 마쳤습니다. 그럼에도 불구하고 긴 예배였습니다. 화이팅 부인은 예배 시간에 눈물이 흐르는 것을 주체할 수 없었다고 나중에 말했습니다. 저도 그랬다고 그녀에게 말했습니다. 이 사랑스런 여성들은 세례를 받아 입교하게 되어 행복해야 합니다. 그러나 그들은 언제나 세례 문답을 두려워합니다. 그들은 문답하기 전에 제게 와서 말합니다. "저는 정말 무식합니다. 아는 게 없습니다. 어떻게 목사님의 질문에 대답하지요? 제가 무언가 정말 알고 있다고 그에게 말씀해

주시고 세례를 주라고 부탁해주세요." 그런데 세례 문답 공부를 마치고 나면 이렇게 말합니다. "오! 문답 시간을 통해 많은 것을 배웠어요. 성경 공부반에서 배운 것보다 더 많이 배웠습니다. 답하려고 노력한 게 기쁩니다."

이번에 약 25세의 젊고 똑똑한 한 여성이 세례를 받았는데, 그녀는 행복했지만 이미 많은 것을 견뎌왔습니다. 3년 전 그녀가 처음 교인이 되었을 때, 남편이 그녀를 모욕하며 핍박했습니다. 예배에 가려고 하면 구타했고, 어떤 때는 꽁꽁 묶어서 마루에 앉히고 그 앞에 어린 아이를 두어서 아이에게 아무것도 할 수 없도록 만들었습니다. 이런 식으로 핍박할 때 한 번은 남편이 화가 나서 말했습니다. "어떻게 하면 예수교를 포기하겠어?" 그녀는 조용히 말했습니다. "나를 때리고 묶을 수 있고 몸을 잘라 두 동강을 낼 수 있지만, 그래도 나는 반드시 예수교인이 되어야 해요. 그 후 그 남편은 점차 때리는 것을 멈추게 되었습니다." 얼마 전에 이 귀여운 여인이 밝고 상냥한 미소를 지으며 말했습니다.

"그럼에도 불구하고 주님이 행복을 주십니다. 그렇지요?" 그러자 그녀는 웃으며 대답했습니다. "아, 그럼요. 제 마음은 언제나 행복해요."

소녀 가운데 13살 밖에 안 된 아이는 그녀의 집에서 유일한 예수교인입니다. 그녀는 그리스도를 위해 사는 삶이 결코 편안한 삶이 아님을 알고 있지만, 여러 달 동안 새로운 삶에 굳건하게 서 있었고, 분명하고 똑똑한 간증을 했습니다. 그들의 개인적인 이야기는 흥미롭습니다. 그들은 자신의 마음과 삶 속에 있는 복음의 능력에 대해 놀라운 간증을 합니다. 제 성경 공부반에 참석하는 백발의 한 여성은 지난 몇 개월 동안 변화를 받았습니다. 그녀가 변하는 모습과, 복음의 진리를 마음으로 붙잡는 모습을 보는 것은 경이롭습니다. 그녀는 일생 동안 자신을 떠나지 않은 무서운 성질을 자제할 수 있게 되었습니다. 문답 때 샘은 그녀에게 예수를 믿기 전과 비교하면 지금 무엇이 달라졌는지 물었습니다. 그녀는 "오, 저는 늘 모든 사람을 비난하고 욕했습니다. 이제는 그렇게 하고 싶지 않습니다."라고 대답했습니다. 이들이 교회에 들어오는 것을 볼 때 저는 늘 생각합니다. 이런 귀중한 영혼에 대한 우리의 기쁨이 넘치는데, 천사들과 함께 있으면 얼마나 기쁜지, 하나님 아버지의 사랑 안에 있으면 얼마나 무한한 기쁨을 누릴지를 말입니다. …"[113]

이어서 그녀(앨리스 피쉬 마펫)의 1904년 9월에 보낸 사역 보고서를 보면 사역은 더욱 광범위해졌으며 여성 교육과 순회 의료 사역을 통해 많은 사람들을 치료하는 사역이 날로 전문화 되어 선교사의 아내이지만 그녀의 독립된 사역이 그 당시에 복음 전도와 교회 성장과 여성 사역자의 양성에 얼마나 큰 공헌을 했는지 알 수 있다.

"앨리스 피쉬 마펫 개인 보고서
평양 1904년 9월
1903년 10월에 새해 사역을 북쪽으로 50리 떨어진 순안으로 시골 여행을 하는 것으로 시작했습니다. 주일은 이곳에서 성도들과 함께 지냈는데, 아침 사경회에 60명 이상의 여성이 참석했습니다. 평소보다 더 깊이 가르침을 배울 준비가 되어 있는 많은 사람들이 질문을 하면서 열심히 공부했습니다.

이후 3일 동안 나는 아름다운 계곡을 따라 줄지어 있는 세 개의 작은 마을을 방문했는데, 평양으로 돌아갈 때 다시 돌아서 가야겠습니다. 각 장소에서 기독교인들은 미리 다음 마을에 전갈을 보내서 항상 도착하면 한 집에 여성들이 모여 예배를 드릴 준비가 되어 있었습니다. 이 순행 때 35명의 환자를 치료했습니다.

11월 13일에서 21일까지 저는 갈원교회에서 여성 사경회를 인도하기 위해 시골로 다시 순행하는 특권을 누렸습니다. 가는 길에 팅티팡성이라는 작은 마을에서 밤을 보냈는데, 그곳에서 여성들과 함께 저녁과 아침 예배를 드렸습니다. 하루 종일 갈원교회에는 공부를 하기 위해 17개 마을에서 온 35명의 여성이 있었는데, 여러 명의 다른 여성도 참석해 다른 수업을 들었습니다. 35명 여성 가운데 7명이 잘 읽을 수 없었습니다. 나머지는 공부를 할 준비가 되어 있었고, 모두 진지하고 성실했습니다. 2명의 전도부인이 사경회 동안 저를 도왔는데, 각각 오후에 1시간씩 가르쳤고 아침 수업은 함께 열었습니다. 오후 찬양 수업이 끝나고 저는 매일 몇 명의 환자를 치료했는데 총 20명이었습니다.

가을과 겨울 동안에 도시 교회의 수요일 학습자반의 정기 출석생은 대략 15명에서 18명의 어린 소녀를 어린이 요리문답 공부반으로 따로 모았습니다. 여성 요리문답 출석 인원은 대략 35명으로 그들 가운데 15명은 암송할 성구를 배웠고 열심히 암송했습니다.

가을 사경회 기간에 저는 성서 지리학을 3년차 여성들에게 가르쳤습니다. 봄에는 젊은 여성을 위한 새로운 학급을 시내에 있는 스왈론 부인의 성경 학교에서 만들었는데, 제가 관리를 맡게 되었습니다. 출석은 정기적이고 잘 경청해서 듣고 있습니다. 이 내성적인 여성들을 질문에 답하도록 이끄는 일은 상당히 시간이 걸리는 문제입니다.

5월 22일 도시 교회에서 남성과 여성이 세례를 받을 때 제 요리문답반의 거의 모든 회원이 통과해서 세례 받은 여성을 위한 정규반에 들어갔습니다. 첫 모임을 22명으로 시작한 후 최근 학습 교인으로 등록된 자들을 집집마다 방문하여 학급을 모아서 약 10명을 추가했습니다.

신실한 박 씨는 6년 동안 제 조사이자 전도부인이었는데, 약한 중풍 마비에 걸려 올 봄에 실질적인 사역에서 제외되었습니다. 그녀는 팔다리를 사용할 수 있을 정도로 상당히 회복되었지만 이전의 훌륭한 사고와 언변은 회복되지 않아서, 아마도 다시는 이전처럼 많은 여성의 관심을 유도하거나 가르치고 설교할 수 없을 것입니다. 사랑하는 사역에서 제외되는 것은 감당하기 힘든 시련이지만 그녀는 기도 목회의 비밀을 알아가며 그녀 자신이 인도하거나 가르치지 못하는 봉사와 학급의 일부가 될 수 있음을 깨닫는 기쁨을 누리고 있습니다.

그녀 대신 시골에서 온 성실한 여성인 원 씨가 충실하게 공부하면서 학급 일과 집집마다 방문하는 일을 돕고 있는데, 그녀의 모든 마음은 주님을 위한 사역에 있습니다. 그녀는 읽기를 배우고 있는 6명의 여성으로 이루어진 학급과 네댓 가정의 여러 구도자를 돌보며 그들에게 복음의 진리를 가르치고 있습니다. 이들은 현재 모두 예배에 참석하고 있습니다. 두 사람은 학습 교인이 되었고, 50세의 한 여성은 무당이었으나 최근 그녀의 모든 무속 행위를 포기하고 기독교인이 되겠다고 선언하여 기독교 여성들에게 자신의 집으로 와서 그토록 오랫동안 사용했던 모든 귀신의 도구들을 치워버리라고 요청했습니다. 자신이 인도한 이 여성들에 대한 원 씨의 기쁨과 이들을 돌보는

> 모습은 아이를 돌보는 어머니의 모습과 같습니다.
> 1년 동안 저는 626명의 환자를 치료했고 약값으로 55.34엔을 받았습니다.
> 삼가 제출합니다.(Respectfully sumitted)
>
> 앨리스 피쉬 마펫 올림."[114]

    마펫과 그 아내와 여자 선교사들은 여성들과 아이들을 대상으로 한 전도와 학습과 세례 사역은 교회의 균형있는 성장을 이끌었다. 그 결과 교회의 남녀 구성과 연령대를 두루 갖추게 되었다. 그로 인해 평양을 비롯한 이북 지역의 교회들은 지속적으로 성장할 수 있는 여건을 구축하였다. 초기에는 남성과 성년을 위주로 한 개척 시대로 시작하였으나 마펫의 교회 부흥의 정책은 점진적으로 여성들과 소년층을 포함하는 사역에 중점을 둠으로 자연스럽게 가족 단위의 사역으로 진보되어 교회 부흥은 더욱 안착되었고 사회 단위의 사역으로 더욱 확장되어 갔다. 마펫의 선교 정책에서 찾아볼 수 있는 이 같은 남녀 노소를 불문한 포괄적인 전도와 양육의 사역은 다른 선교사와 다른 선교지에도 이상적인 교회 부흥의 모델로 영향력을 줄 수 있는 기반을 구축하였다.

    당시 여러 여자 선교사들은 봉건적 조선 시대에 크게 두 가지 면에서 기여했는데 첫째로 여성의 문맹 퇴치에 큰 기여를 하였다. 그 당시에는 여성을 위한 전문 학교와 이들을 대상으로 한 공교육 제도가 전무하였다. 또한 그 시대에는 여자들에 대한 교육의 필요성을 자각하지 못한 현실이었기에 선교사들이 여성들을 대상으로 한 교육 제도는 매우 참신한 제도였고 전통적 교육관에 반하는 파격적인 새로운 교육 제도였다. 그때만 하더라도 자국의 문자를 읽고 쓰는 것을 대부분 몰랐으나 선교사들은 남자 여자를 불문하고 성경을 제대로 가르치고 저들이 이를 충분히 이해하도록 하기 위해서는 한글 문자를 읽고 쓰게 하는 교육이 필수적이었다. 역설적인 현상이었다. 오히려 외국인이 조선 자국인들에게 그들의 문자를 익히게 한 것이었다.

평신도들을 성숙한 기독교인과 지도자를 세우기 위해서는 성경 학습이 필수적이었다. 그 이유로는 그들 자신의 신앙의 진보와 타인에게 전하고 가르치기 위해서는 자국 문자 해독이 필요하기 때문이다. 그런 문명 교육은 무지로부터 해방이며 진리의 세계로 들어가는 수단이 된 것이다. 결과적으로 선교사들이 세운 교회와 학교가 조선의 문명화(Civilization)에 크게 기여한 바를 그 누구도 부정할 수 없다.

둘째로 여성들에게 기여한 점은 대부분의 조선 여성들이 무속 행위와 우상 숭배의 삶에 얽매여 살아갔고 그것이 오랜 전통이자 그들의 문화였다. 영적으로는 사탄에 얽매여서 사는 영적인 노예였기에 이들에게 접근하여 전도하고 회심시키는 데에는 여성 선교사들의 역할이 클 수밖에 없었다. 그 당시 전문적인 무속인들이[115] 차지하는 비중이 조선인들의 삶에 매우 컸다. 그 이유로는 일상의 길흉사를 무속인들이 결정하고 좌우했기에 일반 백성들의 삶에 큰 영향력을 주었다. 그러나 복음이 그들에게도 들어감으로 일반 여성들이나 무속인들을 어둠의 영에서 생명의 빛으로 인도하는 귀한 생명의 사역이 된 것이다.

5-5. 부흥에 부흥을 더해 가는 평양 교회

장대현 교회가 평양 성내로 이전하여 평양 도성이 한 눈에 내려다 보이는 장대재 언덕 위에 예배당이 건축되었다. 새벽이면 울려 퍼지는 교회의 종소리가 평양의 영혼들을 깨웠다. 평양의 복음화는 날로 그 부흥을 더 해가면서 장대현 교회에서 분립된 5개의 교회들도 평양 도성의 남녀노소를 가릴 것 없이 교회로 몰려들었다. 특이한 것은 교회 남녀 구성에 여성들이 거의 절반을 차지하였으며 소년, 소녀들도 부모와 함께 교회를 출입하면서 이들에 대한 성경 학습도 이루어지게 되었다. 이 당시 교회 시설은 몰려오는 신입 교인들을 수용하기에 벅찰 정도가 되었다. 이러한 교회 부흥에 대해 마펫 선교사는 "Korea Field"(1903. 11) 잡지 기고문에서 이같이 증거하였다(1903. 6).

> "평양 시내 교회
> 시내 교회(장대현 교회)의 성장으로 인해 계속 늘어나는 회중을 수용할 수 있는 시설을 제공하는 데 어려움이 있습니다. 다섯 개의 교회 예배당이 이 교회에 더 이상 속하지 않은 미조직 교회로 독립해서 분리되었고, 200명 이상 수용하는 2층 강당을 덧붙였음에도 불구하고 교회는 주일마다 겨우 앉을 수 있는 정도로 사람들이 가득 찼고, 때때로 너무 많이 와서 많은 사람이 예배를 드리러 왔다가 들어오지 못했습니다. 여자석도 자주 넘쳤으며, 전체 출석 교인 수는 1,200명에서 1,700명 사이를 오갑니다.
> 기도회 출석자가 꾸준히 증가하고 있습니다. 1천 명 이하로는 거의 떨어지지 않으며 자주 1,200명까지 출석합니다. 주일 성경 공부반

의 출석자 수도 여전히 증가하고 있습니다. 많은 성경 공부반이 그들을 지도할 선교사를 필요로 하고 있습니다. 도시의 다른 구역과 북쪽의 두 개 마을에서 성경 공부 모임이 시작되었습니다. 이곳은 시내 교회 교인들이 체계적으로 방문하고 있습니다. 비록 이 공부반과 모임이 많이 있지만, 더 많은 모임을 가질 수 있는 기회가 있습니다.

시내 교회가 붐비는 문제는 다른 교회를 설립하면 분명히 해결할 수 있는데, 지금 교회는 더 이상 확장할 수 없는 단계에 이르렀습니다. 기독교인들의 에너지와 열정은 더 많은 사람을 모으기에 충분합니다. 집집마다 방문하는 전도 계획은 곧 더욱더 많은 사람을 모을 것이나 그들을 위한 시설이 없습니다.

70명의 입교인과 세례 받을 준비가 된 100명이 넘는 학습 교인을 교외에 별도의 미조직 교회를 설립하기 위해 내보냈음에도 불구하고 출석자는 작년보다 더 많으며, 113명의 성인이 세례를 받았고 36명의 유아가 세례를 받아서 유아 세례자 명단인 언약의 명부에 94명이 올라가 있습니다. 4월에 거행한 성찬식에는 580명이 참여했습니다.

언약의 명부에 있는 사람 중 8세 어린이에 대한 감독과 교육을 위한 계획이 마련되었습니다. 부모의 지도하에 그들은 매월 넷째 주일을 제외한 매 주일마다 '소요리 문답'에서 한 가지 질문을 암기하는데, 교회 예배 후 당회 앞에서 이것을 암송합니다. 학생들의 관심과 암송할 때 보여준 열성은 특별히 감사할 제목입니다. 한편 부모들은 당회의 감독에 대해 크게 감사하고 있습니다. 그들은 3년 후 요리문답을 마칠 것인데, 그렇게 하는 과정에서 장로들과 개인적인 접촉을 하고 서로 공감하는 관계를 가질 것입니다.

교회는 훨씬 더 효과적으로 조직되었습니다. '권찰' 제도는 학습 교인들에게까지 확대되었습니다. 안수 집사 한 명이 제직회에 추가되었고 장로 2명을 추가로 선출하기 위한 준비가 이루어졌습니다. 제직회에 있는 약 11개의 위원회는 다양한 사역을 감독했습니다. 성취된 많은 사역은 위원회와 목사의 조력자들이 봉사한 충성과 효율성의 결과이므로 그들에게 당연한 칭찬이 돌아가야 합니다. 조력자 한 명에 대한 전적인 지원이 이루어졌고 월급은 100냥으로 늘었습니다. 또한 교회에서 지원받는 3명의 여성 사역자들은 여성 대교구를 돌보는 일을 성실히 효율적으로 도왔습니다.

헌트 목사는 교사 모임을 맡고 있으며, 도시 상인들을 위한 사경회는 구정 연휴에 열렸는데, 베어드 목사와 블레어 목사가 가르쳤습니다.

교인들은 교회가 구입한 공동 묘지에 대해 감사했으며 많은 사람이 안심했습니다. 동시에 그것은 죽은 자와 장례 규범과 관련된 많은 이교적인 미신을 완전히 근절시켰습니다. 특기할 사항은 죽은 어린이를 적절하게 공적으로 매장하는 문제와 관련하여 올바른 정서의 성장이 있었다는 것입니다. 묘지 위원회는 어린이 장례에 사용할 작은 상여를 제공함으로써 이를 촉진시켰습니다. 이교적 방식은 단순히 아이의 시체를 옮겨서 의례도 치르지 않고 아무데나 파서 넣고 약간의 흙을 덮는 것이 전부였습니다.

교회는 진지하게 전도하는 선교 기관이기에, 올해는 선교를 위해 2,750냥이 모금되었습니다. 그중 여전도회는 총 809냥을 보고했고 이것으로 그들은 또 한 명의 전도인을 지원할 수 있을 것입니다. 선교 위원회를 위해서는 1,700냥 이상이 연보되었는데, 그 대부분은 로마 가톨릭의 횡포로 인해 진정한 복음이 전파되는 문이 열린 황해도에 위원회가 남성 전도인들을 보내자는 특별한 호소로 모금되었습니다. 2명이 파송되었고 추가로 교회의 한 신도가 같은 사역을 위해 자비로 한 달을 보냈습니다. 사제들의 성격과 범죄와 역겨운 부정행위에 대해 이미 의심하기 시작했던 가톨릭 신자 일부가 순수한 복음을 듣고 깨달아 가톨릭의 오류를 버리고 돌아옴으로 전도 운동에 기회가 열려 있음을 볼 수 있습니다."[116]

마펫의 다양한 사역 프로그램 가운데 조선인 사역자(조사)와 영수들 중에 경제적으로 자립할 수 없는 이들에게는 그 사역에 전념할 수 있도록 교회 예산으로 이들의 사역을 지원하였을 뿐만 아니라, 이 시대에는 아직 남녀 차별의 봉건적 문화가 있었기에 여성들의 사회 활동과 교회에서의 봉사와 전도 사역에 점진적으로 그들을 참여시켰다. 특히 사역에 여성 조직을 제도화 함으로 이들을 통한 전도가 큰 힘을 받았고 많은 성과를 거두었다. 즉 교회라는 신앙 공동체에서는 남녀와 신분의 차별을 두지 않은 평등 사회와 활동을 보장한 것이 교회의 큰 새로운 도전이면서도 좋은 결과를 낳았던 것이다. 이러한 결과가 낳을 수 있었던 것은 여성 선교사들의 참여와 헌신에 기인된 것이었다.

뿐만 아니라 마펫이 그 당시 조선의 오랜 봉건적인 장례 문화에도 파격적인 새로운 제도를 도입하였다. 세상을 떠난 모든 망자에게는 남녀노소와 신분과 빈부의 차별 없이 기독교적인 장례식과 장지를 마련해 준 것이었다. 그 당시 자식이 부모보다 먼저 세상을 떠나면 불효자라는 인식으로 인해 앞서 세상을 떠난 사람은 제대로 된 장례 예식이 없었고 비참할 정도였다. 또한 가난한 사람들은 묘지를 마련할 수 없었기에 그 유족들이 원하는 장지에 묻힐 수 없는 딱한 현실이었다. 마펫은 이 점을 간과하지 않고 그 유족들의 아픔을 배려하기 위해 교회 공동 묘지를 마련하고 세상을 일찍 떠난 망자들의 장지에 매장해 줌으로 교회에도 큰 덕을 세우게 되었다.

마펫 선교사는 평양 널다리골에서의 개척 교회 시대를 마감하고 평양 중심지인 장대제에 교회당을 건축함으로 평양 도성의 명물이 되었으며 그 상징적 의미가 매우 컸다. 1894년 1월 7일에 평양 대동문에 개인 집을 구입하여 불과 7, 8명이 모여 시작한 개척 교회가 날로 급성장을 하여 1902년에는 거대한 예배당을 헌당하였다. 게일 선교사는 그 당시 예배당 내의 모습에 대해 이같이 서술하였다.

"… 언덕 위에(장대제) 있는 거대한 예배당으로 몰려드는 인파 때문에 자리가 부족했다. 실로 사람들이 넘쳐났다. 거의 2천 컬레의 신발이 예배당으로 들어가는 문에 가지런히 놓였다. 형형색색과 하얀 옷을 입고 말총으로 만든 갓을 쓴 남성들과 푸른색의 장옷을 둘러쓴 여성들이 물밀듯이 들어왔다. 들어가는 중앙 통로 위에는 '하나님은 진실하십니다' 라는 글귀가 쓰여 있었고, 강대상 위에는 '이것은 세상을 이긴 우리의 믿음을 보여주는 승리이다'라는 글귀가 쓰여 있었다. 강대상 오른쪽에는 '나사렛 예수', 그리고 왼쪽에는 '왕의 왕 주의 주' 라고 쓰여 있었다. 예배당 안은 조선인들에게 맞게 밝은 색깔로 장식되어 있었고, 여러 개의 촛불로 꾸며진 등불들은 보기에 완벽했다."[117]

이 예배당의 외관이 서구의 전형적인 건축 양식이 아닌 순수한 조선 고유의 한옥 형태로 건축된 점도, 마펫의 작품이다. 현지의 건축 양식을 그대로 반영함으로 조선인들의 문화를 최대한 반영시킨 것으로 볼 수 있다.

5-6. 마펫의 선교 사역에 대한 평가

마펫의 열정적이고도 가장 복음적인 사역의 결실이 조선의 다른 선교사들 간에서도 그 사역의 탁월함을 인정하였을 뿐만 아니라, 미국 선교 본부에서도 해외 선교 역사상 전무후무한 사역의 결실을 맺었다고 높게 평가하였다. 본 내용은 〈Missionary〉선교 전문지[118]에서 마펫 선교사의 인물과 그의 사역을 소개한 내용이다.

> "… 그는 이 광대한 극동 지역에서 가장 훌륭한 선교 사역자 중 한 사람이다. 조선 북부에서의 위대한 부흥의 역사는 몇 년 전 그의 조용하고 끈기 있는 노력에 직접적으로 기인한다. 그는 선교지에 단지 12년 동안 있었는데 하나님께서 그처럼 크게 사용한 사람은 거의 없다. 조용하고 상냥한 기질과 공평하고 꾸밈없는 성격, 그리고 영혼에 대한 불타는 사랑을 생각하면, 조선인들이 그를 절대적으로 사랑하고 신뢰하며, 그가 실제로 그런 존재이지만 마치 그가 '복음의 아버지'인 듯이 그에게 몰려드는 것은 놀랄 일이 아니다. 그가 전해준 말에 의하면, 조선에서 떠나기 몇 주 전 주일에 그들은 연례 성찬 주일을 지켰는데, 그는 140명의 학습 교인에게 세례를 주었고 추가로 세례 받을 준비가 아직 되지 않은 30명을 더 문답했다고 한다.
>
> 이것은 물론 그 해 사역의 요약일 뿐이다. 얼마나 많은 본국의 목사들이 같은 기간에 이와 같은 수확을 보고할 수 있겠는가? 나는 그에

게 성경 공부를 위한 연례 겨울 사경회에 대해 물었는데, 그 대답을 듣고 깜짝 놀랐다. 2주일 동안 도시 주변의 다양한 시골 구역으로부터 500명의 조사들이 왔는데, 평양에 있는 선교사들로부터 약간의 도움을 받는 약 40명을 제외하면 모두 전적으로 자비로 참석했다고 한다. 또한 내가 작년에 평양에 갔을 때 아직 완성되지 않았던 대규모 조선인 예배당은 이제 완성되었는데, 조선인들이 5천-6천엔에 해당하는 전체 비용의 2/3를 제공했다고 한다.

나는 그에게 교인 중 가장 부유한 자가 얼마나 부자인가를 물었다. 그는 잠깐 생각하더니 가장 부자인 사람의 전 재산을 계산해보면 1,200달러 이상이 되지 않는다고 말했다. 그리고 그 사람은 교회의 다양한 사역을 위해 150달러를 헌금했다고 말했다. 불과 몇 년 전만 해도 이 사람은 노골적인 이교도로 그 도시에서 가장 비도덕적인 사람 중 하나였고 선교사들이 들어오는 것을 반대하면서 얼마 동안 최악의 원수로 있던 자였다. 그의 이름은 최 씨(최치량)인데, 나는 지난 여름 평양에서 만났다. … 그는 선교지가 다르고 민족이 다를 뿐 다른 선교사들과 마찬가지로 경건하고 헌신적으로 일하고 있다."[119]

마펫 선교사의 사역은 매우 탁월하였으며 그의 영향력은 지금까지도 지속되고 있다. 그는 동시대에 세계 각처에서 선교한 위대한 선교사들 못지않았다. 선교 역사상 가장 활발하게 진행된 때가 18세기 후반부터 시작되어 19세기에 절정을 이루는 때에 선교 역사상 위대한 선봉자(Vanguard)로서 하나님께 귀하게 쓰임받은 선교사는 영국의 윌리엄 케리(William Carrey, 1761-1834)였다. 그는 구두 수선공이었으나 회심하고 선교사가 되어 개신교의 현대 선교의 아버지로 불린다.

케리는 1793년 인도 선교사로 자원하여 40여 년을 인도의 복음화를 위해 인도 내의 6개 방언 사전과 문법서를 출간하였고, 인도 세람프르 대학교를 설립하여 인도 선교의 기초를 놓은 인도 선교의 아버지가 되었다. 그리고 해외 선교의 문을 연 최초의 동서양의 선교 개척자였다.

거의 동시대에 허드슨 테일러(James Hudson Tayor, 1832-1905)는 중국 선교사로서 '태평천국의 난' 같은 가장 혼란기에 위험을 무릎쓰고 대륙을 품고 51년이라는 반세기에 걸쳐 헌신적으로 중국의 복음화를 위해 자신과 온 가족의 희생을 치루면서도 중국 내지에 이르기까지 약 650여 명에 이르는 선교사들에게 영향을 주어 중국의 복음화에 기초를 놓았다. 그는 중국 선교의 아버지로 인정받았으며 지금도 중국 교회에 뿌리가 된 위대한 선교사로 평가되고 있다.

그렇다면 한국 교회사에 가장 헌신적이며 가장 큰 영향력을 준 선교사를 꼽는다면 당연히 사무엘 마펫 선교사를 내세우지 않을 수 없다. 그의 사역의 시작은 평양에 있는 작은 교회인 '널다리골 교회'로 시작되었으나, 불과 7년 만에 '장대현 교회'를 건축하고 2천여 명의 큰 교회로 성장시켰고 약 500여 명의 조선인 사역자를 배양하고 그들로 교회를 세우게 하였다. 후에 그의 제자들이 그 시대에 개척한 교회의 수가 약 1천여 개가 되었다. 무엇보다도 한국 교회 성장과 자립에 가장 큰 영향을 준 사역은 교회의 모판인 '평양 신학교'를 설립함에 있다. 신학교 사역을 시작한지 불과 10여 년 만에 최초 7인의 조선 자국인 사역자들이 교회를 세우며 선교를 자립적으로 이끌어 가게 함으로 한국 교회의 부흥과 성장에 위대한 산파의 역할을 하였다.

특히 평양을 '동양의 예루살렘'으로 변화시킨 데에는 그의 영향력이 가장 컸음을 부인할 수 없다. 그는 '한국 교회의 아버지'라고 불리워 질 수 있는 합당한 이유는 그가 장로교 교파의 선교사였지만, 이북 지역에 대부분의 교회가 장로 교회로 채워지도록 했을 뿐만 아니라 그로 인해 감리교와 침례교 등의 교회 성장과 그 교세에도 직간접적인 큰 영향을 주었고 마펫의 선교 정책과 목회는 모든 선교사와 타 교회에 롤 모델이 되었기 때문이다. 물론 그 당시에 많은 선교사들이 헌신했고 각 선교사들의 다양한 역할과 영향은 지대했으나, 한국 교회 성장에 가장 큰 공헌을 한 선교사를 꼽는다면 당연히 사무엘 마펫을 들지 않을 수 없다.

제6장

교회의 시련과 부흥

6-1. 두 번의 전쟁과 역병에도 다시 일어선 평양 교회와 학교

1895년 참혹하였던 청일 전쟁과 그해 전염병으로 평양을 비롯한 이북 지역엔 인명 피해가 너무도 컸었다. 그러한 참화가 끝나자 오히려 평양을 비롯한 황해도 지역의 활발한 전도와 교회 개척은 날로 날로 부흥을 더하여 갔다. 그런 변화에는 전쟁과 역병에 대한 공포와 절망이 조선인들에게는 내세 지향적인 소망을 절실하게 갖게 된 시대적 요인으로 작용되기도 하였다. 뿐만 아니라 이북 지역의 선교사들의 증가도 큰 힘이 됨으로 교회 부흥은 가일층 촉진되었다.

그 후 부흥과 평화 시대를 10여 년 동안 누리게 되었으나, 1904년에는 조선 반도와 만주 대륙의 지배를 둘러싼 러시아와 일본은 그 야욕을 더하면서 조선과 만주에 전쟁이 다시 벌어졌다. 일본군은 1904년 2월에 제물포항에 상륙하여 한성으로 계속 북진한 끝에 10만의 일본 군대가 평양에 입성하였다. 불과 10년 전에 큰 전쟁을 치른 평양 도성의 주민들은 다시 공포에 떨었다. 마펫을 비롯한 여러 선교사들도 전운에 쌓인 정황에 긴장을 하며 전투가 이곳에서 발발되지 않기를 기도했다.

평양에는 이미 1903년 장대현 교회의 헌당과 더불어 이북 지역의 많은 교회들이 부흥을 더하여 갔다. 1901년 5월 15일에 평양 신학교 개교(정식 개교는 1903년)가 됨으로 조선에서의 선교가 중심이 되어 가고 있었던 때였다. 그러한 부흥 시대에 새로운 러일 전쟁이 일어나자 큰 두려움을 떨쳐 버릴 수가 없었다. 그 당시의 평양의 정황을 마펫 선교사는 1904년 3월 14일 사적인 편지(수신인 장인)에서 이같이 이야기하고 있다.

"장인 어른께(Dear Father Fish)

우리는 아직 평양에 머물며 잘 지내고 있습니다. 우리가 떠나야 할 필요가 없을 듯하여 이곳에서 한동안 잘 지낼 수 있을 것으로 보입니다. 우리는 전쟁의 한가운데 있지만, 이곳에서 전투가 벌어지리라고는 예상하지 않습니다.
한때 여성과 아이들을 후방으로 보낼 수밖에 없을 것으로 생각했으나 다행히 상황이 그렇게까지 나쁘지 않아서 우리는 깊이 감사하고 있습니다. 지난 주에 우리는 알렌 의사로부터 운산 광산의 미국 사람들과 우리 선교사 중 떠나기를 원하는 사람들을 대피시키기 위해 순양함 신시내티호를 진남포항으로 보내겠다는 연락을 받았습니다. 그는 여성들이 한성으로 반드시 와야 한다고 말하지 않았고 올 수도 있다고 말했음으로 우리 모두는 여성들을 바로 피신시켜야 할 상황은 아니라고 결정했습니다. 대동강에는 얼음이 거의 녹았습니다. 제물포와 진남포를 잇는 기선이 개통되었으며 며칠 후에는 우리가 있는 곳에서 약 8킬로 떨어진 곳까지 오기 때문에 만일 필요하면 누구라도 바로 보낼 수 있습니다.

일본 군대가 현재 이곳에 집결해 있고, 다른 부대가 오고 있으며, 일부 부대는 진남포에 상륙하고 있고 많은 부대가 이미 북쪽으로 갔습니다. 2천여 명의 러시아 기병대와 정찰병들은 그 전에 퇴각했습니다. 모든 상황을 고려할 때, 5월 1일 전후에 압록강 부근이나 의주 너머에서 전투가 있을 겁니다. 일반 여론은 일본군이 최소한 현재 전선을 유지하고 격퇴하더라도 일본군은 우리가 있는 이곳보다 더 북쪽에서 한두 차례 저항할 것입니다. 만일 이곳 평양에서 전투가 발생하더라도 우리는 대피할 시간이 충분히 있습니다.

종군 기자들과 군인들이 이 도시로 오고 있습니다. 우리는 그들 중 일부를 만나 즐거운 시간을 보내기도 하고 전쟁 소식을 듣기도 합니다. … 세상 나라들은 그들의 전쟁을 수행하고 있고, 그 가운데서 우리는 사탄의 왕국에 대한 전쟁을 계속하고 있습니다. 조선 그리스도인들은 하나님의 통치하시는 임재와 주의 깊은 돌보심에 대한 확신으로 인해 최근에 풍성한 복을 받았습니다. 그들은 두려움에서 자유로운 삶을 다른 사람들에게 놀랍게 전해왔습니다. 저는 매일 세례 신청자들을 문답하고 있으며 몇 주지나지 않아 세례와 입교 준비가 된

50명에서 100명의 신자가 나올 것으로 기대합니다. 저는 도시 인구의 80-90%가 시골로 피난을 갔다고 생각하며, 일본군이 모든 집을 점유하고 있습니다. 그럼에도 불구하고 어제 주일 예배에는 약 800여 명의 그리스도인들이 참석했고 우리의 사역은 대부분 평상시처럼 진행되고 있습니다.

선천으로부터 일주일에 두 번씩 파발꾼을 통해 소식을 듣습니다. 러시아 군인들이 그곳에 주둔해 있고, 샬록스 의사 가족과 위트모아 목사와 재산은 피해없이 안전합니다. 우리는 러시아 군대가 압록강 너머로 후퇴하고 선천 선교 지부가 공방을 벌이는 전쟁터가 되는 위험에서 벗어나기를 희망합니다. … 우리는 닭고기와 계란과 쌀을 이미 상당량 비축했습니다. 약 1만 명의 일본군 병사가 주둔하면 식량이 동날 것이기 때문입니다. 전쟁의 결과를 아는 자는 아무도 없지만, 우리는 주님이 만사를 다스리고 계시니 궁극적으로는 전쟁이 조선인과 중국인과 러시아인에게도 좋은 결과를 가져오리라 의심치 않습니다. 우리는 이곳에서 당분간 불안한 상황에서 사역해야 하지만, 이 경험이 우리와 조선 그리스도인들에게 합력하여 선을 이루게 되리라고 확신합니다.

… 사랑받는 사위, 마포삼열 올림."[120]

러일 전쟁이 마펫의 예상보다 장기화 되자, 그는 1904년 5월 12일 미국 선교 본부 브라운 박사에게 편지를 보낸다. 전쟁 중에 도성에 피난 간 성도들로 인해 교회에 출석하는 성도의 수와 개교된 '숭실중학교'의 학생 출석률이 매우 저하되었지만, 기일이 지나면서 점차 교회와 학교가 정성화 되었을 뿐만 아니라 오히려 그동안 동학란, 청일 전쟁, 러일 전쟁을 거치면서 이전보다 더 많은 사람들이 교회로 오게 되어 부흥케 되어가고 있음을 긍정적으로 판단하곤 이에 대해 선교 본부에 다음과 같이 보고하였다.

"브라운 박사님께

전쟁이 조선에서 일어났지만 우리의 사역에 거의 지장을 주지 않았고 우리가 실제로 방해를 받지 않았다는 사실로 인해 함께 기뻐할 수 있습니다. 2월과 3월에 간선 도로를 따라서 러시아군과 일본군이 주둔해 있었기 때문에 많은 장소에서 교회 예배를 중단해야 하는 상황이 야기되었고, 이곳 평양의 상황은 상당히 불안정했습니다. 교회 예배 참석 인원은 주일에 최저 250명까지 떨어졌습니다. 러시아 정찰 병들은 도시 북쪽 성벽에서 일본군들과 총격전을 벌였고, 모든 성문은 닫혔으며, 성벽 외곽에 살고 있는 사람은 모두 들어오지 못하게 했습니다.

초병들은 우리 선교사들이 교회 예배를 위해 들어오는 것은 허락했습니다. 많은 가족과 거의 모든 젊은 여성과 어린이가 일본군이 성에 들어왔을 때 시골로 피난을 갔기 때문에 한동안 여성 모임과 여학교는 중단되었습니다. 남학교의 출석수는 약 200명에서 50명으로 감소했고 숭실중학교 학생의 1/3 이 집안일을 돌보기 위해 떠났습니다. 그럼에도 불구하고 극심한 공포는 없었습니다. 기독교인들의 영향력은 전체 공동체를 안정시켜서, 일본군이 접근한다는 단순한 소문에 도시가 극도의 혼란에 빠졌던 1894년의 피난 사태와 현저하게 비교되었습니다.

수많은 기독교인들이 자기 가족과 함께 남아서 평소처럼 일함으로써 모든 사람에게 큰 영향력을 미쳤습니다. 불신자들은 기독교인들의 태도에서 나오는 확신으로부터 받은 혜택에 대해 기꺼이 증언합니다. 교회는 도시 생활에서 가장 영향력 있는 단일 요소가 된 것이 확실합니다. 약 두 달 동안 우리는 순회 여행을 포기했지만, 전도인들을 통해, 그리고 상담과 격려를 받으려고 사방에서 오는 많은 사람들과의 만남을 통해 시골 교회와 꾸준히 접촉하고 있습니다.

숭실중학교는 순회 여행에 나갈 수 없는 선교사들이 어쩔 수 없이 도시에 남게 되면서 큰 혜택을 받았습니다. 스왈른 목사, 헌트 목사, 번하이젤 목사, 블레어 목사, 그리고 베스트 양 모두가 학생들이 만족스러워 할 정도로 중학교 사역에 참여하고 있습니다. 도시 교회에서 그들의 사역은 특히 제때에 이루어졌고 도움이 되었습니다. 3월과 4월의 일부 기간에 저는 심한 독감에 걸려 사역을 쉬어야 했기 때문에 리 목사가 더 많은 사역의 부담을 졌습니다.

우리는 여성을 위한 봄 사경회를 포기했고, 신학교의 4월 수업 또한 집이나 시골 교회에 학생들이 좀 더 긴급하게 필요했음으로 연기했습니다. 당시 북쪽으로 가는 수만 명의 일본군이 있었고, 4월에는 동학도의 봉기가 예상되었기 때문에 시골에서 가장 큰 혼란과 두려움이 있던 시기였습니다. 모든 곳에서 기독교인들은 반복적인 위협과 공공연하게 일어나고 있는 반기독교적인 동학 운동의 명백하고 신속한 확산에 맞서서 대단한 용기와 꾸준한 신앙을 보여주고 있습니다.

러시아군이 패하고 일본군이 주둔하면서 봉기를 막았고, 동학 운동은 붕괴하고 있는 듯합니다. 동학에 현혹되었던 수만 명의 사람의 마음에 큰 실망과 좌절감이 있습니다. 그들은 이제 많은 곳에서 구도자의 정신을 가지고 기독교인이 되고 있습니다. 우리는 현혹되었던 수천 명의 가슴속에 진리를 가져다 줄 위대한 기회를 다시 맞고 있습니다. … 2주 내에 100명 이상의 남녀에게 세례 문답을 하고 세례를 베풀 것으로 기대합니다. 전쟁에도 불구하고 우리는 평소처럼 교회 명부에 춘계 등록 인원을 추가할 것입니다. 예배 참석 회중은 이제 평소 비율로 돌아왔습니다. 지난 주일에 중앙교회(장대현 교회)는 거의 가득 찼는데, 심지어 남성 예배실은 입구 회랑까지 가득 찼습니다. 새로운 '남문밖교회'의 회중은 작은 건물을 가득 채우고 넘쳐서 그곳에 새로운 건물이 필요하다는 사실을 강조하고 있습니다. 지금 계획한 대로 올해 350명을 수용할 수 있는 건물을 짓는다면, 내년이 오기 전에 가득할 것이고 의심없이 그보다 두 배의 인원을 수용할 수 있는 건물을 완성할 필요가 있을 겁니다."[121]

세계 선교 역사를 보면 선교의 전성 시대는 19세기 중반부터 20세기 1.2차 대전이 발발하기 이전 사이에 가장 활발하였음을 알 수 있다. 5대양 6대주에 유럽과 북미 대륙의 선교사들이 주도하며 선교하였다. 하지만 그 시대는 식민지 쟁탈과 근대화와 산업화로 인한 격변기로 아시아권 나라들은 거의 식민지 국가로 전락되었고, 그 나라마다 정치적, 사회적, 문화적으로 서구의 사상과 문물과 종교의 충돌과 강대국 간의 국력의 확장을 위한 전쟁이 가장 많은 시기였다. 그 당시 조선도 예외가 아니었다. 조선을 둘러싼 강대국 간의 전쟁과 침탈로 이어짐으로 세계 정세상으로는 매우 불안한 시대였다. 특히 조선은 지정학적으로 해양 세력과 대륙 세력이 충돌할 수밖에 없는 환경이었기에 더욱 그 상황에 시달려야 했다.

이북 지역은 중국과 러시아와 국경을 맞대고 있었기에 강대국 간의 전쟁이 나면 그 피해를 고스란히 떠안을 수밖에 없었다. 마펫과 그 외의 이북 지방의 선교사들은 때로는 그곳 현지인들과 생사고락을 함께 하거나 상황이 극심하면 안전지대로 피신해야 했는데, 이러한 격변을 겪어 보지 못한 선교사들은 두려워할 수밖에 없었고 본부의 지시에 순응해야 했다. 마펫의 경우는 현지인들을 섬기고자 하는 마음이 극진하여 그곳의 성도들에게 위기의 변란 때에 오히려 더 큰 신뢰와 존경을 받게 되었다. 교회들도 위기의 때에 피난처가 되어 줌으로 결과적으로 교회의 부흥 요인이 되기도 하였다. 따라서 평양을 위시한 교회 부흥에는 이러한 다양한 요인들이 작용된 것이다.

전란 중에도 평양의 장대현 교회는 중앙교회로서 역할을 중심적으로 하였다. 그로 인해 평양의 교회들이 지속적으로 분립 개척되어 나갔다. 장대현 교회가 더 이상 성도들을 수용할 수 없게 됨으로 제일 먼저 분립된 교회가 1903년에 '남문밖교회'였고 이어서 1905년에 '창동교회', 1906년에 '산정현교회', 1909년에 '서문밖교회'가 분립 개척되었다.[122]

6-2. 교회의 재산권을 침탈한 일본

일본은 1894년 청일 전쟁과 1904년의 러일 전쟁에서 승리하자 본격적인 만주 진출을 위한 도로와 철도 부설을 위해 강압적으로 해당 지역 평양 주민들의 집과 땅과 여기에 포함되는 교회의 땅과 선교사들의 사택까지도 매매를 강요하였다. 뿐만 아니라 일방적으로 광범위하게 평양의 특수 지역을 조계지로 삼아 농민들의 토지와 집을 통상 거래 가격 이하로 강매하는 만행이 일본과 조선의 관리들에 의해 저질러지게 되자, 마펫은 이에 분개하고 현지의 관리들에게 항의를 하였으나, 시정되지 않자 한성의 미국 공사관에 실상에 대한 보고와 도움을 구하는 편지를 1904년 7월 14일에 아래와 같이 보냈다.

"서울 미국 공사관 알렌 박사께

미국인에게 토지를 판 사람들이 체포된 일과 그들의 석방에 대한 제 전보에 귀하께서 보여주신 관심에 감사드리고 싶습니다. 또한 토지 문제 및 외국인의 권리에 대한 조선인 관료들의 태도와 관련하여 이곳 상황에 대해 좀 더 자세히 알리고자 편지를 보냅니다. 이곳에 많은 일본인의 출현과 철도 공사와[123] 일본 상인과 다른 외국 상인들의 토지와 주택의 대규모 구입, 조선 관리의 부정, 일본인들과 공모해 조선인들이 막대한 손해를 보면서 팔도록 강요하는 일본과 조선 토지 문서의 부정, 토지 문서 기록 체제의 부족, 그리고 일본, 프랑스, 조선 관리들의 고압적인 조치 등으로 인해 재산 문제에 대한 복잡한 문제가 일어나지 않을 수가 없는 듯합니다. 우리는 이에 대해 조언과 도움을 받기 위해 귀하에게 많은 문제를 여쭤보고자 합니다. 저는 오는 9월에 귀하에게 그 상황에 대해 말하고 싶지만 지금 그것에 대해 조금 쓰겠습니다. 상황은 다음과 같습니다.

일본인들은 철도 노선 안팎의 좌우 모든 부지를 매입하고 있는데, 특히 기자(箕子)의[124] 고도였던 성곽 지역을 사들이고 있습니다. 그곳은 철도가 지나갈 예정이고, 아마도 철도 기지와 철도역이 위치하며,

조선 왕실의 새 궁이 지어질 곳입니다. 대도시가 이곳에 생겨날 것으로 예상됩니다. 일본인들은 구입 부지 주변에 말뚝을 박아서 일본인 재산으로 규정하는 표시를 했습니다. 철도 직원들은 농작물이 자라고 있는 논밭과 주택을 가로질러 철도용 노선을 긋고, 그 철도 양쪽에 그 지역에서 가장 좋은 토지와 주택을 포함하고 있는 수백 에이커를 거대한 조계지(租界地)로 구획했습니다. 이 조계지 안에서는 농지와 400채의 가옥이 철거 처분을 받았고, 일본인과 조선인 관리들에 의해 퇴거 명령을 받은 주민들은 강제로 추방되었는데, 이들은 보상을 위해서는 조선 왕실에 알아보라는 말을 들었습니다. … 이 조계지 안에서 감리를 본 사람이 싼 가격으로 토지를 매입해서 그것을 일본인에게 판매하고 있고 일본 '다이이치은행' 직원들이 토지를 구입하고 있으며 일본인들은 주민들에게 그들이 구입한 토지와 집에서 나오라고 명령하고 있습니다.

주민들은 분노하고 있습니다. 보상받을 가망이 없고 관리들을 신뢰할 수 없는 상태에서 어떤 일이 진행 중인지 이해하지 못한 채 집과 토지에서 쫓겨나고 농작물을 잃고 있습니다. 그들은 무식하고 어쩔 도리가 없기에 관리들과 온갖 종류의 사기꾼의 희생자가 되고 있습니다. 주민들이 정의를 위해 법에 호소할 때, 그들에 대해 적대적으로 대하고 그들의 곤궁을 통해 자신의 부를 늘리고 있는 관리들을 발견합니다.

이 조계지 안에 있는 우리 예배당 하나는 대략 1,500냥(150엔)의 가치가 있지만 2천냥보다 적은 금액으로 바꿀 수 없습니다. 교회는 이 건물에 대한 보상으로 635냥과 건물을 철거해서 옮길 수 있는 권리를 받았는데, 그렇게 큰 금액은 아니지만 손해를 보았으므로 우리는 더 항의하고 요구할 가치가 있다고 생각합니다. … 우리 예배당의 손실과 현재 토지가 있는 곳에 결국 인구가 많이 늘어나게 될 것을 예상하면서, 또 기독교인 일부와 다른 주민들이 실질적으로 손해를 보는 가격에 강제로 파는 것을 목격하면서, 우리가 미래에 사용할 사역 부지가 필요하리라는 사실을 알기 때문에 그레함 리 목사와 저는 일본인과 프랑스인이 구입한 대지 근처에 있는 조계지 바깥 지역에서 일부 대지를 구입했습니다. 우리가 구입한 한 부지에 일본 병참부가 이른 봄에 마구간을 지었습니다. … 그 후 일본인들은 의심할 여지없이 부지의 임대료에 대해 공정한 보상을 했지만, 지방 관리들은 대부분 착복했고 주민들은 손실을 감내했습니다. 많은 토지가 그렇게 사용되었고 일부 소유주들은 보상도 받지 못하고 거절할 용기도 없어서 제공하는 적은 금액을 받았습니다. …

이제 또 다른 상황입니다. 일본인 감독관 밑에 있는 조선인들은 의주로 가는 마찻길을 만들었는데, 우리가 사는 언덕 뒤편의 헌트 목사가 소유하고 있는 부지의 일부를 침범했습니다. 헌트 목사는 일본 영사에게 어디에 보상을 요구해야 하는지 물었고 다음과 같이 답장을 받았습니다. "이것은 조선 당국에 의한 사업입니다. 일본인들은 일본 당국 아래에 있는 사업만 관리합니다. 따라서 귀하께서 조선 당국과 이 문제에 대해 이야기를 나누는 것이 옳다고 생각한다고 알려드리는 바입니다. … 헌트 목사의 이 부지와 외성에 있는 제가 소유한 토지로 철도가 지나갈 것인데, 제 부지를 따라서 이미 정지 작업이 완료됐습니다. 우리는 이 대지의 손실에 대한 보상금을 아직 신청하지 않았습니다. … 그러나 조선인 팽 씨를 통해 지불된다면 우리는 아마도 어려움을 겪게 될 것입니다.

이곳에 한 두 달 전에 우리에게 많은 문제를 야기했던 이 팽 씨는 제가 다루어야 했던 자 중에서도 가장 부정을 많이 저지르는 약삭빠른 악당이며 외국인의 권리를 가장 업신여기는 자입니다. … 우리는 우리가 만나는 사람들에게 영향을 주는 이런 사안들에 대해 듣고 있습니다. 우리가 듣지 못한 다른 경우가 수백 건이 있습니다. 제가 일본인을 적대시한다고 오해하지 마십시오. 제가 이런 일에 관하여 편지를 보내는 것은 상황에 대한 정보를 귀하에게 제공하기 위함입니다. … 어떤 식으로든 다소간 귀하에게 유용하리라고 봅니다. 물론 우리 모두는 늘 조선인을 지지하며 그들이 조선 관리들과 일부 일본인들로부터 당하는 과도한 부당 행위를 극복하는 길이 있기를 바랍니다. 혹시 귀하께서 감리 팽 씨의 관직을 삭탈하도록 도울 기회를 얻으신다면 귀하는 이곳 조선인들에게 위대한 봉사를 하고 이곳 상황을 우리에게 좀 더 우호적으로 만들게 되는 것입니다.

귀하의 친절에 다시 감사를 드리고 안부를 전하며.

마포삼열 드림."[125]

이 서한의 수신인이 조선 주재 미국 공사관 알렌으로 되어 있다. 알렌은 1884년 9월에 미국과 조선이 수교 된 지 2년 후에 미국 공사관 공의로 들어와 활동했고 그해 12월에 '갑신정변'에 희생당한 민영익을 수술하여 살려낸 공적으로 광혜원을 세우게 되었다. 그 후 그는 고종의 정치 고문이 되었고 1887년에는 주미 공사의 고문인 참찬관으로 임명받아 미국에 가서 조선의 외교에 봉직했다. 다시 1890년에는 조선으로 와서 주한 미국 공사관 서기관이 되어 외교관으로 있다가 1905년 일본과 을사늑약이 맺어지자 미국으로 돌아갔다.

그가 1890년부터 1905년까지 조선에서 미국 공사의 관직에 있을 당시에 미국 선교사들에게 큰 힘이 되어 주었다. 그런 이유로 평양에서 사역하면서 국제 간에 생긴 문제와 선교사들이 불법적으로 불이익을 당할 경우에 해결사 역할을 하였기에 마펫 선교사도 일본의 철도 부설과 조계지 형성 과정에서 조선인과 선교사들이 재산상에 큰 손실을 보는 일에 대해 그 실상에 대한 보고와 문제 해결을 위해 앞장섰다.

6-3. 경의선 건설에 강제 동원된 평양 주민들의 고통에 대한 마펫의 호소

일본은 러일 전쟁에서 러시아 군대를 추적하여 압록강 건너 만주 대륙까지 진출하였다. 승기를 확고히 하기 위해 평양을 거점삼아 병참기지화를 위한 여러 토목 공사를 강행하였다. 일본은 그곳 주민들의 땅을 일방적으로 압류할 뿐 아니라 저가로 보상하고 그들을 추방한 후 군사용 철도를 시급히 부설하기 시작했다. 이 철도 공사를 강행하기 위해 땅을 강압적으로 징발하고 공사에 많은 인력이 필요하자 평양 주민들과 교회 성도와 그 외의 지역에서도 그들에게 식비도 안 되는 비용으로 강제 노동을 시켰고 이에 불응하는 농민에게는 폭력을 행사하므로 그들의 원성과 고통이 심각해졌다. 이런 사정을 본 마펫은 공분을 느끼고 이에 대해 다시 한성의 미국 공사의 서기관으로 재직하고 있는 알렌에게 다음과 같은 편지로 그 실상을 알리며 호소하였다.

"미 공사관, 알렌에게

우리 공동체의 여러 선교사는 귀하께서 이 지역의 일본인과 조선인 관계의 특정 측면에 대해 관심을 갖고 있으리라고 생각합니다. 그래서 그들은 우리가 귀하께 계속 알려주어야 한다고 여깁니다. 그들은 철도 건설 사역과 만주에 있는 일본군을 따르는 짐꾼으로 조선인을 강제 징용함으로써 발생하는 상황에 대해 알리는 편지를 제가 귀하께 써 보내야 한다고 제안했습니다. 며칠 동안 식비에도 못 미치는 불충분한 임금을 받고 철도 강제 노동을 하는 것에 대한 엄청난 분노가 있었는데, 우리에게 보고된 바로는 하루 일당은 조선 돈으로 16전에서 80전이라고 합니다. 이들은 집에서 20키로에서 40여 킬로 떨어진 곳까지 분대 단위로 선발해서 며칠간 강제로 일을 시킨 후에 돌려보내는 데, 그들이 한 일에 대한 임금은 왕복 여비는 말할 것도 없고 식비도 지불하지 못할 정도입니다.

이런 일은 조선인 관리와 마을의 유지나 이장에 의해 이루어집니다. 농번기다 보니 많은 농부가 농작물을 돌보기 위해 그 일을 피하려고 했습니다. 일본인들은 농부들을 구타하고 강제로 일을 시켰습니다. 받은 임금이 식비를 지불하기에도 충분하지 않았던 곳에서는 보도에 의하면 마을이나 소도시에서 부족한 노동자를 채우기 위해 사람들을 강제 징용했다고 합니다. 평양 시내와 주변의 각 집마다 한 명의 노동자를 제공하라는 명령을 받았고 거부할 경우에는 일본인들이 집에 들어가 명령을 따르겠다고 약속할 때까지 그 집의 가장을 방망이로 때렸다고 들었습니다.

황주의 한 마을에서는 일부 기독교인들이 철도에서 일하는 것을 거부했습니다. 그러는 동안 일부 기독교인들은 일을 하지 않을 것이라는 말이 일본인들에게 들어갔습니다. 그러자 곧 일본인들은 마을로 가서 책임자를 때리고 전도사를 구타하겠다고 협박하면서 이 두 사람으로 하여금 35명을 철도에서 일하도록 보낸다고 약속하는 서류에 강제로 서명하도록 했습니다. … 그러나 더욱 심각한 것은 만주에서 일할 짐꾼에 대한 요구로 인해 발생한 소요였습니다. 진남포와 평양의 일본 영사들은 가능한 많은 노동자를 만주에 보내는 명령을 내리도록 조선인 군수들에게 강요했습니다. 일부 군수들은 거절했지만, 다른 군수들은 그에 응했습니다. 평양 감사는 처음에는 거절했지만, 일본인들은 그가 명령을 내리지 않으면 감리인 팽 씨로 하여금 그의 자리를 대신하도록 하겠다고 말했습니다.

이런 조치는 분노와 경악을 야기했을 뿐만 아니라 안주군에 폭동이 일어나도록 했고, 그 소란으로 강서, 용강, 증산군에서는 폭동 직전까지 갔습니다. 한편 안악군에서는 더욱 심각한 상황이 발생했습니다. 이곳에 일본 군대를 파송하여 조선인들을 잡아서 배편으로 만주로 보낸다는 소문에 놀라서 늙은이들을 제외한 모든 사람이 마을을 버리고 도망갔다고 합니다.

이곳의 일부 기독교인들과 다른 사람들은 최근에 토론회를 조직했는데 저는 그 단체가 정치적인 노선에서는 어떤 일도 하지 않지만, 일본인들의 의심을 불러일으켰다고 생각합니다. 그 간부들은 토론회가 정치와 전혀 관련이 없을 것이라고 제게 장담했습니다. …

우리는 현장의 기독교인들이 일요일에는 일을 하지 않도록 그가 일본인 감독관들과 조정해 줄 것을 요구했습니다. 그는 이 일을 어느 정도 기꺼이 할 것 같습니다. 일본인과 조선인 사이에 우호적인 관계를 유지하기 위해 우리의 영향력을 사용하고 싶다고 우리가 그에게 확실히 말했기 때문에 저는 그가 우리의 방문과 정보 제공에 대해 고마워한다고 생각합니다. … 많은 조선인이 철도 용도로 차압된 토지에 대해 어떤 보상을 받을 수 있는지 알기 위해서 우리에게 오고 있습니다. 저는 아직 정부와의 합의 내용이 무엇인지 알 수 없습니다. 이 점과 조선인들이 누구를 통해 그들의 토지 가격을 보장 받을 수 있는 지에 대해 귀하가 어떤 정보를 주실 수 있다면 대단히 감사하겠습니다. 헌트 목사와 저는 이곳 철도 본부가 우리의 요청을 고려하리라는 사실을 조금 전에 알았습니다.
안녕히 계십시오.

마포삼열 올림"[126]

이 당시 일제의 강압적이며 불법적인 토지 강제 수용과 조선인들을 철도 공사 노역에 강제 징용하는 일들이 철도가 지나가는 각 지방마다 발생했다. 이에 힘없는 일반 백성과 농민들은 어디에도 그러한 억울함과 부당함을 호소할 곳이 없었다. 조선의 관청과 관리들은 자국인들에 대한 그러한 피해와 고통에 관심과 도움을 주지 못하였을 뿐만 아니라, 오히려 일본 관리들에 편에 서서 백성들에게 고통을 강요하는 사례들이 많아졌다. 그로 인해 일반 주민과 교회 성도들은 선교사들을 찾아와 호소하였다. 이러한 현실을 마펫은 현장에서 보며 그들과 함께 아파하며 저들을 위로하는 그의 모습은 교회 사역에만 집착하지 않고 그 시대의 조선인들과 고난의 시대를 함께 하면서 그들의 참된 이웃이 되어주었다. 실로 그는 참된 목자의 역할을 충실히 하였다.

마펫이 미국 공사 서기관 알렌에게 평양을 위시한 이북 지역의 철도 공사로 인한 조선인들과 선교사들의 재산상의 손실과 조선인들의 고통에 대한 편지를 보낸 것이 사실상 효과를 보아 일부 조선 관리들의 횡포에 대해 정부에서 이에 대한 행정적 처분이 내려짐으로 그 당사자가 처벌을 받아 그 문제가 해결된 데에 대해 감사의 편지를(1904. 12. 16) 다시 알렌에게 보내었다.

"알렌 귀하

이곳의 감리 대리가 조약 권리를 위반한 건에 대한 귀하의 조치에 대해 진심으로 감사드립니다. 저는 귀하께서 그 사람을 확실히 처벌함으로써 따끔한 맛을 보여준 사실을 알게 되어 기쁩니다. 지난 두 달 동안 관리들은 우호적이었는데, 우리의 권리에 대한 어떤 추가적인 위반도 피하려는 의도라고 생각합니다. 관찰사 방 씨는 특히 우리의 비위를 맞추려고 노력하고 있습니다. 그는 최근 두 번이나 저를 만나러 왔고, 여러 번 교회 예배와 기도회에 참석했습니다. 현재 그는 자리에서 물러났지만, 저는 이곳에 있는 일본 영사와 육군 장교가 그를 복직시키기 위해 그들이 할 수 있는 모든 일을 하고 있는 것으로 이해합니다.

또한 이곳에서는 일진회와 진보회와 다른 단체들이 있어서 정치적 분위기는 점점 더 혼탁해지고 있습니다. 우리 공동체는 잘 유지되고 있고 사역은 평소처럼 진행되고 있습니다. 안부를 전하며 귀하와 부인께 기쁜 성탄절이 되기를 기원합니다.

마포삼열 올림."[127]

6-4. 길선주 장로의 백내장 수술로 시력을 되찾음과 교회의 기쁨

장대현 교회의 장로이며 평양 신학교의 신학생이었던 시절에 길선주에겐 백내장으로 시력 장애가 생겼다. 그 상태가 매우 심각하였다. 그 당시 조선에서는 치료 방법이 없었으나 마침 백내장을 수술할 수 있는 의료 선교사를 만나게 되어 그는 평생을 조선의 복음화에 크게 기여하는 목사가 될 수 있었다. 장대현 교회에서 마펫의 아내인 앨리스 피쉬 마펫이 그의 친정 아버지께 1904년 9월 6일에 편지한 내용에 길선주 장로의 백내장 수술 이야기가 소개되고 있다.

"… 이제 저는 길선주 장로에 대해 말씀드리겠습니다. 아버지께서 시카고의 오닐(Dr. Oneal) 의사로부터 받은 눈 치료법을 알려준 사람입니다. 의사에 대해 저는 별로 할 말이 없습니다. 저는 그가 돌팔이라는 생각이 듭니다. 하지만 그의 치료법은 길 장로에게 도움을 준 게 분명합니다. 그는 백내장으로 깊은 시련과 절망 속에 빠져 있었습니다. 그의 나이 35세에 장로와 목사 후보생으로서의 사역과 직업을 앞두고 시력이 사라지고 있었습니다. 하지만 그는 믿음을 잃지 않았고 눈이 완전히 머는 것이 최선이라면 그것을 기꺼이 받아들일 마음의 준비가 되어 있었습니다. 4주 전에 약이 떨어져가는 것을 보고, 저는 즉시 송금할 테니 더 많은 치료제를 보내달라고 편지했습니다. 오닐 의사는 추가 치료에 대한 계획을 마련하기 전에는 더 이상 약을 보내 줄 수 없다고 답장했습니다. 이제 3개월의 치료 기간이 끝났고, 눈이 악화되기 시작할 것입니다. 머지않아 완전한 흑암이 올 것인데, 이는 완전한 경성 백내장을 의미합니다.

그때 마침 캘리포니아 산호세에서 화이팅 의사가 왔고, 검사 후 여러 가지를 고려한 끝에 백내장을 제거하는 수술을 하기로 동의했습니다. 웰즈 의사가 이전에 다른 쪽 눈을 수술했으나, 환자의 혈액 상태가 좋지 않아 수술 후에 발생한 심각한 염증으로 망막이 파손되었습니다. 우리는 이번에도 그 위험이 존재하므로 극도로 조심해야 한다는 것을 알았습니다. 의사는 먼저 강장 치료 과정으로 몸보신을 하게 했습니다. 제직회는 그가 한 달간 휴가를 가져야 한다고 투표했고 교회의 번잡한 일에서 벗어나도록 최선을 다했습니다. 그의 질환은 우리의 특별 기도 제목이 되었으며, 그의 시력 회복을 위해 전 교회가 기도했습니다. 의사와 마포삼열 목사가 함께 수술을 위해 그의 집으로 갔고, 일어날 수 있는 모든 세부 사항에 대해 특별한 지시를 주었습니다.

마침내 수술 자국에도 염증이 발생하지 않았습니다. 완전하고 완벽한 치유가 이루어진 것입니다. 붕대를 제거한 날 길 장로는 전에 쓰던 눈에 맞게 제작된 백내장용 안경을 쓴 채 다시 설교단에 섰고, 기뻐하는 사람들에게 성경을 봉독했습니다. 모든 사람이 말했습니다. "기도의 응답이었습니다. 오직 기도로 이루어진 일입니다." 모두가 하나님께 영광을 돌렸으며, 우리의 사랑하는 화이팅 의사에게 진심으로 감사했습니다.

마음 가득 사랑을 담아서 사랑하는 딸, 엘리스 올림."[128]

길선주 장로는 평양 신학교 제 1기 출신으로 최초의 한인 목사였다. 그는 예수를 영접하기 전에는 무속 신앙과 선도에 심취하여 입산 수도하여 많은 도를 쌓았다. 1897년 그가 선교사를 만나 회심하여 기독교인이 되었고 장대현 교회의 중심 인물이 되었다. 그는 30대 중반에 심한 백내장을 앓았으나, 미국의 화이팅 의사(Dr. Whiting) 선교사로부터 수술을 받아 시력을 완전히 회복함으로 길 장로는 서양 의술의 혜택을 본 최초의 목사이기도 하였다. 교회에서는 최초로 장로직을 감당하면서 동시에 신학을 공부하여 장대현 교회의 부흥과 특히 1907년 평양 대부흥 운동의 주역이 되었다. 그가 그때에 새벽 기도를 최초로 함으로 그 후 한국 교회의 새벽기도회로 정착되었다. 이는 세계 교회사에서 유일무이한 기도회이기도 하다. 그는 기독교에 입문하기 전에 선도에 심취되어 있을 때에 새벽의 참선을 해 왔기에 그런 그의 생활습성이 기독교인이 된 이후 장대현 교회의 부흥회 때에 재현되어 그 교회의 새벽기도회로 정착된 것이다.

그는 어려서부터 한학에 입문하여 사서오경을 탐독하였고 상당한 한학의 지식과 시와 그림에도 능했다. 그러하기에 그는 성경도 다른 사람보다 영적으로나 성경적으로 상당히 탁월한 능력을 갖을 수 있었다. 그런 학문적 기초에 성경과 신학을 배움으로 그는 남다른 재능을 보였으며 성경의 해석이 탁월하였고 설교에도 능하여 많은 감동을 주었다. 뿐만 아니라 그는 매우 영적이었고 부흥사로서 언변력이 뛰어나 한 시대의 영성의 대가 역할을 하였다. 마펫이 길선주를 만나고 그를 교회의 지도자로 삼고 신학을 공부시킨 것은 사실상 한국 교회의 최고 지도자를 양성한 것이다. 길선주 목사는 한국 교회사에서 선교사 시대에서 자국인에 의한 자립적 한국 교회의 시대를 연 선봉자였다.

6-5. 선교의 다변화와 심화의 단계로 접어든 교회

1894년 1월, 평양 대동문 근처에 널다리 교회가 개척된 지 10여 년에 접어들면서 지역적으로는 평양을 중심으로 날로 확장되어 갔다. 특히 평안 남북도와 황해도에 이르기까지 마펫과 그와 동역하는 여러 선교사들이 합세하면서 이북 지역의 전도 사역이 급속히 확산되었고 그 영향력으로 곳곳에 조선 기독교인들에 의한 교회 개척과 부흥이 이어졌다. 과거에는 선교사 주도하에 그들에 의해 사역이 확장되어 갔지만 마펫의 성경 학습과 사경회 교육 정책을 통해 많은 교회 지도자들이 조선인 조사로서 또 교회 책임자들인 영수들이 함께 조력하며 합력됨으로 교회의 성장세는 날로 상승되어 갔다.

이 같은 교회의 부흥과 확장에는 마펫의 여성을 대상으로 한 전도와 양육 사역이 주효했고 이 사역에 마펫 선교사의 부인과 여러 선교사들의 부인들이 동역함으로 조선 여성 지도자들이 세워졌고 이들이 이북 지역의 교회 성장에 주도적 역할을 하였다. 뿐만 아니라 '숭의여학교'와 '숭실중학교'는 청년의 개화 교육과 함께 이루어짐으로 이북 지역의 문명화에도 크게 기여하였다. 한마디로 이북 지역에서의 선교 사역은 백화제방 시대를 열게 되었다. 이에 대해 마펫은 다소 흥분된 기분으로 미국 선교 본부 브라운 박사에게 1905년 3월 9일 날짜로 선교 보고를 아래와 같이 올렸다.

"브라운 박사님께

귀하께 선교 지부 사역의 월례 보고서를 쓰는 것은 제 특권입니다.

이번 달에는 그것이 특별히 기쁜 일입니다. 우리의 사역 가운데 주어진 놀라운 축복 때문입니다.

1월에는 약 700명의 남성이 출석한 가운데 가장 성공적인 겨울 사경회가 열렸고 또 다른 유익한 신학반 수업이 있었습니다. 스누크 양(Miss Snook)이 책임을 맡고 있는 여성과 소녀를 위한 상급 숭의여학교는 작년보다 출석자가 늘어난 가운데 학기를 마쳤습니다. 출석자가 많이 증가한 가운데 숭실중학교는 새 학기를 시작했는데, 많은 입학생이 상급반 학생입니다. 이 모든 것이 우리의 사역이 발전하고 견실해지고 있음을 보여 줍니다.

도시 사경회가 끝난 후에 조선의 설날 명절과 그 전후 기간 동안 일련의 지방 사경회를 위해 멀리 넓게 흩어져 있었던 선교사와 전도사와 조사와 영수들이 한 해에 한 번 실시하는 대이동을 했는데, 리 목사는 설날에 열리는 대규모 사경회를 돕기 위해 선천으로 갔습니다. 이들 사경회로부터 온 보고서를 보면, 어느 때보다 더 많은 구도의 상태, 기독교인들의 새로운 열의와 헌신, 불신자에게 다가가서 과거 어느 때보다 더 많은 사람을 인도하고 있는 교회 안에서 일어나는 영적인 부흥, 그리고 우리 사역의 이런 특징이 가지는 엄청나게 큰 가치에 대해 늘어난 증거가 제시되어 있습니다. 제가 지금 이 사역에 대해 자세히 쓸 수는 없지만, 이 도시와 그 주변에서 일어났던 일에 대해 귀하께 말씀드리고자 합니다.

1월에 쿤즈 목사와 커크우드 양은 한동안 도시 교회와 연결된 두 세명의 신자가 있는 약 4킬로 떨어진 교회의 두 마을에 관심을 기울였습니다. 이 마을들은 과거에 상당히 많은 씨가 뿌려졌지만 관심이나 감독을 받지 못했습니다. 그들의 방문이 사태를 촉발했고 곧 확신을 구체화시켰습니다. 이 마을의 한 미조직 교회에 귀신 숭배를 포기하고 안식일을 지키며 예수에 대한 믿음을 고백한 약 70명 이상의 사람이 모였습니다. 그곳에 있었던 기독교인들은 열의를 가지고 사역하러 갔으며 마침내 보살핌을 받게 된 것에 대해 기뻐하였습니다. … 그들은 교회 건축을 위해 500냥 이상을 모아 도시 근처에 있는 집을 한 채 구입해서 그것을 허물고 그들의 마을로 옮겨 갔으며, 봄이 되면 곧 그것을 예배당으로 지을 준비가 되어 있습니다.

화이팅 의사가 없을 때 그의 어학 교사와 도시의 한 교인은 그곳에서 남성 사경회를 열었고, 이어서 마포삼열 부인의 전도부인과 도시 교회의 여성 전도사가 여성 사경회를 개최했습니다. 이 미조적 교회에는 현재 80명 이상의 교인이 있는데, 곧 도시 교회와의 연계를 포기하고 별도의 교회로 조직될 것입니다. …

쿤즈 목사와 커크우드 양은 그곳을 여러 번 방문했고 그 마을은 은혜의 역사에 대해 기뻐했습니다. 그들은 도시 예배에도 참석하기 시작했습니다. 지금은 집사인 그 청년의 아버지는 기뻐했습니다. 어느 날 그는 약 스무 채 가량의 집에 있는 각종 우상과 귀신의 주물들을 파괴하고 불태우는 일을 감독했습니다. 지금 이 마을에는 50명 이상의 사람이 예배를 위해 모이며, 올 봄에 교회를 건축할 계획입니다. 그러나 이 사역과 시골 사경회에 대한 보고서는 북부 지역에서 우리가 지금까지 본 가장 놀라운 운동의 예고에 불과했습니다.

상인들이 여러 날 동안 상점 문을 닫고 한가해지는 2월 구정 정월 초하루에 도시 교회의 남성과 여성을 위한 사경회를 시작하기로 한 계획이 이미 세워졌습니다. 스왈론 목사는 신학 수업과 관련된 그의 사역을 마쳤고 저는 시골에서의 성공적인 두 사경회를 마치고 돌아왔습니다. … 아침에 우리는 오래된 교회 건물에서 약 150명의 남성을 가르쳤고 선교 지부의 여성 선교사들은 장대현 교회에서 열린 사경회반에서 150명 이상의 여성을 가르쳤습니다. 오후에는 우리가 이 두 반을 합쳐 장대현 교회에서 토론회를 가졌는데, 400명 이상의 남성과 여성이 출석했습니다. 한 시간 동안 가족 종교, 결혼, 주일성수와 신실함 등의 주제를 토론했으며 이어서 기도하는 시간을 가졌습니다. 우리는 각각 4명 혹은 5명의 소그룹으로 나누어서 체계적으로 도시 전체를 돌아다니면서 모든 집을 방문해 장대현 교회와 남문교회에서 열리는 저녁 집회에 나오라는 내용의 인쇄된 초대장과 소책자를 배부했습니다.

밤에는 전도 집회를 개최했는데, 두 교회당이 가득찼습니다. 둘째 날 밤부터 결단을 요청했고 매일 밤 20명에서 50명의 남녀가 장대현 교회에서 남문교회에서는 10명에서 40명의 남녀가 그리스도를 받아들이겠다고 결단하며 일어났고 기도를 받기 위해 앞으로 나와서 신자로서 이름을 제출했습니다. 도시는 기독교 활동을 정기적으로 하는 벌집처럼 변했는데, 곧 개종자가 수백 명에 이르렀으며 집회에 대한 관심이 증가했습니다. … 2주 동안 우리는 이 사역을 계속했으며, 이어 집회의 성격을 바꾸어 수백 명의 새 신자에게 특별 강습을 시행했습니다. 교회는 요리문답을 공부하는 학교로 바뀌었습니다. 새 신자들을 10명씩 그룹으로 나누어 각각 교사 한 명을 배당했고 회랑에서는 조선인 장로가 매일 밤 찾아오는 100명에서 200명의 비신자에게 설교했으며 마포삼열 목사의 조수인 신 씨 부인이 비신자 여성들을 가르쳤습니다. 이 모임 동안 매일 밤 8명에서 15명 이상이 결신했습니다. … 우리는 2월 1일 이후 기독교인인 되기로 결심한 약 900명의 이름을 도시 교회에 등록했습니다.

이들 가운데 100여 명 남짓은 다른 마을과 도시에서 왔습니다. 일부는 위로 400여 킬로나 떨어진 압록강 부근에서 왔고 또 일부는 남쪽 아래로 서울(한성)에서 왔습니다. … 이 사역의 한 가지 특징은 우리 장로와 영수들 대부분이 시골에서 열리는 사경회를 맡아 자리를 비우고 있어서 그 사역을 효율적으로 대응할 수 있는 집사들과 구역장들에게 맡겼는데, 이들 스스로 더욱 가치 있는 일꾼으로 성장했다는 사실입니다. 장로와 영수들은 집회와 강의 시간에 맞추어 시골 사경회에서 돌아왔고 이런 보고를 듣고 크게 기뻐했습니다. … 중학교 남학생들은 도시로 전도하러 다니고, 새로운 개종자들에게 기도회와 특별 토요 야간 집회를 상기시키기 위해 방문하는 일에 큰 도움이 되었습니다. 우리는 또 다른 문제, 즉 어떻게 우리 회중을 모두 수용할 것이냐라는 문제에 봉착했습니다. 규모가 큰 장대현 교회와 아직 완공되지 않은 새 남문교회는 모두 차고 넘치며, 두 번째 건물을 완공하기 전에 세 번째 건물이 필요합니다. 우리는 남문교회를 완공하는 즉시 세 번째 교회 건물을 자유롭게 계획할 수 있으리라는 희망을 가지고 기부금을 늘리고 즉시 지불하도록 강권할 것입니다. …

가장 좋은 점은 이 운동이 평양 도시에 국한되지 않는다는 사실입니다. 그것은 전국을 통해 자라고 퍼져나가고 있습니다. 우리는 모든 시골 교회와 미조직 교회로부터 성장하는 회중, 너무 작은 예배당, 다른 마을에 있는 초신자들, 그리고 조직되고 있는 다른 미조직 교회들에 대해 듣고 있습니다. … 며칠 전에 한 무당이 두 개의 큰 북과 징과 꽹가리와 다른 도구들을 제게 보내왔는데, 그것을 가져온 그녀의 남편은 그들이 귀신 숭배로부터 해방되었다고 기뻐했습니다. 한 시골 영수는 새로운 일곱 마을의 사역에 대해 편지했습니다. 또 다른 도시에서 온 유력한 사람은 기독교인이 되기를 원하는 15명의 남성 명단을 들고 어제 저를 찾아와서 그와 함께 가서 그들을 가르쳐 달라고 제게 간청했습니다. …

한 권서인이 오늘 찾아왔는데 서쪽으로 40여 킬로 떨어진 교회에 100명의 새 신자가 있다고 말했습니다. 또 다른 미조직 교회의 영수는 도시에서 한 것처럼 그들 주위의 모든 마을로 가서 집집마다 방문해서 전도하기로 계획했다고 말하며 소책자를 받으러 왔습니다. …

저는 우리가 이렇게 많은 무르익은 기회를 가진 때를 결코 알지 못합니다. 우리는 현재 뛰어난 사역자들이 많이 있지만 아직도 사역을 다 순회할 수 없습니다. 모두가 분주하게 일하고 있고 이용 가능한 모든 인력을 동원하고 있지만 그런 기회를 고려한다면 여전히 더 많은 일꾼이 필요합니다. 이것이 우리가 당면한 현실이며 지난 번 선교 지부 회의에서 우리가 선교부 이사회에 3명의 사역자가 필요하다는 특별 진정서를 보내는 결정을 하게 만든 상황입니다. …

숭실중학교는 강하고 영향력 있는 기관으로 발전하고 있지만, 우리가 만들고자 하는 적절하게 균형 잡힌 기관이 되기 위해서는 서로 보완할 수 있는 두 사람의 지속적인 감독과 협동 지도가 필요합니다. 베어드 선교사는 너무 바빠서 그가 사역의 모든 분야를 발전시키는 것은 정말 불가능합니다. 우리는 좋은 기회를 최대한으로 활용하지 못하고 있습니다. 3년 동안 선교 지부와 선교회가 인식해온 이 시급한 요구에 대해 다시 한 번 간절하게 말씀드립니다.

또 다른 미혼 여성에 대한 필요는 우리가 귀하께 더 이상 분명하게 말할 수 없을 정도로 막대합니다. 우리의 시골 여성들이 사경회를 열어달라고 호소하고 있습니다. 그들은 공부하기를 열망하고 있고 모든 비용을 기쁘게 자비로 감당하겠지만, 우리는 각 선교사의 순회 구역에서 1년에 하나 두 개의 사경회만을 제공합니다. 따라서 현재 우리 인력으로는 대략 8년에 한 번 정도 여성 선교사 가운데 한 사람이 각 미족직 교회의 여성들을 위해 한 번의 사경회를 할 수 있을 뿐입니다. 우리는 여성 인력을 최대한 활용하고 있습니다. 여학교의 학기를 1년에 세달 반으로 줄여서 운영하고 있지만 한 해에 한 반을 운영한다는 전략이 그 수준까지는 미치지 못하고 있습니다. 시골에서 사경회를 하는 것은 노력을 요구하고 여성 인력에 부담을 주며, 1년 중 특정 계절에만 가능합니다. … 우리가 50개 가까이 사경회를 해야 하지만, 3명의 여성만으로 많아야 20개까지 계획할 것입니다. 우리가 그렇게 할 수 있다면 상당한 유익이 있을 겁니다. 그러나 그것은 우리가 도저히 확보할 희망이 없는 1년에 약 100개의 사경회를 제공하는 것을 의미합니다. 그러나 우리는 지금 확보한 것보다 훨씬 더 많은 수의 사경회를 준비할 수 있어야 합니다.

황해도에 설립되는 새로운 선교 지부에는 한 명의 여성 선교사가 곧 필요하며 그녀는 지금 그것을 준비하기 위해 이곳에 있어야 합니다. 세 번째로 그레함리 목사의 부담을 덜어 줄 한 명의 남성 선교사가 필요합니다. 리 목사는 그의 사역을 모두 감당하는 것이 불가능하다고 느끼고 있습니다. 지역 교회 사역, 숭실중학교, 신학교, 사경회, 그리고 건축과 관련하여 평양에서 우리의 필요에 따라 그에게 더 많은 일을 맡기다 보니 그는 너무 많은 일을 감당하고 있습니다. … 우리는 3명의 사역자가 필요하다고 분명하게 느껴서 특별한 조치를 취했으며, 선교 지부는 블레어 목사와 제게 월례 보고서를 보낼 때 선교부 이사회에 이런 요청을 분명하게 제출하라고 지시했습니다. 우리의 요구가 틀림없이 지금 신학교 과정을 마치고 있는 어떤 훌륭한 사람의 마음을 움직이리라고 생각합니다.

마포삼열 올림."[129]

평안남북도와 황해도 지역의 미조직 교회와 여러 교회들이 몰려오는 교인들과 이들을 대상으로 한 전도 훈련과 기성 교인들의 교육에 정기적인 사경회가 광범위하게 필요하였지만 이들을 양육할 지도자가 매우 부족한 상태였다. 처음에는 마펫의 조사들과 영수가 일반 교인들과 신입 교인을 지도하며 이들이 사경회에 강사로 활동을 하게 되었지만 폭발적인 교회 성장에 감당할 수 있는 지도자가 턱없이 부족하였으며 가동할 수 있는 사경회 강사도 부족하였다.

그러나 가장 가장 심각한 당면 문제는 지도자 부족은 선교사들의 부인을 주축으로 한 여성 지도자가 조선 여성들의 신입 교인을 대상으로 한 교육에 그 한계를 드러내었다. 이 당시 선교사 부인들과 여성 선교사도 폭발적으로 늘어나는 여성 신급 신도들을 제대로 교육할 수 없을 정도의 급성장이 진행 되었다.

이러한 현상은 마펫의 평신도 지도자 양육 정책이 주효한 것으로서 사도행전에서도 12사도뿐만 아니라 스데반 집사와 빌립 집사도 그 당시에 교회의 중책자로서 지도자적인 역할을 함으로 이들도 평신도의 교육과 전도 활동에 적극적으로 참여시킴으로 초기 예루살렘 교회의 베드로와 야고보와 요한을 중심으로 한 전도와 교육 정책이 집사들에게도 그 직책과 권한을 주어 저들이 감당케 하는 포괄적인 지도자 양육과 활동이 예루살렘 초대 교회의 부흥에 크게 기여한 것은 부인할 수 없다.

이 당시에도 역시 곳곳에 교회가 가정을 중심으로 자립적으로 세워지고 운영되었던 것은 초대 교회의 선교 정책을 잘 활용했기 때문에 가능했다. 즉 3천 명이 모이는 대형 교회가 아닌 세포 교회가 교회의 부흥과 확산과 그 이후 타지역의 선교로 이어진 것처럼 마펫의 초기에 장대현 교회를 중심으로 한 교회 정책에 안주 하지 않고 지속적으로 교회를 분립 개척하며 그 이후 타지역에는 그들 현지인들에 의한 자립적 교회 개척으로 이어졌고, 황해도 지역까지 복음이 확산되며 교회가 곳곳에 세워져 이들 교회를 더욱 말씀으로 견고히 하기 위해서 각 지역의 사경회가 개최되었다. 그러나 각 지역에서 사경회를 더욱 요구함으로 이를 감당해야 했으나 그 당시 교회가 이를 충분히 수용하며 관리하는 데에는 부족함이 있었다. 이러한 문제는 초기에 급성장하는 교회에 나타나는 과도기적 문제였다. 결국 이러한 근본적인 지도자 수급은 평양 신학교의 활성화가 해결해야 할 문제였기에 마펫은 평양 신학교 설립과 운영에 최선을 다했고 평양의 다국적 선교사들도 이에 온 힘을 모은 것이다.

6-6. 차고도 넘치는 장대현 교회

평양의 최초의 교회이자 이북 지역의 모교회인 장대현 교회가 1899년 평양 중앙으로 옮겨 교회의 개명과 더불어 1903년에 72칸의 큰 예배당을 헌당하였다. 그 당시는 대규모의 건축물이었고 기억자 형태로 남녀가 따로 예배드릴 수 있는 구조로 지어졌다. 그러나 교회의 폭발적인 성장으로 5년이 지나자 예배에 넘쳐나는 약 1천 2백여 명의 교인들을 모두 수용할 수 없게 되었다. 이 당시 예배당 내에는 의자가 없는 시설로 꾸몄기에 마루 바닥에 앉아서 예배를 드렸다. 그야말로 입추의 여지 없는 예배의 모습이었고 매주 새로운 성도들이 물밀듯 교회로 몰려들었다. 그로 인해 마펫은 교회 분립을 다시 준비해야 했다. 그 당시 주일 예배의 모습에 대해 마펫의 부인 앨리스 피쉬 마펫은 그의 친정 부모에게 보내는 1905년 10월 9일자 편지에서 이같이 설명하고 있다.

"… 모든 곳에서 선교회 사역이 성장하고 있습니다. 오! 감사할 일이 정말 너무 많습니다. 장대현 교회는 너무 작습니다. 지난 수요일 밤 기도회에는 거의 1천 2백여 명이 참석했습니다. 앞으로 나온 새 신자가 11명이었습니다. 예배 후에 도시의 한 구역에서 약 50명의 사람이 말씀을 듣고 싶어서 왔으며 기독교인이 되고자 준비가 되어 있다고 샘(마펫)에게 말했습니다. 이는 다시 오기 어려운 기회입니다. 지난 주일 아침 비가 쏟아질 때 샘은 다음과 같이 말했습니다.

"비는 한 가지 목적에 도움이 될 거요. 회중이 교회 안으로 들어 갈 것이 거의 확실하오. 딱 편안할 정도로 교회가 찼습니다. 사람들이 밀고 들어와서 선교사들로 하여금 다음과 같이 말하지 않을 수 없게 만든다고 생각해 보십시오. 우리가 그들을 어찌 해야 할까요? 우리는 그들을 가르칠 수도 없고 계속 관리할 수도 없습니다. 모든 교회와 모임 장소가 가득 찼습니다."

쿤즈 목사는 말합니다. "모든 사람이 야외에서 모일 수 있는 여름까지 기다려야 합니다." 오! 축복입니다.

그러나 항상 일이 밀려들면 힘이 듭니다. 정신적인 여유나 휴식이 없습니다. 우리는 오로지 사역만을 위해 살고 있는 것 같습니다. 저는 그것이 적절하다고 믿지는 않습니다. 어느 누구도 계속해서 주기만 할 수는 없기 때문에 우리 자신을 위해 어느 정도 시간을 가져야 한다고 생각합니다. 우리가 본국으로 출발할 수 있을 때가 되면 저는 샘을 위해 정말 기뻐할 것입니다. 올 겨울 사역은 힘들 것으로 예상됩니다. 주님이 우리로 무엇을 하게 하실지 무엇을 해야 하고 무엇을 하지 않은 채 그대로 두는 것이 옳은지 우리가 알 수 있도록 기도해 주십시오. 안녕히 주무세요. 사랑하는 두 분 하늘 아버지의 가장 풍성한 은혜가 두 분께 계속 임하시기를.

우리 셋 모두가 마음 가득한 사랑을 보냅니다.

두 분의 사랑하는 딸, 앨리스 피쉬 마펫 올림."[130]

6-7. 전 지역의 복음 확산과 부흥의 불길

마펫의 열정적인 복음 전도와 그의 탁월한 선교 전략은 다른 선교사들에게도 큰 힘이 되어 마펫의 전반적인 사역은 후에 들어온 여러 선교사들에게 가장 본 받을 만한 선교 모델이 되었다. 즉 평양을 위시한 이북 지역에 선교의 뿌리가 내리기 시작하면서 그 성장의 추동력은 상승되기 시작하였다. 이북 전 지역의 시골에 이르기까지 복음화에 도화선이 되었다. 여기에 복음의 확산과 교회 부흥의 가장 핵심적인 요인은 회중들을 대상으로 한 복음을 강해하는 사경회에 있었다. 이는 사도 바울이 가는 곳마다 회당과 두란노 서원에서 행한 회중 전도와 양육 사역이 그 지역의 교회가 세워지는 데에 근원이 된 것처럼 각 지방별로 자체적으로 연속적으로 진행되는 사경회에는 많은 사람들을 회심시켰고 기성 기독교인들은 말씀에 뿌리를 내리는 토대가 되었다.

평양의 장대현 교회의 초기에는 거의 마펫의 1인 주도하에 진행되었다면 그 후 4, 5년이 경과되면서 이북 지역에는 약 20여 명의 선교사들이 집중되면서 놀라운 부흥의 계기를 맞게 된다. 그 여파가 전지역에 확산되었다. 이에 대해 마펫은 1906년 1월 31일에 미국 선교 본부에 장문의 선교 보고를 하였다.

"브라운 박사님께

선교 지부의 1월 보고서 이야기를 읽어보면 우리 앞에 있는 기회가 어느 때보다 크며 이곳의 사역이 규모와 일치 면에서 견실하게 성장하고 있다는 사실을 알 수 있습니다. 여러 면에서 우리는 새로운 상황에 직면하고 있으며 모든 면에서 우리의 사역에 더욱 심각하게 영향을 줄 변화를 전망하고 있습니다. 그럼에도 불구하고 지금은 수확의 계절이며 주님이 조선 사람들을 통해 어떤 위대한 성과를 의도하고 계신 것처럼 보입니다. 아마도 우리 사역의 가장 두드러진 특징이자 성장과 영속성 면에서 가장 큰 요인 중 하나인 우리의 사경회 체계 역시 그 상황을 측정하는 기준입니다. 보고서는 시골 사경회가 크게 성장했음을 보여 줍니다.

스왈론(Swallen) 목사는 서부 시찰에서 개최된 거의 300명 규모의 사경회를 보고했고, 쿤즈(Koons) 목사는 재령의 새 선교 지부에서 가진 첫 사경회에서 500명 이상 출석했다고 보고하고 있습니다. 블레어(Blair) 목사와 저는 새로운 시골 교회에서 150명 이상 출석하는 사경회를 열었습니다.

이런 지방 사경회가 더 큰 비중을 차지하고 우리가 그들을 가르치기 위해 더 많이 준비하면서부터 보다 먼 지방에서 오던 사람들 가운데 실로 많은 수가 평양 사경회엔 더 이상 참석하지 않고 있습니다. 지금은 선천과 황해도 재령 선교 지부에서 오는 자가 실제로 아무도 없습니다. 그럼에도 불구하고 평양 사경회 참석자는 계속 증가하고 있어서 올해 다시 700명 가량 등록했습니다. 이것은 사역이 꾸준히 성장하고 있음을 보여 줍니다. 저는 보고서에서 다음과 같은 흥미로운 사실을 발췌했습니다.

번하이젤(Bernheisel) 목사는 두 달간 1천 킬로 이상 여행하면서 37개의 미조직 교회를 방문했다고 보고했습니다. 그는 48명에게 세례를 주었고, 174명의 학습 교인을 받았습니다. 그의 교회들은 한 명의 조사가 사역할 수 있는 충분한 연보를 다시 함으로써 그 시찰에는 조사가 4명이 되었습니다. …

베어드 목사는 안식일에 방문할 수 있는 평양 근처 여러 미조직 교회를 맡아서 돌봤다고 보고했습니다. 또한 그는 일본이 조선의 권력을 장악하면서 야기된 정치적 상황으로 인해 강렬한 소요가 발생해 숭실중학교의 학업이 일시적으로 불안정하다고 보고했습니다. 12명의 학생이 선생님들의 충고를 거부하고 조국을 지키다가 죽겠다며 허락없이 한성으로 갔습니다. 모든 학생이 휩쓸릴 위험에 처해 있었지만 많은 노력을 기울여 승리를 얻고 정상적인 상황으로 회복되기까지 신앙적인 입장에서 설득하고 호소했습니다. 몇 명이 투옥되기는 했지만 12명 중 아무도 신상에 큰 문제가 없습니다. 지금은 모두가 뉘우치고 있지만 1년 동안 정학으로 처리되었습니다.[131]

… 100명 이상의 새로운 회중이 평양 장대현 교회로부터 분리되었고, 블레어 목사의 인도하에 성장할 밝은 전망을 보이면서 제 3교회인 '창동교회'가 독립적인 삶을 시작했습니다.[132] 또한 블레어 목사는 새해 첫 날에 남자 청년회 건물을 개관했다고 보고했는데, 이는 우리의 모든 도시 교회를 위한 일종의 전도 본부로서 서점, 도서관, 교실 등을 갖춘 기독교 활동 작업장입니다. 개관식에는 일본인과 조선 관리들이 참석했고 일본 영사가 연설을 했는데, 도서관에 약간의 책을 기증하기로 약속하면서 20엔을 기부했습니다.

블레어 목사 부인은 여자 중학교와 여성 사경회와 남문교회 성경 공부반을 가르치느라 너무 바빠서 한동안 디프테리아를 심하게 앓을 정도로 힘들어 했습니다. 지금은 다시 건강해졌으며 지방 교회에서 일주일간 사경회를 하기 위해 맥쿤 목사 부부와 함께 시골로 떠났습니다.

커크우드(Miss Kirkwood) 선교사는 여성을 위한 두 개의 흥미로운 지방 사경회와 도시의 학교 사역에 대해 보고했습니다. 이 여성 선교사들이 지방 사경회에서 하고 있는 사역은 큰 가치가 있습니다. 학교 사역이 지금 우리가 보유하고 있는 여성 선교사들의 시간을 점점 더 많이 요구하는 상황에서 이 여성 선교사들의 사경회 인도는 그런 사역을 보다 많이 수행하기 위해서는 또 다른 한 명의 독신 여성 선교사가 필요함을 새삼 강조하고 있습니다.

쿤즈 선교사의 보고서를 보면, 누군가가 많은 기회를 붙잡기를 기다리는 것이 이 사역입니다. 새 선교사가 얼마나 빨리 이 사역을 기대하게 하는 요소인지를 알 수 있습니다. 그는 이곳에 온 지 2년밖에 되지 않지만 황해도 재령에 있는 새 선교부의 거대한 사역을 전적으로 책임지고 있습니다. 그는 재령에 임시 숙소와 진료소를 갖추고, 황해도 장연군 소래교회에서 거행한 교사 사경회에 도움을 주었습니다. 그는 한성에서 결혼한 후 평양에 정착하여 400여 킬로를 시찰하며 순회 여행을 하고 재령을 다시 방문하고 또 순회 여행을 하고, 영수 회의에서 결정한대로 조사 한 명을 추가하기 위한 기금을 마련하고 재령에서 또 사역을 하고 황해도 안악에서 그곳의 전체 사역을 맡고 있는 스왈론 목사와 사경회를 인도했습니다. 그는 지칠 때까지 더 많은 사역 여행을 한 후 휴식이 필요해 집으로 돌아와 나흘을 쉬니 12월 1일이 되었습니다.

이 사경회는 재령에서 했던 사역 가운데 가장 큰 규모로 판명났고 그 효과를 앞으로 몇 년 동안 느끼게 될 것입니다. 사경회 결과 110명이 회심했고, 그와 관련해서 전도 집회가 열렸습니다. 사경회 후에 쿤즈 목사는 이곳 평양으로 와서 겨울 사경회에 참여했으며, 우리는 그와 그의 아내를 진심으로 환영했습니다. … 그는 조선어 실력이 훌륭하게 향상되고 있으며 열정이 넘칩니다. 또 80명의 성인에게 세례를 주고 149명의 학습 교인이 등록했다고 보고했습니다.

이제 제가 한 일에 대한 보고입니다. 모든 면에서 꾸준히 성장한 시골 미조직 교회에서 39명에게 세례를 주고 49명의 학습 교인을 받아들였습니다. 분리 된 새로운 미조직 교회에는 60명이 출석하고 있으며, 다른 마을에서 두 개의 교회가 더 시작될 겁니다. 한 미조직 교회에서는 학교를 세울 기부금을 조성했고 또 다른 교회에서는 도지사의 수석 비서관의 아내와 자녀들이 학습 교인으로 등록했습니다. 그 도시에서 맥쿤 목사의 제안에 따라 채택된 성탄절 오락의 즐거운 특징 중 하나는 어린이들이 쌀과 수수를 연보하는 것이었습니다. 아이들 각자가 한 줌이나 그 이상을 가져 왔는데, 네 개의 큰 상자를 가득 채웠습니다. 돈으로 환산하니 약 50엔 정도가 되었으며 가난한 자를 위해 나누어주었습니다.

파이팅 의사는 황해도의 재령, 해주, 안악에서 보낸 거의 3개월 동안의 활동을 보고했는데, 그는 진료 714건과 왕진 20회를 기록했으며, 안악과 재령에서 사경회를 인도했다. 그의 목회 경험에서 첫 번째 거행한 세례식에서 5명에게 세례를 주었습니다. 파이팅 부인은 의사와 함께 재령까지 동행해서 여성들을 가르쳤습니다. 스누크 양과 베스트 양은 학교와 도시 사역을 위해 그들의 시간을 바쳤습니다. …

조선의 설날 명절인 1월 25일에 우리는 각각 200명 이상이 출석한 남성과 여성을 위한 도 사경회를 시작했으며 그와 관련하여 도시 전체를 위한 전도 대회를 개획했습니다. 우리는 번하이젤 목사가 관리하는 네 번째 교회인 '산정현교회'를 막 분립시켰습니다. 이로써 평양 시내에는 4개의 장로 교회와 2개의 북감리회 교회가 있습니다. 이 여섯 곳에서 매일 밤 집회가 열리고 있습니다. 아침에는 성경 공부를 하고 오후에는 짧은 기도회 후에 소책자와 초청장을 가지고 도시 전체에 매일 전도하러 나가며, 밤에는 기독교인들이 놀라운 간증을 하는 전도 집회가 열립니다. 5일 동안 기독교인이 되기로 결심하고 이름을 제출한 700명의 남녀가 있었는데, 작년의 놀랄만한 기록을 갱신할 것이라고 장담합니다. 이 12년 동안 조선의 가장 사악한 도시인 평양에서 하나님이 얼마나 경이로운 은혜의 사역을 펼치셨는지 알 수 없습니다.

12년 전 이맘때 저는 첫 개종자들에게 세례를 주었습니다. 지금은 도시에 4개의 장로 교회와 2개의 감리 교회가 있는데, 지난 주일에는 약 2천 5백 명이 교회 예배에 출석했고, 도시에는 5천 명 정도의 기독교인 인구가 있습니다. 우리의 초등학교는 학생이 넘쳐나고, 중학교도 넘쳐나며, 교회도 넘쳐나서 우리에게 다가오는 사역의 양은 때때로 무서울 정도입니다. 지금은 우리가 본국 교회에 더욱 강력하게 진심으로 다음 사항에 간청할 때입니다. 곧 사역할 인원과 건물을 갖추도록 필요한 것을 이 사역에 제공해 주시고 이 사역을 계속하기 위해 우리가 요구한 비교적 적은 금액을 우리에게 제공해 주십시오. 올해 예산이 책정되기 전에 이 청원서가 귀하께 도달하기에는 너무 늦었다는 사실을 알고 있지만, 저는 다음과 같이 말하고 싶습니다. 올해 예산이 우리의 요구를 충분히 만족시키지 않는다면 저는 현재의 놀라운 기회에 대응할 수 있도록 선교부가 조선에 특별 자금을 보내는 것을 허락해 줄 것을 요청합니다. 제가 본국에 도착하면 신학교와 사경회를 열 건물에 대한 우리의 요구와 관련된 상황을 개인적으로 귀하께 제시할 기회를 갖고 싶습니다. …

마포삼열 올림"[133]

마펫의 후기 사역과 유골의 귀향

7-1. 사역의 소회와 하와이 농장의 조선인 교회 문제 제기

마펫 선교사는 평양에서 16년의 사역 중에 가정을 이루게 되었고 무엇보다도 첫 아기를 갖게 되었다는 점이 그에게는 큰 감사였다. 그는 1889년 미국을 떠날 때 혈혈단신이었으나, 이제는 가정을 이룬 다음 아내 앨리스 피쉬와 그 아들을 품고 모처럼의 안식년을 따뜻한 도시 캘리포니아에서 보내면서 선교회 총무 브라운 박사에게 지난 16년의 사역을 회고하며 그간의 많은 역경과 어려움도 있었지만 하나님의 은혜와 도우심으로 평양과 이북 지역의 경이로운 사역의 결실을 맺게 된 것에 대해 감사하는 감동적인 내용과 더불어 미국으로 오는 도중에 하와이에서 농장원으로[134] 취업차 가서 일하고 있는 기독교 조선인들을 만나 교회에 관련된 그들의 간청을 듣고 그럴 만한 사유를 정리하여 보고서를 미국 선교 본부에 1906년 8월 1일에 보냈다.

"브라운 박사님께
저희는 6월 1일 평양을 떠났으며, 그동안 편안하고 즐거운 여행을 했습니다. 그리고 지금 우리는 이곳 캘리포니아에서 제 아내의 부모님과 함께 휴가를 온전히 즐기고 있습니다. 저는 겨우 16년 만에 평양시에 그토록 뚜렷한 변화가 왔다는 것을 생각할 때 믿기가 힘들었습니다. 16년 전 이달 그곳에 처음 들어갔을 때 그 도시에는 한 명의 기독교인도 없었기 때문입니다. 지금은 기독교 인구가 약 5천여 명이 있는데, 이들 가운데 1천 여명 이상이 미국으로 떠나는 우리를 배웅하러 10리 길을 걸어서 평양역까지 왔습니다. 남성, 여성, 남녀 학생들이 모두 줄지어 서서 송별 찬송가를 부르는 것을 볼 때 우리의 가슴은 벅찼습니다. 이어서 50명의 신학생이 앞으로 나와서 그들 중 2명이 우리에 대한 그들의 사랑의 징표로 우리에게 은메달을 걸어주었을 때, 우리는 주님께서 조선에서 섬기는 특권을 우리에게 주신 데 대해 진심으로 감사했습니다.

저는 귀하를 뵙고 우리의 위대한 기회와 교육용 건물인 대학과 신학교를 위한 시급한 필요에 대해 말씀을 나눌 수 있기를 간절히 바랍니다. 그러나 지금은 하와이와 미국 본토에 있는 조선인들에 관해 쓰고 싶습니다. 조선장로회 공의회의 임명을 받아 저는 2주간 하와이에 머물면서 조선인들이 일하고 있는 농장을 방문했고 우리 교회에서 그곳으로 간 조선인 기독교인들에 대한 우리의 의무가 무엇인지를 알아 보기 위해 그곳 상황을 조사했습니다. 그들은 교회를 세워달라고 끈질기게 우리에게 촉구하고 있습니다. 그곳에 조선인 사역을 수립한 감리교 교인들과 연합하기를 주저하고 있었습니다. 저는 그 상황에 대한 분명한 통찰을 얻을 수 있었다고 확신합니다. ⋯

농장주 협회의 임원들로부터 저는 하와이로 오는 조선인들을 위해 그들이 더 이상 기선 요금을 지불하지 않을 것임을 알게 되었고 조선인들이 하와이로 오지 않을 것이라는 사실을 알게 되었습니다. 저는 하와이에 오랫동안 체류하려고 의도적으로 계획하는 조선인은 한 명도 보지 못했는데, 그들은 모두 캘리포니아로 가거나 조선으로 돌아갈 수 있도록 충분한 돈을 벌기를 바라고 있습니다.

쓰잉 목사(중국인)는 그들 사이에서(중국인 농장원과 조선인 농장원) 기독교 사역을 처음 시작한 분입니다. 그러나 감리교인들이 사역을 시작한 직후에 감리교인들이 모든 조선인 사역을 맡고, 하와이 공리회는 이미 광범위한 사역을 하고 있는 중국인 사역을 시작하는 것을 자제한다고 서로 합의했습니다. 감리교인들은 큰 규모의 기금 운영을 통해 많은 지역에서 조선인을 위한 사역을 시작했고, 그들을 위해 교회를 세웠으며 많은 수의 전도사를 고용했습니다. 저는 조선에서 온 고백적인 기독교인 중에 3/4이 우리 장로 교회 출신이라고 판단했습니다. 처음에는 모두가 대체로 장로 교회 영수의 관리하에 한 교회로서 예배를 드리면서 함께 일했습니다.

우리 장로회 기독교인들은 불만이 많아 우리에게 사역을 해 줄 것을 촉구하면서 여러 번 편지를 보냈습니다. 그들은 여러 장소에서 따로 만났으며 교회의 정치적 성격, 전도사들이 된 저들의 성품, 그리고 사역과 방법의 피상적인 성격에 대해 불만을 표시했고, 우리로부터 아무런 격려를 받지 않았음에도 불구하고 감리교인들과 연합하기를 거부하고 회중 교회에 그들을 관리해 줄 것을 요청했습니다. 하지만 감리교인들과의 합의 때문에 회중교인들은 사역을 맡기를 거부했습니다. 한 곳에서 저는 별도의 조직을 유지해오던 65명의 장로교인을 만났으며, 그들과 예배를 드린 후 연합 모임을 위해 그들을 교회로 인도했는데, 약 150명의 회중이 모였습니다. 제가 방문했던 한 곳을 제외하면 모든 곳에서 교회의 가장 유력한 인사들은 우리 장로교인들이었습니다.

저는 현장을 확인하고 최대한 모든 자료를 확보할 때까지 결론을 내리지 않았는데, 이제 그 상황에 대해 상당히 명확하게 파악했다고 생각합니다. 제가 알게 된 사실과 결론을 내린 몇 가지 사항은 다음과 같습니다.

첫째, 저는 사역의 영적인 상황, 지도자들의 방식과 정책 및 성품에 대한 정당한 불만족, 그리고 우리가 더 나은 기반 위에 사역을 세우지 않으면 곧 하와이에 있는 조선인 사이에서 기독교인은 거의 존재하지 않을 것이라는 확신 외에는 분리된 조직과 관련한 우리 교인들의 열망에 대한 다른 이유를 찾아보려고 했지만 찾을 수가 없었습니다.

둘째, 현재 하와이에 있는 조선인의 수가 증가하지 않으리라고 예상하지만 다시 기회가 열리면 수천 명이 더 오고 이들 중 아마도 수백 명이나 심지어 수천 명이 우리 장로교인이 될 것입니다.

셋째, 많은 수의 우리 장로교인들이 가족 단위로 하와이로 이민을 온 경우 우리는 그들의 영적인 관리를 제고해야 하고 그들의 영적인 안녕을 지키기 위해 그들을 장로 교회로 조직해야 합니다. 우리가 그들을 조직하면 우리 교회는 곧 감리 교회보다 더 크고 건실해지고 하와이에 있는 사람들을 위해 더 많은 사역을 하게 되며, 우리가 감리 교회에 그들을 맡겨 놓을 경우보다 조선의 복음화에 더 강력한 요소가 될 것입니다.

넷째, 우리 교인 중 많은 수가 조선을 떠나 하와이로 간다고 여겨지지 않으면 지금 별도의 사역을 조직하거나 그것을 계획하는 것은 현명하지 않습니다. 그러나 그곳에 있는 우리 교인들에게 하나의 교회로 연합하고 교회의 영적인 향상을 위해 영향을 끼치도록 노력해야 합니다. 무엇보다 모든 불화를 피하도록 촉구하는 일을 지금 해야 합니다. 그들이 조선으로 돌아가거나 미국 본토로 들어가는 경우, 우리는 그들이 우리 장로 교회 사역과 다시 일체감을 가지리라 기대하게 될 것입니다. …

다섯째, 앞으로 우리 교인 중 수백 명이 더 하와이로 온다면 우리는 하와이에서 모든 회중 교회와 장로 교회의 이해를 대변하는 '하와이선교회이사회'와 협력하여 그들의 영적인 관리를 제공해야 합니다. 스커더 의사와 쓰잉 목사는 만일 우리가 그곳에서 사역을 계획하고 맡는다면 우리 선교부에 대한 감리교인들과의 합의가 그들이 이 사역을 맡는 것을 방해하지 않을 것이라고 제게 확인해 주었습니다. 저는 이에 대해 와드맨 목사와 대화를 나눴는데, 우리가 지금 사역을 하지 않겠지만 많은 수의 우리 교인이 다시 온다면 그렇게 해야 한다고 말했을 때 그도 동의했습니다. … 장로회 선교부 총무로서 귀하께 솔직하게 말씀드린 하와이의 상황에 대해서는 이제 그만 쓰겠습니다. …

마포삼열 드림."[135]

조선인들의 최초의 공식적 해외 진출로는 하와이 노동자 취업이었다. 1902년 12월 22일에 최초로 제물포항에서 121명이 출항하였고 매년 이어지다가 1905년 7월에는 7,226명이 하와이로 도착하였으며 조선 감리교 선교회에서는 1902년에 감리교의 홍승하 선교사를 파송하여 하와이 교민 및 농장 노동자들을 대상으로 교회가 개척되었으나, 마펫의 영향을 받았던 평안도 출신의 장로교의 신앙인들은 감리교의 신앙 노선과 사역 활동에 만족하지 못하였고 이에 불만을 가졌다. 마침 1906년에 마펫이 안식년 차 하와이에 머물 때에 그곳의 장로교 교인들의 신앙적인 문제점을 듣고 이를 미국 선교 본부에 알려 하와이에도 장로교 선교사 파송을 검토해 줄 것을 다섯 가지 이유를 들어서 호소하였다.

조선인들이 하와이로 이주나 취업을 하게 된 배경은 1901년에 조선 전체에 극심한 흉년이 발생되면서 백성들이 굶주리게 되자 고종도 알렌의 새로운 해외 이주 사업을 승인하여 성사되었다. 여기에 선교사들에 의해 교회에서 검토되고 알려지면서 초기에는 기독교인들이 중심되어 이주가 시작되었다. 결과적으로 구한말 시기에 마펫으로부터 복음을 전해받은 그 신앙인들이 하와이를 거쳐 미 본토 캘리포니아로 이주하여 이민이 정착화 되었다는 것은 한국 교회 역사를 고찰해 볼 때 역복음화 한 것이며 디아스포라의 역사인 것이다.

그 후 1백여 년이 지나서 미주 지역에 약 2백 만의 한인 동포와 4천여 개의 한인 교회가 세워졌다. 이 교회들은 세계 곳곳에 선교사들을 파송하며 선교하는 교회의 주체가 되었다. 또 미주 내의 인디언을 비롯한 많은 소수 민족 선교에 일익을 감당하고 있다. 특히 미주 한인 교회들은 미국 시민권이 있기에 1980년대부터 한국 교회가 접근할 수 없는 남미 지역과 중국과 러시아와 동구권에 다양한 신분을 갖고 파송되었을 뿐만 아니라 북한 선교를 위해서 NGO를 내세워 다양한 복지 및 의료 사역을 해오고 있다. 한 세기만에 선교지에서 세계 열방을 향해 복음을 전하는 선교국이 되어 하나님의 택함 받은 제사장 나라로 쓰임받고 있다. 얼마나 감사한가!

"그러나 너희는 택하신 족속이요 왕 같은 제사장들이요 거룩한 나라요 그의 소유된 백성이니 이는 너희를 어두운 데서 불러 내어 그의 기이한 빛에 들어가게 하신 이의 아름다운 덕을 선포하게 하려 하심이라"(벧전 2:9).

7-2. 마펫의 국제 회의 활동

마펫은 46년의 조선에서의 헌신적인 사역으로 미국 선교 본부뿐만 아니라 세계 기독교 기관에서도 상당한 신뢰와 모든 선교사의 모범적 인물로 각인되었고 그의 선교 정책과 결과에 대해 모델링으로 삼으려 했다. 그는 여러 세계 기독 행사에 강사로 초빙되어 자신의 전반적인 사역을 소상히 소개하였다. 그 국제적 활동 중에 크게 5회의 참석과 발표는 다음과 같다.

첫 번째는 1910년에 세계 주일 학교 연합회에 참석했다. 이 대회는 5월 19일에서 시작하여 24일까지 속개되었는데, 미국 워싱턴에서 개최된 제 6회 세계 주일 학교 대회였다. 이 대회에는 제 5회 때 참석했던 윤치호가 다시 참석하여 실행부 위원으로 피선되었다. 그런데 이 대회에서는 선교사인 마포삼열 박사도 참석하여 부회장으로 피선된 바 있다.[136] 이때 조시원(G. H. Jones) 선교사도 연사의 한 분으로 참석했다. 그리고 제 6회 대회는 이승만 박사도 함께 참석하였다. 마포삼열 박사는 이 대회에서 한국 선교의 경의적인 면모를 개인적으로 또는 대회를 통하여 알림으로 찬사를 받았다.

1910년 6월에는 영국의 에딘버러에 모인 세계 선교 대회에 한국 대표로 참석하였다. 1920년에는 미국 피츠버그에서 모인 장로회 연맹총회에 한국 대표로 참석했다. 그리고 1922년에 중국 남경에서 모인 아시아 장로교 선교사 대회에 참석하였다. 이 대회에서는 한국인의 자유 투쟁상과 선교의 경의적인 성장을 광범위하게 소개하였다.

1928년에는 예루살렘에서 모인 세계 선교대회에 참석했는데 한국인으로는 김활란, 양주삼, 정인과, 신흥우였고 선교사로는 마포삼열과 노오블이었다. 이 대회에는 3월 24일부터 4월 8일까지 2주간에 걸쳐 개최되었다. 그 대회에는 50개국에서 온 대표는 모두 231명에 달했다.

마펫은 그의 사역 기간 중에 1922년에 중국 남경에서 열렸던 국제 선교사 대회에서 유일하게 선교사로서의 자신의 선교를 발표하지 않고 1919년 3.1만세운동에 조선인들이 일제로부터 해방을 부르짖는 그때의 그 모습을 평양에서 본 조선인들의 용감한 만세운동에 대해 세계 각국에서 온 대표들을 향하여 증언하였다.

"조선 사람은 평화와 자유를 지극히 사랑하는 민족입니다. 그들은 민족의 자유를 누릴 수 있는 독립을 찾기 위해서 죽음도 돌보지 않는 의롭고 용감한 민족입니다. 40년간 우리 예수교 선교 역사상에 있어서 세계 어떤 나라보다도 신속하게 발전을 하였습니다.

내가 직접 체험한 3.1운동만 하더라도 자유 독립을 열망하는 불사조와도 같이 용감히 싸웠습니다. 포악한 일본 관헌이 창으로 찌르고 총으로 쏘아서 조선인들을 쓸어뜨렸지만, 그럴수록 전 민족이 굴하지 않고 일심 단결해서 전국 방방곡곡에서 남녀노소가 불길같이 일어났습니다.

일본 관헌은 독립 만세를 부르고 애국을 절규하는 모든 집회에 총을 드리대고 심지어는 애국적인 예수교인들을 예배당 안에 감금한 다음 석유를 뿌리고 불을 질러 태워죽이는 잔악한 비인간적인 행위를 서슴지 않고 저지르고 말았습니다. 그들 희생자는 순국이요, 순교자였습니다.

그러나 교인들은 조금도 이러한 일본 관헌의 횡포에도 위축되지 않고 더욱 신앙을 굳게 하고 오히려 전도에 힘쓰고 있습니다. 시골에서는 제일 큰 건물은 모두 예배당입니다. 이 건물은 이들 교인들이 지은 것입니다. 이런 민족이 축복을 받지 못하면 누가 축복을 받겠습니까? …"[137]

마펫은 3.1운동 당시 장대현 교회 성도들과 함께 만세운동에 참여하지 않았지만 그들의 그런 애국적인 의로운 일에 간접적인 관여와 지원을 하였다. 그 당시 만세운동의 장소가 대부분 교회로부터 시작되었고 기독교인들이 주도하였다. 그런 이유로 일제는 3.1만세운동의 배후에 선교사들이 있었고 저들이 주동한 것이라는 판단을 하고 선교사들을 체포하여 조사를 하기도 하였다. 마펫도 이어 벗어나지 못하였기에 어느 날 갑자기 그의 사택에 밤중에 경찰들이 몰려와 온 집을 다 수색하였다. 그때 만세운동에 관여된 3명의 청년이 신변에 위협을 느끼게 되자 마펫이 이들을 자기 집에 숨겨 두었다. 이 일로 마펫은 경찰서에 가서 조사를 받는 고초를 받기도 하였다. 그는 외국 기자와 기자 회견을 통해 일제의 조선인들에 대한 만행을 밝혀 세계인들이 그 실상을 알게 하는 데에 기여하기도 하였다.

사실상 그 당시 많은 미션 스쿨에서 선교사들로부터 애국 애족의 민족 정신과 역사의식을 깨우치는 그런 교육이 암암리에 이루어지고 있었다. 그 결과 그 시대에 독립투사들 가운데 대부분의 인사들이 기독교인들이었다.

신사 참배한 목회자

7-3. 신사 참배 강요에 단호히 맞선 마펫

마펫은 1894년 평양에 최초의 교회인 널다리골 교회를 설립한 후에도 신학교 설립과 일반 학교 설립과 교육에도 온 힘을 기울였다.

그 당시 조선의 일반 공교육 제도는 사실상 전무하였다. 그래서 선교사들이 교육의 기회를 얻지 못한 다수의 청소년들을 대상으로 체계적인 근대식 교육을 실시하였다.

이런 교육 사역은 앞서 들어온 아펜젤러의 배재 학당(1885. 8)과 언더우드의 경신 학교(1886), 스크렌턴의 이화 학당(1886)이 이미 운영되고 있었다. 마펫은 평양에도 교회 설립을 위한 사역만이 아닌 문명의 개화를 위해서는 반드시 일반 학교를 통한 인재 양성과 그들에게 인성 교육과 일반 학문과 기술 교육 등 지, 덕, 체를 겸비한 교육을 통해 신앙과 접목시킬 수 있는 일반 교육의 필요성을 절감하고 있었다. 그 당시 조선에서의 문맹률은 매우 높았기에 자국의 글자 조차도 해독하고 쓸 줄 아는 백성들은 극히 소수에 불과 하였기에 저들에게 신앙과 성경 학습의 원만한 기대를 할 수 없었다. 그러므로 교회 설립과 학교 설립은 분리될 수 없는 중대한 사역이기에 일단은 교회당에서 초보적인 일반 교육을 실행하고 있었다.

마펫은 널다리골 교회에서 학당을 설립하고 이영언(李永彦)을 교사로 임명하여 교육을 실행하였다. 이 작은 학교가 1897년에는 배위량(Baird)을 교장으로 박자중(朴子重)을 교사로 하여 예수교 학교로 진행된다. 이 학교는 미북장로선교회 평양 지부에서 직영하는 학교가 된다. 이어서 1901년에는 조선식 2층 교사가 신축되자 배위량 선교사가 교장의 서기로서 동 학당의 학생이었던 최광옥(崔光玉)에 의해 숭실 학당(崇實學堂)이란 이름이 지어졌다.[138]

이 숭실 학당은 그 후 1906년에 고등 교육의 필요성을 갖고 마침내 대학부를 설치하고 그해 정부로부터 대학의 인가를 얻어 최초의 대학이라는 영예를 얻었다. 그리고 1909년에 2명에게 최초의 문학사 학위를 수여하였다. 그 후 조선에서 필요한 많은 지식인들과 지도자들을 배출하게 되었다.

그 후 1918년부터 마펫은 1928년까지 숭실 학교 교장으로 시무하게 되었다. 그런데 그가 교장으로 취임한 지 1년이 못되어 3.1만세운동이 일어났다. 이로 인하여 기독교 학교는 모두 예외 없이 그 운영에 있어서 일대 난관에 봉착하게 되었다. 그 이유는 3.1만세운동에 숭실 학교의 학생들이 깊이 개입되었고 교회와 함께 앞장섰기에 일본 총독부는 이를 좌시하지 않았던 것이다.

3.1만세운동 이후 1920년에 발표된 신교육령이 내려져 숭실 학교를 비롯한 모든 기독교 학교들은 성경을 가르칠 수 없도록 압력이 가해졌다. 하지만 마펫은 결코 성경 과목을 포기할 수 없다고 하였다. 그는 학교를 폐지하는 한이 있더라도 성경 학습은 강행해야 한다며 일제의 강요에 굴복하지 않았다. 결국 마펫의 의견을 받아들여 미국, 영국, 캐나다, 호주 등 4개 선교회 대표들이 모여 당시 일제 총독에게 항의문을 제출하였다.

그러나 1925년에 와서는 숭실 학교에서는 고등 보통학교와 같은 자격을 준다는 이른바 조선 총독부의 지정 시험을 치루어야만 했다. 학력을 테스트한다는 미명하에 총독부의 주관하에 만들어진 시험에 통과되어야 했다. 결과적으로 그 기준에 못 미치자 숭실중학교는 지정 학교에서 탈락되었다. 그로 인해 학생들이 이탈되어 갔다. 그 이유는 학력을 인정받지 못하기에 취업이 되질 않았기 때문이다. 교장인 마펫은 큰 난관에 빠졌다.

그러던 중에 1927년에 다시 숭실 학교에 자격 시험을 치루어야 한다는 통보가 당국에서 내려왔다. 마펫은 이 기회에 반드시 추락된 학교의 위상을 회복시켜야 한다는 결심을 하고 학생들을 설득시켰다.

"여러 학생들 또 실패할 것입니까? 이번이 마지막입니다. 이제 우리 실력을 보여 줍시다. 그리고 그들이 다시는 우리들에게 자격에 관한 이야기를 하지 않도록 만들어 버립시다. 그것은 오직 여러분의 시험지 한 장으로 결정됩니다."[139]

이런 비장한 호소에 온 학생들과 교사도 큰 감명을 받고 열심히 학습함으로 마침내 지정학교로 다시 인정을 받게 되었다. 그러나 그 이후 1932년에 이르러 신사 참배 강요가 시작되었다. 평양에서는 봄에 일본 천황을 숭상하는 제사 행사에 학교가 참석해 줄 것을 요구하고 나섰다. 이때 학교 측에서는 교리에 위배된다는 것으로 거부하자 국민 의례에만 참석해도 좋다는 지령으로 숭실전문 및 숭실중학교와 숭의여학교가 동시에 참여하였다. 그러나 일제는 그에 그치지 않고 제 2단계로 전국 기독교 학교에 대하여 신사 참배를 명령했다. 최후의 통첩을 받은 마펫은 괴로운 결단을 내려야 했다. 신사 참배에 굴종하는 것은 곧 학생들로 하여금 우상을 섬기는 죄를 짓도록 방치하는 것이었고 일제의 요구에 불응하면 학교 폐쇄로 이어져 학생들의 학습권과 장래에 크나큰 지장을 주는 것이 되며, 선생들은 일자리를 잃게 하는 많은 희생을 치르게 하는 문제가 대두되었다.

이 심각한 문제는 대부분의 선교사들에게도 마찬가지였다. 그들은 마펫의 의지에 힘을 실어주었으나, 대다수의 교사들은 학생들을 동요시켜 물리적으로 학교 방침을 거스르고자 하였다. 시간이 지나면서 더욱 악화일로로 치닫게 되자, 선교사들도 참배가 불가피하다는 쪽으로 기울어져 갔다. 학생들과 교사들은 다수의 힘으로 마펫을 압박하였다. 마펫은 그들의 집단 행동에도 흔들리지 않았다. 그리고 그들을 향해 이렇게 말하였다. "아무리 힘들다 하여도 신사 참배하면서 학교 경영을 할 수 없는 것인데 이를 위해 기도하시오." 마펫의 의중은 이미 신사 참배의 거부로 굳어져 있었고 흔들림이 없었다. 그로서는 자신이 세운 학교와 새싹인 학생들이 희생을 당해야 한다는 생각으로 괴로웠으나, 하나님 앞에 저들이 우상을 범하는 죄를 짓게 하는 것은 더 큰 불행이 된다는 것을 확신하였다.

1937년 10월 29일 숭실전문학교, 숭실중학교, 숭의여중의 3개 학교 측은 폐교계를 당국에 제출하였다. 이로써 1938년 3월 31일에 폐교 처분이 일본 총독부에 의해 내려졌다. 과거 일본 당국은 마펫에게 1925년에 신문화 교육에 기여했다고 하며 표창장을 주고 1934년에는 일본 교육협회로부터 교육에 특수한 공헌이 있다 하여 표창장과 금메달을 수여하기도 하였다. 그러나 일제는 군국주의를 강화하기 위해 전 일본과 식민지화된 그 당시 조선의 모든 학교와 교회에 이르기까지 전 국민을 대상으로 한 일본 천황 숭배를 법제화 하여 강요함으로 일본 통치하의 조선도 포함되자 이에 기독교 계통의 학교들과 교회들은 저항을 하게 되었다.[140]

마펫은 거대한 일제에 맞서서 후대에게 "그리 아니하실지라도"의 신앙의 정절을 보여 줌으로 참된 신앙의 사표가 되었다. 시간이 지나자 그의 신앙과 교육관이 옳았음을 역사가 증언해 주고 있다. 그는 복음의 진리라는 가치를 세상 어떤 것과도 바꾸지 않은 신앙의 진수를 그의 사역과 삶 속에서 몸소 실천하면서 보여주었다. 그 후 해방이 되기까지 신앙의 정절을 끝까지 지킨 3숭실은 해방 이후 공산화로

학교의 기독교 신앙을 그곳에 지킬 수 없게 되자, 남으로 내려와 다시 제 2의 개교를 단행함으로 숭실대학(1954)과 숭의여자대학(1953)을 비롯한 숭실중고(1948)가 이 땅에서 미션 스쿨의 시대를 열어 다시 시작함으로 마펫의 교육 이념은 자유의 땅에서 더욱 큰 모습으로 부활되었다.

7-4. 반세기 사역과 70년 만에 돌아온 마펫

1890년 26세의 나이로 개화기 중인 조선 말기에 벽안의 청년 사무엘 오스틴 마펫은 혈혈단신의 몸으로 복음을 들고 태평양을 건너왔다. 그 당시 어느 선교사들도 꺼리는 이북 지역의 중심인 평양을 하나님이 주신 기업의 땅으로 확신하고 그곳을 선교 거점지로 정하기까지 8차에 걸친 불굴의 의지로 개척하여 마침내 1894년 그곳에 사랑방 교회인 '널다리골 교회'를 설립하므로 평양 대동문 안에 십자가를 세웠다. 이렇게 결실되기까지 조선의 헌신적인 동역자들이 있었다. 이들 중에 3명의 조선인 동역자는 마펫에게 언어 선생이며 북쪽 지역으로 여행을 할 때에 길잡이와 전도자가 되어 주었던 서상륜과 마펫의 영원한 동역자이며 오른팔 역할을 해준 한석진과 이북 지역과 한국 교회사에서 최초로 한글 성경을 의주에 갖고 들어와 복음의 씨를 뿌린 백홍준이라는 조사들이 있었기에 평양과 이북 지역의 수많은 교회들이 세워지게 되었다.

마펫은 1901년에 오늘날 한국 교회의 모판이며 산실인 '대한야소교장로회신학교'를 설립하여 그가 떠나기 전까지 조선인 목회자 약 8

마펫 고향 메디슨 방문

백여 명을 배출함으로 그들이 전국에 약 1천여 개 교회를 세우게 하였다. 뿐만 아니라 평양의 중요 미션 스쿨인 3개의 숭실 학교를 통해 조선의 근대화에 이바지 할 수많은 일꾼들을 배양하였으며 평안남북도 곳곳에 수많은 초등학교와 중학교의 3분의 2가 되는 300여 개의 학교를 마포삼열이 세웠다. 이러한 광대한 교육 사역과 선교 사역에 협력한 수많은 동역자들이 있었다. 헐버트, 게일, 그레함 리, 홀, 스왈론, 맥켄지, 베어드, 레놀즈, 테이트 등이 있었기에 불과 46년 동안 어느 누구도 감당할 수 없는 하나님의 큰일을 이루었고 세계 교회사에도 찾아 볼 수 없는 위대한 사역의 족적을 남겼다.

 이러한 사역의 결실이 있기까지 하나님이 주신 기업의 땅을 산지로 기경하기 위해 5년 동안 집중적으로 한성을 출발한 11회의 전도 여행을 통해 평양을 9번 방문하였고 의주를 4회, 만주 심양과 함흥 원산을 1회, 중국 산동성 1회, 부산과 공주를 1회씩 선교 여행을 하면서 조선을 배우고 답사하고 복음의 씨를 뿌렸다.[141] 그가 조선의 온 땅에 남긴 그 족적의 총 여정은 시간상으로는 46년의 흔적으로 남아 있다. 이는 그가 예수와 바울처럼 몸소 발로 사역하면서 조선인들을 찾아다니고 만나고 복음을 전하고 그들의 이웃과 친구와 선생이 되었기에 그의 지문과 발자국 흔적이 남게 되었다. 그 결과 그곳에 생명의 열매가 맺히게 된 것이다. 후세에 평양의 많은 사람들은 마펫에 대해 "저 거리의 사람을 보라!"(the looking up the road man)고 하였다.

그의 조선에서의 사역은 그야말로 반세기의 모진 풍상을 겪으며 헌신했기에 그의 심신은 매우 쇠락해져 있었고 치료와 요양이 절실한 상태였다. 1934년 그도 72세가 되어 미국 북장로 교회 선교부로부터 선교회 사역 규정에 따라 은퇴를 하였지만, 계속 조선에 머물면서 3개 학교의 운영에 관여하였다. 그로 인해 그 당시 일제는 미션 스쿨도 신사 참배에 참여할 것을 집요하게 강요하였지만, 신앙의 정절을 지키는 데 타협이나 굴종할 수 없었기에 이를 두고 그들과 분연히 맞서야 했다. 그러나 시간이 지나면서 학교 운영 자체가 위협을 받게 되자, 그동안 뜻을 같이하였던 선교사들과 교사와 학부모들이 신사 참배 협조 방향으로 기울어 졌다. 마펫은 더욱 처절한 외로운 싸움을 해야 했고, 일본 경찰은 수시로 마펫을 소환하여 수사하면서 겁박하였다.

그를 암살할 것이라는 얘기도 나돌게 되자 측근의 지인들도 걱정을 하게 되었고 온 가족도 큰 불안과 위협에 직면하게 되었다. 마펫의 괴로운 심정은 멈추지 않고 예수님이 겟세마네 동산에서 잡히시는 그 날 밤에 땀방울이 핏방울이 되도록 기도하듯 하나님께 간구하였다. 하지만, 1936년 일제는 마펫 선교사가 끝끝내 모든 것을 거부하자 결국 마펫을 추방하는 조치를 취하였다. 이는 일제가 평양 지역의 교회와 학교에 가장 영향력이 있는 인물이 마펫이라고 판단하였기에 이 한 사람만 무너트리면 나머지 사람들도 결국 굴복할 것이라고 판단하였기에 그런 강수를 둔 것이다.

마펫은 저들에 의해 강제로 내쫓김을 당하였다. 그는 반세기 가까운 조선에서의 사역을 뒤로하고 고국을 향해 떠나야했지만, 곧 다시 돌아올 것이라는 생각을 하고 가방 하나만을 챙겨 배웅하는 사람도 없는 가운데 쓸쓸하게 평양역에서 경의선 열차에 몸을 실었다. 그는 자신이 46년 전 배를 타고 온 그 여정이었던 요코하마항을 거쳐서 태평양을 건너는 기나긴 여정에 동반자도 없이 아내와 자식을 둔 채 미국으로 향하였다. 그러나 그의 손에는 언제라도 돌아올 수 있는 왕복 티켓이 쥐어 있었다.[142]

마펫의 외로운 긴긴 항해 끝에 마침내 샌프란시스코항에 도착하였다. 그가 그 항에 내렸을 때에는 아무도 마중 나와 준 사람이 없었다. 지난 날 조선의 선교사의 꿈을 꾸고 이 항을 떠날 때의 모습이 선명하게 눈에 다시 펼쳐졌다. 그때에 배의 갑판에서 하나님 앞에 기도했던 대로 그는 다시 고국 땅에 돌아온 것이다. 이 당시 그에겐 5명의 성년이 된 자녀들이 있었는데 그들은 아버지의 대를 이어서 선교사로 의사로 목회자로 미국과 해외에서 사역을 잘 하고 있었다. 그런데 두 번째 아내는 질병으로 고초를 겪고 있었다.

그는 캘리포니아주 몬로비아에 지인이 마련해준 차고를 임시 거처로 삼아 그곳에서 투병 생활을 이어갔다. 마펫은 미국에서도 마음만큼은 편하지 않았다. 오직 평양의 교회들과 학교 문제를 놓고 많은 기도와 고심의 나날을 보내었기에 평안한 안식을 누릴 수 없었다. 그가 떠나온 후 1938년 '조선예수교장로회 제 27차 총회'에서 신사 참배가 결의 되었다는 소식을 듣고 크나큰 충격과 아픔으로 괴로워하였다. 이로 말미암아 병세가 더욱 악화되어 그의 건강이 급격히 쇄락해져 갔다. 그는 날로 악화되어 가는 자신의 건강 상태에서도 모세가 가나안 땅을 눈 앞에 두고 하나님 앞에 느보산에서 "나로 건너가게 하옵소서"라는 기도를 하였던 것 같이 그는 평양에 돌아가서 그 장대현 언덕에 묻히기를 기도하였다. 하지만 그때의 그의 기도는 응답되지 않았다.

1939년 10월 24일 그의 나이 75세를 일기로 기력이 쇠진하여 일어나지 못하고 캘리포니아 몬로비아(Monrovia)의 거처지에서 긴 숨을 내세운 뒤 영원한 주님의 품에 안기었다. 그는 오직 하나님의 나라와 조선인들을 위하여 자신의 몸을 관제와 같이 부어 드리는 삶을 살았다. 그는 하나님의 부름에 충성하여 평양과 온 한국 땅에 자신을 태워 빛을 발하였다. 마펫은 반세기 동안 조선에서의 모진 풍상과 격동의 시대를 보냈다. 두 번의 전쟁과 동학란과 매년 역병이라는 시련과 나라를 빼앗긴 조선인들과 고난을 함께하며 그들을 그리스도의 사랑으로 보듬어주면서 거친 풍진의 세월을 견디며 살았다.

그가 천수를 다한 후 천국에서 안식을 누리는 중에 대한민국 정부는 1966년에 그가 한국 교육에 미친 공로를 인정하여 건국 공로 훈장과 문화 훈장을 수여하였다.[143] 이어서 하나님께서는 그의 아들 사무엘 휴 마펫(Samuel H. Moffett)이[144] 아버지의 뜻을 이어가도록 1959년에 한국으로 불러 들여서 평양 신학교 후신인 서울 광나루의 장로회 신학대학에서 후학들을 가르치게 하셨다. 그는 20여 년의 신학교 강단의 삶을 마감하고 본국으로 돌아갔다.

서울 장신대 측에서는 마펫의 위대한 사역과 그 공로를 기념하기 위해 그의 유족과 협의하여 그의 유골 일부를 한국에 이장하기로 결정하여 그가 한국을 떠난 지 70년 만인 2006년 5월 9일에 '장로회신학대학교' 교정 광나루 동산에 그의 유골을 묻었다.[145] 그는 마침내 죽어서도 한국에 돌아온 것이다.

> "모세가 요셉의 유골을 가졌으니 이는 요셉이 이스라엘 자손으로 단단히 맹세하게 하여 이르기를 하나님이 반드시 너희를 찾아오시리니 너희는 나의 유골을 여기서 가지고 나가라 하였음이더라"(출 13:19).

마펫은 미국에서 살았던 세월보다 한국에서 산 시간이 거의 곱절이나 되었다. 고령의 투병 중에도 그의 열망은 "이제 곧 조선으로 돌아가리라"고 하였다. 하나님께서는 70년이 지나서야 그의 간절한 기도에 응답해 주셨다. 그의 아들 하워드 마펫(Howord Moffett)은 아버지의 마지막 소원에 대해 이같이 증언하였다.

> "아버지는 돌아가실 때까지 한국 생각만 했어요. 일본의 압제로 고통당하는 한국 사람들을 위해 밤낮으로 기도하셨죠. 그리고 반드시 한국으로 돌아가 그곳에 묻히겠다는 게 아버지의 마지막 소망이었습니다."[146]

이제 한국 교회는 장차 통일의 날에 마펫이 이루어 놓았던 "동양의 예루살렘"이라는 평양과 그를 통해 수없이 분립 개척된 1천여 개 교회와 수백 개의 미션 스쿨의 재건과 함께 다시 부흥을 위해 헌신해야 하는 시대적 사명을 갖게 되었다.

"이스라엘의 하나님은 참 신이시라 너희 중에 그의 백성된 자는 다 유다 예루살렘으로 올라가서 이스라엘의 하나님 여호와의 성전을 건축하라. 그는 예루살렘에 계신 하나님이시라. 그 남아 있는 백성이 어느 곳에 머물러 살든지 그곳 사람들이 마땅히 은과 금과 그 밖의 물건과 짐승으로 도와주고 그 외에도 예루살렘에 세울 하나님의 성전을 위하여 예물을 기쁘게 드릴지니라 하였더라. 이에 유다와 베냐민 족장들과 제사장들과 레위 사람들과 그 마음이 하나님께 감동을 받고 올라가서 예루살렘에 여호와의 성전을 건축하고자 하는 자가 다 일어나니"(스 1:3-5).

장신대 학내의 마펫의 동상(2006. 5)

Part 2
사무엘 마펫의 선교 정책

박성배

평양을 새 예루살렘으로 만든 사무엘 마펫의 선교 정책은
하나님이 오랫동안 준비하신 것이었다

한 사람이 하나님의 부르심을 받고 쓰임 받기 위해서는 반드시 준비 과정이 필요하다. 하나님은 시대마다 필요한 사람들을 선택하셨고 쓰임 받기에 합당한 그릇으로 훈련 시키셨다. 큰 사역을 감당하기 위해서는 긴 시간의 연단과 시련의 과정을 거쳐야 한다.

대기만성이라는 말이 있듯이 "한국 교회의 아버지"라 불리운 사무엘 오스틴 마펫은 스코틀랜드 장로교의 전통과 미국의 경건한 신앙 안에서 성장한 자로서 하나님의 예비된 약속 가운데 오랫동안 준비된 하나님의 그릇이었다.

미국의 네비게이토를 창시한 도슨 트로트멘(Dawson Trotman, 1906-1956)은 "하나님은 준비되지 않은 사람을 쓰신 일이 없고, 준비된 사람을 쓰시지 않은 일이 없다"라고 했다. 그렇다. 하나님은 흑암의 땅 조선의 평양을 새 예루살렘으로 만드는 큰 믿음의 역사를 위해서 일찍이 사무엘 마펫을 택하셨다. 그리고 세밀하게 훈련 시킨 후 큰 믿음의 역사를 일으키는 도구로 사용 하셨다.

제1장

신앙인 마펫:
청교도 신앙의 계승자로 조선에 오다

1-1. 스코틀랜드 장로교의 후예인 마펫

일찍이 우리 나라에 와서 장장 오십년의 일생을 이 땅을 위해 바친 한 희생자가 있었으니 그가 곧 스코틀랜드 맹약자(盟約者, Covenanter)의 후손으로 하나님의 파송함을 받은 마포삼열 선교사이다.[147]

"마펫의 가계는 존 녹스(John Knox)의 전통을 따르는 스코틀랜드 언약파(Covenanters)의 후예로 개혁 교회의 교리를 보존하고 있었다. 스코틀랜드 언약파는 잉글랜드와 아일랜드의 개혁 교회를 돕는데 앞장섰고, 로마 가톨릭과 영국 성공회의 수직적이고 감독 교회적인 전통을 강하게 거부했다. 그런 이유로 17세기 언약파 목회자의 3분의 1에 해당하는 4백여 명의 목사들이 강제로 교회에서 쫓겨났고 총살이나 교수형이 아니면 추방을 당했다. 그럼에도 웨스트민스터 신조를 생명처럼 여겼던 이들은 굴하지 않았고 자신들의 신학적 전통을 지키는데 온 힘을 기울였다.

메릴랜드주 해거스타운(Hagestown)에 거주했던 마펫의 할아버지 윌리엄 마펫(William Moffett)은 여러 사람의 만류를 뿌리치고 콜레라에 걸린 친구를 간호하다가 1832년 병든 친구와 함께 세상을 떠난 것으로 알려졌다. "그는 성경의 말씀과 엄격한 수행을 기독교의 가장 중요한 행동 지침으로 여겼던 자기 교회의 전통을 지켰다." "이렇듯 조부의 희생정신과 순교정신은 그 아들인 슈만 마펫에게 이어졌고, 이것은 다시 사무엘 마펫에게로 마치 유전처럼 전해졌던 것이다."[148] 사무엘 마펫은 아버지 슈만 마펫으로부터 자립 정신과 금연의 미덕을 이어 받은 것이다. 그러면서도 부친의 엄격한 청교도적인 도덕주의를 은연 중에 사사했던 것이 분명하다. 이것은 후에 한국 선교사로서의 사무엘 마펫을 통해 한국 교회에도 반영되어 나타났던 것이다.[149]

윌리엄 마펫이 죽은 후, 1841년 마펫의 아버지 사무엘 슈만 마펫(Samuel, Shuman Moffett)은 18세의 나이로 인디애나주 매디슨(Medison)으로 이주했다. 그의 포목상 사업은 번창했고, 1852년 8월 12일에 마리아 제인 믹키(Maria Jane Mckee)와 결혼했다. 슈만 마펫도 가계의 전통을 그대로 이어받은 청교도주의자로 도덕성과 강한 자제력을 지닌 인물이었다. 반면, 부유한 가정에서 자란 마리아 믹키는 상류 사회 생활에 익숙한 여성이었다. 그렇지만 성경을 늘 가지고 다니며 즐겨 읽는 높은 경건의 소유자였다. 가문과 부모의 경건한 신앙 아래 자라난 마펫은 성경 암송, 교리 강습 등 장로 교회의 철저한 교육 지침에 언제나 충실히 따랐다.

15세가 되던 해, 마펫은 하노버 대학(Hanover College)에 입학하여 화학을 전공했다. YMCA에 입회하여 활동했고 학생 회장을 했으며 학교를 위해 열정적으로 모금 활동을 했다. 또한 1881년에 포틀랜드 윌리스톤 회중 교회로부터 시작된 기독청년면려회(C. E)를 매디슨에 조직하는 책임도 맡고 주일 학교 봉사를 하는 등 아주 모범적인 교회 청년상을 그려 나갔다. 하노버 대학의 경건한 분위기와 스코틀랜드 언약파 가계의 전통이 잘 맞았던 것이다.[150]

사무엘 마펫은 기도의 사람이었다. 그래서 초기 평양에 선교 전략의 본거지를 두고 복음을 전하기 시작할 때도 그는 기도를 쉬지 않았다. 조선 사람을 만나면 우선 기도부터 했고, 헤어질 때도 기도로써 헤어졌다. 예배 때는 물론이고, 개인을 만나서도 기도는 처음과 나중이었다. 누구의 집을 방문하든지 상관하지 않고 먼저 그 집에 들어가면 인사 하기에 앞서 기도부터 시작했다. 이것은 그대로 한국 교회의 한 미덕으로 남게 된다. 오늘까지도 한국 교인들은 어디를 가든지 누구를 만나든지 기도로 시작하고 기도로 끝맺는다. 한국 교회에서 이러한 양식은 하나의 습성처럼, 그리고 경건주의의 한 모델처럼 되어 버렸지만, 마펫이 그렇게 한 경우는 달랐다. 달랐다는 말은 형식적 행동이 아니라는 말이다.

사무엘 마펫, 그는 유년기에 벌써 기도의 힘을 믿었다. 그래서 기도는 그의 유일한 하나님과의 교통로가 되었다. 찬송가의 가사대로 늘 기도하면서 담대히 싸우는 것을 잊지 않았다. 한국 선교에서 그가 의지할 수 있는 유일한 힘의 근원은 기도에 있었다. 실로 그의 생애는 기도에서 승패를 본 것이다. 한국 교회는 그의 기도를 보고 배웠다.[151]

우리가 사무엘 마펫의 가계를 통해서 다시 한 번 확인하게 되는 것은 오늘날 이 땅의 장로 교회는 마펫을 통해 전해진 경건한 청교도 신앙에 뿌리를 두고 있다는 것이다. 한국 교회는 마펫의 가문을 통해서 전해진 스코틀랜드 장로 교회의 경건한 청도도 신앙을 물려 받았다.

1-2. 청교도의 후예 마펫의 영성과 신학

사무엘 마펫의 영성과 신학적 준비는 스코틀랜드 장로교의 가계의 영성과 맥코믹 신학교의 복음적 신학과 깊은 연관이 있다. 사무엘 마펫 한 사람이 단순히 조선의 평양 땅에 와서 평양 신학교를 세우고, 학교를 세우고, 전도 활동을 한 것이 아니다. 그 한 사람은 그를 키운 영성과 신학의 배경과 함께 조선 땅에 와서 준비된 "영성과 신학"을 이식했던 것이다. 2020년을 기점으로 보면 마펫이 이 땅에 와서 복음의 일꾼으로 사역한지 130년이 된다. 한국 교회사와 세계 교회사적으로 평가를 해보더라도, "마펫 한 사람이 평양에서 사역한 것은 한국 교회가 세계 교회사에 우뚝서는 계기가 되는 출발점을 심은 것"이라고 볼 수 있다.

마펫은 미국 시카고의 맥코믹 신학교에서 공부했다. 한국 교회에 미친 맥코믹 신학교의 영향은 오히려 프린스턴 신학교의 영향보다 컸다고 할 수 있다. 그 이유는 마펫을 비롯하여 평양 신학교에서 오랫 동안 교수했던 베어드(W. M. Baird)와 리(G. Lee), 스왈른(W. Swallen), 아담스(J. E. Adams), 클라크(C. A. Clark) 등이 같은 맥코믹 신학교 출신들이었다. 19세기 인디애나주 개척민들이 설립한 하노버 대학의 신학부로 출발한 맥코믹 대학의 분위기는 "매일 같이 수업이 시작할 때마다 찬송가를 부르고, 성경을 읽고 기도로 시작하고, 또한 주일날 아침에는 주일 학교에 교수들이 나가 가르치고, 오후 예배에는 학장이 인도하는 전형적인 기독교 학교"였다. 목회자와 선교사 양성을 목적으로 설립된 이 신학교는 철저한 보수주의에다 청교도의 엄격성, 그리고 불굴의 기상을 불어 넣어주는 동시에 경건성을 중요시 하였다.

청교도 신앙(Puritanism)은 내한 선교사의 절대 다수를 차지하고 있는 장로교 계통 선교사들의 신학 배경이기도 하다. 이에 대한 브라운의 지적은 명료하다. "나라(한국)의 문이 열리고 첫 반세기를 이끈 선교사들은 전형적인 청교도 유형이었다. 그들은 세기전 우리 뉴잉글랜드 조상들이 그랬던 것처럼 안식일을 엄수했으며 춤과 담배, 카드놀이 같은 것은 그리스도를 따른 자가 빠져들어서는 안 될 죄로 보았다."[152] 필자가 장로회신학대학원 논문에서 쓴 "C. H. Spurgen의 생애와 설교 사역 연구"에서도 청교도 정신의 중요성에 대해서 언급 하였다. "하나님의 가장 위대한 작업은 그의 말씀을 인간들 자기 세대에게 설명하여 주셨고, 적용시켰던 것이며 또한 암시적으로 오늘 우리들의 세대에도 마찬가지로 적용하시는 것이다. 이러한 일에 하나님께서 도구로 사용하셨던 사람들이 청교도들이었으며 그러한 신앙 운동이 청교도주의였다.[153]

마펫의 영성과 신학은 복음주의 영성과 신학이다. 그가 북장로교 선교 책임자 엘린우드 박사에게 보낸 보고 내용에서 보더라도 마펫은 바울처럼, 로마서 1장 16절의 복음을 부끄러워하지 않는 복음 신앙의 영성과 신학적 바탕 위에 서 있었던 것을 알 수 있다. 마펫의 영성은 그의 가계가 스코틀랜드 장로 교회인 것처럼, 스코틀랜드 장로교의 신앙 영성과 신학을 이어 받았다. 스코틀랜드 장로교의 중심 인물은 종교개혁자 John Knox인데, 존 녹스는 유명한 종교개혁자 존 깔뱅이 스위스 제네바에 세운 "제네바 아카데미"에서 신앙 영성을 이어 받았음을 알 수 있다.

존 깔뱅의 『기독교강요』에 언급된 종교 개혁적 신앙 영성은 미국 맥코믹 신학교의 복음적 영성을 통해서 마펫이 평양에 세운 '평양 신학교'로 이어지는 것을 알 수 있다. 그 복음적 영성과 신학은 130여 년간 한국 교회사의 중심 인물들을 통해서 오늘날의 장로회신학교로까지 이어져 오고 있는 것이다. 마펫의 복음주의적 영성과 신학은 그가 세운 평양 신학교의 목회자들을 통해서 한국 교회사의 역사를 형성해 왔다. 마펫이 세운 평양 신학교의 제 1회 졸업생이면서 한국인 최초의 목사인 길선주 목사는 바로 마펫의 뒤를 이어 마펫이 세운 장대현 교회를 복음적 영성과 신학으로 목회하였고, 그 영성과 신학은 김익두 목사로 이어졌다.

김익두 목사는 전국을 다니면서 부흥 사경회를 인도하였다. 비록 그의 영성과 신학은 6.25로 단절되었지만, 부산 초량교회의 부흥에 참석해서 은혜를 받고 목회자가 된 주기철 목사로 이어진다. 주기철 목사의 영성과 신학은 신사 참배의 반대에서 그 진가가 드러난다. 마펫 역시 신사 참배를 반대하였다. 그리고 6.25 이후 복음적 영성의 신학을 이어받은 목회자는 한경직 목사이다. 북한의 신의주에서 목회하던 한경직 목사는 공산주의를 피해 남한 땅에 내려와 서울 영락교회를 세웠고, 마펫이 설립한 평양 신학교의 계보를 이어가는 장로회신학대학교의 이사장을 역임하면서 장로회신학대학교의 발전을 위해서 큰 역할을 감당하였다.

오늘날, 우리는 마펫이 지녔던 영성과 신학을 다시 회복해야 한다. 그것은 바로 마펫이 한국 장로 교회의 출발점이고 원류이기 때문이다. 자유주의와 세속화와 여러 동성애 문제 등 세속화 신학이 난무하는 우리 시대에 마펫을 바로 알아야 교회의 순수성과 정통성을 지켜나갈 수 있다. 마펫은 안식년을 맞이하여 미국 프린스턴 신학교에서 공부한 적이 있다. 그는 프린스턴 신학교가 속한 북장로 교회의 파송으로 한국 땅에 복음의 일꾼으로 와서 복음적 영성과 신학을 이식했기 때문이다.

경건주의(Pietism) 신앙은 웨슬리를 통해 경건주의에 맥이 닿아 있는 감리교 선교사들뿐만 아니라 장로교 선교사들에게도 발견되는 현상이었다. 초기 한국 개신교 선교사들은 교파를 초월하여 경건주의 색체가 강했다. 하나님과의 인격적 만남을 통한 중생의 체험과 기도와 성경 공부를 중심한 신앙 훈련, 그리고 선교와 사회 구제로 연결되는 윤리적 실천 등으로 정리 될 수 있는 경건주의 신앙 요소는 선교사들에 의해 촉발된 초기 부흥 운동에서 잘 드러나고 있다. 18세기 "뉴잉글랜드 신학"이 감리교 운동과 연결된 종교 각성 운동이란 역사적 배경을 갖고 있었던 것처럼 한국의 초기 부흥 운동도 종교 각성 운동의 성격이 강했다. 초기 부흥 운동의 직접적인 계기가 된 1903년 원산 부흥 운동이 하디(R. A. Hardie) 선교사의 개인적 회개와 중생의 체험에서 시작되어 집단적인 회개 운동으로 발전된 것이 대표적인 경우다. 이때부터 시작된 부흥 운동은 하나님의 임재와 윤리적 갱신이라는 경건주의 신앙 분위기 속에서 전국으로 확산되었다.

복음주의(Evangelism)란 개념이 교파와 교회에 따라 약간씩 다른 내용으로 사용되기는 하지만 개신교 초기 선교사들은 성경의 절대 권위, 그리스도의 구속과 신앙의인론(信仰義認論), 그리스도의 재림과 심판, 삼위일체 등 보편적 "프로테스탄트" 신앙원리라는 개념의 복음주의 원리를 공유하고 있었다. 내한 선교사들이 초교파적으로 발행하던 The Korea Mission Field 1915년 선교 문제 특집을 다루면서 "영적 무장(Spritual gymnasia)"이란 제목으로 선교사들이 갖추어야 할 선교 의식과 공유할 신앙의 내용을 정리하였다. 여기서 선교사직의 근거를 그리스도의 메시야적 수여로부터 그리스도의 심판에 이르는 그리스도 중심 신앙 고백에 있음을 알 수 있다. 그리고 그 고백은 성경의 전거들을 갖고 있다. 이 같은 성경 중심의 그리스도론이야말로 "복음주의 신학과 신앙"의 내용이라 할 수 있다. 이러한 복음주의적 신앙과 신학 내용은 선교사들을 통해 번역 유입된 초기 한국 교파 교

회의 신조들에서도 잘 드러난다.[154]

1-3. 장 깔뱅과 존 녹스, 그리고 사무엘 마펫

마펫(Samuel A. Moffett)에 의해 1901년 평양에 설립된 평양 신학교가 남한 땅에 옮겨져서 있는 장로회신학대학교 교정 안에는 장 깔뱅(John Calvin)의 동상과 사무엘 마펫(Samuel A. Moffett)의 동상이 나란히 있다. 깔뱅과 마펫의 동상이 같이 있는 것은 무엇을 상징하는 것일까? 마펫을 중심으로 세 사람이 어떤 관계가 있는지를 정리해 보고자 한다. 마펫은 스코틀랜드 장로교의 후손이다. 스코틀랜드 장로교를 정착시킨 종교 개혁자는 존 녹스(John Knox)이다. 그리고 존 녹스의 장로교 사상은 제네바의 종교 개혁자 장 깔뱅으로부터 왔다. 세 사람의 공통점은 모두 경건한 청교도 신앙에 기초한 복음주의자였다는 점이다.

장 깔뱅(John Calvin) : 제네바를 믿음의 도시로 만든 말씀의 사역자

깔뱅은 제네바를 하나의 완전한 기독교 공동체의 모범적 도시로 만들어 보려고 하였다. 프랑스, 이탈리아, 네덜란드, 스코틀랜드, 그리고 영국 등 각국에서 모여든 부유한 많은 피난민들은 그 시에 힘찬 복음주의에 매혹 되었다. 이런 점들은 제네바의 생활에 변화를 가져온 중요한 요인이 되었다. 깔뱅의 영향은 제네바를 넘어 전체 유럽에 퍼졌다. 그는 그의 Institute와 제네바에서 실시한 모범적인 교회 정치제와 그가 설립한 제네바 대학과, 그의 성서 해석, 그리고 끊임없는 서신 교환 등으로 프랑스, 네덜란드, 스코틀랜드, 그리고 영국의 퓨리턴에게 신교주의의 이상을 고취, 형성시켰다.[155] 그 깔뱅의 정신은 녹스를 통해서 스코틀랜드에 장로교 제도로 정착되었고, 스코틀랜드 장로교의 후계인 마펫에 의해서 조선의 평양에서도 동일한 말씀의 역사로 일어났던 것이다.

로렌 커닝햄[156]은 『열방을 변화시키는 하나님의 책』에서 "최악의 도시를 최상의 도시"로 변화시킨 존 깔뱅에 대해 기록하고 있다. 스위스는 성경이 바꾼 나라의 좋은 예이다. 스위스는 정말 전 국토가 그림처럼 아름다운 나라이다. 그러나 우리가 1530년대의 제네바를 방문한다면 먼저 거리의 악취가 우리를 맞을 것이다. 당시 제네바는 유럽에서 가장 악취가 심한 도시로 알려졌다. 제네바 거리는 무너져가는 성벽과 쓰레기, 인분으로 뒤덮였고, 토사물과 상한 포도주 냄새로 가득찼다. 주변에 걸어다니는 사람들을 보면 소지품을 주의해야겠다는 생각이 들 정도였다. 제네바는 범죄자, 정치 난민, 용병, 간첩, 창녀, 빈민들로 넘쳐났다. 중세에는 모든 도시가 가난하고 악취가 심했지만, 제네바는 특히 더 심했다.

그 끔찍했던 도시가 어떻게 이처럼 번영했을까? 범죄와 부패가 만연했던 그곳이 어떻게 국제 외교계의 십자로이자 인도주의 단체와 국제 기구의 본부가 밀집한 곳이 되었을까? 교육의 기회조차 주어지지 않던 그곳이 어떻게 전 세계 상류층 자녀들이 유학가는 곳으로 바뀌었을까? 어떻게 이 작은 도시가 적들이 만나 중요 조약을 체결하는 장소로 바뀌었을까? 어떻게 이 나라와 도시는 지난 3세기 동안 전쟁을 피할 수 있었을까? 우리는 어떤 나라가 잘살고 못사는 이유를 스위스, 특히 존 깔뱅에 의해서 이루어진 제네바를 통해서 배울 수 있다.[157]

제네바의 변화는 존 깔뱅(John Calvin)에 의해서 시작되었다. 그는 다른 종교개혁가들과 함께 그리스도를 개인적으로 영접하고 구원받아야 한다고 주장했다. 그들은 사람들에게 회개하고 하나님을 믿으라고 설교했다. 그러나 그들은 거기서 멈추지 않았다. 그들은 마을을 돌아다니면서 사람들을 체계적으로 가르쳤고, 설교를 통해 사회를 개혁하기 시작했다.

여러 세기 동안 제네바에서는 교회와 귀족들이 모든 특권을 누렸다. 평민들은 자신의 삶에 대해 결정권이 없었다. 그러나 제네바는 독립하여 도시 국가가 되었다. 시민들은 더 이상 교회와 귀족의 지배를 받지 않아도 되었다. 깔뱅과 그의 동역자들은 성경을 연구했고, 사람들에게 그것을 가르치기 시작했다. 그들의 목표는 하나님의 말씀에 기초한 나라를 세워 유럽의 다른 도시에 모범을 보이는 것이었다.

깔뱅은 개인의 책임과 직업이 곧 예배라고 가르쳤다. 과거에 교회는 거룩한 것과 세속적인 것을 구분하면서 교회만이 거룩하기에 따라서 부정한 세속의 일상을 피해야 한다고 가르쳤다. 그런 가르침 때문에 사람들은 세상은 무조건 더러운 곳이고, 깨끗해지려면 주일마다 교회에 가서 "영적인 목욕"을 해야 한다고 생각했다. 그러나 종교

개혁자들은 우리가 세계를 하나님의 말씀과 기도로 썻어야 한다고 가르쳤다. 바울이 디모데전서 4:4-5에서 가르쳤듯이, 하나님이 지으신 모든 것이 선하며 버릴 것이 없다. 깔뱅과 종교개혁가들은 삶을 거룩한 부분과 세속적인 부분으로 나누지 않고 전체로 묶어서 보았다. 모든 직업은 하나님의 부르심이다. 예배는 주일에만 드리는 것이 아니다. 평일에 성실하게 일하면 이것 또한 주님께 드리는 예배가 된다(골 3:23). 종교개혁가들은 사적인 영역이든 공적인 영역이든 상관없이 삶의 모든 영역에서 하나님을 삶의 주인으로 모셨다. 하나님의 진정한 제자는 그분의 주권 아래서 일상의 삶을 살아간다.

종교개혁가들의 사상은 빠르게 퍼졌다. 깔뱅이 주일에 설교를 하면 이는 소책자로 제작되어 유럽 전역에 보급됐다. 그의 설교는 삶의 전 영역을 다루었다. 종교개혁가들은 하나님 중심의 가정에 대해서도 가르쳤다. 제네바 남자들은 가장으로서 모범을 보이지 못했고, 부정직하고 무책임한 술 주정뱅이들이었다. 가정의 무질서는 가난과 부도덕을 낳았다. 종교개혁자들은 가정을 돌보고, 술 취하지 말고, 열심히 일하며, 재정적으로 책임을 지고, 십일조를 내고, 미래를 위해 저축해야 한다고 가르쳤다. 시의회는 깔뱅의 가르침을 시의 정책으로 받아들였고, 제네바에서 그의 가르침은 법과 같은 권위를 지녔다.

독일의 경제학자 막스 베버는 『프로테스탄티즘의 윤리와 자본주의 정신, The Protestant Ethic and Sprit of Capitalism』에서 서구 국가의 번영은 제네바에서 시작되었으며, 그 결정적인 원인은 깔뱅이 제네바에서 전한 가르침이라고 말했다. 깔뱅은 하나님 말씀에서 다양한 경제 원리를 찾았다. 그는 은행가에게 고리대금업자처럼 높은 이율을 부과하지 말라고 가르쳤다. 그는 이율을 4%로 제한했는데, 이것은 돈을 빌려주는 사람은 이익을 얻고 빌리는 사람은 이자의 부담 없이 사업을 시작할 수 있는 수준이었다. 깔뱅이 정한 4% 이율은 스위스에서 4세기 동안 유지되었다. 이것은 즉각 경제에 영향을 미쳤고, 제네바와 스위스는 번영하기 시작했다.

결과론적으로 깔뱅의 스위스 제네바에서 시작한 말씀의 개혁은 장로교를 시작하는 계기가 되었다. 그리고 우리 대한민국은 가장 많은 장로 교회를 가진 나라이다. 존 깔뱅의 개혁 정신을 다시 적용한다면 우리 도시와 나라가 새롭게 세워질 것이라는 희망을 갖는다.

존 녹스(John Knox) : 스코틀랜드 장로교의 창시자

존 녹스는 가난한 가정에서 자랐다. 그의 선조들 중에 귀족의 지위에 있었던 사람도 없었고 또한 그를 추천할 만한 사람도 없었다. 그가 위대한 사람이 된 것은 순전히 자신의 뛰어난 천부적인 재능 때문이었고, 특히 그의 회심의 결과이기도 했다.[158]

존 녹스는 1505년과 1515년 사이에 해딩톤(Haddington) 지방에서 출생하였는데 그의 어린 시절에 관하여는 잘 알 수 없다. 그는 신부로 안수(按手) 받았으나 위셔트가 잡히어 순교할 때 거기에 함께 있었고 그를 옹호할 준비를 하였다. 성 엔드류성이 보복적인 프랑스군에 함락 된 후 녹스는 프랑스에 잡혀가서 19개월 동안 참혹한 선상(船上)

노예 생활을 겪게 되었다. 결국 석방되어 에드워드 6세 치하의 신교 정권인 영국에 건너와 왕실 소속 목사가 되었다. 1552년 로체스터의 주교로 천거되었으나 사절하였다.

처음에는 프랑크푸르트에서 영국 피난민들과 결합하였다가 에드워드 기도문에 대한 그의 비평으로 그들 사이에 분열이 생겨, 그곳을 떠나 그로 하여금 깔뱅의 열렬한 제자가 되게 한 제네바에 환영을 받으며 후일 영국 청교도들에게 소중하게 되었던 제네바판(版) 영어 성경을 준비하는데 진력하였다.[159]

스코틀랜드의 종교 개혁은 수많은 순교자들의 희생과 노력의 대가로 이루어진 시대의 사건이었다. 스코틀랜드는 위클리프의 개혁 사상에 영향을 받은 제임스 레스비가 성경적인 신앙 회복을 주장하다가 순교하였고, 역시 폴 크라바르가 오직 성경에 기초한 개혁을 주장하다가 1433년에 당국에 의해 순교당하였다. 그리고 종교 개혁의 시대에도 패트릭 해밀턴이 순교하게 되었다. 이렇게 여러 사람의 순교자들에 의해 스코틀랜드에서의 종교 개혁이 이루어져 갔던 것이다. 녹스 역시 이런 시대를 타고 나서 당시의 세상에서 스코틀랜드를 개혁하고자 하는 개혁자로 한 시대를 살다가 갔다. 패트릭 해밀턴에 의해 시작된 스코틀랜드의 종교 개혁은 녹스에 의해 계승되었다. 녹스는 1513년경에 영국과 스코틀랜드의 국경 지대인 하딩톤에서 출생했다. 그는 세인트 앤드류스 대학에서 존 메이저의 지도를 받았다. 그 영향으로 국제 정치에서 프랑스보다는 영국과의 관계 정상화를 주장하였으며, 국가의 권세가 제한되어야 한다는 사상을 역설했다. 녹스는 원래 빈농 출신의 신부로 종교 개혁이 시작될 당시 공중인의 일을 하면서 귀족의 자녀를 가르치는 가정 교사의 일을 하고 있었다. 종교 개혁 당시에 녹스는 스코틀랜드의 개혁자 조지 위샤트를 보호하는 경호를 했었다. 하지만 위샤트가 순교하게 되자 박해를 피해서 숨었다. 그 일이 발생한 지 3 개월 후인 5월 29일에 세인트 앤드류스의 시민들의 폭동으로 다잇 폭정을 일삼던 추기경을 살해하는 사건이 발생했다. 녹스는 세이트 앤드류스 성을 지키는 수비대원의 한 사람으로서 시민들을 위해 설교하는 직임을 감달하게 되었다. 앤드류스 성이 개혁자들에게 넘어가자 스코틀랜드의 황실은 프랑스의 군대를 요청해서 앤드류스를 함락시켰다. 이때 녹스 일행은 체포되고 녹스는 프랑스의 포로가 되어서 19개월 동안 갤리선에서 노 젓는 노예로 생활하다가 1549년에 영국의 왕 에드워드 6세의 교섭에 의해 극적으로 석방되었다.

녹스는 성경대로 개혁된 도시 제네바로 갔다. 그는 그곳에서 피난민들을 보살피면서 깔뱅과 함께 사역했다. 1555년 섭정하던 귀즈가의 매리가 잠시 종교에 대하여 관용의 정치를 펼치자 이 기회를 이용해서 녹스는 그의 고국을 방문했다. 6개월 동안 스코틀랜드 전역을 여행하면서 개혁 신앙을 전파하였다. 그는 스코틀랜드를 개혁한 개혁자로서 장로 교회의 정치 제도를 국가 차원에서 가능하도록 한 인물이다.

녹스를 통해서 스코틀랜드의 장로 교회가 세워지고 당시의 국가 위정자들로부터 오는 여러 가지의 어려움들을 대항해서 교회를 지켜

나갔다. 종교 개혁의 시대에 개혁자로서의 험난한 길을 걸어간 개혁자 녹스의 외로운 행보가 장로 교회의 탄생과 국가 장로 교회라는 넓은 의미의 이 땅에서의 하나님 나라 확장을 하는 데 기여한 위대한 인물이었다고 여겨진다.

사무엘 마펫 : 평양을 새 예루살렘으로 만든 믿음의 사람

평양도 16세기의 스위스 제네바처럼 타락한 도성이었다. 범죄와 추악함과 무질서와 음란함과 술에 쩌든 도성이었다. 뿐만 아니라 가족의 인신매매까지 보편화되어 있었다.

제네바 도시가 믿음과 경건한 깔뱅의 복음 사역으로 경건의 도성으로 변화된 것처럼 평양 도성도 마펫 한 사람의 복음 선포로 변화되어 갔다. 그가 선교회에 보고한 평양은 이러하였다.

> "하슬럽(Haslup) 박사에게
> … 저는 비록 무엇보다 먼저 복음을 전하라는 사명을 주님으로부터 받았으나, 두 번째로 이곳에 그리스도 예수 안에 있는 하나님의 사랑을 알지 못하는 이 사람들에게 복음을 전하도록 교회로부터 보냄을 받은 사명자로서 서 있다는 사실을 염두에 두지 않을 수 없습니다.
> … 박사님께서 지난 편지에서 여러 가지 질문하셨으므로, 먼저 그것들을 차례로 다루되, 단정적인 대답 대신 현장에서 사례를 통해서 답하도록 하겠습니다. … 기독교 국가에 살아왔던 사람에게 이 이방 나라에 사는 사람들의 육체적, 도덕적, 영적 상태를 적절히 묘사한다는

것은 가능하다고 생각하지 않습니다. 그들은 야만인이 아닙니다. 왜냐하면 그들은 동양 문명을 가지고 있기 때문입니다. 그들이 모두 무식하거나 가난한 것은 아니지만, 절대적인 죄와 비참함 속에서 타락하고 저급하고 도움없는 절망 가운데 미움과 악의와 비방과 역겨운 감각적인 생활에 자신을 내어주고 밤낮으로 괴롭히는 미신과 두려움 속에 살아가고 있습니다.

거짓말이 보편적이며 몸에 깊이 배어서 가장 일반적인 진술에 대한 신뢰도 방해합니다. 어느 누구도 이웃을 믿을 수 없고 모든 사람을 의심하며, 아버지와 아들 사이, 형제와 자매 사이, 남편과 아내 사이에 상호 불신이 존재합니다. 최악의 혼란을 일으키는 사기, 횡령, 위조 온갖 종류의 기만이 모든 사업 거래에서 뻔뻔스럽게 이뤄지고 있으므로 사업가들은 속임수로 비열한 분위기 속에 완전히 둘러싸여 있는 현실입니다.

비도덕성이 표현할 수 없을 정도로 만연해 있고 이 도시에서 너무 뻔뻔스럽게 자행되므로 소위 존경할 만한 자들도 딸을 관아에 소속된 기녀(기생)로 등록하는 것을 행운으로 간주합니다. 이는 기생이 됨으로써 이익을 얻을 수 있고 또 그들 가운데 일부는 관리에게 영향력을 행사할 수 있으므로 그들은 수치를 모릅니다. 여러 해 동안 사람들은 그런 공개적인 부도덕성을 보며 성장하면서 그것과 너무 친숙해져서 완전히 무관심하게 되었고 그 사악함에 대한 감각이 굳어버렸습니다. 술취함, 노름, 싸움질, 욕설, 이기심, 잔인함 등을 매일 모든 곳에서 모든 계층 속에서 악화된 형태로 보게 되며, 특히 여자와 어린이들이 당하는 고통과 비참함을 생각하면 가슴이 아픕니다. 회개와 죄 용서에 대한 교리를 설교해야 할 필요는 의문의 여지가 없습니다. 제 설교의 주된 주제는 죄에서 구원하시는 예수 그리스도입니다. 저는 그들에게 반복해서 기독교의 독특성은 죄 용서이며 그들이 오래전부터 나쁘다고 알아온 거짓말, 도적질, 간음, 살인 등을 행하지 말 것과 우리가 도덕을 가르치러 온 것이 아니라, 그들이 이미 죄에 빠져 있고 죄 안에서 영원히 상실되었고 절망적이고 무력하지만, 죄에서 구원하시는 그리스도 예수 안에 있는 하나님의 사랑을 말하기 위해 왔다고 이야기합니다. 유일하신 하나님이 계시고 하나님이 우리에게 유일한 종교를 주셨으며 하나님만이 구원의 길을 계시하셨다는 것과, 다른 모든 체계는 단지 인간이 만든 것으로서 비록 세속적 지혜와 도덕적 진리를 말할 수는 있지만 죄로부터 구속할 능력이 없다고 강조합니다. …"[160]

처음 평양에 그가 도착 했을 때에는(1893) 150마일 이내에 한 사람의 크리스천도 없었다. 눈이 셋노랗고 코가 크고 길며, 키까지도 말보다 큰 양코백이라고 놀림을 받았고 돌팔매질과 수없는 야유와 수모를 한몸에 받았던 것이다. 그가 자전거를 타고 가면, 아이들이 안경타고 굴러간다고 떠들어대며 따라 다니던 것이 어제 일처럼 느껴졌던 것이 사실이다. 그런데 마펫이 한국에서 46년간 사역하는 동안, 처음에는 한 사람의 신자도 없던 평양을 중심한 관서 일대에는 15만 명의 신자가 있게 되었고 1,000여 교회를 헤아렸으며, 800여 명의 목사가 교회를 돌보고 있었다. 또 슬하의 5형제가 모두 아버지의 뜻을 이어받아 그의 자취를 따르고 있었다.

그러나 누가 예측하였으랴! 평양 성내에는 많은 학교가 설립되어 아이들이 새로운 학문을 배우게 되고, 대학이 설립되고, 신학교가 서고, 교회가 여기 저기 수없이 서면서 주일이면 종소리가 여기 저기에서 들려오는 아름다운 도시가 될 줄을 말이다. 모름지기 평안남북도의 수많은 소학교, 중학교는 3분의 2가 마펫이 설립자로 되어 있었다. 교회도 그가 개척하지 아니한 교회가 드물었다. 그 후부터 "마 목사", "조선 교회의 아버지"로 불리울 만큼, 마펫은 평양은 물론 한국 장로 교회의 한 상징적인 존재로 부각되었던 것이다. "마 목사", 그는 한국 장로 교회의 아버지요, "거리의 사람"으로 불리운 복음의 거인이었다. 그의 발길이 이르는 곳마다 복음의 씨가 아니 떨어진 데가 없고 싹이 돋아 나지 아니한 데가 없었다. 그 거인 선교사인 마 목사가 거리를 오고 갈 때마다 한국의 역사는 소리없이 자라나고 있었다.[161]

장 깔뱅과 존 녹스, 그리고 사무엘 마펫은 이렇게 청교도 신앙과 복음적 신앙을 가진 말씀의 사역자였다. 장 깔뱅은 말씀으로 제네바를 믿음의 도시로 만들었고, 존 녹스는 말씀으로 스코틀랜드 장로 교회를 정착시켰다. 그 스코틀랜드 장로 교회는 마펫 가문과 마펫을 통해서 한국에까지 계승 되었다. 마펫은 그 청교도 신앙과 말씀으로 기생의 도성이었던 평양을 새 예루살렘으로 만든 믿음의 역사를 이루어 냈다.

1-4. 마펫과 맥코믹 출신들이 조선에 심은 복음

사무엘 마펫이 조선의 평양을 중심으로 1천여 개의 교회를 세우고, 최초의 신학교인 평양 신학교를 세우고, 숭실 학교 등 300여 개의 학교를 세우면서 한국 교회를 낳은 아버지의 역할을 했을 만큼 큰 믿음의 발자취를 남긴 데는 마펫과 함께 미국 시카고에 있는 맥코믹 신학교를 졸업한 동역자들의 역할이 크게 작용하였다.

동방의 예루살렘이라 불린 평양 지역 선교의 아버지 사무엘 마펫은 1864년 1월 25일 인디에나주 매디슨에서 출생해 성장했다. 하노버 대학에서 화학을 전공한 그는 1888년 동기생이자 후에 한국 선교의 동역자가 된 윌리엄 베어드(William M. Baird, 한국명 배위량), 사무엘 기포드(Samuel L. Gifford, 한국명 기보와)와 함께 맥코믹 신학교(McComick Seminary)를 졸업했다. 맥코믹 신학교는 이후에도 많은 한국 선교사를 배출했는데, 1892년에 졸업생 그래함 리(Graham Lee, 한국명 이길함), 사무엘 무어(Samuel F. Moore, 한국명 모삼열), 스왈른(William L. Swallen, 한국명 소안론)이 한국에 들어와 서울과 평양에서 활동했고, 1895년 아담스(James E. Adams, 한국명 안의와), 1900년 번하이젤(Charles F. Bernheisel, 한국명 편하설), 1901년 블레어(William N. Blair, 한국명 방위량), 바레트(William M. Barrett, 한국명 박위렴), 1902년 클락(Charles A. Clark, 한국명 곽안련) 선교사 등이 내한하여 한국 선교에 결정적인 영향을 미쳤다. 이처럼 한국 기독교의 초기 선교와 신학 사상의 형성에 맥코믹 사단은 깊은 관계를 맺고 있었다.[162]

맥코믹 신학교(McComick Theological Seminary)는[163] "교회와 사회를 위한 기독교 지도자를 양성하는 신학 교육 기관"이다. PCUSA(Presbyterian Church in the U.S.A)의 시카고 노회 소속이며, 북미신학교협의회(ATS)의 회원이다. 맥코믹 신학교는 석사 과정(Master of Divinity, Master of Art in Ministry, Master of Theological Studies), 목회학 박사 과정(Cross-Cultural, Wright Scholar, Apostolic Assembly, ACTS Preaching, Ecumenical, and Korean Program), Certificate 과정(Executive Leadership, Enviromental Leadership and Ministry, LatinTheology and Ministry), 국제 학생 프로그램(Summer Language School, Language Resource and Writing Center)이 있다.

맥코믹은 PCUSA에 속한 11개 신학교 중의 하나로 장로교/개혁 교회 전통에 기초하고 있다. 또한 다양한 기독 교회와의 협력에 열려 있는 맥코믹에는 현재 재학생의 40% 정도가 장로교 외의 교단에 속해 있다. 맥코믹은 예수 그리스도에 대한 믿음을 나누는 학생들의 개방성과 신학적 스펙트럼을 포용하는 교수들의 다양성에 기초한다. 맥코믹은 시카고신학교 협의회(Association of Chicago Theological School)의 회원이며 University of Chicago의 협력 교육 기관이다.

맥코믹의 역사를 살펴보자. 한국 목회자 교육과 맥코믹은 특별한 관계를 맺어 왔다. 1909년 한국에서 활동하던 40명의 선교사 중에 11명이 맥코믹 신학교 출신이었다. 한국의 장로교 신학교는 1901년 마펫(Samuel Moffett)이 평양의 자신의 집에서 학생을 가르치면서 시작하였다. 1902년에 두 명의 한국 신학생과 함께 정식으로 신학반을 지도하여 1907년에 7명의 첫 졸업생을 배출했다. 신학교의 초대 교장 마펫과 Charles A. Clark, Sadie Moor, Charles Bernheisel, James Adams 등의 맥코믹 신학교 출신 교수들은 신학 교육은 물론 초기 한국 개신교 신학 형성에 큰 영향을 미쳤다.

마펫의 노력으로 'Cyrus McComick'(1809-1884)의 부인Nettie McComick(1835-1923) 여사는 11,000만원을 기증하여 평양 신학교의 첫 건물을 완공하였다. 2층 기와 건물인 이 신축 교사는 1,000명을 수용하는 채플이었다. 1922년에는 다시 McComick부인이 70,000원을 기증하여 3층 건물을 새로 지었고, 기숙사 6동 중 2채를 맥코믹 기념관이라고 명명하였다. 마펫과 함께 맥코믹을 졸업한 맥코믹 출신들은 한국 기독교 초창기에 큰 믿음의 발자취를 남겼다.

사무엘 마펫(Samuel A. Moffett, 한국명 마포삼열)을 중심으로 윌리엄 베어드(William M. Baird, 한국명 배위량)는 평양 신학교와 숭실학원 사역 등을 함께 하면서 동역하였다. 마펫과 베어드는 미국에서 8년간이나 학업을 같이한 동기이자 한국 선교의 가장 큰 동역자였다. 그래함 리(Graham Lee, 한국명 이길함) 역시 평양 신학교와 장대현 교회 사역 등을 마펫과 함께한 동역자였다. 사무엘 기포드(Samuel L. Gifford, 한국명 기보와), 사무엘 무어(Samuel F. Moore, 한국명 모삼열), 스왈른(William L. Swallen, 한국명 소안론), 아담스(James E. Adams, 한국명 안의와), 번하이젤(Charles F. Bernheisel, 한국명 편하설), 블레어(William N. Blair, 한국명 방위량), 바레트(William M. Barrett, 한국명 박위렴), 클락(Charles A. Clark, 한국명 곽안련) 등 맥코믹 출신들은 모두 마펫과 함께 평양을 새 예루살렘으로 만드는 믿음의 큰 역사에 함께 했던 동역자들이었다.

1-5. 신앙인으로 영적 아버지 역할을 하다

사무엘 마펫과 함께 동역했던 곽안련 교수[164]는 "그는 과연 한국 교회를 낳은 아버지의 역할을 하였다"[165]라고 하였다. 그는 마펫과 평양 신학교에서 동역했던 분으로서 누구보다도 마펫에 대해서 잘 알고 있었다. 그러면 마펫의 가장 가까운 동역자였던 곽안련 교수의 말을 근거로 과연 마펫이 어떠한 영역에서 한국 교회의 아버지였는가를 살펴보자.

첫째로, 마펫은 한국 교회에 평양 신학교와 숭실 학교, 진광 학교 등을 설립하여 한국 교회의 기틀을 세운 많은 목회자를 길러냄으로써 한국 교회의 아버지 역할을 하였다.

마펫이 평양 신학교와 숭실 학교 등에서 길러낸 인재들은 한국 교

숭실전문대 학생과 마펫 학장(1918)

회의 오늘을 만든 기둥들이 되었다. 평양 신학교 1회 졸업생 7인(방기창, 서경조, 양전백, 송린서, 길선주, 이기풍, 한석진)은 저마다 한국 교회 초창기에 기틀을 놓는데 중요한 역할들을 하였다. 특히 마펫의 전도로 세워진 평양 인근 산촌마을 간리에 세워진 자작교회서 한국 교회에 큰 믿음의 발자취를 남긴 거목 한경직 목사가 자라났다. 한국인 최초로 개신교의 역사를 쓴 백낙준 박사는 『한국개신교사』[166]에서 당시의 마펫의 전도를 다음과 같이 밝히고 있다. "마펫은 언더우드나 아펜젤러보다 5년 후에 내한 했다. 그러나 그는 평양을 한국의 예루살렘으로 변화시키는 대역사에 혼신을 쏟아 고약한 땅 평양을 한국 개신교의 성지로 만들어갔다. 이것은 그가 어디든 달려가 조선인들을 만나고, 말씀을 전하고, 부담없이 이야기를 나누고, 자리를 함께하며 어울리는, 격없고 소탈하고 성실한 인품의 사람이었기 때문이다. 특히 부지런한 종으로서 하나님의 복음 전파에 열성을 쏟았기 때문이다."라고 했다.

마펫 선교사에 의해 복음이 전해져서 자작교회가 세워지자, 마을 사람들은 마을에 기독교 소학교를 세워 어린 생명들을 일찍부터 기독교 진리로 가르쳐야 겠다는 생각을 했다. 간리 마을에는 한경직 목사의 할아버지뻘 되는 어른이 훈장으로 있는 서당이 있었다. 이곳에 학교가 세워지면 여러 마을이 인접한 곳이라 좋고, 또 학교 부지도 마련 될 수 있어 이곳에 학교를 세웠다. 그 이름을 "진리의 빛"이란 뜻으로 진광 소학교라고 했다. 이 학교의 설립자는 방위량(방위량 William Newton Blair) 선교사였다. 그리고 한경직의 할아버지 한 분도 설립에 관여했다. 마펫 선교사는 이곳에 복음의 씨를 뿌렸고 방위량 선교사는 이곳에 배움의 집을 세웠다. 그러자 하나님은 이곳을 거룩한 땅으로 택하여 역사하셨다. 그 축복의 열매가 한국 교회에 크게 영향을 주게 된 것은 하나님만의 계획이었다.[167]

둘째로, 1천여 개의 교회를 세워 한국 교회의 평양을 새 예루살렘으로 만들었기에 한국 교회를 낳은 아버지라 할 수 있다.

마펫은 널다리 교회(후에 장대현 교회로 성장)를 시작으로 평양과 서북 지방 일대에 1천여 개의 교회를 세워 한국 교회의 평양을 새 예루살렘으로 만들어 한국 교회를 낳은 아버지 역할을 충실히 하였다.

셋째로, 마펫은 "3.1운동의 증언자"로서 한국 사랑의 본을 보임으로써 한국 교회의 아버지 역할을 하였다.

3월 1일 평양의 장대현 교회(章坮峴敎會)에서는 정오가 되자 교회당 종소리를 크게 울리면서 시작을 알리었다. 이 종소리는 하나의 약속된 신호를 의미하는 것이었다. 숭덕학교(崇德學校) 교정에는 수천 명의 사람들이 서서히 모여들기 시작했다. 남녀 신도는 말할 것도 없고 그 외의 일반 시민들도 소리없이 모여들었다. 몇 사람의 독립운동 지도자들은 광무제(光武帝)의 추도식을 거행하겠다고 선포함으로써 식을 시작한 것이다. 그런데 이 식전에는 마포삼열 박사가 귀빈으로 엄연히 참석하고 있었다.

마포삼열도 3.1운동의 정의와 그 정신을 이미 알고 있었다. 또한 3월 1일에 거사할 것까지 벌써 알고 있었다. 평양에서는 마포삼열을 제외할 수가 없었다. 그 준비위원들이 거의가 교인이었고, 교인이면

으레 마포삼열과 사전에 상의하지 않는 일이 거의 없을 정도였다. 교회가 3.1운동의 거점이 되고 교인이 모두 이 운동에 적극 참여한다는 이야기를 마포삼열은 듣고 즉석에서 찬성하였다. 마포삼열은 민족의 주권 쟁취와 독립이 전혀 복음정신에 위배되지 않을 뿐만 아니라 정당한 요청이라고 말해주었다. 선교 사업을 오랫동안 전개하면서 갖은 고난의 길을 걸어온 마포삼열은 일본인의 비인도적인 만행을 눈으로 직접 목도해 왔었다. 그럴 때마다 그는 두 주먹을 수없이 쥐었고 자기가 할 수 있는 최선의 길이 무엇인가를 끊임없이 생각하고 또한 생각한 것을 실천하였다. 교인이 수감되거나 불법으로 체포되면, 마포삼열은 친히 방문하고 위로하는 한편 그 석방을 위해 모든 힘을 기울였다. 아직 법적 투쟁에 무력했던 한국인, 더욱이 단순한 신앙밖에 모르는 약한 신도들을 위해서 그는 대변자가 되어 그들의 불법과 억울함을 풀어주는 데 주저하지 않았다. 그는 타국인이요 미국 시민이었지만, 자신의 조국보다도 한국의 민족 독립 대열에 참가하여 생명의 위험을 무릅쓰고 헌신했다는 것을 우리는 결코 과소 평가 할 수 없을 것이다.[168]

이렇듯 사무엘 마펫은 한국 교회의 산 증인이요. "한국 교회의 아버지"이다. 한국 교회에 평양 신학교와 숭실 학교, 진광 학교 등을 설립하여 한국 교회의 기틀을 세운 많은 목회자를 길러냄으로써 한국 교회의 아버지 역할을 톡톡히 하였다. 특히 "3.1운동의 증언자"로서 한국 사랑의 본을 보임으로써 한국 교회에 부성애를 보여주었다.

제2장

선교사 마펫:
복음의 능력을 드러낸 선교사의 삶

2-1. 하나님이 준비하신 선교사 마펫

마펫이 평양을 선교 거점으로 삼고 널다리골 교회를 개척하고, 장대현 교회로 크게 부흥 성장케하여 1천여 개의 교회를 분리 개척하고, 평양 신학교를 세워 한국 교회의 모판 역할을 하는 등 한국 교회의 아버지로서 큰 믿음의 역사를 성공적으로 이룬 데는 오랫동안 하나님께서 그 땅을 향한 세밀한 준비의 과정이 있었다. 하나님은 항상 사람을 준비하여 일하신다. 마펫이 평양에서 성공할 수 있었던 요인은 만주에서 복음을 전한 스코틀랜드 선교회 소속 윌리엄 번즈(William Chalmers Burns) 선교사와 알렉산더 윌리엄슨(Alexander

Wiliamson) 선교사의 희생적 수고가 있었기 때문이다. 그리고 영국 출신 토마스(Thomas) 선교사의 순교가 있었고, 마펫과 같은 스코틀랜드 배경을 갖고 있는 존 로스의 선교 방법을 전수받고 그의 성경 번역 사역자들과 함께했기 때문에 가능했다는 점을 밝힌다.

알렉산더 윌리엄슨(Alexander Wiliamson)과 토마스 선교사

토마스(R. J. Thomas) 선교사는 런던선교회 소속 선교사로 파송을 받고 중국 상해에서 활동을 하였는데, 그의 부인 캐럴라인이 1864년 유산으로 인해 병고를 얻어 고생하다가 신혼의 단꿈을 뒤로하고 상해에서 생을 마감하였다. 토마스 선교사는 영국 웨일스에 있는 하노버 회중 교회 목사의 아들이었다. 선교의 열정을 멈출 수가 없어서 결혼을 하고 하노버교회에서 목사 안수를 받고 하나님의 뜻에 따라 중국 상해로 간 것이다. 그의 부인을 상해에 두고 양자강 깊숙이 선교 여행을 떠났다. 선교 여행을 마치고 돌아온 토마스 선교사에게 부인의 죽음은 큰 충격이었다. 그는 한없이 눈물을 흘리다가 그 충격을 잊기 위해 상해를 떠난다. 결국 그는 산동성 연태(옛 지명은 지프)항에서 외국 상선을 상대로 통역을 하는 일을 하다가 조선 천주교 신자를 만나게 된다.

"아니 조선에도 신자가 있습니까?"
"네, 여기 기도문과 교리서가 있습니다."
토마스 선교사는 자신이 소유하고 있던 한문 성경을 보여 주면서 "이와 같은 책이 있습니까?" 하고 물어 보았다. 이들은 성경이란 말을 처음 들어 보았다고 말을 하자 토마스 선교사는 스코틀랜드 성서공회 총무 윌리엄슨(A. Willamson) 선교사에게서 한문 성경을 받아 이들에게 전해주었다. 잠시 성경을 펴 본 조선인 천주교인들은 너무 좋아서 어찌할 줄을 몰라 했다. 이들은 자신이 살고 있는 섬에 천주교 신자가 많다면서 토마스 선교사에게 함께 가자고 제의하였다. 이에 놀란 토마스 선교사는 윌리엄슨 총부에게 성경책을 부탁하였다. 토마스 선교사는 한국에 선교할 수 있는 좋은 기회로 알고 곧 배에 한문 성경책을 많이 싣고 이들의 안내로 황해도 앞바다의 여러 섬들을 2개월 반 동안 순회하면서 성경을 나누어 주었다.

다음해인 1866년 8월에 중국 연태에서 미국 상선 제너럴 셔먼호를 만나 그 상선에 성경을 가득 싣고 평양을 방문하게 되었다. 토마스 선교사는 하나님께 수없이 기도하면서 평양 대동강에 이르게 되었다. 그런데 뜻하지 않게 평양성을 지키는 병사들의 공격을 받자 미처 후퇴하지 못하고 그만 그곳에서 죽임을 당하고 말았다. 이때 토마스 선교사는 한문 성경을 전해주면서 몇 번이고 "예수를 믿으시오"라고 전했다. 결국 그는 목숨을 건지지 못하고 1866년 9월 4일 대동강 강가에서 순교하였다.[169]

마펫의 눈은 1891년 어느 날 대동강변 어느 마을을 지나는 길에 주막집에 앉아 쉬다가 주막집 벽지에 시선이 멎었다. 자세하게 벽지를 들여다 보니 그 벽지는 한문 성경이었다. 마펫은 주인을 불러 이 벽지를 어디서 구입했느냐고 물었다. 주막집 주인의 집에서 벽지에 대한 내력이 흘러나왔다. 한 24-25년 전, 대동강에 양선이 들어왔는데,

그 배가 거친 행동을 하다가 필경에는 불타게 되었다고 했다. 그런데 그 배에 타고 있던 서양 사람 하나가 커다란 책을 두어 권 가진 채 물속에 뛰어들었는데 흥분한 평양 도성 사람들과 군인에게 붙잡혀 죽임을 당하게 되었다는 것이다. 그런데 그 서양 사람이 죽으면서도 그 책을 건네 주었다는 것이다. 마펫은 벌떡 일어나 외쳤다. 벽지 살 돈을 줄 터이니 저 벽지를 뜯어서 나에게 팔 수 없느냐고 물었다. 주막집 주인이 그의 청을 기꺼이 받아들였다. 이렇게 해서 마펫은 우리나라 최초의 순교자 토마스 목사가 주었던 성경 벽지를 건네받고 그것을 가슴에 안고 한없이 울었다고 한다. 이때에 그가 흘렸던 뜨거운 눈물은 마펫이 일으켜 놓은 평양의 기적과 결코 무관하지 않았을 것이다.

이후 스코틀랜드 성서공회 총무 윌리엄슨은 토마스 선교사의 피가 헛되지 않도록 본국으로 연락하여 중국 요령성 영구에 선교부를 설치하였다. 로스(J. Ross), 매킨타이어(J. Macintyre), 헌터(Dr. J. M. Hunter) 선교사는 조선 선교를 위해 많은 기도를 아끼지 않았다. 그런데 토마스 선교사가 순교한 지 10년 후인 1876년에 로스는 뜻하지 않게 의주 청년 이응찬을 만나게 되었고 이때 로스 선교사는 어학 교사겸 조사로 그와 함께 일을 하게 되었다. 그 후 이응찬은 의주 청년 백홍준, 이성하, 김진기 등을 선교사에게 소개하였고, 이들이 1879년 매킨타이어 선교사에게 세례를 받았다.[170]

마펫은 2차 선교 여행 답사 때 봉천에서 로스 선교사를 만나서 그동안 로스 선교사와 함께 성경을 번역했던 백홍준, 이성하 등을 소개

받았다. 그리고 백홍준의 친구였던 한석진을 소개 받고 그를 조사로 동역하게 되었다. 이 모든 일들은 마펫 선교를 위한 하나님의 준비하심이었다.

1870년, 윌리엄슨은 광범위한 성서보급 순회 여행 경험을 담은 두 권짜리 책을 발간했고, 1872년에는 "The Claims of China:Also a Letter to the Times"를 발간했다. 그런데 그가 1870년에 발간한 책 중 하나가 "Journeys in North China, Manchuria, and Eastern Mongolia ; with Some Account of Corea"였다. 이 책에서 그는 중국과 만주, 몽고뿐만 아니라 금단의 땅 조선에 대해서도 기술했다. 자신의 선교지가 아니었음에도 조선 선교를 열망하고 있었던 것이다. 토마스 선교사에게 조선 선교를 권한 것도 그 때문이었다.[171]

유해석은 "대동강가에 떨어진 한 알의 밀알 토마스 목사전 서문에서 다음과 같이 말하고 있다. 토마스 선교사를 통하여 한국 내륙에 깊숙이 들어온 복음이 평양 부흥 운동으로 연결되어 오늘날까지 이르게 된 한국 교회사를 생각하면서 이제는 우리 시대에 선교의 열정이 다시 한 번 타올라 토마스와 같은 젊은이들이 일어나길 두 손 모아 기도한다."[172] 토마스 선교사의 순교는 마펫이 평양을 새 예루살렘으로 만들어 크게 사역하는 하나님의 예비하심이었다.

윌리엄 번즈(William Chalmers Burns)와 존 로스(John Ross) 선교사

번즈 선교사는 마펫이 2차 선교 답사 여행에서 결정적으로 영향을 준 존 로스 선교사가 선교의 모범으로 여겼던 선교사였다. 번즈, 로스, 마펫 모두 스코틀랜드 장로교 신앙의 배경을 가진 사람들이었다. 번즈는 만주 선교의 개척자였다. 그는 스코틀랜드 장로교 목사의 아들로 태어났고, 1750년에 시작되어 19세기까지 영국을 휩쓴 감리교 부흥 운동의 영향 아래에서 회심을 체험했다. 그는 웨슬리나 횟필드에 못지않은 강력한 대중 설교자로 그 이름을 알렸고, 1839년에는 스코틀랜드 대부흥 운동의 중심에 서 있다는 평을 받았다.

번즈는 중국 선교 역사에서 위대한 족적을 남겼던 허드슨 테일러 (James Hudson Taylor, 1832-1905)의 영적 스승이다. 허드슨 테일러는, 해안 선교에만 집착하던 기존 선교사들의 방식을 극복하고, 중국 내륙에 진출한 것만으로도 위대하다는 평을 받았다. 그가 중국인과 동일하게 살고 중국 문화 속에서 살면서 중국 전역에 복음을 전하려 한 것은 모두 번즈로부터 받은 영향이다. 번즈의 고백처럼, 선교는 하나님이 주도하시는 것이다. 번즈는 죽었지만 대영 제국과 서방 세계에 만주에 대한 대대적인 선교적 관심을 불러일으켰다. 이후 만주 선교는 번즈를 선교 모범으로 여겼던 로스 등에 의해 계속 진행되었다.[173] 번즈, 로스로 이어지는 선교 열정은 마펫에 의해서 평양에 큰 믿음의 역사를 이루면서 꽃을 피우게 되었다.

2-2. 네비우스 선교 정책의 적용

경험이 부족한 젊은 미국 선교사인 알렌과 언더우드, 헤론, 엘러스양 등은 1884-1885년에 서울에 도착했고, 정부의 전도 금지령에 대처하는 선교 정책을 놓고 서로 대립하며 논쟁했다. 그들은 뉴욕 선교부 총무인 엘린우드 박사와 중국과 일본에 있는 노련한 선배 선교사들에게 조언을 구했다. 서해를 건너 산동 지푸의 존 네비우스 박사(1929-1893), 압록강 건너 만주 선양에 있는 존 로스(1849-1915) 박사, 그리고 대한 해협을 건너 요코하마에 있는 제임스 헵번(1815-1911) 의사가 그들의 멘토였다. 로스는 네비우스[174]에게 새로운 선교 방법을 배워서 만주에 적용했다. 따라서 압록강을 가로질러 기독교와 처음 접촉한 한국인들은 네비우스-로스 방식을 수용했다. 마펫(1864-1939)은 1890년 한성에 도착한 후 그해 6월에 네비우스 박사를 만났으며, 1891년에는 게일과 서상륜과 함께 로스 박사를 방문하여 선교 방법을 배웠다. 마펫은 이후 평양을 여러 차례 방문하고, 평양에 토착적인 교회를 세우기 위해 새 선교 지부를 개척했다.[175]

네비우스는 1890년 6월에 와서 2주간 선교 전략과 방법론을 강론했는데 이것이 바로 "네비우스 선교 정책"이다. 이 정책을 바로 한국 선교 현장에 적용하여 실천함으로써 한국 장로 교회는 비약적인 발전을 하게 되었고, 오늘의 한국 교회가 있게 된 중요한 요인이며 한국 교회 선교의 근간을 이루고 있다.[176]

네비우스 선교사는 1890년 6월에 한국에 와서 2주간 머물며 한국 선교 사역의 원리를 제시했다. 그것은 한국에 주재하던 선교사들은 주로 20대의 젊은이들로서 선교 사역에 관한 정보와 올바른 지식이 필요했기 때문이었다. 이와 같은 초기 한국 교회 선교사들의 상황에서 네비우스의 선교 원리는 젊은 선교사들에게 선교 원리의 씨앗을 제공했는데 그것은 성경 공부와 자급(Self-Suport)이었다. 나중에 한국 교회 안에 일어난 성경 공부와 성령 운동은 네비우스의 초청으로부터 얻어진 원리와 관련 지을 수 있다.[177]

마펫의 아들 새뮤얼 휴 마펫(Samuel Hugh Moffett, 馬三樂)은 아버지 마펫에게 네비우스와의 만남과 그의 선교 정책을 당시 조선에 적용했던 것이 얼마나 중요했는지를 다음과 같이 말하고 있다.

> "끝으로 나는 초기 장로 교회 선교사들이 탄탄하고 토착적인 한국 교회를 설립하기 위한 지침으로 채택한 원리가 아버지에게 얼마나 중요했는지 강조하고 싶다. 아버지가 1890년 서울에 도착하고 몇 개월이 지난 후 중국에서 오랫동안 선교한 존 네비우스 박사가 방한 했다. 그는 선교를 위한 삼자(三自) 계획을 세워 중국에 있는 동료 선교사들이 채택하도록 설득하다가 실패했는데, 그 후 그 계획은 한국에 있는 젊은 선교사들의 마음에 뿌리를 내렸다. 자급, 자전, 자치는 신생 한국 장로 교회가 그리스도 안에서 생명을 얻고 큰 나무로 자라 그 가지가 전 세계에 양식을 전하게 하는 튼튼한 기초가 되었다.[178]

조선에 선교사로 파송된 마포삼열 역시 네비우스 선교 정책에 대하여 개인적으로도 깊이 생각하고 나서 다음과 같은 선교 정책의 원리를 지적하면서 이것의 실천을 다짐했다.

1. 우리 교인은 각 개인의 자력으로 복음을 전파하고 그리스도를

전파하며 시행할 절대 의무를 갖게 할 것.
2. 성경은 하나님의 말씀이라는 점을 강조하고 전 교회에서 조직적으로 공부를 시킬 것.
3. 최초부터 각 교회는 경제적으로 자립할 것.
4. 이렇게 독립된 교회는 또한 반드시 자치하여야 할 것.
5. 교육 사업은 그 착안점을 신자의 자녀 교육에 두고, 동시에 기독교 지도자 양성을 목표로 할 것.
6. 의료 기관은 복음 전파에 가장 유효한 기관임을 깊이 인식할 것.
7. 처음부터 끝까지 오직 성령의 감화에 의지하여 개인의 중생과 교회의 지도 발전을 도모할 것.

네비우스 방법에 대해서 마포삼열은 원리적인 면에서 동의하고 긍정하였다. 언더우드는 언더우드대로 곽안련은 곽안련대로 네비우스 방법에 대한 이해의 차이를 보이고 있지만, 마포삼열도 다소의 이해 차를 달리하고 있는 것만은 사실이다.

그런데 마포삼열은 네비우스 방법이 한국 선교 사업에 기여한 두 가지 큰 원칙을 지적하고 있다. 하나는 성경 연구반 조직체(the Bible training class system)이며, 다른 하나는 자활자급(Self-support)이라고 밝힌 바 있다.

실지 네비우스 방법은 한국 선교 정책 수립에 기초한 규범이 되었던 것은 사실이고 이것을 한국에 온 선교사들이 책택하기로 일치를 본 것도 사실이었다. 그런데 마포삼열은 이것을 자기가 선교하는 자기 나름대로의 정책으로 재구성한 점이 특이하다. 네비우스 방법을 "성서 연구"와 "자활자립"이라는 두 가지 기본을 밑바닥에 깔고, 이 두 가지 대원칙에 입각하여 위에 언급한 여러 가지의 구체적인 조항을 만들어 선교 정책으로 삼았다. 위의 일곱 가지 정책 조항이 어느 정도 한국의 토착성을 고려하고 있느냐에도 문제성이 있지만, 보다 더 마포삼열 자신이 이것을 어떻게 선교 과정에서 반영시키고 있느냐가 더 흥미로운 일이 아닐 수 없다.

전자의 경우 마포삼열은 굳이 "토착"이라는 용어를 사용하고 있지 않다. 그러나 "한국 교회"라는 특수한 정황을 깊이 염두에 두고 스스로 자립하여 발전하는 교회를 강조한 점에서 막연하나마 토착성을 지향했다고 볼 수 있을 것이다. 한 가지 한국의 전통과 문화와의 연관성에 대해서 구체적인 언급이 없기 때문에 효율적 구상이라고 보기는 어려우나, 교회 위주의 발전책은 반영되고 있는 셈이다.

1. 첫 번째 조항은 개인의 자발적인 전도의 의무를 절대화시키고 있다.

마펫은 복음의 급진적인 선교 방법을 개인 전도의 의무화라고 보았다. 그 자신이 한국에 상륙하여 언어를 익히고 있을 때에도, 시간이 있는 대로 거리에 나가 개인 전도에 주력했었다. 먼저 마펫이 어느 개인에게 전도할 때는 반드시 그 개인에게 다른 개인에게 또 전도하도록 권하였다. 마음으로 마펫은 두 사람씩 짝을 지어 축호 전도의 방법을 구상했다. 아침에는 성경 공부를 하고 오후에는 조직적인 축호 전도에 나섰다. 그들은 두 사람씩 짝을 지어 나가서 실제로 평양 시내 집집마다 들어가 전하였다. 이러한 개인 전도를 장려하고 권했을 뿐만 아니라 이것을 그리스도인의 의무로까지 책정해 놓은 점에서 우리는 마펫이 얼마나 여기에 중점을 두고 있는 가를 알게 된다.

2. 하나님의 말씀으로서 성경을 중시하고 이것을 조직적으로 공부시켰다.

이 조항에는 말씀의 성격 규정과 그 말씀을 이해시키는 방법이 포함돼 있다. 이것은 선교 초기에 있어서 매우 중요한 과제에 속한다. 왜냐하면 이는 양적 증가와는 직접적인 관계가 희박한 질적 작업에 귀속되는 문제이기 때문이다. 그는 신앙의 규범과 표준으로서, 그리고 유일한 신앙의 근거로서 "하나님의 말씀"이 중요하다고 보았다. 마펫이 성경 연구의 이해를 위하여 조직적인 구상을 하게 되었고, 그것이 저 유명한 "사경회"라는 형태의 과정이었다. 사경회는 초창기에 있어서 유일한 성경 연구의 조직체이기도 했다. 이것은 교회 지도자 뿐만 아니라 모든 평신도까지 다 포괄하여 성경을 가르친 모임이었다. 최초의 사경회는 1898년 1월이었다. 이 사경회에 참석한 이들이 돌아가 또 이러한 양식의 사경회를 또 주선하고 마펫을 초청하는 곳이 늘어나기 시작하였다. 실지로 1898-1907년까지의 급속된 교회 성장은 이 사경회에 근거하고 있다.

3. 경제적인 자립책이다.

조선에 처음 상륙하던 1890년도부터 마포삼열은 경제적 자립을 중요한 선교 정책의 하나로 이미 간주하고 있었다. 자립이라고 하는 것은 교회로 하여금 그 자체의 조직을 가능한 한, 스스로 유지해 나갈 수 있다는 힘을 말한다. 이것은 교회의 장래성과 결부된 아주 중요한 과제이다. 그는 자립의 정신부터 길러주었고, 자립이 얼마나 교회 장래를 지배한다는 것과 아울러 자립 정신이 곧 신앙의 힘에서 이루어 진다고 가르쳤다. 장대현 교회의 건축 공사의 경우에서 마펫은 한석진을 비롯한 평양 교인들의 용단과 결정을 높이 평가하고 있었다. 이 교회의 건축 규모는 너무나도 컷기 때문에(당시 형편으로는) 마펫은 부족액 일부만 협조 했었다. 물론 한국 교회의 자립은 비단 경제적인 면에서만 자립을 강조한 것은 아니었다. 자립은 우선 정신과 신앙으로부터의 출발이 있어야 하고 여기에 근거해야만 건전할 수가 있었다. 그리하여 마펫은 경제적인 자립을 강조할 때마다 자립의 성경적 근거를 제시하고 이것을 열심히 가르쳤다.

4. 자치하는 교회는 자립과 함께 밀접한 연관성을 가지고 있었다.

이미 마펫은 1898년에 다음과 같은 중대한 포부와 견해를 피력한 바 있었다. 즉 "우리 앞에 놓인 가장 중요한 단계의 하나는 우리가 지금까지 지도자로서의 책임을 맡을 수 있도록 훈련시켜온 조선인 지도자들에게 조선 교회의 치리(治理)와 관리(管理)를 점차적으로 현명하게 이양하는 일이다.[179] 이러한 마펫의 입장은 실로 선경지명에 찬 미래 지향성을 가지고 있다. 벌써 그는 초창기에 교회의 치리권까지 조선인의 손에 이양해야 한다고 생각한 사람이다. 그리하여 독노회를 조직하고 더 나아가서는 노회를 조직하여 조선인 교인들 스스로가 교회 치리와 자체 결단에 참여하고, 운영하도록 일을 추진시켜 나갔다. 사실상 조선 교회가 초창기에 그토록 놀라운 성장을 가져온 이면에는 자립과 자치의 시급성에서 더 분발하고 나섰던 것도 있음을 솔직하게 고백한다.

5. 교육 사업의 목적을 신자의 자녀 교육과 기독교 지도자 양성에 두었다.
조선 근대 교육의 선구자요 개척자로서 언더우드와 아펜젤러를 꼽지만 이들보다 어떤 의미에서 더 광범하게, 그리고 적극적으로 교육 사업에 착안한 또 한 사람이 바로 마펫이었다. 마펫은 일반 교육의 필요성을 강조하고 직접 학교의 설립자로서 또는 그 학교의 교장으로 시무했지만, 그것은 어디까지나 그 학생들을 장차 교회로 인도하여 신자로 만드는 데 목적을 두었던 것이다.

6. 초기에 선교부는 의료 사업을 기독교적 사랑의 봉사로 생각하지 않고 교회 설립의 기반, 혹은 그 방법으로 보았다.[180]

그러나 마펫은 병원의 모든 활동과 프로그램의 중심은 복음 전도에 있다고 보았다. 서북부 지방에 주재하고 있던 여러 선교사들이 의료 사업의 보조금을 반대할 때에도 마펫은 의료 사업이 복음 전도에 유효한 기관임을 다짐했었다. 이러한 그의 입장은 이미 그의 선교 정책에서 못을 박은 것이었다. 의료는 인간의 영혼 치료와 병행하거나 또는 그 보조 역할을 한다고 보았다.

7. 성령의 감화에 의한 중생과 교회 발전을 마펫은 그의 선교 정책에서 빠뜨리지 않았다.

이 성령의 감화론은 그에게 있어서 지극히 중요한 비중을 차지한다. 그는 어느 개인을 만나거나 어느 교회에 가거나 어느 가정에나 어느 장소를 막론하고 먼저 거기 도착하면 기도부터 시작하였다. 어느 의미에서 이것은 마펫 자신의 겸손한 자세이기도 하며 또 다른 면에서는 그의 교회론의 핵심이기도 하다. 그토록 심혈을 기울여 동분

전도하는 선교사

서주하면서 이룩한 일에 자신의 공로를 전혀 내세우지 않는 반면에 교회의 성장과 활동과 개인의 중생이 다 성령의 감화에서만 이루어진다는 것은 이미 하나님의 선교(missio Dei)를 강조하고 앞세웠다고 볼 수 있다.

위의 일곱 가지 네비우스 선교 정책을 마펫은 자신의 것으로 실천했다. 그의 선교 생애는 모두가 이 정책이 뒷받침 되어 있었다. 그래서 그가 이룩한 선교 업적은 모두 그 정책을 반영해 주고 있다. 한 가지 더 생각할 점은, 아무리 정책과 방법이 우수 하더라도 그것만 가지고는 불가능하다는 점이다. 마펫의 선교 업적은 정책과 방법의 우수성에서가 아니라, 오히려 마펫 자신의 인격과 진실, 그리고 조선을 아끼고 사랑한 진정에 있었다. 조선에서의 선교 활동에 있어서 그는 정책보다도 인격적 감화와 성실로써 일관 하였다. 바꾸어 말하면 그의 인격과 진실이 그의 선교 정책을 성공적으로 수행하게 한 것이라고 말할 수 있다. 아무리 어려운 문제가 교회 내에서 발생하더라도 마펫이 개입하면 해결되었다는 것은 그의 인격을 짐작하고도 남는다. 곧 그의 인격이 선교 사업에 있어서 결정적인 역할을 했다는 말이다.

마펫은 1909년 선교 25주년 기념식에서 "우리 선교 사역의 두 가지 대원칙, 곧 사경회(査經會) 체계와 자급(自給)의 씨앗은 네비우스로부터 왔다"고 진술했다. 이어서 마펫은 "이 계획이 발전하는 과정에서, 여러 다른 상황에 대처하기 위해 이 방법을 적용할 때 지역 환경과 우리의 경험에 따라 크게 변용시켰다"고 말했다.[181]

2-3. 존 로스 선교 정책의 한국적 적용

마펫은 본격적인 조선 선교를 시작하기에 앞서 다섯 차례에 걸친 답사 여행을 했다. 여러 차례의 선교 답사 여행 중에 마펫의 장차 선교 사역의 방향을 결정 짓는 여행은 만주 봉천에서 존 로스(John Ross)를 만나서 그의 성경 번역과 선교 사역의 열매를 듣는 시간이었다. 마펫은 자신과 같은 신앙적 배경인 스코틀랜드 장로교 소속 선교사인 존 로스로부터 최초의 한글 성서 번역 이야기와 그의 성경 번역 사역에 함께 했던 조선인들에 대해서 자세히 듣고 즉시 미국 북장로교 선교부 책임자인 엘린우드 박사에게 선교 보고 편지를 보낸다. 그리고 선교부의 허락을 받아 평양에 선교 지부를 설치하고 본격적인 조선 선교 사역을 시작하게 된다. 그 내용을 자세히 살펴보자.

마펫은 평양을 중심으로 서북 지방의 놀라운 교회 성장의 기초를 놓은 중심인물이다. 평양이 아직 외국인에게 개방된 곳이 아니어서 선교사의 접근이 어렵지만, 만주에서 오랫동안 활동한 존 로스의 영향을 받은 권서인들이 사역하고 있는 지역이라 새 선교 지부로 가장 적합한 곳이라 생각했다. 마펫의 2차 전도 여행은 1891년 2월부터 5월까지 약 3개월간의 긴 여정이었다. 그는 게일과 서상륜과 함께 서울에서 출발해 평양과 의주를 거쳐 중국 봉천에 도착했다. 봉천에서 존 로스를 만나 평안도 북부와 중국 국경 지역에서 이루어진 그의 사역에 대해서 들었다. 스코틀랜드 장로 교회 소속 선교사로 1872년 중국 만주로 파송 받은 존 로스는 이성하, 백홍준, 서상륜 등과 함께 성경을 조선어로 번역하고 국경을 따라 국내로 성경을 반포한 한국 기독교 출발에 공헌한 핵심 인물이다. 로스의 노력으로 의주를 비롯한 평안도 북부 지역은 조선에 공식적인 선교사가 들어오기 전부터 복음의 씨앗이 뿌려졌다. 여행을 마친 후 마펫은 이 지역에서 복음을 자유롭게 전할 수 있고, 또 이미 신자 공동체가 형성되어 있다는 이유로 의주에 선교 지부를 설치할 것을 선교 본부에 건의하였다. 마펫은 중국 봉천을 떠나 함흥과 원산을 거쳐 다시 서울로 돌아왔지만 이후에도 서북 지방을 수시로 방문했고, 마침내 1893년 평양에 가옥을 구입하고 선교 지부를 설치하는데 성공했다.[182]

마펫은 의주에서 미국 북장로교 선교부의 엘린우드 박사에게 선교 서신을 보냈다. 이때는 의주에 선교 지부를 설치할 것을 제안하였지만, 그 후에 최종적으로 선교 지부가 결정된 곳은 평양이었다. 마펫이 의주에서 엘린우드 박사에게 보낸 편지를 보면 그때의 마펫의 마음을 읽을 수 있다.

"이곳은 로스 목사가 사역한 중심지이며, 지금 로스 목사는 이곳에 권서를 두고 있는데 그는 국경을 따라 성경을 반포해 왔습니다. 이곳 의주에 있는 우리의 전도사 백 씨(백홍준)는, 로스의 첫 개종자 중 한 명으로 17년 전에 예수교인이 되었으며, 이곳 출신으로 15년 전에 예수교인이 된 우리의 한성 전도사(서상륜)에게 처음으로 복음을 전한 사람입니다. 또한 이곳에는 로스 목사의 신약 전서 한글 번역을 도와주었던 사람도 살고 있습니다. 이곳에 있는 많은 하급 관리가 신앙을 고백하는 예수교인이고 또 많은 상인들도 예수교인이라서 모든 계층이 복음을 우호적으로 생각합니다. 한성에서 열린 신학반(神學班)에 참석했던 예수교인 가운데 한 명이 여기서 40마일 떨어진 곳에 살고 있는데, 그가 가르쳐온 10명의 남자 학습반이 있으며 이들 역시 세례 받기를 원한다고 보고 합니다."[183]

마펫은 이후에 한성에 돌아와서 엘린우드 박사에게 1891년 5월 21일 보낸 선교 편지에서 봉천에서 존 로스를 만난 것이 선교 답사 여행에서 가장 효과적인 여행이었음을 밝히고 있다.

"저는 유쾌하고 유익했던 3개월간의 북부 지역 여행 후에 다시 한성으로 돌아왔으며, 귀하께 그 여행에 대해 간단히 설명하기를 원합니다. 저는 의주에서 쓴 편지에, 그곳에 있는 집의 중요성을 강조하고 그 구입을 허락해 줄 것을 요청했습니다. 선교회는 그 요청을 승인했으며, 저는 우리가 거기서 발판을 마련할 수 있다고 진심으로 믿습니다. 제 생각에 그곳에서의 우리 사역은 지금 한성의 사역보다 더 절실하게 기도가 필요하기 때문입니다. 세례를 받은 사람이 한성보다 의주에 더 많이 있습니다. 그곳에는 더 많은 세례 신청자와 신실한 구도자가 있으며 그들 가운데 선교회로부터 재정 지원을 받는 자는 한 사람밖에 없습니다. 우리는 이 사람, 곧 전도사(백홍준)를 우리 여행에 동행시켜 함께 왔는데, 그가 돌아가면 그곳에서 세례 신청자들을 교육하도록 지금 제가 그에게 일련의 성경 공부를 가르치고 있습니다.

우리는 로스 목사와 그의 개종자들이 조선의 북부 지방과 국경 건너 중국의 조선인에게 행한 사역을 조사할 목적으로 봉천을 방문한 후 조선을 향해 정확히 동쪽으로 나아가 조선인 한 마을과 북한 지방을 여행했습니다. 봉천 방문은 우리 여행에서 가장 유익한 부분이었으며, 로스 목사와의 대화를 통해 그의 조선 사역을 이해하게 되었습니다. 거기서 얻은 정보를 가지고 우리는 조선인을 향해 출발했는데, 그 마을들은 조선 쪽에서는 거의 접근 할 수 없기 때문에 조선 보다는 중국에서 사역하는 것이 더 좋다는 사실을 만족스럽게 정리했다고 생각합니다."[184]

옥성득 교수의 『첫 사건으로 본 초대 한국 교회사』에는 마펫과 게일의 첫 북한-만주 횡단 선교 여행을 자세히 설명하고 있다. 마펫은 2차 선교 답사 여행 중에 만난 존 로스의 선교 방법론을 평양 선교에 적용하여 큰 성공을 거두었다고 볼 수 있다. 그것은 1장에서 이미 언급한 대로 마펫과 존 로스가 같은 스코틀랜드 장로교의 신앙 배경을 갖고 있었기에 더 쉽게 공감이 되었을 것이다. 무엇보다도 로스 목사를 통해서 이미 키워진 믿음의 일꾼들과 함께 평양에서의 사역을 시작을 하면서 로스 목사의 스코틀랜드 장로 교회 선교 방식인 "중하류 계급을 선교의 대상으로 삼는다"는 원리를 평양에서 잘 적용했기에 가능했던 것이다.

1891년 2월 말 한성을 떠나 평양-의주-뉴촹-선양-자성-함흥-원산을 거쳐 5월 말 한성으로 돌아온 마펫은 게일 선교사와 함께한 전도 여행은 유익했다. 그들의 전도 여행은 꿈을 현실로 만든 첫 시도였다. 초기 한국 교회사에서 가장 길고 먼 전도 여행이었다. 만주 봉천(선양)에서 로스를 만났고, 로스가 네비우스 방법을 만주 상황에 맞게 수정한 토착 선교 방법, 특히 봉천교회의 토착 양식에 감명을 받았다. 마펫은 이 네비우스와 로스의 선교 방법을 평양에 정착시켜 교회 개척과 성장에 크게 성공했다. 세 달 동안의 여정, 그 길에서 배운 조선어와 조선 문화와 선교 방법을 되새겨 보자.

더 중요한 점은 마펫은 로스의 토착 선교 방법론에 깊은 인상을 받고 이를 1894년부터 평양 선교 지부에 적용함으로써, 이후 평양을 세계 최대의 선교 지부이자, "동양의 예루살렘"으로 만들 수 있었다.

1887년 로스의 서울 방문, 1890년 네비우스의 한성 방문, 그리고 1891년 마펫과 게일의 선양 방문은 조선 장로 교회가 '네비우스와 로스의 선교'를 채택하는 결정적 계기가 되었다. 곧 1892년부터 장로 교회는 자급, 자전, 자치의 3자 원칙에 입각한 토착 교회 설립을 목표로 대중을 주 전도 대상으로 삼고, 한글 전도 문서를 출판하고, 교인 훈련을 위한 사경회 제도를 확립했다. 특히 전도는 선교사가 아니라 전

교인이 자원해서 해야 할 의무임을 강조하면서, 예배당 건축, 초등학교 설립, 전도인의 사례 등을 지급하도록 강조했다. 조선인에 의한 조선인의 지역 교회 설립 정책, 특히 로스 방법에서 강조한 지역 문화와 사상에 철저히 적응하는 "성육신"의 원리는 장로 교회의 급성장을 가져오는 중요한 원인이 되었다.

마펫의 선교 정책에 결정적 영향을 준 "로스의 선교 방법론, 스코틀랜드 생활 철학, 그리고 스코틀랜드의 복음주의"에 대해서 알아보자.

1902년, 로스는 『만주에서의 선교 방법』(Mission Methods in Manchuria)을 저술하여 그 다음해에 출판했다.[185] 4명에서 시작한 만주 기독교인이 3만 명으로 늘어났던 때였지만 일명 "의화단 사건"으로 중국에서 기독교가 핍박을 당하고 있던 때이기도 했다. 이런 시기에 나온 이 책은 선교사들에게 모교회를 이식하는 것이 선교가 아니라 선교지 문화와 민족성에 맞는 토착적인 교회를 건설하는 것이 선교라고 주장했다. 근저로부터 올라오는 회심을 강조했고, 순회 전도, 노방 설교, 자립적인 교회 증축, 예비 신자의 입교 조건, 토착 대리인(native agent)의 자격, 토착 교회 사역(native church work), 교회 재정의 문제, 교육, 선교지의 문화에 대한 포용과 이해, 사회적 관습에 대한 대처 등 만주에서 30년을 선교한 로스 자신의 경험을 상세하게 소개했다.

로스 선교 방법에는 다음과 같은 목표와 특징이 있다.

1. 자급, 자전, 자치하는 중국인 토착 교회를 세운다.
2. 선교사는 대도시에 거점을 두고, 넓은 지역의 교회들을 순회하며 감독 한다.
3. 신생 교회는 십자가의 도, 회개, 중생의 체험이 중요하므로 성경 비평이나 신학적 논쟁을 소개하지 않는다.
4. 토착인 전도인과 목회자 선별 기준은 지적 수준보다 열정과 열성을 중요시 한다.
5. 전도 대상은 민초가 중요하나 교육받은 중산층도 중요하다.
6. 유교, 불교, 도교 등 토착 종교에 대한 이해의 폭을 넓힌다. 토착 종교에 대해 성취론적 태도를 취한다. 공격적이거나 배타적인 태도를 취하는 대신 오히려 접촉점으로 수용한다.
7. 선교 초기에는 교육보다 전도에 치중한다.
8. 효과적인 전도 방법은 대중 설교이며 회중과의 토론을 설교에 활용한다.
9. 성경 말씀 자체에 능력이 있으므로 성경 번역과 반포가 중요하다.
10. 전족, 일부다처, 제사 등도 일방적 비판보다 열린 자세를 유지한다. 특히 제사는 조상 "숭배"가 아닌 "추모"로 보아야 하며, 일부다처자의 세례도 용인할 수 있다.[186]
11. 타 교회와의 협력과 일치를 추구한다.

로스의 선교 방법에서 중요한 또 다른 하나는, 그가 중하류 계급을 선교의 대상으로 삼았다는 것이다. 전도인이나 조사(助事)를 채용할 때, 상류 계급이나 지식이 높은 사람보다는 중하류층의 열정이 있고 영적인 것을 사모하는 사람들을 뽑았다. 복음의 대상에는 높이가 없고 구별이 없다. 누구든지 주의 이름을 부르는 자는 구원을 받게 되고 예수 그리스도의 세계 통치에 참여하게 된다. 그런 이유로 로스는 대중들이 모인 곳에 직접 찾아가 설교하고 전도하는 방식을 선택했고, 대중들이 쉽게 이해할 수 있는, 대중의 언어로 쓰인 성경을 보급하려 했던 것이다.

스코틀랜드 상식 철학(Philosophy of common sense)과 복음주의-인간화와 영성의 문제.

일반적으로 '상식'이란 보편적이고 기본적인 지식과 양식을 의미하기도 하고, 전통적 관행을 의미하기도 한다. 그런데 인간의 양식과 관행은 때로 부딪치게 되어 있다. 관행은 대개 불합리할 수 있기 때문이다. 그러나 존 웨슬리 이후 영국에서의 '상식'은 인간 존중의 마음가짐으로 인식되고 있었다. 상식을 가장 중하게 생각했던 지역은 장로 교회 본산이었던 스코틀랜드였다. 여기에서 일반적 상식을 철학적 차원으로 끌어올렸던 '스코틀랜드 상식 철학'이 출현했다. 상식 철학은 인간이 하나님의 피조물이기 때문에 그 근저(根底)에 다른 사람에 대한 사랑과 연민, 동정심이 자리한다고 보았다. 인간 누구나 하나님의 피조물로 하나님으로부터 각자의 권리를 갖고 태어났다는 '신부적(神賦的) 인간' 의식이 있었던 것이다.

'신부적(神賦的) 인간' 의식 아래 영국은 '구빈법(救貧法)'을 만들었고, 노예 제도를 스스로 폐지했다. 무료 진료소와 어린이노동보호법도 발의했다. 부(富)와 권력, 명성은 사회에 대한 책임과 함께 해야 한다는 노블레스 오블리주의 정신이 영국 사회 상류 계급의 '상식'과 '관행'

이 되었다. '신부적(神賦的) 인간화'로 무장한 강력한 기독교도(Muscular Christianity)가 되는 것이 영국 사회의 기본 틀이 되었다.

　로스는 스코틀랜드 복음주의의 배경을 갖고 선교 활동을 펼쳤다. 순회 전도와 노방 설교 등 그의 선교 방식과 하나님 앞에 인간은 모두 같다는 신부적 인간론의 바탕 아래, 영혼을 구해야 한다는 선교적 사명 의식을 가졌던 것이다. 성경이 하나님 말씀이라는 의식, 십자가에 대한 강조, 거듭남의 회심 의식, 삶의 눈물과 고통을 감싸 안는 태도, 뜨거운 가슴을 가지고 복음을 실천하려는 의지는 모두 여기에서 나왔다. 로스가 중하류 계급을 선교 대상으로 삼고 선교지의 문화를 존중했던 것, 그리고 자급 자립의 정신이 자유를 갖게 한다는 의식과 복음이 인간의 가치를 성취하게 한다는 신념 모두 그의 선교 신학에서 비롯된 것이다.

　로스는 한국 선교의 선구자이기도 했다. 성경의 발간을 도왔던 백홍준, 서상륜, 김청송 등은 복음의 감격을 평생 잊지 못하여 헌신하는 삶을 살았다. 교통 사정이 열악했음에도 불타는 열정으로, 목숨을 걸고 성경을 팔며 복음을 전했다. 로스의 선교 방식은 한국 교회의 기초가 되었다. 마펫은 로스의 선교 정책을 이어받아 평양에서 그의 선교 정책을 실천하여 큰 역사를 이루었다. 선양의 동광교회 강단의 후벽에는 다음과 같은 비문이 새겨져 있다.

　"도를 전하기 위해 몸을 던져 조국을 떠나 38년 세월을 보냈다.
　요양과 심양에 도를 전파하고 구원의 은혜를 선포하니 사방에서 바람이 일어났다.

산 넘고 물 건너는 매서운 고난을 근면으로 항상 인내하니 관동 최고의 인물이었다."[187]

2-4. 노방 전도와 장터 전도

"장날에 안악에 도착했습니다. 이곳 장터는 인근 고장에서 온 수천 명의 사람들로 무척 붐볐습니다. 닷새마다 이런 장터가 서며, 이렇게 장이 서면 거리에서 전도할 수 있는 아주 좋은 기회가 될 겁니다."

사무엘 A 마펫(1864-1939) 선교사가 미국 북장로교 선교 본부의 엘린우드 박사에게 보낸 1890년 10월 20일자 선교 편지 중 일부다. 당시 순회 전도를 다니던 마펫 선교사는 황해도 안악의 5일장을 방문한 경험을 전하면서 장터 전도의 가능성을 높게 평가했다. 목원대 황미숙 박사는 최근 "초기 선교사들의 전도 활동과 장시"를 주제로 한국교회사학회지에 발표한 논문에서 초창기 내한 선교사들의 장터 전도

권서의 축호 전도

마펫의 장터 전도

활동을 집중 조명했다.

1808년 왕명에 의해 편찬된 만기요람 등에 따르면 19세기 전국의 장시(場市) 수는 대략 1000~1200곳. 장시로 이어지는 보부상길, 이른바 '장시 루트(route)'는 초창기 선교사들이 지방 순회 전도 여행을 다니던 중요한 복음 루트였다. 장터에서의 전도 방법은 그리 어렵지 않았다. 일단 파란 눈의 이방인이 등장하는 것만으로도 시선을 끌기에 충분했다. 선교사들은 한국인들이 노래에 관심이 많다는 걸 십분 활용했다. 이를테면 4-5명의 선교사 일행이 장터 한쪽 모퉁이에 상자를 놓고 올라서서 노래를 부르기 시작한다. 여기저기서 사람들이 몰려들면 복음에 대해 소개한다. 이어 준비한 성경 구절을 읽은 뒤 전도지를 나눠주거나 '쪽복음서'(낱권 성경)를 판매한다.

전도가 매번 순조롭지만은 않았다. 청중 가운데 "저놈 예수 믿는 놈이야"라고 누군가 소리치면 사람들이 흩어져버리곤 했다. 받아든 전도지를 찢어서 땅바닥에 버리는 이들도 있었다. 반면 장터에서 만난 이들 가운데 다음 주일에 교회로 찾아오는 이들도 있었다고 윌리엄 N 블레어 선교사가 자신의 책에서 밝히기도 했다. 그는 "장터는 사람들을 만나기 좋은 장소이며 복음을 전하기 안성맞춤인 곳"이라고 평가했다.

최초로 한국 땅을 밟은 아펜젤러 선교사도 본국 선교 본부의 요청으로 1890년 6월쯤 조선의 13개도를 방문할 때 장시를 위주로 이동했다. 그는 장시를 돌면서 지방의 특색과 인심, 물산 등을 주의 깊게 살폈다. 초창기 순회 전도에 나선 선교사들의 이동 수단은 주로 도보나 조랑말이 끄는 마차, 가마였다. 1899년에야 자전거가 등장했다. 선교사들이 가장 많이 겪는 애로사항 가운데 하나는 숙박 문제였다. 주막에서 묵을 경우 겨울철 온돌 문화에 익숙하지 않은 선교사들은 신선한 공기를 마시기 위해 문풍지를 뚫곤 했다. 이런 모습이 애처롭기까지 했다고 블레어 선교사는 말한다.

황미숙 박사는 "초창기 선교사들은 장터에서 벌어지는 수많은 일들을 목격하면서 한국을 배우고 이해하려 했다"면서 "한국 문화를 이해하고 수용하기 위한 이 같은 노력이 없었다면 복음 전파가 쉽지 않았을 것"이라고 말했다.

저희가 길거리를 걸어갈 때 가장 인상적이었던 것은 사람들이 종종 욕을 하는 것이었습니다. 저희에게 직접적으로 하는 것은 아니지만 저희에 관한 것이었으며 아이들이 저희를 대하는 태도도 달라졌습니다. 그들은 이전까지 조용하고 차분했는데 이제는 시끄럽게 떠들고 무례했습니다. 그 원인이 이곳에 있는 두 명의 영국 성공회 소속 선교사들의 행동이라는 사실을 알게 되어 마음이 아팠습니다. 그들은 소년을 거칠게 대했으며, 그 때문에 도시 밖으로 쫓아내겠다는 위협을 받게 되었습니다. 저희는 그들과 혼동되었기 때문에 며칠간은 그런 말을 듣게 되었습니다.[188]

1893년 10월, 평양 선교를 시작한 마펫이 우선 부딪치게 된 문제는 평양 사람들의 배타적 태도였다. 몇몇 사람들은 욕을 했고, 후일에 목사가 되어 제주도 선교의 선구자 역할을 한 이기풍은 장터에서 설교를 하는 마펫에게 돌을 던져 쓰러뜨리기까지 했다. 평양 사람들에게 제너럴셔먼호에 대한 역사적 기억이 여전히 자리하고 있었고, 이곳에 거주하고 있던 두 명의 영국 성공회 소속 선교사들이 오만하게 굴어 이미지가 좋지 않았다. 따라서 서양인들에 대한 부정적 인식을 바꾸는 것이 가장 먼저 해결해야 할 과제였다.

한편 평양은 선교사들이 마음껏 선교 활동을 할 수 있는 곳이다. 의료나 교육을 우선해야 했던 서울과 달리 곧 바로 교회를 설립할 수 있었고 신자들을 확보할 수 있었다. 또한 교회를 근대 문명의 통로가 아닌, 신앙 중심의 터로 각인 시킬 수 있었다. 물론 접근 방식은 서울과 달라야 했다. 서울이 Top-Down 방식, 곧 왕실이나 고위 관료층의 신뢰를 우선에 두고 접근해야 했다면 평양은 처음부터 대중들을 대상으로 해야 하는 Bottom-Up방식 이어야 했다.

평양에 도착한 날, 오후 2시 마펫은 곧바로 거리로 나갔다. 그리고 평양의 중심가와 대동강변 등 사람들이 모여있는 곳을 향하며 복음을 외쳤다. 확실히 한성과는 다른 환경이었다.[189] 거리에서 낯선 서양인에 대한 호기심을 가진 사람들과 친분을 갖게 되어 그들을 자신의 숙소로 초청하여 깊은 유대 관계를 맺을 수 있었다. 노방 전도의 위력을 실감한 마펫은 어머니가 보내준 마차를 사양하고, 주로 자전거를 타고 이동했다. 한 사람이라도 그냥 지나쳐 버릴까 봐 노심초사했다는 것이 동료 선교사들의 진술이다. 그만큼 시간이 날 때마다 거리로 나가 직접 복음을 전하는 일을 중시했던 것이다.

2-5. 사랑방 전도와 성경 공부

사랑방 전도를 할 수 있었던 것은, 복음주의 선교사들의 전형적인 방법이었던 노방 전도 덕분이었다. 서양인 마펫과 교분을 나누려는 사람들이 급속히 늘어났고, 얼마 되지 않아 교회를 설립할 정도로 복음을 받아들이는 사람들이 늘어났다.

"제게 응접실, 공부방, 식당, 침실, 구실을 하는 방은 조선인들이 '사랑'이라 부르는 방이 되었습니다. 말하자면, 그 방은 언제 어느 때든지 밤낮을 가리지 않고 모든 사람에게 개방되어 있는 것입니다. 그래서 개인적인 시간을 갖기가 불가능합니다. 이른 아침부터 한밤중까지 사람들이 계속 몰려와서 저는 쉬거나 밥 먹을 시간이 거의 없을 정도입니다."[190]

마펫은 제 2차 전도 여행 당시 세례를 준 한석진을 조사(助事)로 하여 선교 활동을 시작했다. 처음 평양에 도착하여 최치량이 경영하는 주막에 숙소를 정하여 계속 머무르며, 낮에는 노방 전도를 다녔고 저녁에는 저리에서 안면을 익힌 사람들이 사랑방을 찾아왔다. 어느새 마펫이 머무는 방은 조선 사람들의 사랑방이 되어 있었다. 사람들이 찾아왔고 숙소에서 드리는 주일 예배에도 참석하는 사람들이 생겼다. 술꾼이요 도박과 색을 즐겼던 최치량도 열심히 성경 공부에 동참한 후 회심하여 마펫의 첫 결신자가 되었다. 마펫은 거의 매일 끊임없이 찾아오는 방문객들을 대상으로 성경을 가르쳤다. 평양 선교의 성공적 안착에 대해 그는 다음과 같이 말하고 있다.

"나는 오랫동안 바라던 환경에 바로 지금 처해 있다. 즉 나는 사람들과 직접 접촉하면서 그들과 함께 살고, 날마다 종일토록 그들과 만나며, 내가 그들 생활 속에 들어가고, 그들이 내 생활 속에 들어오는 것을 소원해 왔던 것이다. 이것은 물론 견디기 쉬운 일은 아니다. 그가 한국 사람과 직접 접촉하면서 함께 살고 만나고 했다는 것은 곧 사랑방에서 주로 이루어진 사건이기도 하다. 마포삼열은 다른 선교사와 다른 점이 있었다면, 그것은 바로 자신과 조선인을 동일시 하는 동일화의 태도라고 보겠다. 출생은 미국이고 그 생김새나 눈과 코는 미국인이지만 그 감정과 마음과 생각과 말과 운명은 조선인의 것이기를 희구했다."[191]

같이 살고 같이 만나 이야기를 하며, 함께 먹고, 같이 생각하는 데서 마포삼열은 성공을 거두었다. 이러한 자세는 그대로 모든 지역의 선교 전략에서도 성공할 수 있었던 비결이다. 만일 동일화의 자세가 없었던들 마포삼열도 다른 선교사들처럼 미미한 수확을 가져 왔을지도 모른다. 선교사와 피선교사 사이의 동일화는 마포삼열의 유일한 선교 철학이었다.

본래, 19세기 영미 복음주의 신학은 성경을 하나님 말씀으로 고수했고, 열정적 전도를 펼쳤다. 마펫도 이러한 신학 아래 있었고, 따라서 그의 전도 활동의 가장 중요한 도구는 성경 공부였다. 성경 공부를 하면서 신앙적 대화를 가졌을 뿐 아니라, 사교적이고 세속적인 대화도 나누었다. 선교 활동을 시작한 지 석달 후인 1894년 1월 7일에는 7명에게 공개적으로 세례를 베풀 수 있었다. 평양 사람들과 마음을 나누는 교감의 방식을 통해 유대감을 갖게 되었고, 서양인에 대한 부정적인 인식을 바꿨다. 그것은 선교 사역의 풍성한 결실을 예고하는 것이었다.

최치량은 가족을 데리고 드디어 어느 산골 마을로 이사를 가버렸다. 놀라운 것은 그곳 산골 마을에 최치량으로 인하여 십여 명이 예수를 믿게 되었다. 그는 마포삼열을 모셔다가 그들에게 말씀을 듣게 했다. 마포삼열은 친구와 사람들의 위협과 박해가 오히려 하나님의 뜻을 보다 더 멀리 보급하는 하나의 촉진제가 된 것을 느끼게 되었다. 마을 사람들은 처음으로 양코쟁이 마포삼열을 이상한 눈초리로 바라 보았다. 그러면서도 그의 서투른 한국어에서 복음의 새로운 진리를 접하고 큰 감명을 받았다.

이렇게 최치량은 그곳에 가서 새로운 교회를 개척한 후 오랜 후에 다시 평양으로 돌아왔다. 그때는 친구들도 다시 그에게 협박을 가하지 아니했다. 최치량은 아무도 빼앗아 갈 수 없는 하나님의 일꾼이 된 셈이다. 말하자면 사도 바울과 같이 사로잡힌 바가 되었다. 이것은 실로 성령의 역사가 아닐 수 없다고 그 후 마포삼열은 사람들에게 증거 하였다. 최치량, 그는 마포삼열과 함께 이야기하고 그리스도의 이름으로 사귀는 가운데 그에게서 인내와 사랑을 배우게 되었고, 이러한 인내가 그에게 있어서 승리의 비결이 되었던 것이다.[192]

이러한 경험을 하고난 마포삼열은 평양에서의 그의 선교 전략을 우선 사랑방과 그 방에다 중점적으로 두었다. 그는 서울에서의 경험과 전도 여행에서 터득한 귀한 경험을 평양에서 이제 본격적으로 전개하게 되었다. 이교의 도시, 그 중에서도 평양은 환락의 고향으로 이름난 여기에 마포삼열은 웅대한 복음의 청사진을 서서히 펴기 시작한 것이다. 참으로 모험적이요, 한편으로는 두려운 일이기도 했다. 마포삼열 목사의 1894년도 보고서는 평양 교회의 개척사로서 다음과 같이 회고하고 있다.[193]

"서울에서 학교(예수교 학당) 일을 그만두게 되자 나는 이길함 목사와 함께 평양으로 출발하였다. 1893년 10월에 평양에 도착하여 석 달 동안을 그곳에 머무르면서 '사랑방'에서 전도 사업을 계속 하였다. 이 사랑방의 건너방에는 한조사(韓助事, 한석진을 가리킴)와 그의 가족이 살고 있었다. 나는 이 사랑방에서 떼를 지어 오는 방문객들을 맞으며 매일 거의 온종일 복음을 가르쳤다. 하루 건너씩 오후에 한 시간 혹은 두 시간 대동강변과 변두리로 다니면서 사람들이 모여 있는 곳을 찾아 노방 전도를 시작하였다.

노방 전도에는 두 가지 효과가 있었다. 첫째는 복음을 널리 전파할 수 있었고, 둘째는 평양에 서양 선교사가 왔다는 것을 알릴 수 있었다. 그리하여 나를 보려고 찾아드는 사람은 매일 장사진을 이루었다. 어떤 때에는 저명한 인사의 집 사랑방으로 초청을 받기도 했는데 가서 보면 으레히 수십 명의 사람들이 모여 있었다. 나는 거기서 한조사와 함께 그들의 물음에 대답하면서 예수교의 진리를 가르쳤다. 그 집 주인이 예수를 믿을 마음이 생겼을 때에는 밤에 그 집 사랑방에서 성경 공부를 하는 것이 보통이었다.

> 주일 아침에 우리 사랑방에서 정식 예배를 드리게 되는데, 그때에 나는 사회와 설교를 도맡아 하게 된다. 주일 오후에는 아이들을 위한 주일 학교를 개설하였고 주일 밤에는 한 조사의 지도로 저녁 예배를 드린다.
> 그런데 신자들의 태도가 처음부터 매우 진지하고 엄숙하여 놀라지 않을 수 없었다. 그들은 찬송을 부를 때에는 그 뜻을 알고 진심으로 노래를 부르며, 기도를 할 때에는 무엇을 간구해야 할지를 잘 알고 있어, 공중 기도를 올리면 뜻을 함께 모으고 어떤 필요한 사업을 시작하면, 그 사업이 완성될 때까지 힘써 기도한다."[194]

위의 마펫의 고백처럼, '사랑방 전도와 성경 공부'는 마펫의 초기 평양 사역에서 가장 중요한 일이었다. 이렇게 마펫의 사역은 사랑방 전도와 성경 공부를 통해서 정착을 해가면서 점차적으로 확장 되어 갔다. 그 결과 평양을 새 예루살렘으로 만드는 위대한 믿음의 역사를 이루었다. 실로 하나님이 하신 일이었고, 조사 한석진과 준비된 모든 여건 속에서 하나님은 예비된 큰 일을 행하셨던 것이다.

2-6. 순회 전도와 교회 개척

조선에 있어서 날로 성장하는 교회의 실정에 알맞은 또 하나의 다른 네비우스 원리는 순회 전도였다. 실제로 순회 전도는 일찍이 조선 전역에 걸쳐서 새로운 신앙의 훈육을 원하는 한국 기독교인들의 요청에 의해서 선교사들에게 부여된 임무였다. 의심할 여지도 없이 선교사들이 두루 여행하면서 여러 곳에 분산되어 있는 새로운 신자들의 집단과 거처를 방문하고 그들에게 영적 지도와 훈육을 베푸는데 충분한 시간을 바쳐야 된다는 것은 조선 교회에 있어서 가장 중요한 것이다.

오늘날과 같은 빠른 교통 수단도 없었기 때문에 선교사들은 일찍이 농촌 지역으로, 그리고 건강에 필요하다고 생각되는 일들만을 좇아서 출근하기를 배웠다(한국 사람들의 입장에서 보면 이러한 '일들'은 흔히 이상한 것이라고 생각되었다). 1895년에 한국에 6개월 동안 체류한 일이 있던 웰스 박사(Dr. J. H. Wells)는 자기가 한국에 체류하는 동안에 600마일을 순회하며 전도했다고 말했다.

순회 전도는 두 가지의 결과를 가져왔다. 첫째로, 그것은 외국인들로 하여금 백성 가운데 들어가게 해서 말을 배우게 했을 뿐만 아니라 큰 도시의 선교사 주택에만 머물러 있어 가지고는 결코 얻을 수 없는 주민에 대한 이해를 얻을 수 있게 해주었다. 둘째로, 그것은 강력한 교회를 설립하는데 도움을 주었다. 선교사들은 어떤 목적을 가지고 시골 교회들을 여행하였다. 그들은 모든 교회들을 계속 돌보아줄 능력이 없음을 잘 알고 있었다. 그들은 각 교회를 방문하는 짧은 시간에도 한국인 지도자들을 가르쳐야 했다.

농촌 사람들이 도시 사람들보다 기독교 신앙에 대해서 더 민감하였으며 이처럼 각 교회의 지도자들을 훈련시킨 이동(mobile) 선교사들만이 시골 지방에 강력한 교회를 설립하는데 도움이 되었다. 농촌 교회 방문의 중요성은 오늘날 큰 도시에서 일하고 있는 지도자의 위치를 생각해 볼 때 곧 알 수가 있다. 오늘날 대개의 지도적인 목사들은 맨 처음 조그마한 시골 교회에서 훈련을 받고 자라난 사람들이며 대개의 교회 지도자들은 도시 출신보다도 오히려 시골 출신이 더 많았다.[195]

노방 전도와 사랑방 전도를 시작하고 성공적으로 선교 거점 (mission station)을 확보한 그는 활발하게 선교 활동을 이어갔다. 순회 전도를 통해 인근 지역으로 복음을 전했고, 복음이 전해지는 곳마다 교회가 세워졌다. 평원군 한천에 한천교회, 황해도 재령에 신환포교회를 설립했고 그가 은퇴할 때까지 직접 세우거나 관여한 교회가 1천여 개에 이른다고 전해진다. 1909년까지 그가 세운 교회를 간추려보면 다음과 같다.

모동교회(1894, 봉산군)	와성창교회(1894)	지덕교회(1895, 평원군)
신시교회(1895, 구성군)	삼관교회(1896, 평원군 관성리)	숙천군 읍교회(1896)
중화군 읍내교회(1897)	강진교회(1897, 강진군)	장천교회(1897, 대동군)
통호리교회(1897)	덕지교회(1897)	열파교회(1898, 경동군 고천면)
남궁리교회(1900)	현좌동교회(1900)	양포교회(1900)
안주 성내교회(1900)	팔동교회(1900, 평원군 영유면)	문창리교회(1901)
영유읍교회(1903)	이천리교회(1904)	입석교회(1905)
향촌리교회(1907, 대동군)	서문회교회(1909, 장대현 교회에서 분립)[196]	

1900년 미국 북장로교 선교 25주년 보고서에는 급속히 복음이 전해지고 교회들이 세워지는 것이 "항상 복음이 아직 미치지 못한 지역

에 이르러 교회를 세우고, 선교 본부의 지역에 속한 도시와 촌락들의 신자들을 방문하는 순회 전도자들의 선교" 때문이라는 마펫의 진술이 들어 있다.[197] 선교사들의 열정과 복음주의 선교의 전형적인 방식, 그리고 효율성을 이렇게 설명하고 있는 것이다.

순회 전도 사역의 실제적인 예로 '의주의 전도 사역'을 보자.

"한 달의 15일을 의주에서 보내는 동안 신학반 혹은 사경회를 운영했는데, 아홉 곳의 서로 다른 마을과 도시에서 온 17명이 출석했습니다. 그 일부는 며칠만 출석했지만, 평균 출석자는 12명입니다. 여기에는 조사 2명, 기독교 남학교를 맡고 있는 교사 2명, 학생 한 명과 함께 온 교사 한 명 등이 포함되어 있었고, 성경을 배웠습니다. 저는 그들에게 누가복음에 나타난 그리스도의 생애와 가르침에 대해 강의했습니다. 매일 밤 우리는 찬송과 기도 집회를 열었고 제가 강해 설교를 했습니다.

주일마다 한 명 이상이 공개적으로 신앙 고백을 한 후 학습 교인으로 받아들여져 마침내 10명이 되었는데, 이 가운데 여러 명은 한국의 모든 사역을 통해 제가 만났던 자들 가운데 가장 전도 유망한 세례 후보자들입니다. 제가 의주를 다시 방문하는 일이 방해를 받지 않았다면, 올여름에 이들 가운데 적어도 6명에게 세례를 주게 될 것이라고 예상합니다."[198]

제3장

목회자 마펫:
복음적 목회의 본을 보여주다

3-1. 목회자 마펫의 가정 – 한국인을 사랑하다

마포삼열 목사가 1890년 26살 청년의 몸으로 미국 북장로교회가 파송한 선교사로 조선에 왔을 때, 독신 선교사로서 한국에서 선교 사역으로 평생을 바칠 그의 각오는 견고하였다. 그 의지는 이후 9년 동안 그의 쉼없는 선교 사역을 지탱하는 힘이 되었다. 그러나 1898년 중반에 선교사로 조선에 파송된 앨리스 피쉬를 만나면서 독신 선교사라는 그가 가졌던 처음 결의는 흔들리게 되었고 두 사람은 사랑하는 연인이 되어 1899년 결혼하였다.

부부가 된 마포삼열과 엘리스는 함께 또 따로 선교사로서 평양을 거점으로 한 선교 사역에 전심전력하였다. 마포삼열이 미국 선교 본부의 엘린우드 박사에게 보낸 편지에 썼듯이, 두 사람이 가정을 이루고 난 이후 하나님과 조선인을 위한 그들의 사역은 더욱 풍성해졌을 뿐만 아니라 사역을 통한 기쁨과 행복감은 배가 되었다고 하였다.

그러나 그 시대 전 세계적으로 창궐하던 콜레라, 이질, 디프테리아, 말라리아 등 각종 전염병의 공격은 치명적이었다. 특히 근대화 이전 우리나라의 위생 상태와 의료 기술은 그야말로 바닥 수준이었던 터라 선교사 중 전염병이나 풍토병에 걸려 유명을 달리한 분들이 적지 않았는데, 이는 한편으로는 우리나라 선교 사역에서 일어난 커다란 슬픔이며 다른 한편으로는 한국 기독교가 외국 선교사들에게 진 생명의 빚이라 생각된다.

마펫과 아들(대동강)

어떤 선교사 부부는 조선으로 파송되어 일본에서 배를 타고 오는 도중에 선교사 부인이 먼저 전염병에 걸려 사망하고, 남겨진 선교사는 혼자서 임지인 조선에서 선교 사역을 하겠다고 다짐하고 항해를 계속 하던 중 잇따라 천연두에 걸려 조선에 도착하기도 전에 생을 끝마친 비극적인 사건도 있었다. 그런데 불행하게도 엘리스 또한 전염병의 희생자 중 한 사람이 되고 말았다. 그들의 결혼 생활이 13년이 되던 1912년 6월 말 갑작스럽게 이질 증세로 고통을 겪던 엘리스는 발병한 지 2주도 채 되지 않은 7월 12일 결국 세상을 떠났는데, 슬하에 7살 제임스와 4살 찰스 두 아들이 홀로 된 마포삼열에게 남겨졌다.

이후 마포삼열은 두 아들을 기르며 살다가 3년 후 루시아 헤스터 피쉬와 결혼하였다. 루시아와 엘리스는 7살 차이나는 사촌 여동생이었는데 버클리 대학(U.C.Berkeley)을 졸업한 수재로, 교사 생활을 하다가 1913년 한국으로 와서 마포삼열의 두 아들을 보살피는 역할과 평양 외국인학교의 어학 선생을 동시에 하였다. 루시아는 1915년 6월 마포삼열과 결혼하여 그의 두 번째 부인이 되었다. 이후 그녀는 미국 북장로 교회 선교부로부터 선교사 아내의 지위에서 협동 선교사 (associate missionary)로 임명되어 교육을 중심으로 하는 선교 사역을 감당하였다. 마포삼열과 루시아 부부는 슬하에 새뮤얼과 아워드, 그리고 토마스 세 아들을 더 두어 엘리스가 남긴 두 아들 제임스와 찰스를 포함해 총 다섯 아들의 부모가 되었다.

… 마포삼열의 선교사적 삶을 되돌아보는 작업에서 그의 두 아내

의 삶과 그들이 이룬 선교 사역을 함께 살펴보는 것은 그래서 더욱 의미가 있다. 왜냐하면 마포삼열의 선교적 삶은 두 아내를 떠나서는 불가능했으며 마포삼열의 선교 사역의 가장 핵심적 부분을 함께 일구어낸 동반자였기 때문이다.[199]

사무엘 마펫의 아내 엘리스(Alice F. Moffett, 1870-1912)는 1897년 북장로교 의료 선교사로 한국에 와서 1898년부터 평양 지구에서 선교 활동을 시작하였다. 이후 부녀자를 위한 성경반을 조직하고 외국인학교와 평양 남맹학교에서 봉사함으로 교육자로서 남편과 함께 여성의 복음화와 교육과 복지 사역에 큰 공헌을 하였다.

마펫의 아들로 평양에서 출생한 사무엘 휴 마펫(Samuel Hugh Moffett, 마삼락)은 미국에서 휘튼대학, 프린스턴 대학교, 예일 대학교에서 공부하고 코네티켓에서 목회했다. 1947년 중국 선교사로 북경에 파송되어 활동하다 1955년 연합장로교 선교사로 내한하였다. 경북 안동에서 3년간 농촌 선교를 하면서 경안성경학교 교장과 경안고등학교 이사장을 역임했다. 그는 1959년 장로회신학교에서 교수로 신학을 가르쳤고, 이후 미국 프린스턴 신학교에서 교회사를 가르쳤다. 사무엘 휴 마펫의 아내 에일린(Eilin F.Moffett, 마애린)은 1956년 결혼 후 안동에서 선교사로 활동하였다. 장로회신학대학에서 기독교교육학 교수, 서울여대와 보성여고, 숭의여고, 기독교 아동복지회 이사를 역임했다.

1917년 평양에서 출생한 하워드(Howord F. Moffett, 마포화열)는 미국에서 의학을 공부한 후 1948년 북장로교 의료 선교사로 내한해 대구 동산병원에서 의료 활동을 도왔다. 한국 전쟁 때 미 해군으로 참전해 9.28 수복시 평양에 입성하여 북한 교회 재건에 노력했다. 1953년 제대 후 귀국하여 의학 공부를 하다가 1956년에 다시 한국에 와서 대구 동산병원에서 근무하였다. 1959년에 동산병원장에 취임, 이후 이사장을 역임했다.[200]

위의 내용에서 보듯이 목회자 마펫의 가정은 한국인을 사랑했다. 선교사로 조선의 열악한 환경에 와서 사역하던 마펫은 처음 9년은 독신 선교사로 사역했고, 그 후 앨리스 피쉬와 결혼했지만 첫 부인 엘리스는 13년을 살고 전염병으로 세상을 떠났다. 그러나 마포삼열은 홀로 지내는 어려운 시기 3년 동안에도 낙망하거나 선교 사역을 포기하지 아니하였고, 루시아와 결혼하여 그의 위대한 선교 사역을 계속해 나갔다. 마펫의 가정을 통해서 배우게 되는 교훈은 "위대한 하나님의 사람에게도 가정적인 고난이 있을 수 있다"라고 하는 점이다. 그러나 그 역경 때문에 하나님이 사명으로 부르신 사역을 포기하지 말아야 함을 배우게 된다. 마펫은 그렇게 사랑했던 엘리스를 잃고 힘들었지만, 루시아와 결혼하여 하나님이 주신 조선 선교의 사명을 완수해 나갔다. 선교사의 가정이라고 어려움이 없는 것이 아니라, 어려움이 있더라도 끝까지 포기하지 않고 숭고한 선교 사명을 완수한 아름다운 경주를 마펫의 가정을 통해서 볼 수 있다.

3-2. 개척기 – 널다리골 교회와 교회의 시작

하나의 교회를 개척하고 시작하는 것은 중요하다. 그러한 의미에서 한국 땅에서 처음 교회를 시작한 마펫이 어떻게 했는지를 자세히 살펴보는 것은 의미있는 일이다. 마펫의 교회 개척 사례를 면밀히 살펴보아야 한다.

20세기 첫 몇 해는 대한제국뿐만 아니라 장로 교회와 선교회들에게도 대전환기였다. 급성장하던 예수교는, 근대 독립 국가로 재조직하는 기회를 상실하면서 몰락하던 조선 정부와 큰 대조를 이루고 있었다. 1901-1903년에 발생한 대기근과 이어진 1904-1905년의 러일전쟁, 역병의 유행, 동학도와 관리들의 부패, 강요된 을사늑약은 대한제국의 멸망과 함께 그동안의 노력을 수포로 만들었다. 그러나 장로 교회는 준비기를 지나 조직기로 접어들었다. 전체 교인은 1901년 13,700명(세례 교인 4,800명)에서 1903년 22,500명(세례 교인 6,500명)으로 증가 했다.

1900년 한국인 장로가 안수를 받기 시작하면서, 1901년부터 조직 교회가 등장하기 시작했다. 1900년에 서경조가 소래교회의 장로로 장립 되었으나, 소래교회에는 지역에 거주하는 목사가 없었기 때문에 정식으로 조직된 교회가 되지는 못했다. 1900년 6월에 평양 장대현 교회는 김종섭을 첫 장로로 안수했다. 이어서 1901년에 방기창이, 1902년에 길선주가 장로로 피택 되었다. 1902년 5월 12일 주일 예배 때 평양을 방문한 북장로회 해외 선교부 총무 브라운 박사는 방기창

과 길선주를 장로로 안수했다.[201]

한 지역의 교회가 발전하는 순서는 다음 세 단계를 밟았다. 첫째, 예배 처소(group)는 대개 작은 시골 마을에서 소수의 신자들이 가정집이나 작은 예배당에서 주일 예배로 모이고, 순회하는 조사가 돌보면서 설교했다. 둘째, 미조직 교회(Unorganized Church)는 신자 가운데 지도자로서 아직 안수를 받지 않은 장로라고 할 수 있는 영수(Leader)가 매주 설교하면서 집사들의 도움을 받아 목회하는 교회였다. 셋째, 주로 도시나 읍에서 안수받은 장로와 선교사 목사가 당회를 조직하여 교회를 다스리고 목회하는 조직 교회(Organized Church)였다.

마펫의 초기 평양 선교는 순탄치 않았다. 조사 한석진을 통해 평양에 가옥을 구입했으나 강제로 퇴거를 당하기도 했고, 한석진은 제임스홀의 조사 김창식과 함께 체포를 당해 고문과 사형의 위협을 받기도 하였다. 그러나 얼마 후 1894년에 일어난 청일 전쟁은 역설적으로 평양 선교의 문을 여는 기회가 되었는데, 전쟁으로 폐허가 된 평양에서 마펫은 제임스 홀과 함께 본격적인 선교 사역을 시작할 수 있었기 때문이다.

마펫에 의해서 시작된 '널다리골 교회'는 마치 필자가 장로회신학대학교에서 박사 논문[202]으로 쓴 "안디옥 교회 선교 모델을 통한 지역 교회 선교의 목회 신학적 연구"에서 연구한 "안디옥 교회의 시작"과 동일하다. 사도행전 13:1-4절의 "선교의 출발"을 먼저 살펴보자. 바울 선교의 대장정이 시작되는 행 13:1-3은 전통적으로 사도행전의 전반부와 후반부를 가르는 분기점이 된다. 이를 중심으로 사도행전의 중심이 열두 사도와 일곱 지도자에게서 바울과 그 선교 공동체로, 베드로에서 바울로, 그리고 예루살렘 교회에서 안디옥 교회로 이행된다. 안디옥 교회의 지도자들이 소개되는 행 13:1절은 안디옥 교회의 다양성과 안디옥 교회의 지도력은 12사도가 우세한 예루살렘 교회와는 대립되는 혼합적인 특징을 가지고 있다는 것을 보여준다.[203]

13장 이후 안디옥 교회는 교회 활동의 유력한 중심지가 되었다. 위의 내용에서 보듯이 "안디옥 교회와 널다리골 교회의 시작"은 동일한 복음의 확장 역사가 시작되었음을 알 수 있다.

마펫은 1893년 6월 한석진과 최치량 등 교인 4-5명과 더불어 판동(板洞) 널다리골에 집 한 채를 사들여 예배를 드렸는데, 이것이 평양 최초 교회인 장대현 교회의 출발로서 복음의 지경이 의주와 소래에 이어서 크게 확대되는 계기가 되었다. 마펫은 이후 22명으로 구성된 학습반을 만들어 성경을 가르치고 그로부터 3개월 후에 일곱 명을 뽑아 평양에서 처음으로 성찬식을 거행했다.[204]

최치량의 주막에서 시작된 사랑방 전도는 곧 한계를 드러냈다. 마펫은 주막 부근에 방 하나를 얻어 교인 4-5명과 함께 예배를 드리기 시작했다. 그렇지만 그 장소도 협소하게 되었고, 최치량의 도움으로 평양의 널다리골에 있는 홍종대 소유의 기와집 한 채를 사들였다. 마펫이 최초로 설립한 교회, 곧 널다리골 교회는 1894년 1월 8일에 22명의 학습 교인, 7명의 세례 교인을 가진 교회가 되었다.[205]

"1894년 1월에 널다리골 교회 개척 이후에는 청일 전쟁이 그해 7월에 발발되어 9월에는 평양에서 피비린내 나는 전쟁이 양국 간에 벌어짐으로 평양 도성의 수많은 백성들이 희생을 당하고 가옥들이 화재로 파괴되었으며 평양 주민들은 황해도 지역과 인근 산으로 피난길에 올라 평양은 텅빈 도성이 되었다. 그때 마펫과 제임스 의사 선교사도 한성으로 피신하였다. 이때에 널다리골 교회도 건물에 많은 파괴를 당하였으나, 전쟁이 끝난 후 마펫은 평양으로 돌아왔다. 그리고 피난에서 돌아온 한석진과 여러 성도들과 함께 널다리골 교회를 다시 재건하였다. 만일 청일 전쟁이 장기전으로 전개되었으면 어렵게 개척된 교회가 사라질 뻔하였으나, 마펫과 소수의 성도들이 다시 힘을 합하여 평양으로 돌아온 성도들과 함께 교회 재건에 힘쓰므로 널다리골 교회는 이전보다 더 부흥되는 결과를 낳았다.

마펫과 한석진은 그들의 개교회뿐만 아니라 평양 중심과 외각을 두루 다니며 전도에 더욱 힘쓰므로 널다리골 교회의 영향력은 더 배가 되는 기회가 되었고 그 사역의 지경이 더욱 확산되었다. 그 후 널다리골 교회의 성도들은 더 응집된 힘을 발휘하면서 그 교회는 오히려 더욱 견고해졌다. 전쟁으로 크나큰 파괴와 상처받은 이들에게 마펫이 전하는 복음은 저들을 위로하였고 소망을 갖게 하였다. 전도의 효과가 더욱 확장되어 널라리골 교회뿐만 아니라 여러 곳곳에 미자립 교회가 세워지는 계기가 되어 전화위복되는 결과를 낳았다.

이러한 평양의 널다리골 교회의 한 때의 위기가 오히려 교회 부흥을 갖다 주는 사례를 사도행전의 초대 교회에서도 찾아 볼 수 있다. 예수님이 부활 승천하신 이후 저들이 마가의 다락방에서 힘써 기도할 때에 오순절에 성령이 임하므로 그곳에 모인 성도 120명에게 권능이 임하여 사도들을 비롯한 저들은 큰 능력을 체험하였다. 이로 인하여 예루살렘에 교회가 탄생되었다. 이들은 대부분 갈릴리 이방인이었다.

평양에 최초의 교회가 세워진 데에도 외국인 마펫과 평양 출신이 아닌 외지인 한석진의 가족이 중심이 되어 시작된 교회였다. 평양에서 여관을 하는 최치량이 유일한 평양 토박이였으나 이들을 복음으로 묶음으로써 최초의 신앙 공동체를 이룬 것이었다. 이들을 중심으로 한 널다리골 교회가 지속적으로 부흥되었으나 전쟁 후에는 오히려 복음의 지경을 더욱 넓히며 곳곳에 미자립 교회가 세워지는 결과를 낳게 되었다.

세계 교회사를 보면 어느 나라의 교회들도 초기의 부흥 시기에는 내외적인 어떤 사건들로 인하여 교회의 위기가 옴으로 흩어지거나 로마의 카타콤(Catacomb)처럼 토굴 교회로 생존하는 역사가 많았다. 그러나 그러한 교회의 위기가 오히려 더욱 부흥될 수 있는 응축된 교회의 힘을 축적하는 기회가 되어 어느 시점에는 더욱 교회가 부흥되는 결과를 낳은 교회 역사가 있다. 이러한 최초의 교회 사례가 사도행전에서 입증해 주고 있다. 교회의 부흥이 120명의 성도에서 베드로의 전도 설교로 3천 명의 회심자가 발생되고(행 2:41) 이어서 5천 명의 회심자(주. 행 4:4)를 낳았다. 이처럼 초대 교회가 폭발적으로 부흥되자 유대로부터 견제와 핍박이 이어져 사도들이 감옥에 갇히는 위기를 맞았으며 그 후 스데반의 설교에 흥분한 유대인들과 사울은 스데반을 죽임으로 그 순교의 사건으로 교회에 큰 위기가 엄습하였지만 오히려 지방에까지 복음이 전파되어 (행 8:1, 4, 5) 제자들이 유대 지역에만 한정되었던 지경이 그동안 금기시 되었던 사마리에도 복음이 확산되는 계기가 되었다.

이런 사례가 평양의 널다리골 교회에도 있었다. 청일 전쟁 때에 평양의 많은 주민들이 비교적 안전한 지역인 황해도로 피난을 갔는데, 그때에 널다리골 교회의 성도들 일부가 황해도에 피난하여 그곳에 복음을 전하여 전쟁이 끝난 후에 그 지역에 교회가 세워지는 역사가 일어났다. 또 청일 전쟁 전에 황해도 어느 상인이 평양에 왔을 때에 전도를 받고 기독교인이 되어 후에 그가 황해도에 사재를 들여서 교회를 세운 사례가 있다. 이처럼 교회의 위기가 때로는 복음이 더 확산되어 구원의 역사를 더 크게 확장시키는 경우가 세계 교회사에 많았다.

사도행전의 복음 확산이 그 이후에도 계속 진행되어 예루살렘을 방문했던 이방인들과 유대인들이 400여 킬로나 떨어진 북쪽에 있는 교역 도시인 안디옥에 평신도들이 교회를 개척한 후에는 예루살렘 교회에 복음을 가르쳐 줄 수 있는 지도자를 요구하여 바나바와 사울을 그곳에 파송하여 그 교회를 든든히 세우게 하였다. 후에 안디옥 교회는 성령의 인도함을 받아서 이 두 사역자를 해외 선교사로 최초로 파송함으로 안디옥 교회는 최초 선교하는 교회로 거듭나게 되었다.

평양의 최초 교회인 널다리골 교회는 청일 전쟁 이후에 평양이라는 지경을 벗어나 평안도 전체와 황해도와 강원도 원산에도 복음을 전함으로 교회가 세워지게 되었다. 여기에는 자발적인 복음의 헌신자들인 매서인들의 전도와 무명의 평신도들의 전도에 힘입어서 이북 전체에 복음이 크게 확산되고 압록강을 넘어 만주 지역의 통화와 집안에 이주된 조선인들 마을에도 복음을 전하여 그곳에도 교회가 세워진 사례를 한국 교회사가 입증하고 있다.

마펫은 청일 전쟁이 끝난 후인 1896년에 황해도 지역을 방문하여 이미 기독교인들이 있는 마을에 찾아가 이들에게 세례를 주었고 지도자가 없는 미자립 교회들을 확인하고 돌아와서 미국 선교 본부에 (1896. 2. 1) 이같이 보고하였다.

> "엘린우드 박사님께
> 웰즈 의사와 저는 2주간 황해도 북부 지역에 여행을 하고 방금 돌아왔습니다.…
> 작년에 학습 교인을 보고했던 황해도의 신환포, 대동천, 순미 등 3개 지회에서 저는 28명에게 세례를 주고 여성들을 포함한 30명을 새롭게 교인으로 등록시키는 특권을 누렸습니다. … 순미 지역에서는 교인들이 예배당과 학교로 사용할 건물을 구입하는데 필요한 액수의 절반을 모았습니다. 평양의 기독교인들이 헌금을 보내고 우리 선교사들도 약간의 금액을 보태어 그 목적을 성취하였습니다. … 이번 여행 때 심방한 지역에는 현재 기독교인이거나 학습 교인이 거의 40개 마을에 있으며 주일에 모여 예배하는 곳은 6개 마을입니다"(옥성득,

마포삼열 자료집 2, 새물결플러스, 2017, pp.169-171).[206]

이러한 복음의 확산은 전쟁이라는 환란과 위기의 환경이 오히려 타지역에 복음의 지경을 넓히는 계기가 되었고 근본적 원인은 평양의 널다리골 교회가 타지역의 사람들에게 좋은 교회의 본이 되었기 때문이다. 즉 평양에 교회를 세운 마펫의 교회 개척에 기인된 것임을 부인할 수 없다.

위의 내용으로 볼 때, 마펫에 의해서 시작된 널다리골 교회는 교회 개척의 원형에 해당한다고 볼 수 있다. 1장에서 언급한 대로 청교도 신앙의 정통으로 잘 준비된 목회자였던 마펫이 있었고, 함께 교회를 시작할 수 있는 교인 4-5인의 개척 멤버가 있었으며, 최치량을 통해서 장소가 준비되었다. 그래서 개척과 함께 학습 교인과 세례 교인을 세워가면서 교회로서의 면모를 갖추면서 모교회가 되어서 이북 전역에 복음을 확산시키는 중심이 되었다.

3-3. 부흥기 – 장대현 교회와 평양 대부흥 운동

신도의 수가 늘어나 1899년에는 장대현에 새로 예배당을 세우고 마펫이 제 1대 담임으로 섬겼다. 장대현 교회는 이후 남문밖교회, 사창골교회, 산정현교회 등을 개척했는데, 산정현교회는 마펫의 기부로 크게 지어졌다.[207]

네비우스와 로스의 선교 방법에 따라 1900년에 설립된 평양 장대현 교회는 대부분 교인들의 헌금으로 지었고 개량 한옥 예배당은 선양교회를 따라 ㄱ자로 건축 되었다. 그밖에 숭실 학당이나 선교사의 사택 등도 모두 실용성을 더한 개량 한식으로 건축함으로써, 멀리서 보면 주변 환경에 어울리는 모습을 갖추어 세계에서 가장 토착적인 선교 지부로 평가 받았다. 그것은 단순한 건축 양식의 문제가 아니라, 기독교가 전 영역에서 한국의 옷을 입고 김치를 먹고 한국인의 살과 피가 되는 성육신의 선교 원리를 구현하는 문제였다.[208]

이북 지방에 실질적 모교회가 되었던 장대현 교회의 전신은 "널다리골 교회"이다. 토마스 선교사의 순교와 관련이 있는 박춘권이 회심한 후에는 마펫 선교사에게 세례를 받았다. 이 교회가 점차 부흥되어 평양 중심인 장대재라는 지명을 가진 곳으로 이전하여 1903년에 73칸 짜리 조선 고유의 건축 양식으로 봉헌하고 교회 이름도 "장대현 교회"로 개명하였다. 이 교회가 지속적으로 부흥되자 평양 제 2의 교회라 할 수 있는 "남문밖교회"를 분립시켰고, 1905년에는 "창동교회"를, 1907년에는 "능라교회"를 개척했고, 1911년에는 "연화동교회"를 분립시켰다. 장대현 교회는 단지 평양 지역의 여러 교회를 분립시킨 못자리 같은 역할만 한 것이 아니라, 영적 부흥의 발흥지가 되어 한국 교회 전체에 영적 대각성과 부흥의 발원지가 되었다. 이러한 성령의 운동이 일어난 것은 바로 지난날 40여 년 전에 토마스 선교사의 피 뿌림이 있었던 도성이었기 때문이다.[209]

전국적으로 부흥사경회 운동이 전개되자 평양에 있는 장대현 교회에서도 이 운동에 참여하고자 부흥회를 준비하고 있었다. 이때 이 교회에서 교역하고 있던 길선주는 성공적인 집회를 하기 위해서 새벽 기도회를 열기로 하였다. 한국 장로교에서 최초로 목사 안수를 눈앞에 두고 기도하고 있던 길선주는 분명 성령이 역사할 것을 믿고 준비에 임하고 있었다. 1907년 1월 초, 낮 성경 공부는 거의 시골에서 올라온 남자들로 구성 되었는데, 약 800명 정도 모였다.

밤에 모이는 대중 집회에는 시내에 사는 많은 사람들이 모여 1,500여 명이나 되었다. 이날 강사였던 길선주는 "마치 광야에서 죄를 회개하라고 외쳤던 세례 요한의 모습이었다." 그가 전하는 말에 모두들 통회하는 모습이 마치 사도행전에 기록된 마가의 다락방과 같은 분위기였다. 첫날부터 뜨겁게 역사하는 장대현 교회 집회는 시간이 흐를수록 성령의 불길이 더욱 뜨겁게 임재하였다.

집회가 거의 끝날 무렵 블레어(W. N. Blair, 방위량) 선교사는 "너희는 그리스도의 몸이요 지체의 각 부분이다"라는 성경을 중심으로 메시지를 전달하였다. 이때 자신들의 사랑이 부족해서 신도와 신도 사이, 외국인과 한국인 사이에 쌓였던 갈등이 일어났다는 고백적인 설교를 들은 회중들은 회개 기도로 온 공간을 가득메웠다. 이날 밤의 열기는 외국인과 한국인이, 신도와 신도들이 서로서로 손을 붙잡고 "다 예수 그리스도 안에서 한 형제요, 자매"임을 확인할 수 있게 했다.

자연히 이 집회는 1월 14일로 이어지면서 선교사 리(G. Lee, 이길함)가 다시 "나의 아버지여!"라는 말씀을 전하자 또 다시 회중들은 두 손

마펫, 길선주, 그레함 리(중앙)와 장대현 교회 당회원

을 들고 기도하면서 자신의 죄를 회개했다. 이날 회중들은 성령의 역사를 체험 하였다. 마지막 날인 1월 15일에 길선주 전도사의 마지막 설교가 다 끝난 후 각기 집으로 돌아가라고 하였지만, 일부 600-700명의 교인들이 남아 회개 기도를 계속 하였다. 한편, 길선주와 다른 선교사들도 서로 미워했던 일을 고백하면서 마룻 바닥에 뒹굴면서 기도하였다. 이러한 광경을 지켜보던 회중들도 자신들의 음란한 생활, 증오했던 일을 낱낱이 고백하면서 온통 울음바다가 되었다.

장대현 교회에서 일어났던 성령의 불길은 여신도들과 학생들에게까지 번지면서 전국적으로 부흥 운동이 확산되었다. 그래서 그레이엄 리는 평북 선천으로, 길선주는 평북 의주와 서울로, 헌트는 대구로, 스왈른은 광주로 각각 분담하여 부흥 운동을 전개해 갔다.[210]

3-4. 마펫의 설교[211] - 대부흥의 요인이 되다

마펫은 여러 면에서 뛰어난 지도자였다. 그 중에 가장 중요한 요인을 꼽으라 하면 그의 설교를 말할 수 있을 것이다. "조선 교회에 기(奇) 함(골 2:8)"은 문서로 존재하는 대표적인 마펫의 설교이다. 이 설교문을 통해서 마펫의 설교자로서의 면모를 살펴보고자 한다. 본문은 골로새서 2:8절 "누가 철학과 헛된 속임수로 너희를 사로잡을까 주의하라 이것은 사람의 전통과 세상의 초등학문을 따름이요 그리스도를 따름이 아니니라"이다. 설교의 중요한 부분을 발췌해 본다. 이 설교는 제 8회 총회장(1919)으로 피선되어 선천 삼개노회(황주, 평양, 의주) 연합회에서 행한 설교이다.

> 나는 조선에 와서 복음 전도를 시작하기 전에 황주에서 하나님 앞에 기도하고 결심한 바 있었다. 이 결심은 내가 이 나라에 '십자가 도' 외에는 전하지 않기로, 오직 하나님의 뜻대로, 죽든지 살든지 구원의 복음을 전하기로 굳세게 결심하였다. 그 다음해에 평양에 왔는데, 평양에는 그 때에 신자는 한 명도 없었다. 하루는 어떤 불교 학자를 만나 예수교 이야기를 할 때에 불교도 좋고 예수교도 좋으니 둘 다 믿는 것이 가하다 하나 나는 그런 것이 아니라, 오직 예수만 믿을 것을 말하자 그는 섭섭히 여기었다. 그 익년에 의주로 가서 (43년 전) 한 청년을 만나서 산에 올라가

마펫의 한복

서 산보도 하고 봉천서 받은 한글 신약을 주면서 예수를 믿으라 전도하였는데 그 청년이 믿기 작정하였다. 그가 곧 한석진 목사이다. 그 후에 점점 한석진 씨와 나는 바울과 같은 결심으로 조선 13도에 전도하기로 결심하였다…우리의 처음 결심은 바울의 결심과 동일하였다. 곧 바울이 다른 복음을 전하지 않고 만일 다른 복음을 전하면 저주를 받으리라고 말한 것처럼 결심하였다. 나도 그리스도의 십자가 복음 외에는 다른 것을 전하지 아니하기로 결심하였다. 다른 것은 참 복음이 아니다…바울이 청년 목사 디모데에게 부탁함 같이 나도 조선에 있는 원로 선교사와 노인 목사를 대표하여 조선 청년 교역자에게 말한다. 원로 선교사와 원로 목사가 전한 그대로 전하라. 이 복음은 옛적부터 전한 복음이다. 이렇게 함으로 신성하고 권능있는 교회를 세우고 모든 백성에게 십자가의 도로 구원의 복음을 전파하기 바란다.[212]

마펫은 책 한 권도 집필하지 않았지만 그의 설교로 많은 한국인이 회개함으로 평양을 한국의 예루살렘으로 이룩한 그의 수고와 열정은 이루 말로 표현할 수 없을 정도다. 마펫의 "조선 교회에 기함"은 한국 교회와 지도자를 참되게 세워보려는 굳센 믿음과 열정과 신념이 엿보이는 힘 있는 설교다. 본 설교는 교회와 지도자들을 세우기 위한 훈계와 책망이 서려있는 '예언적 설교'(prophetic preaching)이다. 주제는 정통 신앙을 고수하고 사수하기 위해서 불같이 외친 '신앙론'과 '참된 지도자론'에 대하여 언급하고 있다. 그의 설교의 대부분의 주제는 복음에 대한 명백한 확신과 죄에서 우리를 구원하시는 예수 그리스도의 십자가의 도가 중심 주제였다. 한국 교회 선교 초창기에 반드시 회중이 들어야 하는 중요한 주제였다.

> 언어와 적용면에서 마펫의 설교를 분석해 보면 언어는 누구나 알아들을 수 있는 단어와 균형 잡힌 문장을 사용하고 있다. 그리고 적용은 직접적인 표현을 가지고 강력하게 사용하고 있다. 예를 들어, "40년 전에 전한 그 복음 그대로 전파하자", "십자가의 도로 구원의 복음을 전파하기 바란다", "딴 복음을 전하지 말기를 간절히 바란다" 등 직접적이고 단호한 적용을 했다. 마펫 선교사의 적용 능력이 강력할 수 있었던 이유는 그의 외모는 서양인이었지만 그는 한국인과 자신을 동일시했고 한국을 매우 사랑했으며 한국인의 정신(ethos)이 깊이 심겨져 있었기 때문에 강력한 설교와 더불어 적용 능력이 뛰어났다고 평가할 수 있다.

본 설교는 마펫이 한국 교회와 지도자들을 깊이 사랑하는 마음을 담아서 그리스도 중심, 복음 중심으로 서기 원하는 애정어린 설교임을 알 수 있다. 성경적인 설교를 강력하게 주창하며 "설교자들을 위한 신학자"요, "바르트 이전의 바르트"(a Barth before Barth)[213]라고 불리우는 포사이스(Peter T. Forsyth, 1848-1921)는 1907년 예일 대학교의 설교학 강의인 비처 강연에서 "교회는 말씀과 함께 살고 죽는다"[214]는 위대한 명언을 남겼다. 이는 한국 교회에 그대로 적용되는 명구이다. 마펫은 동방의 고요한 나라인 동시에 어둠이 짙게 깔린 조선을 말씀으로 살리기 위하여 하나님의 말씀과 복음을 가지고 이 땅에 입국한 초기 선교사였다.

마펫과 함께 한국 교회의 기초를 놓은 초기 선교사들의 설교의 특징은 다음과 같다.

첫째, 초기 선교사들은 근본적인 신학을 기반으로 한 청교도 유형(Puritan type)의 설교관을 가지고 있었다. 박용규는 한국에 파송된 초기 장로교 선교사들의 신학 사상에 대하여 다음과 같이 언급했다.

"19세기 말부터 20세기 초엽(1870-1925)까지 한국에 파송된 대부분의 장로교 선교사들은 근본주의 시대의 구학파 신학 교육을 받은 이들이다. 언더우드 선교사는 청교도 정신이 깃든 뉴브른스윅 신학교에서 개혁파 복음주의 신학을, 초기 선교 25년 간은 마포삼열이나 곽안련 선교사를 위시한 개혁파 복음주의 출신의 맥코믹 신학교 출신 선교사들이 한국 장로교 신학을 주도하였다. 이들의 신학은 철저한 보수주의에다 청교도적 엄격성을 견지한 개혁파 복음주의 신학을 가진 선교사들이었다."[215]

또한 초기 선교사들은 대부분 미국 전역을 휩쓴 '제 2차 대각성 운동'의 영향으로 선교사로 지원한 분들이 많았다. 따라서 초기 선교사들의 예배와 설교 신학적 배경은 전통적인 예배(禮拜)·예전(禮典, Liturgy)보다는 복음적 열정과 뜨거운 영성, 그리고 전도 중심, 보수적인 신학과 간단한 집회 형식의 예배, 그리고 회심을 강조한 '설교 중심적 사역'으로 한국에서 선교 활동을 펼쳤다. 이에 김운용은 초대 선교사들의 설교의 특징에 대하여 다음과 같이 언급했다.

"이들의 설교의 초점은 예수 그리스도의 복음이었으며, '천당과 지옥'이 주요 주제였다. 그리고 이들의 설교는 이원론(dualism)에 근거하였다. 즉 민족의 현실이나 사회적인 문제에 대해서는 간과했다. 반면에 장래에 펼쳐질 하나님의 나라를 강조하는 설교였다. 그들은 전천년설(premillenarian)에 기초한 종말론적인 재림 사상을 가지고 있었으며 청교도적 신학의 특징에 입각한 설교들이었다."[216]

초기 선교사들의 설교는 청교도 신학에서 주로 강조하는 예수 그리스도를 통한 사죄, 성경의 무오설과 성경 중심의 철저한 신앙, 그리고 뜨거운 신앙과 믿음을 회복하는 것에 대한 설교였다.

둘째, 선교사들의 설교의 주 형태는 '삼대지 주제 설교'(three point topical sermon)였다. 이는 미국 교회에서 19세기에서 20세기 초반까지 유행한 설교 방법으로 선교사들이 자국에서 배운 설교 방법을 그대로 가지고 와서 설교했고 한국인들에게 가르쳤다. 정성구는 『한국 교회 설교사』에서 초기 선교사들의 설교 특징에 대하여 다음과 같이 서술했다.

"초기 선교사들의 설교 특징은 미국에서 1900년대 초에 가장 보편적으로 사용되었던 제목 설교(주제 설교를 가리킴)로서 많은 예화를 필요로 했다. 그러므로 한국 교회 지도자들에게 예화를 많이 권장함으로, 상대적으로 교리 설교에 대한 흥미를 감소시켰다. 또한 설교에서 성경 신학에 대한 이해보다는 조직 신학에 대한 접근만 있었다(성경 신학은 1950년대 전후에 발전됨). 이러한 삼대지 주제 설교는 한국 교회 강단에 100년 동안 상당한 영향을 끼쳤다. 결론적으로 초기 선교사들의 설교는 1920년대 말까지는 순수한 복음 설교를 하였는데, 이는 그들이 청교도적인 뜨거운 열심은 있었지만 신학적으로는 부족했음을 저들의 설교를 통하여 짐작할 수 있다."[217]

한국 땅에서 선교사들이 행한 삼대지 주제 설교의 배경은 "역사적으로 선교 초기의 개신교 선교사들은 불교나 유교보다 기독교가 더 합리적이고 지성적인 종교라는 것을 증명하기 위해서, 삼대지 설교를 논리적으로 교리적으로 설교하였다."[218] 삼대지 주제 설교의 경우 설교 구성이나 논리적으로 명제를 전달하는 데는 효과적이지만, 설교자의 생각이 본문을 지배할 수 있는 위험성이 있으므로 본문을 설교자의 '증거 자료'(proof text)로 전락시키고, 설교자의 주장을 펴기 위한 '징검다리' 역할을 할 수 있는 '비성경적 설교'(non-biblical sermon)[219]가 될 가능성이 많다.

셋째, 설교의 가장 중요한 목적은 불신자를 구원하는 것에 초점을 두었다. 선교사들은 목회에 있어서 가장 중요한 기능을 설교에 두었다. 그리고 설교의 가장 중요한 기능은 불신자를 구원하는 것으로 설교의 모든 역량을 이곳에 총동원했다. 곽안련은 이 점에 대하여 그의 설교학 교과서에서 다음과 같이 언급했다.

"설교는 불신자를 죄의 형벌에서 구원하기 위하여 하는 것이다.… 설교자는 마땅히 그들을 지옥에서 건져내어 구원하고 천국에 들어갈 수 있을 때까지, 즉 천국 백성이 되기까지 그들을 양육해야 한다. 이러한 모든 뜻이 구원이라는 낱말 속에 함축되어 있는 것이다."[220]

선교 초기에 선교사들은 선교의 목적을 이루기 위하여서 전도와 설교를 통하여 불신자를 회심케 하여서, 그들을 하나님의 사람으로 만드는 것이 가장 중요하기에 설교의 목적과 목표는 늘 '불신자의 구원'에 정조준 되어 있었다. 불신자의 회심에 목표를 둔 선교사들의 설교 내용과 주제에 대하여 이상규는 "선교사들의 설교의 주제와 내용은 복음과 영생, 속죄, 구원, 하나님의 사랑 등이었으며 천당과 지옥, 예수와 사탄, 선과 악을 대비하는 단순하고 복음적인 것이었다"[221]라고 분명하게 언급했다.

넷째, 정교분리의 원칙에 입각한 설교였다. 선교사들이 내한했을 때 한국엔 계속적인 정치적 혼란과 갈등의 양상이 더욱 노골화 되었다. 특별히 일본에 의해 1905년 을사늑약(乙巳條約)이 강제로 체결되었고, 1910년에 급기야 한일합방(韓日合邦)이 되었다. 이런 침울한 분위기는 예배 안에서도 나라를 사랑하는 애국 애족의 정신으로 승화되었다. 심지어 1905년 을사늑약이 강제로 체결되는 날 "교회가 울음바다가 되었다.…양주군의 홍태순 목사가 대한문 앞에 와서 약을 먹고 자살을 하였다"[222]는 기록은 그 당시 교회와 교인들의 마음과 생각이 어떠했는지를 가늠케 한다. 그러나 선교사들의 생각은 조금 달랐다. 이들은 교회가 하나님의 나라를 구현하고 하나님을 찬양하고 온전히 예배하는 곳이지, 교회가 애국 애족의 단체는 아니었다. 그래서 이것에 대하여 깊이 우려하였다. 급기야 선교사들은 "교회의 예배당은 나라 일을 보는 곳이 아니기에, 이곳에서 나라 일을 의논하거나 공론해서는 안 된다."²²³고 했다. 이는 선교사들의 보수적이고 복음주의적인 신학 성향과 정치적인 일에 무관하다는, 이원론적인 신앙의 경향으로 인해 나타난 자연스러운 발로(發露)였다. 그러나 다행스럽게도 마포삼열 선교사는 신사 참배에 반대할 정도로 한국 사람의 애국 애족의 정신을 가장 잘 이해한 '한국적인 선교사'로서 조금도 손색이 없었다.

다섯째, 선교사들은 어눌한 한국말이지만 열정적으로 설교했다. 서양 선교사들은 마음과 정성을 다하여 한국을 사랑하는 마음으로 선교하고 설교했지만, 항상 그들은 한국의 문화와 풍습, 특별히 한국 언어의 장벽을 뛰어넘지 못했다. 피부색과 생김새가 다른 서양인이 서툰 한국어로 설교를 한다는 것은, 설교를 통하여 감동을 주기보다는 한국인에게는 재미있는 행사(?)였을 것이다. 즉 "선교사들은 힘과 최선을 다하여 설교하는 수고를 하였지만, 그들의 설교를 듣는 조선인 회중들은 종종 선교사들의 설교가 웃음거리(laughingstock)로 전락했다."²²⁴ 침례교 출신의 펜위크(Malcolm C. Fenwick) 선교사는 1889년에 한국에 도착해서 한국어를 배워서 설교한 후 다음과 같이 그의 책에서 회고를 하였다.

> "주일마다 달마다 애쓰고 호소하고, 눈물로써 하나님의 아들 그리스도의 사랑을 증언하고, 예수께서 내 영혼에 가져다주신 평화에 대하여, 주님의 보배로운 피로 내 죄를 사해주셨음에 대하여 설교했다. 그리고 그분이 오셔서 내안에 계셔서 나의 모든 일을 주관하신다고 설교하였지만, 저들은 나를 보면서 웃고(laugh) 있었다."²²⁵

이러한 언어의 제약이 있었음에도 불구하고 초기 선교사들은 하늘 나라의 사자로, 생명의 복음의 전달자로 조선 사람들을 구원하기 위하여 마음과 정성과 생명을 다하여 설교를 하였다.

초기 선교사들이 한국 땅에 복음을 증거 하게 된 것은 전적인 하나님의 주권적인 섭리였음을 누구도 부인하지 못한다. 그들의 청교도적인 열심과 전도, 의료 및 교육 사업, 특히 지칠 줄 모르는 선교 여행을 통하여 한국 교회는 초석을 다지게 되었다. 그들의 공과(功過)를 떠나서 한국 교회는 선교사들의 수고와 터 위에 집을 지었다. 복음이 전파된 지 130년이 넘는 한국 교회가 그들에게 배워야 할 중요한 점은 영혼을 뜨겁게 사랑하며 설교했던 그 열정을 회복해야 할 것이다. "이 세상의 모든 위대한 것은 다 열정의 결과이다"란 말과 같이 현재 한국 교회 강단에서 '열정 회복'이 무엇보다도 시급한 과제일 것이다. 선교사들의 희생과 수고 위에 세워진 한국 교회 강단에 열정이 다시 회복되기를 기도하며 기다린다.

위에 언급한 많은 초기 선교사들 중에서도 마펫은 단연 탁월한 지도력을 가진 믿음의 사람이었다. 특히 평양을 한국의 예루살렘으로 변화시킨 마펫의 큰 믿음의 역사에는 그의 설교가 큰 역할을 하였다.

3-5. 분리 개척 – 1천여 교회로 자라나다

마펫은 초기의 널다리 교회 개척을 시작으로 평양 장대현 교회를 크게 부흥 성장시키는 역할을 하였고, 장대현 교회는 남문밖교회, 서문밖교회, 산정현교회, 창신교회 등을 분리 개척하였다. 그리하여서 마펫을 통해서 평양과 북한 지역에 세워진 교회들이 1천여 교회에 이르게 되었다. 마펫이 처음 평양에서 선교 사역을 시작할 당시에는 기독교인이 한 명도 없었지만, 그가 믿음으로 사역을 하는 동안 평양은 새 예루살렘으로 불릴만큼 기독교의 성지가 되었다. 마펫과 동시대에 함께 사역했던 방위량 선교사(윌리엄 블레어, William N. Blair)는 그 당시의 상황을 이렇게 증언하고 있다.

"일찍이 몇몇 선교사들이 평양을 방문했지만, 평양에 처음으로 자리를 잡은 이들은 1893년 장로교의 마포삼열 목사와 감리교의 홀(W. J. Hall) 박사였다. 홀은 1895년에 세상을 떠났기 때문에, 나는 개인적으로 그를 알지 못한다. 그러나 그는 평양에서 아름다운 향기로 기억되고 있다. 한국 사람은 아직도 그가 얼마나 다정했는지, 그리고 주님을 얼마나 열정적으로 선포했는지를 즐겨 말한다."

마포삼열 선교사는 평양 교회를 설립하는 멋진 특권과 영광을 누렸을 뿐만 아니라, 17년간 평양 교회를 이끄는 영적 지도자로 사랑받는 영광도 누렸다. 그는 사람들을 연합시키는 특별한 능력을 가지고 있었는데, 자기 자신을 중심으로 모이는 것이 아니라 공예배를 중심으로 연합하게 했다. 하나님은 그에게 지혜와 미래를 통찰하는 능력을 주셨다. 그래서 한국 사람들은 종종 그를 "선지자"라고 불렀다.

내가 평양에 가서 그를 만났을 때, 그는 밝은색의 머리카락과 청회

색 눈동자를 가진 젊은이였다. 그가 평양에 처음 왔을 때도 크게 다르지 않았을 것이다. 그를 둘러싼 재미있는 이야기들이 아직도 두루 퍼져 있다. 어느 미친 외국인이 평양에서 살려고 왔다는 소문이 들불처럼 퍼져 나갔다. 그의 큰 키와 그가 입은 통이 좁은 바지, 밝은 색의 눈동자와 머리카락, 그리고 아주 높은 코에 관한 놀라운 이야기들이 전해졌다. 한국인은 통이 넓은 바지를 입었으며, 새까만 머리카락과 눈동자를 가지고 있었다. 그들은 모두 외국인들이 큰 코를 가지고 있다고 생각했다. 미국에서 사람들이 서커스를 보기 위해 모여들 듯이, 조선인들은 마포삼열 선교사를 보기 위해 모여들었다. 그의 집 앞에 얼마나 많은 사람들이 몰려왔는지, 소달구지가 지나갈 수 없을 정도였다.

마포삼열 선교사를 보러온 사람들 중에 채초시라고 불리는 건장한 한국인이 있었다. 그는 술집을 운영했는데, 가운데가 갈라진 파란 깃발을 세워 그곳이 술집이라는 것을 표시했다. 이 남자는 술집에 드나드는 손님들에게 들려줄 좋은 이야깃거리를 얻을 요량으로 여러 번 마포삼열 선교사를 찾아 왔다. 그런데 선교사의 이야기가 그를 사로잡았다. 예수님을 믿기로 작정했다. 그리하여 채초시는 마포삼열 선교사의 든든한 오른팔이 되었다. 그는 술집을 닫고, 이 새로운 가르침을 전하는데 시간을 쏟았다.

평양에는 예수의 이름을 고백하는 남녀가 모이는 교회가 생겼다. 그들은 주일이면 함께 모여 예배를 하였다. 이 소식을 들은 평양의 관리는, "여기서 이렇게 할 수는 없다. 외국의 종교를 따른다면, 어떻게 새해에 조상들에게 제사를 지내겠는가?"라고 말했다. 이것은 한국 교회가 져야 할 큰 십자가였다. 해마다 새해가 되면, 자신의 죽은 조상을 뜻하는 위패에 절을 해야 했다. 절을 하지 않거나 해마다 제사를 지내지 않는 것은 자식된 도리를 다하지 않는 것으로 조선에서 가장 큰 죄를 짓는 것이었다. 그러나 기독교는 절대 우상 숭배와 타협할 수 없다. 교회는 우상을 숭배하지 않고서도 부모를 공경할 수 있다는 것을 보여 주어야 했다.

평양의 관리는 포도군사들을 보내 기독교인들을 체포했다. 어떤 사람들은 매를 맞았고, 또 어떤 사람들은 죽음의 위협을 당했다. 폭력적인 무리는 길을 걷는 선교사에게 돌을 던졌다.

바로 그러한 때에 북쪽에서 중국인들이 황룡기를 들고 내려오지 않았다면 무슨 일이 벌어졌을지 아무도 모른다. 동시에 남쪽에서는 일본군이 신식 소총을 들고 올라오고 있었다. 그렇게 청일 전쟁이 시작 되었다(1894년). 두 군대는 평양에서 만났다. 얼마되지 않았던 기독교인들은 산으로 도망치는 양처럼 사방으로 흩어졌다. 마치 초기의 그리스도인들이 예루살렘에서 대박해가 시작되자 흩어진 것과 같았다. 놀랍게도 그들은 초기의 그리스도인들처럼, 가는 곳마다 복음을 전했다.

마포삼열 선교사는 수도 한성으로 올라오라는 공식적인 지시를 받고서 한성으로 갔다. 그러나 평양에서 전투가 끝나자마자 몇몇 사람들을 데리고 서둘러 평양으로 되돌아갔다. 평양은 불에 탔고, 중국인들의 시체가 길거리에 나뒹굴고 있었다. 선교사가 돌아왔다는 소식이 주변 마을에 전해지자, 그리스도인들이 다시 모여들기 시작했다. 그들은 북쪽 땅 곳곳에 자그마한 그리스도인들의 모임이 일어나고 있다는 아름다운 소식을 가져왔다. 하나님의 성령은 전쟁과 위기의 날을 사용하여 하나님의 사랑과 복음의 위로를 사람들에게 전하셨다.

바람 한점 없는 날 젯더미에 불이 붙어 연기가 피어 오르는 것을 본 적이 있는가? 갑자기 작은 돌개바람이 불어오면 불씨가 날아올라 사방으로 퍼진다. 그러면 이곳 저곳에서, 그리고 더 먼 곳에서 새로운 불이 타오르기 시작한다. 바로 이러한 일이 평양에서 일어났다. 하나님의 영이 평양에 불을 붙였다. 그때 갑자기 전쟁이라는 돌개바람이 불어왔고, 그 불꽃이 떨어진 곳은 어디든, 그곳이 바다 근처 평야든 깊은 산골짜기든 또 하나의 불길로 타올랐다. 그리하여 복음의 불길이 한반도 전역으로 번져 나갔다.

함께 일할 사람들이 서둘러 평양으로 왔다. 하나님의 일을 이어가기 위해, 그리고 새로운 무리의 성도들을 방문하기 위해 모든 노력을 기울였다. 선교사들은 긴 여행길에 올라 사방으로 다니면서 새로운 회심자들을 모으고 가르쳤다. 그러나 그들이 아무리 움직여도 심지어 한국인들과 함께 살아가느라 그들의 자녀들이 그들을 알아보지 못할 정도가 되고 밤낮으로 돌아다녀도 하나님께서 그들보다 훨씬 빠르게 일하셨다. 선교사들은 어쩔줄 몰라 하며 마게도니아 사람들처럼 울부짖었고 이것이 미국 남부와 북부에 "건너와서 우리를 도우

라"(행 16:9)라는 울림으로 전해졌다.[226]

위의 내용은 마펫과 동역했던 방위량 선교사의 생생한 증언이다. 하나님은 준비된 사람 마펫을 미지의 땅 조선의 평양에 보내셔서 위대한 믿음의 역사를 행하셨다. 처음 시작된 널다리골 교회가 크게 성장하여 장대현 교회가 되게 하시고, 그 장대현 교회를 통해서 남문밖교회, 서문밖교회, 산정현교회, 창신교회 등을 분리 개척하게 하셨다. 그리고 들불처럼 평양과 북한 땅 일대에 1천여 교회가 세워지는 믿음의 큰 역사를 행하시어, 평양을 새 예루살렘이라 부르게 하셨다. 그러면 장대현 교회를 통해서 분리 개척된 "남문교회"의 분리 개척 이야기를 들어보자.

"현재 평양시 바깥에 오래된 외성(外城)이 있는데 3,000년 전에 한국의 첫 위대한 왕인 기자가 세웠다. 이곳에서 스왈른 목사와 스누크 양이 몇 년간 사역을 실시했다. 남문 바로 바깥에 구도시와 신도시 사이에 중성(中城)으로 불리는, 약 300호가 있는 마을이 있다.

올해까지 외성과 중성에 있는 우리 기독교인들은 시내 대형 교회에서 예배를 드렸다. 그러나 작년 보고서에서 언급했듯이, 시내 교회의 회중이 크게 성장해서 다른 교회의 설립이 필요하게 되었다. 선교회의 지난번 연례 회의에서 즉시 그것을 조직하도록 결정했다. 영토 분할로 외성, 중성, 서문 거리의 남쪽의 전체 평양을 포함하는 지역이 주어졌고, 교회 건물은 남문 밖에 지을 것이다. 약 150명의 기독교인들이 이 지역에 등록되어 있다. 스왈른 목사와 블레어 목사가 목회자로 임명되었다.

평양 교회에서 힘 있는 위대한 요소는 사역의 중앙화와 연합이다. 목사와 교인들은 이 연합의 정신을 약화시키기를 원하지 않았다. 사역의 성공이 제 2의 조직과 또 다른 건물의 건축을 요구했지만, 새 교회를 단순한 예배당이나 모조직에 의존하는 것으로 만들지 않고 조직을 하나로 유지하기로 결정했다. 이것을 고려하면서 두 교회의 목사와 직원들은 최종 권위를 가진 하나의 직원 이사회를 형성했는데, 이 이사회는 사역의 일반적 감독을 분리된 각각의 이사회에 부여했다. 두 회중은 매월 첫 주일과 기도회에 함께 모였다. 회계는 한 명만 두어 모든 헌금은 공동 자금으로 들어갔다. 새 교회를 위한 약정 헌금을 할 때 이렇게 행한 유익이 즉각 드러났다. 교인들은 사역이 하나임을 깨닫고, 위치에 상관없이 동일한 열정으로 드렸다. 이 글을 쓰는 현재, 많은 난관에도 불구하고 사역이 이루어졌고, 새 건물은 거의 완성되었다.

지난 가을 처음 두 교회를 분리 했을 때, 남문 회중은 어쩔 수 없이 옛 동문 예배당에 모여서 예배를 드렸다. 새 교구 영토에는 전체 회중이 임시로 들어갈 수 있는 큰 건물이 없었기 때문이다. 부모 교회를 떠나 새 교회의 영토 바깥에 있는 건물로 가는 일은 어려웠다. 그러나 열정이 너무 넘쳤기 때문에 그곳에서 예배를 드리는 4개월 동안 아무런 반대도 제기되지 않았다. 올봄에 남문 밖에 교회를 건립하는 계획이 모두 마련되었고, 많은 자재를 모았는데 전쟁이 발발했다. 모든 일이 중단 되었고, 사람들은 흩어졌으며, 동문 예배당은 일본 임시 영사관으로 사용되었다. 아무것도 남은 것 없이 돌아가는 수밖에 없었다. 남은 것은 장대현 교회로 돌아가 예전처럼 모이는 것이었다. 모든 사역이 끝났다고 우려하는 사람들이 많았지만, 군대가 떠난 후 우리 교인들이 다시 모였고, 조금도 기가 꺾이지 않았다. 다행히 새 부지에서 멀지 않은 남문 밖에 있던 큰 기와집을 공황 상태일 때 구입했다. 기독교인들이 자원해 일을 해서 그곳을 임시 모임 장소로 개조했다. 남문 회중은 다시 이사를 했는데 즉시 발전했기 때문에 우리는 새 건물을 짓는 일을 추진할 수밖에 없었다.

건축 일은 대부분 리 목사의 지시하에 진행되었다. 건축 양식은 한옥이다. 완성되면 그 구조는 장대현 교회를 닮겠지만 물론 훨씬 더 작을 것이다. 지금 짓고 있는 예배실에는 350명에서 400명이 앉을 수 있다. 나중에 확장할 수 있도록 계획했으므로, 이 첫 건물은 넓고 높게 지어야 하기 때문에 첫 경비가 더 많이 필요하다. 이 한쪽 예배실 건축 비용은 17,000냥이 넘는다. 이 가운데 한국인들이 8,000냥을 약정했고 신속하게 헌금할 것이다. 또 한 번의 약정 헌금을 받아야 한다.

한국인들이 건물의 전체 경비를 지불하는 것이 매우 바람직하다. 그러나 여러 가지 이유로 이것은 불가능해 보인다. 전쟁이 매우 불안정한 상태를 야기했다. 외성에 거주하는 이 회중의 등록 교인들은 철도 부지가 들어서는 바람에 땅을 잃고 큰 손실을 입었다. 그리고 상당한 경비를 들여 예배당을 철거하지 않을 수 없었다. 더욱이 우리는 증가한 회중으로 인해 곧 다른 쪽 예배실을 추가함으로써 교회 건물을 완성하는 것이 필요하게 되리라고 희망하고 믿는다. 따라서 우리는 비용은 1/3을 외국 자금으로 사용하도록 허락해 줄 것을 선교회에 요청했다. 하지만 만일 사역에 타격을 주지 않고 가능하다면 한국인에게 모든 짐을 지울 것이라는 우리의 큰 소망과 목적을 진술했다. 지면 부족으로 인해 이 회중의 성장과 연관된 많은 흥미로운 사건을 제시할 수 없다. 하지만 2명의 사업가인 이일영과 임택순에 대해서는 반드시 언급해야 한다. 이들은 보수를 받지 않고 건축 과정을 감독하는 데 시간을 바쳤다.

파이팅 의사가 외성 예배당에 정기적으로 참석했으며, 교인들에게 큰 사랑을 받았다. 올해 그곳의 여성 사역은 스누크 양이 작년처럼 수행했는데 꾸준히 발전했다. 남문교회 주일 회중은 이제 평균 180명이다. 주일 아침 남성 성경 공부반에는 50명이 등록했고, 여성반에는 60명이 등록했다. 수요일 오후 여성 성경 공부반도 있는데 블레어 부인이 인도한다. 지난 1년간 26명의 성인이 세례를 받았고, 21명이 학습 교인으로 등록했다. 처음부터 기도의 정신과 전도에 대한

장대현 교회의 여성 사경회와 마펫

남다른 열정과 열심이 이 사역의 현저한 특징이었다. 깊은 인상을 지역 주민들에게 남겼다. 이제 매 주일 새로운 얼굴이 교회에 많이 온다."[227]

3-6. 목회 전략 1 - 사경회

사경회(Bible Training Class)는 매년 성경을 교재로 전 교인을 단기 집중 훈련하여 전도인으로 만드는 프로그램이다. 이는 매주 주일에 실시하는 전교인 성경 공부의 연장으로, 주로 겨울 농한기에 일주일부터 열흘간 진행되었다. 1904년 한 해 동안 약 60%의 등록 교인과 학습 교인이 1회 이상 사경회에 참석했으며, 약 75%의 미조직 교회가 사경회를 개최했다. 이 비율이 점차 증가해서, 전 교인이 1년 1회 사경회에 참석하는 방향으로 나아갔다.

통상 프로그램은 다음과 같다. 참석자가 어느 집에서 새벽 기도와 찬양 예배를 드린다. 아침 식사 후 30분간 함께 경건회를 드리고, 이어서 오전 성경 공부를 위해 흩어진다. 학급의 수는 가르치는 교사의 수에 달려 있다. 오후에 각각 1시간 정도 성경 공부와 찬양 부르기가 있으며, 자주 오후 시간엔 집에 있는 불신자들을 찾아가 전도한다. 저녁에는 다 함께 토론회를 하거나 전도 집회에 참석한다.

규모에 따라 면 소재지 정도의 교회에서 모이는 교회 사경회, 한 군의 군청 소재지에 있는 교회에서 모이는 시찰(視察, Circuit) 사경회, 한

도의 도청 소재지가 있는 선교 지부의 도시에서 열리는 도(都) 사경회가 있다. 시찰 사경회나 도 사경회는 남녀가 시기를 달리해서 별도로 모였으나, 시골 교회에서는 같은 기간에 남녀 반을 분리해서 시행했다. 사경회는 성격에 따라 일반 사경회, 교사 사경회, 직원(집사, 영수, 장로) 사경회, 조사 사경회 등으로 구분되었다. 남성 조사 사경회는 신학교 수업이 진행되면서 그곳으로 흡수 되었고, 전도부인을 위한 여성 사경회는 여성 성경 학교로 발전되었다.

사경회는 경전 공부하기를 좋아하는 조선인의 특성에 맞게 적응된 프로그램이다. 다양한 성경 공부 방법이 이용되었는데, 주제별이나 책별 공부보다 한 절씩 주석적으로 공부하는 방법이 가장 인기 있었다. 이와 같이 성경 공부에 끌렸던 것은 조선인이 배우기를 좋아하기도 했지만, 당시 읽을 거리가 될 만한 좋은 한국 문학이 없기 때문이기도 했다.

도 사경회에서는 주로 선교사들이 가르쳤지만, 시찰 사경회와 지역 사경회에서는 조사와 장로들이 가르쳤다. 기독교인들은 하나님의 말씀을 공부하기 위해 특별히 매년 여러 주 동안 그들의 생업을 내려놓는 것이 바르고 옳다는 것을 배웠다. 이렇게 하나님의 말씀을 공경하는 방법으로 그들은 모든 사람에게 그들의 삶 가운데서 하나님의 권위를 드러냈다. 조사나 선교사의 말보다 주님의 말씀이 애초부터 신앙과 실천에서 기독교인의 규범이 되었다. 한편 사경회 기간에는 도시 교회의 장로들과 영수들 대부분이 시골에서 열린 사경회를 맡아 자리를 비웠기 때문에, 그들의 사역을 집사와 구역장들이 맡았기에 성장하는 기회가 되었다.

결국 사경회는 훈련받은 조사와 전도인 목사를 양성하는 지도자 교육의 기회가 되었고, 이는 토착교회 설립을 위한 "자치"로 나아갔다. 외국인 선교사는 교회의 기초와 설립을 위한 초기 단계에서 중요한 역할을 했다. 따라서 그들에 의해 세워진 본토인 교회 자체는 그 나라의 완전 복음화를 위한 기관이 되어야 하며, 그 교회로부터 영구적인 요소들이 될 기관과 사람들이 나와야 한다. 당시 중고등학교-대학을 거쳐 신학교에 가던 자들이 없던 상황에서 사경회는 지도자를 양육하고 목회자를 훈련하는 데 절대 필요했다. 목회자로서 자격을 갖춘 지도자가 되려면 초중학교, 고등학교, 대학교, 신학교 교육을 거쳐야 하기 때문이다.

사경회는 1903-1907년의 대부흥이 일어난 자리였다. 사경회의 저녁 집회는 불신자들이 참석하는 전도 집회의 성격으로 진행되었다. 설교는 인간의 원죄와 예수 그리스도의 속죄 교리를 설명하고, 죄 용서와 중생을 얻기 위해 회개를 촉구했다. 찬송과 기도와 더불어 회심을 결단 하도록 촉구하는 감정적인 미국 부흥회 스타일의 설교가 매일 저녁 선포되었다. 그리고 주중에 연속적으로 연장된 전도 집회를 통해 많은 사람이 회개하고 중생을 체험했다.[228]

마펫과 함께 동역했던 방위량 선교사의 사경회에 대한 생생한 증언을 들어보자.

"사경회는 조선에서 독특하게 행해지는 사역 형태이다. 각 교회는 한 해에 한 주 또는 그 이상을 성경을 공부하는 기간으로 정해 두었다. 그 시기에 다른 모든 일을 내려 놓았다. 유대인들이 유월절을 지키듯이, 조선의 기독교인들은 이날들을 거룩하게 지키며 기도하고 하나님의 말씀을 공부했다. 어떤 것에도 방해 받지 않는 이러한 성경 공부는 자연스레 교회 전체를 진정한 사랑과 예배의 부흥으로 이끌었다. 미국도 한국으로부터 이런 것을 배운다면, 부흥의 문제가 저절로 해결될 것이다.

각 교회와 수많은 지역에서 이루어진 성경 공부나 순회 모임과는 별도로, 각 선교 본부에서도 일반 사경회(general class)가 하나 이상 열렸다. 그 기간에는 각각의 교회에서 온 대표자들이 선교사들이 살고 있는 선교 본부에 모여 열흘에서 두 주 정도 성경을 공부하고 토론하면서 시간을 보냈다. 평양에서 열린 남성을 위한 일반 사경회는 대개 1월의 첫 주와 둘째 주에 열렸다. 해마다 평균 800-1,000명 정도가 참석했다. 이들은 대부분 16km에서 160km되는 먼 거리를 걸어왔다. 모두 자비를 들여 참석하였고, 사경회를 위해 소액의 수업료를 지불하였다. 도처에서 엄청나게 많은 사람들이 왔기 때문에 평양에 거주하는 그리스도인들은 출입을 자제하고, 방문자들을 위한 공간을 만들었다. 그리고 2월에는 평양의 상인들을 위해 특별 사경회가 열렸다.

일반 사경회는 여덟 부분으로 나뉘어 진행되었다. 아침에는 경건의 시간을 가지고 30분 정도 찬양을 하였다. 오후에는 여러 선교사들과 한국인 교사들이 세 시간을 꽉 채워서 성경 공부를 진행하였다.

그리고 저녁에는 중앙교회(장대현 교회)에서 대규모 집회를 가졌는데, 자리가 부족해서 여자들은 빼고 남자들만 참석하였다.

선교 본부에서 진행하는 이러한 사경회는 교회 전체의 믿음과 삶을 고양시키고, 그들을 인도하며 하나로 묶는, 더없이 가치 있는 시간이었다. 모든 교회에서 믿음이 가장 강한 사람들이 모였다. 이 사경회에서 배운 새로운 노래는 이내 모든 지역으로 퍼졌다. 사경회에서 뿌려진 모든 생각과 확신이 모든 교회에서 열매를 맺었다. 그래서 우리는 평양의 사경회를 위해 특별히 기도했다."[229]

사경회는 오늘날 한국 교회에서도 다시 회복하고 실천해야 할 중요한 목회 전략 중의 하나이다. 일찍이 북한 지역에서 일어났던 사경회가 오늘날 남한의 교회에서 다시 일어난다면 평양 대부흥과 같은 역사가 남한 땅에서도 다시 일어날 것이다.

3-7. 목회 전략 2 - 조사(助事), 권서(勸書), 영수(嶺袖)의 역할

조사(助事) : 선교사를 도와 일한 동역자

"그는 매달 두 번의 주일을 평양 교회에서 보내고 있으며 한 주일은 순안교회에서, 한 주일은 지금 그의 가족들이 살고 있는 황해도 순안의 작은 선교 지부에서 보내고 있습니다. 그는 때를 얻든지 못 얻든지 언제나 열정적인 전도자이며 진리를 가르치는 교사로서, 사역의 발전에 크게 기뻐히면서, 연륜과 지식과 영적인 면에서 성장해 감에 따라 더욱 보배로운 조력자가 되어가고 있습니다."[230]

마펫은 조사 한석진의 공헌과 헌신에 위와 같이 피력하고 있다. 사실 선교사들은 항상 수적(數的)인 한계와 언어의 장벽을 가지고 있다. 그럼에도 그렇게 짧은 시간에 수많은 교회를 설립할 수 있었던 것은 평신도 지도자, 곧 조사(助事)와 영수를 잘 활용했기 때문이다. 평북 지역은 김관근, 평남 지역은 한석진에게 일정한 권한과 책임을 주어 적극적으로 활동할 수 있게 했고 길선주를 장대현 교회의 영수이자 황해도 지방 조사로 임명하여 진력을 다하게 했다.

근래에 와서 새로이 밝혀지고 조명된 조사로서는 김상현 조사로서 그는 1905년 마펫의 조사로서 활동하다가 평양 신학교에 입학하여 1926년에 목사 안수를 받고 평북노회에서 목회를 하다가 3.1만세운동에 관여하여 옥고를 치루었다. 1945년에는 공산당 폭도에 의해 고초를 당하였으며 순교의 제물이 된 마펫의 최종 조사로서 그는 한국 교회의 근현대 교회사의 마지막 증인이기도 하다. 이처럼 그 시대에는 조사를 거쳐서 목사가 된 사례들이 많았고 그들이 이북 지역의 교회 부흥에 기여한 바는 매우 지대하였다.

마펫의 2-3주간의 순회 전도 여행은 대부분 이들 조사와 영수에 의해 복음을 받아들인 신자들, 곧 학습 교인들에게 세례를 주는 일과 성만찬의 성례를 집행하는 일, 교회로서의 자격 유무를 판단하는 일, 평신도 지도자들 사역에 대해 검증하는 일 등으로 채워졌다.

영미 선교사들도 각 선교 거점마다 선교지의 조력자(한국 장로교의 조사)를 두어 예배 공동체를 세워 나가고, 세워진 교회의 지도자(한국 선교 초기, 감리 교회의 본처 전도사나 장로교의 영수 같은 형태)를 돌보는 방식을 택했다. 전문적 신학 훈련을 받은 선교사가 부족했던 상황에서 그것은 매우 효과적인 방식이었다. 또한 선교지 언어에 한계를 갖고 있던 선교사들로서는 이러한 방식이 효과적이었다.[231]

권서(勸書) : 성경 봇짐을 메고 팔도를 누빈 복음의 첨병

"권서"는 성서 공회에 고용되어 성경책과 전도 책자를 파는 행상을 이르는 말이다. 권서들은 성서 공회에 고용되어 성경 판매를 맡은 일종의 외판원으로서, 1804년에 세계 최초로 영국 성서공회가 설립된 이후 성경을 전파하기 위한 한 기구로 생겨났다. 성경을 전하는 대표적인 세 기구는 권서, 성경 보급소, 성경 교사(bible reader)인데, 한국에서는 문맹률이 비교적 낮고 권서(특히 부인 권서)들이 성경 교사의 역할도 겸했기 때문에 성경 교사 제도는 시행되지 않았다.

권서 제도는 특히 서세동점기에 영국 성서공회(British and Foreign Bible Society:이하 BFBS라 함)와 스코틀랜드 성서공회(National Bible Society of Scotland:이하 NBSS라 함), 그리고 미국 성서공회(American Bible Society: 이하 ABS라 함)가 세계로 진출하면서 각국에서 경쟁적으로 반포 활동을 할 때 발전했다. 각 공회는 진출한 지역의 현지 교인을 권서로 고용하여 반포 활동을 했는데, 그것은 외국인이 성경을 반포하는데 따르는 여러 가지 부작용을 최소화시키고 반포의 효율성을 높이기 위

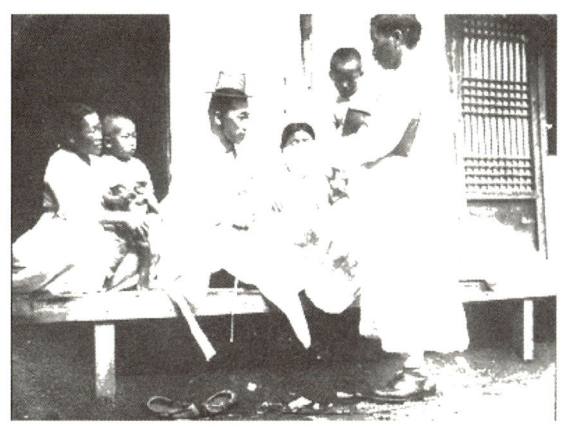

권서인 전도

해서였다. 개화기 이전의 한국처럼 외국 종교의 수용과 외국인의 활동이 엄격하게 제한된 곳에서는 특히 권서 제도가 선교 활동을 위해서 매우 효과적이었다.[232]

권서인은 "성경 봇짐"을 메고 팔도를 누빈 복음의 첨병이었다. "하나님 믿으면 복을 받습니다. 예수 믿고 구원 받으세요. 지금까지 제가 한 복된 소식이 이 책 안에 있습니다. 자, 성경책 한번 보세요." "돈이 없으니 딴데가서 알아보슈." "아이고 그래도 괜찮습니다. 보리쌀도 괜찮고 계란도, 짚신도 좋습니다." "글쎄, 나는 글을 모른다니까요." "아, 그럼 제가 글을 가르쳐 드리지요." 봇짐에서 ㄱ, ㄴ, ㅏ 등 갖가지 한글 조각을 꺼낸 사람은 친절하게 한글을 가르쳐 주고 보리쌀 반 되를 받고 성경책을 판다. "제가 다음 장날 다시 올 터이니 성경을 잘 읽어보시고 궁금한 것이 있으면 물어 보세요." 성경 번역의 주인공은 서양 선교사였지만, 조선 민중들에게 성경을 전해준 것은 권서 (勸書, Colporteur, 책을 권하는 사람)였다. 이들은 성경책 배포의 주역으로서 전국 방방곡곡을 돌아다니며 전도 활동을 펼친 숨은 "영웅"이다.

1880년 당시 조선은 외국 종교 서적의 유입을 엄금하고 있었다. 그래서 존 로스는 1882년 3월 김청송을 통해 한글 성경 배포가 가능한 만주 서간도부터 우선 보급했다. 백홍준과 그의 친구들도 의주 지역에서 무보수로 성경 전달자 역할을 자청했다. 로스는 의주에 있는 신자들이 지속적으로 성경을 요청하자 그해 서상륜을 영국 성서공회의 권서로 파송한다. 이렇게 해서 한국 최초의 권서가 탄생하게 된다. 서상륜의 한성 지역 권서 활동은 미국 선교사들이 입국 하기 전 2년간 진행되었고, 이에 따라 상인이나 중상류층을 중심으로 한 신자들이 생겨나게 되었다. 이성하도 1883년 평양에 들어가 성경을 전했는데 이것은 토마스 목사의 순교 이후 17년 만에 재개된 전도로 의미가 깊다. 이성하가 한성에서 활동하던 서성륜에게 전해준 400권의 복음서는 한성 지역에 복음을 전하는 기초가 되었다.

초기 권서들은 로스, 매킨타이어와 함께 성경을 번역한 조선인들이었다. 이응찬과 백홍준, 서상륜, 이름이 밝혀지지 않은 수세자들은 로스와 함께 성경 번역에 참가했고 그 성경을 직접 조선으로 가져와 전도하고 교회를 세웠다. 따라서 선교사들은 조선 땅에서 씨를 뿌리기도 전에 김을 매고 '추수'까지 하는 즐거운 상황이었다.

"개신교 선교사들보다 몇 년 앞서 성서 공회는 은둔의 왕국에 들어갔고 로스의 열정적인 노력에 의해 한글판 신약 성서가 만들어졌다. 그 책들은 장돌뱅이와 권서들, 그리고 모든 가능한 방법들을 통해 평양을 거쳐 서울까지 들어갔다. 선교사들은 의주와 평양에서 말씀에 의해 정결하게 된 적지 않은 신자들을 발견하였다."(털리 선교사의 "Ping Yang in Korea", 1895)

선교사들이 실제적 활동을 하기 이전에 벌써 권서를 통해 2만 권에 이르는 성경과 기독교 소책자가 배포되었다. 이것은 세계 기독교회사에서 유례가 없는 일로 조선인의 문화 수용 능력과 개신교의 주체적 출발을 보여주는 대목이다.

"권서들은 산을 넘고 계곡을 건너 외국인 선교사들이나 전도자들이 가본 적이 없는 마을에 들어간다. 그리고 길이든 여관이든 어디든 가서 성경 말씀을 이야기하면서 할 수 있는 대로 성경과 단편을 판다. 권서들의 활약으로 마을 전체가 선교사들이 오기를 고대하고 있다. 우리 마을에 한번 들러 주세요. 우리 믿는 이들을 하나로 모아 교회를 만들어 주십시오. 우리는 벌써부터 준비하고 기다리고 있습니다. 서들러 주십시오. 이런 급박한 호소에 선교사들이 부응하지 못할 때마다 얼마나 마음이 안타까운지 말할 수 없다."(번커 선교사의 "Bible Society Record", 1911)

성경 보급을 통해 조선에는 이미 잠재적인 기독교 공동체가 형성돼 있었으며, 이런 바탕 위에 1887년 새문안교회와 정동교회가 세워진다. 권서들은 전국을 돌며 교회를 세웠다. 하디 선교사는 "남감리회가 1896년 이래로 약 12년간 개설한 225개의 교회가 대부분 권서들에 의해 이뤄졌다"고 증언하고 있다. 권서들은 전도자나 조사

(helper)를 거쳐 신학교에 진학해 목사가 되는 경우도 있었다.

초기 권서들은 종교적 자유가 없는 상황에서 활동의 제약을 받았다. 그러나 청일 전쟁(1894년) 이후 성경 배포를 위한 여행이 자유로워졌다. 당시 권서의 활동이 전국적으로 확산된 것은 동학 혁명과 청일 전쟁 등 국가적 위기에 따라 사회적 불안이 종교적 욕구를 유발시킨데다 각 교파 선교사들이 선교 활동을 활발하게 진행했기 때문이다. 성경 보급은 성경 연구 모임인 사경회 운동으로 연결 됐다. 1890년부터 전국 각지에서 불붙기 시작한 사경회는 권서들이 전한 "예수성교젼서"가 촉매가 됐다.

조선 땅에는 1907년 이후 세계에서 중국 다음으로 많은 수의 권서들이 활동했다. 영국 성서공회와 미국 성서공회, 스코틀랜드 성서공회의 자료를 종합해 볼 때 1940년까지 활동한 권서의 수는 2000명으로 추정된다. 권서 제도는 대한성서공회의 감독 아래 1972년까지 운영됐다. 민영진 전 대한성서공회 총무는 "한국 기독교 초창기에는 교회와 목회자가 많지 않아 성경과 복음을 전한 권서의 역할이 무척 컸다"면서 "숱한 감시와 방해에도 불구하고 권서들은 자신의 사역에 충실해 초기 한국 교회 부흥에 기여했다"고 말했다.[233]

영수(嶺袖) : 초기 장로 교회의 평신도 직분

우리나라 선교 초기 장로 교회의 평신도 직분 중에 하나로 조사(조사)를 돕고 교회를 돌보기 위해 신설된 직분이다. 한국 최초의 영수는

1894년 마펫 선교사가 임명한 평양 장대현 교회의 이영언으로 추정된다(기독교대백과). 당시의 총회 회의록에 의하면 "영수는 투표로 택하고 기한을 정해 당회가 임무를 부여한다"고 되어 있다. 초대 한국 교회 발전에 영수가 끼친 공헌은 지대하나 교회가 조직화 되면서 점점 그 직분은 사라져 1950년대 후반에는 완전히 자취를 감추게 되었다.

3-8. 독노회와 총회 - 선교 없는 교회는 교회가 아니다

한국에서 장로교 시작은 1901년 평양에서 마펫(S. A. Moffett) 선교사가 김종섭, 방기창에게 신학 교육을 시작하면서부터다. 1903년 장로회 공의회로부터 신학반을 신학교로 인준받고, 임시 교과 과정을 승인 받아 학업이 진행되어 1907년 첫 졸업생 7명을 배출하게 되었다. 졸업생을 안수하여야 하는데 노회가 없기에 미국 남.북 장로 교회와 캐나다 장로 교회, 호주 장로 교회 선교부는 조선에 노회를 설립할 것을 합의하고 본국 교회의 허락을 받아 1907년 9월 17일 평양 장대현 교회에서 창립노회(독노회)를 하였다. 창립노회에서는 "선교 없는 교회는 교회가 아니다"라는 말에 따라 전도부를 설립하고 전도에 박차를 가하기로 하였다. 첫 사업으로 7인 목사 중 이기풍 목사를 제주도 선교사로 파송하였으며, 2년 후에는 최관흘 목사를 블라디보스톡에(1909), 한석진 목사를 일본 동경에, 김영제 목사를 북간도에(1910), 김진근 목사를 서간도에 파송하였다.

1907년 독노회가 창립된 이래 교회는 많은 어려움 가운데서도 꾸

장로회 총회 1회

준히 성장하여 전국 교회를 한 노회 안에 관리하던 것을 1911년 전국에 7개 노회(함경, 평북, 평남, 황해, 경충, 전라, 경상)를 조직하고 총회의 창립을 준비하여 1912년 장로회 총회가 창립되었다. 총회는 해외 선교를 착수하였는데 중국 산동성 내양현을 선교지로 확정하였다. 첫 선교사로 김영훈, 사병순, 박태로 목사를 이듬해에 파송하기로 결정했다. 선교비는 전국 교회가 감사주일에 헌금한 것을 전도국에 보내서 충당하기로 결정했다. 이렇게 장로 교회는 총회를 창립함으로 세계 교회의 일원으로 해외 선교를 감당하였고 이 해외 선교의 열정은 오늘에 이르고 있다. 현재 세계 선교에 있어서 파송된 선교사의 수를 보면 세계 두 번째이지만 교인수와 대비하면 세계 1위인 나라가 되었다. 이는 선교 역사에서 찾아보기 힘든 귀한 발자국이 아닐 수 없다. 복음을 받아들인지 불과 29여 년밖에 되지 않은 어린 교회였지만 복음의 빚진 자임을 인식하고 주어진 사명을 감당하고 있다고 볼 수 있다.[234]

1901년 9월 선교사 25명과 한국인 장로 등이 함께 모여 장로공의회를 조직하였다. 이 공의회는 장로회로서는 최고 치리기관이었으며, 각 지역마다 대리회(代理會)를 조직하였다. 이렇게 하여 경기 충청 대리회를 비롯해서 평안남대리회, 평안북대리회, 황해대리회, 함경대리회, 전라대리회, 경상대리회가 조직되었다.

대리회에 속한 선교사 및 한국인 장로 및 조사들의 노력으로 교회가 점점 왕성해지자 1907년 9월 선교사 38명, 목사 33명, 장로 36명이 출석하여 "조선예수교장로회 독노회"를 평양 장대현 교회에서 조직했다. 이때 회장은 마포삼열(S. A. Moffett) 선교사를 선임했으며, 때마침 1907년 9월 독노회에서 제 1회 장로회신학교를 졸업한 7명(방기창, 서경조, 양전백, 한석진, 이기풍, 길선주, 송인서)이 최초로 목사 안수를 받았다. 이들 7명 중 이기풍 목사는 독노회 창립 기념으로 제주 선교사로 파송하였으며, 나머지 목사 6명은 각 지방에서 선교사와 함께 일 할 수 있도록 전도 목사로 허락을 하였다. 매년 9월이 되면 독노회가 모였는데 1911년 9월 대구에서 모이는 제 5회 독노회에서 대리회를 승격하여 노회로 모이기로 하고 폐회하였다.[235]

1911년 11월 전라대리회에서는 전라노회를 조직하면서 각 지역마다 대리회를 노회로 개편하고, 역사적인 "대한예수교장로회" 제 1회 창립 총회가 7개 노회에서 선출된 총대원 목사 96명(선교사 44명, 한국인 목사 52명)과 장로 125명, 도합 221명이 1912년 9월 평양에 있는 장로회신학교 강당에서 제 5회 독노회장 이눌서(W. D. Reynolds) 회장의 사회로 개회 예배를 드렸으며, 초대 총회장에 언더우드(한국명 원두우) 선교사를 선출하였다. 역시 총회를 조직할 수 있도록 허락해 주신 하나님의 은혜가 너무 감사하여 중국 산동성으로 박태로, 사병순, 김영훈 목사를 파송하기로 결의하였다.[236]

1930년 마펫의 선교 40주년을 기념해 제 18회 장로교 총회는 "마펫 목사 40주년 사업회"를 발족했는데, 이는 마펫이 한국 선교에 미친 영향을 가늠해 볼 수 있는 대목이다. 1935년에 한국인의 헌금으로 "마포삼열 기념관"을 평양 신학교와 서문밖교회 사이에 세웠고, 현재는 광나루 장로회신학대학교 구내에 마펫 기념관을 재건했다.[237]

마펫에 의해서 정착된 독노회는 처음부터 "선교없는 교회는 교회가 아니다"라고 하는 선교 정신으로 출발하였다. 한국인 최초의 목사 7인을 안수하고, 그 중에 한 명인 이기풍 목사를 한국 교회 최초 해외 선교사로 제주도에 파송하였다.

제4장

교육 정책 지도자 마펫
: 복음적 양육으로 인재를 길러내다

4-1. 교육 정책 지도자 마펫 – 복음 인재를 양성하다

"마펫의 탁월한 교육 정책의 기인은 그의 개인적인 식견에 의한 것보다는 그 당시 그를 파송한 "미국 북장로선교부"가 채택하여 제시한 교육의 기본 원칙과 규칙이라는 메뉴얼에 의한 것으로 마펫은 단계별로(1891년-1895) 이를 조선의 선교를 균형있게 실행하기 위해 교육 정책을 체계화하였다. 그 내용을 보면 다음과 같다.

A. 1891년 교육 정책
- 학교의 기본적 이념은 유용한 지식을 교육시키는 일이며, 학생들

이 적극적으로 자신들의 삶에 대하여 여러 의무와 책임을 감당할 수 있도록 하는데 있다.
- 학생들에게 종교적, 영적 영향력을 끼치는 것이 학교에서 해야 할 가장 중요한 일이다.
- 미션 스쿨의 주된 목적은 조선 교회의 발전과 조선인들에게 적극적으로 기독교인으로서 사명을 다할 수 있도록 지도자를 육성하는 일이다.

선교사들이 설립한 미션 스쿨의 가장 중요한 사명은 전도를 통해 한국 교회 발전과 기독교 지도자 양성에 있었다. 미션 스쿨들이 초등학교에 머물고 있었으므로, 향후 중등학교 또는 대학의 고등 교육 기관이 필요하다고 제안한다. 또한 당시 선교사가 설립한 초등학교 가운데 자립하는 학교들이 많지 않으므로 한국 교회와 협력하는 자립하는 방안을 모색하라고 제안하며, 미션 스쿨의 교사는 건전한 인격과 기독교 신앙을 가진 한국인 교사를 채용하라고 제안하고 있다.

B. 1893년 교육 정책

1893년 1월 미국 북장로교 선교부가 채택한 10개항의 선교 정책 가운데 교육과 자립과 내용은 다음과 같다.

- 전도의 목표를 상류층보다 근로 계급의 귀도(歸道)에 두는 것이 더 낫다.
- 모성은 후대의 양육에 중요한 영향을 주므로 부녀자의 귀도에 청소년의 교육을 특수 목적으로 한다.

- 군소재지에 초등학교를 설립하면 기독교 교육에 성과가 많을 것이니 선교부 소관 학교에 재학한 남학생들을 교사로 양성하여 각 지방으로 파송한다.
- 교육받은 교역자를 배출하는 희망도 우리 교육 기관에서 실현될 것이니 항상 관심을 기울여야 한다.
- 모든 문서사업에는 순한글을 사용함이 목표가 되어야 한다.
- 진취적인 교회는 자립하는 교회가 되어야 한다. 따라서 교인 가운데 의존 생활자를 될 수록 줄이고, 자립하는 교회와 헌금하는 교인수를 증가시킨다.
- 한국인들을 그리스도에게 인도하는 일은 한국인 자신들이 해야 한다. 따라서 전도자를 철저하게 훈련시킨다.

위의 교육 정책 중에 주목할 점은 주한 장로교 선교부가 상류층이 아니라 노동자, 부녀자와 청소년, 아이들과 같은 하류 계층을 선교의 주요 목표로 삼았다는 것이다. 조선 500년 동안 지배층인 양반과 유학자들이 교육의 기회를 독점해왔지만 선교사들은 그간에 배제되었던 여자와 아이를 포함하는 하류 계층에 교육 기회를 제공함으로써 사회적 장벽을 허물었고, 한글을 교수, 학습 언어로 사용함으로써 대중교육을 위한 기초를 닦았다. 또한 교육 선교 초기에 서울에 집중되어 있던 미션 스쿨들을 서울 이외의 지역에도 설립할 것을 제안하고 있다.

C. 1895년 교육 정책

1895년 10월 미국 북장로교 선교부가 채택한 8개항의 선교 정책 가운데 교육과 자립과 관련된 4개항의 내용은 다음과 같다.

- 우리는 영어를 가르치기 위해 존재하는 학교를 운영해서는 안 된다고 믿는다.
- 그러나 초등학교의 설립이 필요하다고 생각한다. 그리고 초등학교가 발전하고 필요성이 인정될 때는 고등 교육을 실시할 학부를 신설할 수 있다고 생각한다.
- 종교 사업을 추질할 때 외국 선교 자금으로 지불하는 현지 전도인의 숫자는 최소화 하여야 한다.
- 현지 교인들이 처음부터 자급하는 것을 적극 추진할 것이며, 현지 교인들 스스로 책을 구입하고 교회를 짓고 현지인 목회자의 사례비를 지급하도록 한다.

위의 교육 정책 중에 흥미로운 점은 미션 스쿨에서 교수-학습 언어는 영어가 아닌 현지어로 할 것과 초등학교의 발전과 함께 고등 교육 기관의 설립을 모색하기 시작했다는 것이다. 또한 네비우스의 자립 선교 방안이 이전보다 훨씬 강조되어 있음을 알 수 있다 (변창욱, 세계 선교 역사를 바꾼 한국 교회 선교 운동사, 장로회신학대학교출판부, 2018, pp.172-175, 재인용).

이상과 같은 교육 정책을 마펫은 1891년에 널다리골 교회를 개척한 후 바로 소년부와 부녀들을 대상으로 한 교육 정책에 반영하였다. 그리고 1901년 평양 신학교의 설립과 운영을 하였으며 이어서 베어드 선교사가 3숭실 학교를 설립함으로 그 바톤을 계승하여 그 교육 정책을 더욱 발전시켜 나갔다.

그가 어둠에 덮힌 이 땅에, 그리고 우상 문화와 죄의 노예의 사슬에 얽매여 있는 백성을 그리스도의 복음으로 구하기 위하여 한반도에 첫 발을 내디딘 해가 1890년 1월이었다. 처음 3년은 서울에서 교육과 선교 사업을 진행하였고, 그 후에는 평양을 중심으로 하여 3백 개 마을에 한 사람의 신자도 없던 곳에서 1천여 교회와 십만여 성도를 얻었고, 3백여 소학교와 숭덕(崇德), 숭실(崇實), 숭의(崇義), 숭실대학(崇實大學) 등을 세웠다. 그리고 교역자를 위한 신학교를 창설하여 23년간 교장으로 봉사하면서 길선주, 한석진, 김익두, 함태영, 김선두, 남궁혁, 주기철, 채필근 등 8백여 명의 목사를 배출하였고 한국 교회 자립하는 전국독노회(全國獨老會)의 초대 회장을 역임하고, 1919 기미년(己未年)에는 총회장으로서 봉직하였다.

그는 강한 믿음의 소유자였으며 위대한 선견과 실행 능력을 가지고 있었다. 그리고 기독교 사업 다방면에 비상한 재능을 보였고, 정력적으로 모든 일을 완수하였으며 겸손과 한국인에 대한 참된 친구로서의 사랑을 베푸는 사람이었다.[238]

마펫이 한국에 선교사로 오면서 제일 먼저 착수한 사업이 바로 교육 사업이었다. 그가 한국에 선교사로 있으면서 크게 공헌한 두 가지 일이 있는데 하나는 교회 설립과 그 발전이었고, 다른 하나가 이에 맞먹는 교육 사업이라고 볼 수 있다. 그가 교육을 사업으로서 절감하게 된 것은 조선에 들어와 한성에 체류하면서 보고 느낀 데부터 시작한다. 물론 미국에 있을 때부터 교육의 필요성을 느끼지 않았다거나 그것의 가치를 모르고 있었던 것은 아니다. 그러나 조선에 와서 그는 더욱더 조선인에게 교육이 절박한 과제라는 데 초점을 모으게 되었다.

그의 교육 사업의 의미와 목적은 다소 특이한 데가 있었다. 그는 순수한 교육을 위한 교육이 아니었다. 말하자면 선교사로서 마펫은 교육 자체에 어떤 의미나 목적을 두지 않았다. 당시 조선 사회의 후진성과 그것을 탈피하는 데 필요한 교육을 의중에 둔 것은 아니었다. 비위생적인 생활 계몽을 위해 교육의 궁극적인 지표를 둔 것도 아니었다. 그는 교육 사업을 인간 개발이라는 과제에만 결부시키지 않고 이것을 복음 전도의 한 통로로 혹은 수단으로 삼았다는 것이다. 모든 교육 사업은 결국 "복음 전도"라는 한 가지 목표에 집약되고 이것을 지향하였다.

따라서 그의 교육 철학은 인간 개발을 위한 교육이라기보다는 복음 전도를 위한 교육이었다. 그리하여 교육에서 시작하여 복음에 이르게 하는 것이 아니라 처음부터 복음에서 시작하여 교육을 실시하고 결국 복음에 이르게 한다는 데 궁극적인 의미를 두었다. 바로 이러한 점에서 교육은 그것만으로 독립되었거나 또 독립된 것이 아니라고 본 것이다. 그럴 땐 그 교육은 일반 교육과 다름이 없다고 보았다. 어디까지나 마펫이 구상한 교육은 복음과 복음 사이에 있는 교육, 그 교육 자체가 이미 복음 전도의 한 과정으로 삼은 것이다. 교육은 복음에 이르는 통로이거나 또는 수단과 기능으로 필요했다. 마펫은 이러한 단점을 놓치지 않았고 이러한 교육 철학은 그의 50여 년의 사역에 일관성있게 지속되었다.

그가 미션 스쿨을 창설하고 그 자신이 교장으로서 재직하면서 학생들을 키울 때 그의 마음속에는 복음 전도 이외의 다른 더 큰 지표는 없었던 것이다. 같은 수학을 가르치지만, 그로서는 수리의 묘미보다도 그 수리를 통하여 복음 전도 매개체가 되어 주었으면 하는 것이 솔직한 마음이었다. 그러기에 그가 경영하던 학교, 그가 세운 학교에서는 찬송과 기도와 성경 공부를 중요시 하였고, 이보다도 더 그가 관심을 기울인 것이 바로 그리스도의 정신에 입각한 인간 교육이었다. 물론 그로서도 학생들을 모두 전도인으로서 기르자는 것은 아니었다. 또 그렇게 기대하지도 않았다. 하지만 그리스도의 정신으로 무장한 복음의 인간 교육이라는데는 추호도 양보가 없었다. 교육을 통하여 스스로 생각하고 자립하는 인간으로 양성하기 위해서는 무엇보다도 그리스도의 정신이 아니고서는 불가능하다고 생각했다.

마펫은 이처럼 한국에 선교 사업이 진행 됨에 따라 교육 사업과 의료 사업도 함께 병행시켰고, 이러한 병행 사역은 그리스도교의 진리를 올바르게 이해시키는데 그 주요 목적이 있었다. 일찍이 깔뱅[239]도 교회 옆에 반드시 학교가 있어야 한다고 주장한 바 있다. 그것은 교육을 통하여 성경의 지식을 풍부히 할 수 있을 뿐만 아니라 아울러 신앙도 공고히 할 수 있는 이점이 있기 때문이다.[240]

평양 신학교

4-2. 마펫과 평양 신학교 – 한국 교회의 모판을 만들다

1892년 11월 9일, 마펫은 자신의 집에서 미국 북장로회 선교부 책임자인 엘린우드 박사에게 이렇게 편지를 썼다.

"우리가 복음을 전할 때 조선인들은 기꺼이 경청합니다. 하나님의 약속은 분명 진실하므로 저와 모든 선교사는 조선에서 위대한 업적을 이루길 정말로 기대합니다. 우리가 우리의 사역에 대해 부정하더라도 번쩍이는 보고서를 작성함으로써 얻는 것은 아무것도 없습니다. 우리의 사역에 대한 정확하고 진실된 보고서가 우리 사역을 충실하게 보여주지 않는다면 저는 성공처럼 보이는 것을 말하는 것은 헛되다고 생각합니다. 그러면 우리를 선교지에 잘못 파송한 것이 됩니다."

마펫은 연이어서 미국 북장로회 해외 선교부에 선교 보고서를 보내었다.

"1900년 10월 22일 엘린우드 박사님께

우리는 이 이방 민족에게 복음의 지고한 주장에 관심을 가지도록 모든 노력을 쏟아 부었으며 물질적, 교육적, 자선적 유익에 근거한 어떤 다른 매력을 제시하는 것을 피했습니다. 그 복음 안에 하나님께서 인간을 구원하기 위해 정해 놓으신 모든 것이 들어 있다고 믿기 때문입니다. 우리는 기독교 자체(그리스도와 그의 진리) 외에 기독교를 설명하려는 어떤 기구를 사람들 앞에 내세우는 것을 허락하지 않았습니다. "나는 예수 그리스도의 복음을 부끄러워하지 않습니다. 왜냐하면 복음은 구원을 주시는 하나님의 능력이기 때문입니다(롬 1:16)."

"1901년 11월 30일 엘린우드 박사님께

교육 사업에 대해 말씀드리겠습니다. 저는 교육 사업이 강력하고 만족스럽게 발전하는 것을 보면서, 광범위한 전도 사업을 먼저 해서 많은 기독교인 회중을 확보하고, 이 기초 위에 교육 사업을 세운다는 우리의 정책이 조선을 위해 올바른 것이었다고 점점 더 확신하게 됩니다. 기독교회는 반드시 기독교 학교를 발전시킵니다. 그러나 교육 사업이 반드시 기독교회를 발전시키는 것은 아닙니다. 저는 기관 사업의 발전보다 광범위한 전도 사업을 우선적으로 하는 정책을 우리가 유지하기를 희망하고 기도합니다."

마포삼열 목사는 마래의 한국인 목회자를 양성하기 위해 1901년 5

신학지남(평양 신학교)

월 평양에 장로회신학교를 설립했다. 1901년 2월 6일에는 김종섭 장로와 방기창 피택 장로가 심사를 거쳐 5년 과정의 신학 교육을 위한 첫 후보생으로 입학했다. 1901년 5월 처음 개교할 때는 마포삼열은 자신의 집에서 신학 교육 과정을 시작했다. 한국에서 사역하던 4개의 장로회 선교회로 구성된 장로회 공의회는 1903년 9월 8일 평양 신학교를 선교회들의 "연합장로회 신학교"로 인가 했다. 마포삼열과 다른 선교회에서 파송한 선교사 교수들은 7명의 첫 신학생인 김종섭, 방기창, 길선주, 서경조, 송인서, 이기풍을 비롯해 수십 명의 학생을 가르쳐 첫 7명을 1907년 6월에 졸업시키고 9월에 목사로 안수했다.[241]

1909년에는 재학생이 130명에 이를 정도로 성장했다. 마펫은 1904년 평양 신학교 초대 교장으로 부임해 24년간 교장으로 활동하며 4백 명이 넘는 졸업생을 배출했다.[242]

평양 신학교의 커리큘럼과 강사진

"1월, 4월, 7월에 세 학기가 개강되었습니다. 이는 여름과 겨울 정기 사경회에 출석하는 일과 함께 학생들에게 약 3개월간 강의가 제공됩니다. 학생들은 나머지 시간에 스스로 공부하고 실제 현장에서 봉사하면서 보냅니다. 그들 모두 한국 교회의 지원을 받고, 전도 사역에 참여하고 있습니다.

평양 신학교 수업(1928)

6명 중 4명은 안수받은 장로입니다.[243] 모두 이전에 교사, 조사, 또는 조력자의 직분을 감당했고, 6년에서 10년 동안 선교사와 밀접한 관계 속에 있었습니다. 모두 한문 문헌에 대한 상당한 지식을 갖도록 해주는 한국 교육을 받았습니다. 그들은 7년에서 11년 동안 우리 사경회에 참석했습니다. 첫해 교과는 다음과 같은 간략한 강의 과정으로 이루어졌습니다.

조직신학과 소요리 문답	마포삼열 박사
구원론	베어드 박사
유대 역사	스왈른 목사
설교학	리 목사
마태복음과 고대사	헌트 목사
모세 오경 연구	베어드 박사와 스왈른 목사
산수 수업	번하이젤 목사

그들은 겨울 사경회로 12월에 모일 때 2년 과정으로 들어갈 것입니다. 이들은 안수 받을 첫 번째 목회자가 될 것이므로 간단한 설명을 하겠습니다.

기독교 경험의 관점에서 볼 때 가장 오래된 자는 양전백 장로입니다. 그는 33세로 1893년 세례를 받았습니다. 북쪽 지역 사역에서 마포삼열 박사와 3년, 위트모어 목사와 6년 동안 함께 일한 그는 현재 선천 선교 지부의 사역을 구성하는 일에 있어 수석 조사로 있습니다.

김종섭 장로는 41세로 1895년에 세례를 받았습니다. 그는 2년 동안 웰즈 의사와 함께 교사와 병원 전도사로 봉사했습니다. 8년 동안 평양 시내 교회에서 조사 혹은 리 목사와 마포삼열 박사의 조력자였는데, 그곳에서 그의 주목할 만한 영향력으로 인해 1900년에 우리 사역에서 첫 번째 장로로 안수를 받았습니다.

나이 면에서 가장 연장자는 방기창 장로로 현재 51세입니다. 그는 1894년 동학의 지도자로서 목숨을 구하기 위해 달아났을 때 황해도에서 선교사를 만났고 그를 따라 평양까지 갔습니다. 그는 1895년에 세례를 받았습니다. 그는 3년 동안 리 목사와 함께 교사와 조사로 봉사한 후에, 번성하는 서부 순회 구역의 사역에서 조사로서 베어드 목사 및 헌트 목사와 함께 5년 동안 일했는데, 그곳 사역에서 두 목사의 든든한 버팀목이었습니다.

송인서 조사는 34세로 1894년 박해 때 기도회에서 구타를 당한 후

기독교인이라고 선언하기로 결심했습니다. 그는 1895년에 세례를 받았습니다. 그는 시골의 미조직 교회(시무목사는 있는데 시무장로가 없는 교회)의 영수로, 교사였고 4년 동안 황해도 중심 지역의 발전에 주된 견인차 역할을 하며 헌트 목사와 함께 일했습니다.

이기풍 조사는 35세로 1891년 평양 거리에서 선교사들에게 돌을 던졌던 사람 중 한 명이었습니다. 그는 원산으로 이사를 간 후에 개종했는데 그곳에서 1896년에 세례를 받았습니다. 그는 권서로서 스왈른 목사와 함께 사역하다가 스왈른 목사가 1899년 이곳에 전임해 왔을 때 평양으로 돌아왔고, 그 이후로 안악 순회 구역에서 스왈른 목사의 주요 조사로 일해왔습니다.

길선주 장로는 34세로 1897년에 세례를 받았습니다. 그는 5년 동안 평양 시내 교회의 영수이자 조력자로 일했습니다. 그는 거의 맹인이었지만 뛰어난 설교자요 심오한 사상가이며, 보기 드문 뛰어난 판단력과 영적인 감각을 갖춘 인물입니다.

이 사람들은 이미 위대한 능력을 갖추고 있고, 상당한 경험이 있으며, 성숙한 기독교인의 특성을 갖춘 전도자들입니다. 그들의 사역 위에 성령께서 인을 치셨습니다. 그들은 열성적이고 신앙심이 깊으며 어려움을 기꺼이 감내합니다. 그들은 받는 급여가 가족을 부양하기에 충분하지 않음에도 불구하고, 주님에 대한 사랑에서 나오는 열정으로 희생적으로 사역하고 있습니다. 그들은 하나님께서 목회로 부르셨음을 증거하는 자들입니다."[244]

장로회신학대학교의 학교 표어, 경건과 학문, 경건의 뿌리는 스코틀랜드 청교도 정신이다. 사무엘 마펫(한국명: 마포삼열)을 알면 한국 신학 교육의 방향을 알게 된다. 사무엘 마펫은 "조선 복음 전파의 불쏘시게가 된 사람"[245]이다. 평양 신학교의 1907년은 한국 교회 역사상 그 의미가 가장 깊은 해라 말할 수 있다. 그해 평양 신학교 재학생은 75명이나 되었는데, 벌써 개교한지 5년 만에 엄청난 숫자의 학생이 모여들었던 것이다. 그리고 이 해 6월 20일은 한국 기독교 역사상 가장 기쁜 날이었다. 그날 평양 장대현 교회 예배당에서는 "조선예수교장로회신학교"의 제 1회 졸업식이 거행되었기 때문이었다. 이교의 토양인 조선에 복음의 씨앗을 뿌린지 24년 만에 거둬 들이는 열매였다. 사무엘 마펫, 그는 조선 복음 전파에 헌신한 위대한 하나님의 사람이다.

아주 오랫동안 죄와 미신과 거짓 철학과 도덕적 영적 진리에 대한 철저한 무관심에 푹 빠져있던 조선인들 중에 하나님께서는 먼저 방기창, 서경조, 양전백, 송인서, 길선주, 이기풍, 그리고 한석진을 택하셔서 평양 신학교의 1회 졸업생이자 최초의 목사로 세웠다. 이들로 인해 조선에 하나님의 복음이 널리 전파되었다. 이 모든 일은 복음 전파의 열정을 품은 한 사람의 선교사로부터 시작되었는데, 그 사람이 바로 사무엘 오스틴 마펫 목사입니다.

4-3. 마펫과 3숭실 – 함께 인재를 양성하다

숭실중학교 졸업장

평양의 대표 교육 기관인 숭실중학교, 숭실대학, 숭의여학교는 삼숭(三崇)으로 불렸다. 마펫은 이 학교들과 깊은 관계를 맺고 교육 사업에 힘썼다. 마펫은 1903년 숭의여학교를 세우고, 1918년부터 10년간 숭실중학교와 숭실대학교 교장으로 섬겼다. 그런데 교장으로 취임한지 1년도 못되어 3.1만세운동이 일어나 기독교학교 운영의 어려움에 직면했다. 특히 총독부는 성경 과목을 폐지할 것을 강요했지만 마펫은 성경만은 가르쳐야 한다고 끝까지 주장했다. 마펫은 평양 창덕학교를 비롯해 의주 및 황해도 일대에 110개 내외의 학교를 지원하는 등 교육 사업에 남다른 힘을 쏟았다. 아내와 함께 1900년 자신의 집에서 외국인학교를 운영하였고, 1903년 맹아들을 위해 평양 남맹학교를 세웠다.[246]

배어드 부부

마펫과 숭실대학의 관계는 매우 깊다. 설립자 베어드와 함께 동역했기 때문이다. 숭실대학에서 공부한 한경직 목사는 훗날 공산주의를 피해서 남한에 내려와 영락교회를 세워 목회하면서 남한 땅에 재건된 숭실대학교의 이사장을 역임하면서 숭실대학교의 발전을 위해서 많은 기여를 했다.

마펫은 교육 사업의 목적을 신자의 자녀 교육과 기독교 지도자 양성에 두었다. 한국 근대 교육의 선구자요 개척자로서 언더우드와 아펜젤러를 꼽지만 이들보다 어떤 의미에서 더 광범하게, 그리고 적극적으로 교육 사업에 착안한 또 한 사람이 있다. 그분이 바로 마펫이다. 이미 한성에서 1890년 말에 예수교 학당을 맡아 교육하기 시작했고, 1894년에는 마펫이 설립자가 되어 이영언(李永彦)을 교사로 하여 평양 널다리골 교회에서 또 시작하였다.²⁴⁷ 이 학교가 숭덕(崇德)소학교의 전신이다. 그 후 1897년에는 배위량(Baird)을 교장으로 박자중(朴子重)을 교사로 하여 운영한 예수교 학당이 북장로 선교회 스테이션의 직영 학교가 되었고, 1901년에는 조선식 2층 교사를 신축한 후 배위량 교장이 자기가 구상하고 있는 조선 학교의 이상을 표현할 수 있는 교명을 지을 것을 직원들에게 부탁하자 박자중 선생은 배 박사의 서기 최광옥(崔光玉)씨와 상의하여 교명을 숭실 학당(崇實學堂)이라 짓고 이를 배 박사에게 보고하였다. 숭실(崇實)이란 뜻은 진실(眞實)을 숭상(崇尙)한다는뜻이라 하였다.²⁴⁸ 이 숭실 학당은 다시 1906년에 대학부

숭의여전 여학생

로 발전하고, 1909년에는 2명의 문학사를 배출했다.

　이토록 급속한 교육 성장 역시 마펫의 지도와 포부에서 추진되었던 것을 잊어서는 안된다. 그런데 이러한 교육 사업을 추진하며 나간 마펫의 근본적인 목적은 신자의 자녀 교육과 미래의 기독교 지도자 양성에 있었다. 그에겐 조선의 근대화라든지, 서구 문명의 이식, 그리고 조선인을 깨우쳐야겠다는 생각은 이차적이었다. 모든 교육을 교회 중심에서 계획하고 추진했다. 그 미래성이 교회와 관계되지 않으면 착수하지를 않았다. 그만큼 마펫은 아동 교육에서 중학교 교육이며 대학 교육과 신학 교육에 이르기까지 교회의 미래와 결부시켰고 그리스도를 주축으로 하여 구상하였다.

　마펫은 1918년부터 1928년까지 숭실중학교와 숭실대학의 교장으로 있었다. 숭실 학교는 대학과 중학이 합해서 경영되고 있었다. 평양 신양리에 자리 잡고 있던 그 웅장한 두 교사는 2만 3천여 평의 운동장과 그외에도 여러 건물들이 있었다. 그런데 1925년에 총독부에서 숭실 학교의 고등 보통학교 자격을 문제삼은 일이 있었다. 그것은 성경을 가르쳤기 때문이다. 이때 마펫은 고등 보통학교가 되지 못하는 한이 있더라도 성경은 가르쳐야 한다는 굳은 결심을 보인 일이 있었다.

　이렇게 마펫은 일반 교육의 필요성을 강조하고 직접 학교의 설립자로서 또는 그 학교의 교장으로 시무했지만, 그것은 어디까지나 그 학생들을 장차 교회로 인도하여 진짜 신자로 만드는데 목적을 두었던 것이다. 시대가 변천하고 새 시대의 지도자가 되기 위해서는 성경 지식만으로는 불가능하다고 보았다. 그래서 중학교와 대학까지 설립하여 교육을 실시했다. 이러한 과정을 거치면서도 마펫은 기독교의 이미지를 계속적으로 학생들의 마음속에다 심어주고자 심혈을 기울였다. 그렇기에 그는 교육 방향을 궁극적으로 그리스도에게 향하도록 초점을 두고 가르쳤다. 말하자면 마펫은 교육을 선교의 일환으로 또는 그 하나의 세속적 방법으로 택한 것이지 선교와 분리된 세속 지식의 전당으로 의도한 것은 아니었다. 어디까지나 선교의 일환으로 학교를 세우고 신자의 자녀 교육과 기독교의 지도자 양성에만 힘썼다.

4-4. 마펫과 한석진 - 아름다운 동역의 본을 보여주다

한석진 목사

마펫과 한석진은 아름다운 동역의 본을 보여주었다. 한국 개신교사에 있어서 마포삼열과 한석진 목사도 여러 가지 면에 있어서 주요한 위치를 차지하고 있다. 이 두 사람은 비단 선교사에서 뿐만 아니라 한국 교회의 신앙 형성사에서도 지대한 업적과 영향력을 행사한 개척자요, 선구자이다. 선교사로서 이들 두 사람은 어떤 의미에서 바울과 바나바의 관계 이상으로 이신동체(異身同體)의 역할을 가졌다고 볼 수 있다. 그들은 평양에 같이 머물러 있거나 때때로 마포삼열이 서울로 또는 의주로 여행 중이거나 언제나 같은 호흡을 지속하리 만큼 같이 행동한 선교사이기도 하다. 한 사람은 외국인 선교사라면, 한석진은 한국인 선교사였다. 때로는 한 사람이 손이 되면 한 사람은 발이 되었고, 한 사람이 머리가 되면 한 사람은 가슴이 되었다.[249]

마펫과 함께 한국 교회를 세워가는데 기둥 역할을 한 한석진 목사는 "한국 교회의 자존심"이라고 할 수 있다. 한석진 목사는 1868년 평북 의주에서 출생했다. 청주 한 씨, 몰락한 양반의 후예로 태어나 그 시절 양반집 아이들처럼 9세부터 한문을 공부하기 시작하여 10년 동안 유교 경전과 중국 사서를 공부했는데, 철이 들면서 훈장한테 "왜 조선 사람이, 우리 역사보다 중국 역사를 배워야 합니까?" 하고 질문을 했다가 꾸지람을 듣기도 했다. 한때는 정치적 출세도 생각했으나 당시 상황에서 어려운 것을 알고 15세 되던 무렵부터 종교 문제에 심취하여 불교나 선도를 수행했으나 만족을 얻지 못했다. 그러던 중 만주에서 세례를 받고 교인이 되어 돌아온 같은 고향 백홍준과 서상륜 등의 전도를 받고 처음 기독교를 알게 되었다. 1891년 의주를 방문한 마펫을 만나 대화를 나눈 후에 개종을 결심하고 그에게 세례를 받았다.

마펫은 1893년 평양 선교를 개척하면서 한석진을 조사로 데리고 들어갔다. 그는 수구적인 평양 관찰사와 주민들의 방해를 무릅쓰고 성공적으로 교회를 개척하였으며 선교사와 짝이 되어 일하는 초기부터 선교사가 주는 봉급을 거절하였다. "내가 그리스도를 알고 감격하여 그 진리를 내 동족에게 전하는데 외국인에게 돈을 받을 필요는 없다"는 논리였다. 그는 처음부터 동등한 관계에서 선교사와 한국 교회의 관계를 설정하고자 했다. 마펫 선교사가 안식년 휴가를 얻어 본국으로 떠나자 그도 노회 허락과 관계없이 평양 근교 "소우물"로 내려가 1년 동안 쉬었다.

이 같은 자주 의식은 그가 1896년 독립협회 관서지부장을 역임할 때도 그대로 나타났다. 그는 안창호와 이승훈 같은 민족운동가들을 발굴하였으며 이들의 독립운동을 적극 지원하였다. 당시 평양 독립협회 회원 중에 부자 관계였던 방기창과 방화중이 회원으로 가입했는데, 서기로 선출된 아들 방화중이 회원 점명을 하다가 자기 아버지의 이름을 부를 차례가 되자 이름을 부르지 않고 "아버님" 하자 사회를 보던 한석진이 "규칙이오! 이 자리는 독립협회의 공적인 자리이지 방기창 씨 가족회의가 아니오" 하고 일갈하자 겁에 질린 아들이 "방기창! 방기창! 방기창!" 하고 세 번이나 호명한 일이 있었다. 그만큼 한석진은 '원칙'을 중요시 하였다.

또한 그는 평양 장대현 교회를 비롯하여 서울 안동교회, 마산 문창교회, 신의주 제일교회 예배당을 건축할 때 "한국인의 힘으로 건축한다"는 원칙을 철저히 지켰다. 선교사들이 지원하겠다고 해도 거절하였다. "남의 힘을 빌려 지으면 크고 화려하게 질 수 있겠지만 그렇게 하면 자주 의식이 없어지고, 외국인의 지배를 받게 된다"는 생각을 고집하였다. 1910년 장로 교회와 감리교 연합 신문인 〈예수교회보〉 사장으로 선임되자 제일 먼저 신문사를 주식회사 형태로 전환하여 한국인들의 헌금으로 신문을 발행하도록 했다. 그 때까지 교회 신문은 선교부 자금으로 발행되었고 편집권도 당연히 선교사들이 갖고 있었다.

한석진이 또 한 가지 극복하려 했던 과제는 "교파주의"였다. 그는 1909년 일본으로 건너가 도쿄에 있던 유학생들을 중심으로 한인 교회를 설립하고 돌아왔는데, 유학생 중에는 장로교인도 있고 감리교인도 있어 서로 자기 교파 교회로 만들려는 의지가 강했다. 그런 상황에서 한석진은 유학생을 설득하고, 본국 교회를 설득해서, "일본에서 만큼은 장로교나 감리교가 아닌 연합교회로 운영한다"는 원칙을 도출하였다. 그래서 그때부터 도쿄와 일본의 한인 교회는 초교파적인 연합교회로 운영되었고 감리 교회와 장로 교회에서 교대로 목회자를 파송하였는데, 그 전통은 지금까지 이어져 오고 있다.

그는 교파주의는 미국 사람들이 만든 것으로 우리 민족과는 하등 관계없는 "부정적인 현상"으로 보았다. 그래서 기회만 있으면 교파 구별 없는 하나의 교회를 만들려고 노력했다. 구체적인 예로 1915년 자신이 속한 경기 충청노회에서 "조선예수교장로회"란 교단 명칭을 "조선기독교회"로 바꿀 것을 헌의하였다. 교단 명칭에서 "장로"자를 빼고 보편적인 "기독교" 명칭을 사용하자는 그의 헌의는 물론 부결되었다. 그는 비록 단일 "개신교회" 설립은 실패했지만 대신 장로교와 감리교 연합운동체인 장·감연합공의회(지금의 NCC) 조직과 활동에 적극 참여하여 에큐메니칼 운동의 선구자로도 불리었다.

그는 목회 말년에 금강산 기독교 수양관 건립을 위해 헌신했다. 1926년부터 모금을 시작하여 1930년에 금강산 2층짜리 웅장한 돌집 수양관을 건립했는데, 물론 모금은 자신이 속한 장로 교회를 순방하며 순수 한국인의 헌금으로 건축했다. 수양관 간판을 달 때, 주변 사

금강산 기독교 수양관(한석진 주도)

람들은 당연히 "장로교 수양관"이 될 것으로 생각했다. 그러나 한석진은 "기독교 수양관"을 고집했고 결국 그대로 되었다. "모금은 장로교인들이 했지만 공간은 다른 교파 사람들에게도 공개하자"는 그의 호소가 먹혀든 것이다. 그래서 일제 말기 이 수양관에서 장로교뿐만 아니라 감리교와 성결교인들의 각종 집회가 열렸다.

1925년 2월, 서울 조선 호텔에서 모트(J. R. Mott) 초청 기독교 간담회가 열렸다. 세계적인 에큐메니칼 운동과 선교 운동 지도자였던 모트는 선교 지역에서 야기되는 문제점을 파악하려는 의도에서 아시아 선교 현장을 순방하면서 교회 지도자들을 만나고 잇었다. 한국인 대표 31명이 참석하였는데, 양측 모두 "원로급" 인사들이었다. 한석진도 이 모임에 참석했다. 이 모임에서 나온 "선교상 문제점" 중에 가장 심각한 것은 바로 선교사 문제였다. 그 무렵 일부 인종 차별주의, 문화적 우월감에 사로잡힌 선교사들의 행태로 인해 한국 교회와 사회

안에 반(反) 선교사 분위기가 확산되고 있었다. 심지어 어떤 선교사는 자기 과수원에 들어와 사과를 따간 한국인 아이를 붙잡아 뺨에 염산으로 "도적"이라고 새긴 일까지 있었다. 이런 선교사들의 "야만적" 행위로 교회 위상이 더욱 나빠졌다.

이런 상황에서 한석진이 일어나, "지금까지 선교사들이 한국에 와서 이룩한 업적은 높이 평가 될 만하다. 그러나 이제는 한국 교회도 스스로 설만큼 되었으니 이제 선교사들은 한국 교회는 한국인에게 맡기고, 아직 선교사들이 들어가지 않은 다른 나라로 가서 활동하는 것이 좋겠다"는 취지의 발언을 하였다. 그의 발언을 듣고 있던 마펫이 발끈해서 일어났다. 그러자 한석진은 그를 향해, "마 목사, 당신도 속히 이 나라를 떠나지 않으면 금후에는 유해무익한 존재가 됩니다. 마 목사는 처음부터 나와 함께 일했던 친구요, 동지로서 그를 진심으로 사랑하기 때문에 하는 말이니 용서하시기 바랍니다"라고 하였다.

마펫은 그보다 네 살위로, 평양 신학교를 설립하여 한국 장로 교회의 대부(代父)로 군림하고 있었다. 감히 마펫에게 "당신도 이 나라를 떠나시오!" 할 수 있었던 인물은 한석진밖에 없었다. 그러나 마펫은 떠나지 않았다. 그로부터 10년 후, 1935년 한국 장로 교회가 "선교 50주년" 기념 대회를 개최하였을 때 마펫 선교사는 평양에 운집한 한국 교회 목회자들에게, "여러분은 선교사가 전하여 준 바, 복음을 그대로 간직하시오!" 하고 당시 김재준, 한경직, 김춘배, 송창근 등 미국 유학을 하고 돌아온 신진 학자들에 의해 확산되고 있던 진보적, 자유주의 신학의 도전을 단호하게 물리칠 것을 호소하였다.

1938년 평양의 장로회신학교가 신사 참배 문제로 문을 닫게 되자, 서울에서 송창근, 김재준, 함태영 등 "진보적" 학자들이 "조선신학교"라는 이름으로 신학교를 설립하였는데, 1939년 이 학교가 문을 열자 한석진은 김재준 목사에게 "한국인의 손에 의한 신학교가 설립되었으니 비로소 내 꿈이 이루어졌소."라는 감격의 편지를 보냈다. 그 편지를 보낸지 6개월 후, 1939년 9월 서울 당인리 자택에서 조용히 별세했다.[250]

날로 흥왕해가던 북쪽 교회의 설립도 모두가 마포삼열의 수고와 노고가 아니 비친데가 없었다. 아울러 마포삼열이 가는 곳에 한석진이가 동행하지 않은 데도 별로 없었다. 이러한 관계는 비단 조수라는 직책 관계에만 그 이유가 있었던 것은 아니다. 그보다는 마포삼열이 한석진을 앞세우지 않고는 효율적인 선교나 교회 설립이 거의 어려웠다는 데 보다 더 큰 이유가 있었다고 생각한다. 만일 마포삼열 단독으로, 혹은 이길함과 두 선교사만이 각 지방으로 순회하면서 교회를 설립하려 했다면, 그처럼 놀라운 발전을 가져오지 못했을 것이다.

이렇듯 한석진은 마포삼열의 작전 참모이자 오른 손과 같은 존재였다. 어느 지방, 어느 마을에 가든지 한석진을 대동해야만 마포삼열은 마음을 놓을 수가 있었고, 자신감을 가지고 사람들을 대할 수가 있었다. 그리고 보면 어떤 의미에서 한석진은 제 2의 마포삼열 또는 마포삼열의 그림자와도 같은 위치에 있었던 것이다.[251]

4-5. 마펫과 길선주 – 장대현 교회 조선인 첫 목회자가 되다

길선주는 마펫에 의해 설립된 장대현 교회에 조선인 첫 목회자였다. 이는 선교사에 의해서 시작된 초기 한국 교회에 한국인 지도력이 세워진 상징적인 중요한 의미가 있었다. 한국 교회 부흥 운동의 햇불이며, 3.1운동 민족대표 33인 중 한 사람인, 영계(靈溪) 길선주(吉善宙, 1869-1935) 목사, 그는 1869년 3월 15일 평남 안주읍에서 길봉순과 노씨 사이에서 차남으로 태어났다.

길선주 목사

때는 신미양요 사건으로 나라의 정세가 자못 어수선하였고, 거기에다 어린 선주의 집안은 끼니도 제대로 이을 수가 없을 정도로 가난하였다. 그러나 그는 어려서부터 정서가 풍부하고, 체격이 걸출하여 주위 사람을 놀라게 했다. 4살부터 한문을 배우기 시작한 그는 7살에는 당시 유명한 정 선생의 문하에서 한학을 공부하여 빈부시, 장사시 등을 짓기도 하였다. 17살이 되었을 때, 그는 어릴 때부터 시달린 가난을 극복하기 위하여 독자적으로 상점을 경영하였지만 그의 뜻대로만 되지 않았다. 결국 그는 실망하여 방탕과 젊음의 방황속으로 빠져들게 되었다. 이러한 타락은 보다 높은 경지로 더 높이 뛰어오르기 위한 하강이었다.[252]

길선주는 1893년에 마펫(S. A. Moffett)을 만나 기독교에 입문하였다. 그를 만난 후 건강이 회복되었고, 머리를 깎았으며, 기도와 성경 연구에 몰두하였고, 전도에 힘썼다. 장대현의 땅 800평을 비롯하여 전 재산을 교회에 헌납했다. 그는 이길함(Graham Lee) 선교사에게

1897년 8월 15일 세례를 받았다. 그때부터 그의 기독교 신앙에 대한 열정은 강해지기 시작했다. 다음해 널다리골 교회에서 영수(領袖)로 피택되었고, 1901년 33세에 방기창과 함께 장대현 교회 장로로 장립되었다. 그는 일찍이 배워둔 침술과 한약에 대한 상식을 토대로 한약방을 경영하였다. 장사가 제대로 잘되어 양약까지 겸하여 운영하였다. 마펫 선교사는 그를 교회를 위한 열정과 선교적 사명자라고 여겨 1902년 황해도와 평안도를 망라한 교회의 도조사(都助事)로 임명했다. 그때 생활비로 6원을 받았다. 각지로 다니며 전도하고 교회에서 설교하였다. 그 후 마펫이 설립한 평양 신학교에 입학했다. 그리고 조사 일을 열심히 하였다.

그의 2기는 성령 운동이었다. 집회를 인도하던 중 갑자기 길선주는 "나는 아간과 같은 죄인 이외다. 나 때문에 회중이 은혜를 받지 못하고 있으니, 나는 죄인 중의 죄인 이외다."라고 회개하였다. 1903년 평양 신학교에 입학하여 더 열심히 기도와 성경 연구에 전력하였으며, 1905년부터 박치록 장로와 함께 새벽기도회를 시작하였다. 1905년 영국 웨일즈 지방에서 일어난 부흥에 대한 소식은 그를 자극 하였고 1906년 원산 부흥 운동의 주역인 하디(R. A. Hardie)가 장대현 교회 초청으로 평양에서 1주일간 부흥 집회를 했다. 또 서울에 있던 존스턴(H. A. Johnston) 박사가 장대현 교회에서 주일 예배 설교를 통해 웨일즈와 인도의 부흥 소식을 전하면서 "누가 조선에서 교회를 부흥시키겠느냐?"라고 물었을 때 신학생이며 장로인 그가 손을 들고 일어났다. 이것을 본 존스턴 박사는 장차 조선에 큰 부흥이 일어날 것을 예언하였고 교회와 그를 위해 기도하였다.

길선주 장로는 1906년 새벽기도회를 시작했다. 신학교 재학 중일 때 새벽기도회를 인도했다. 1906년 8월 재령에서 열린 평안남도 도사경회와 제직 도사경회는 그의 부흥 운동뿐만 아니라 1907년 대부흥 운동의 시발점이 되었다. 그해 장대현 교회에서 한국 최초의 "부흥회"를 개최하였다. 5일간의 집회에서 많은 사람들이 통회 자복했다. 교회는 성령의 열기로 가득찼다. 이 열기로 1907년 1월 6일 장대현 교회를 비롯한 평양 시내의 4교회와 기독교 학교에서 일제히 부흥회가 시작되었다. 이때가 한국 교회의 오순절이었다.

그는 1907년 제 1회 평양 신학교를 졸업하고 그해 9월 목사 안수를 받았으며 장대현 교회 담임 목사가 되었다. 길 목사는 1907년 1월의 평양 집회에 이어 2월 서울 집회를 인도하였다. 평양의 장·감 연합부흥회와 평양 신학교 부흥회를 통해 평양은 부흥 운동의 발원지가 되었다. 이 부흥의 불길은 전국으로 퍼졌고 의주와 만주까지 확대 되었다. 부흥 운동의 열기 속에서 서경조(徐景祚), 한석진(韓錫晉), 송린서(宋麟瑞), 양전백(梁甸伯), 방기창(邦基昌), 이기풍(李基豊) 등과 함께 제 1회로 평양 신학교를 졸업하였다.

길 목사는 노회에서는 조직 강화, 사회에서는 선교 활동에 깊은 관심을 가지고 폐습을 고쳐 나갔다. 1907년의 평양 대부흥 운동은 곧 "백만 명 구령운동"으로 발전되었다. 1910년 제 4회 노회에서 그가 부회장이 되고 전도국장을 겸임함으로 "백만 명 구령운동 위원회"를 설치하고 전도대를 전국에 파송하면서 본격적으로 시작했다. 이 운동의 결과 교인수가 크게 증가하여 1907년 3만 7천여 명에서 1911년에

최초 장로 교회 목사 7인

는 14만 4천여 명으로 4배 증가하였다.

길선주 목사는 성경을 많이 읽고 암송을 했기 때문에 성경에 능통했다. 성경 66권을 거의 다 암송하다시피 하였다니 놀라운 일이었다. 그중에도 요한계시록은 1만 독을 했다고 한다. 1919년 기미년 3.1운동 때에 민족 대표 33인 중 하나로 활동했기에 주모자로 체포되었다. 그리하여 2년간 옥고를 치렀다. 특히 감옥에서 성경을 아주 많이 읽은 것으로 알려진다. 감옥에서 나올 땐 시력이 약해져서 글을 잘 읽지 못할 지경이 되었다. 하지만 그는 성경을 대부분 암기하고 있었기 때문에 복음 전하는 일에 어려움이 없었다. 1926년 그는 『강대보감』이라는 설교집을 출간하였다. 그는 설교를 많이 했다.

30여 년 목회하는 동안 2만 번 이상의 설교를 하였고, 5백만여 명이 그의 설교를 들었다. 당시 한국의 인구는 남북한 합해서 2천만 명이었다. 그들 중 5백만 명이 들었으니 숫자적으로 4분의 1일에 해당된다. 믿기로 작정한 사람이 7만여 명, 그에게 세례를 받은 사람이 3천여 명, 40여 만 명의 교인이 감화를 받았다는 기록이 있다. 그의 설교를 듣고 감화되어 목사, 장로, 교사가 된 사람이 8백여 명이나 된다고 하니 실로 훌륭한 목사였다. 그가 집회를 인도하여 세워진 교회가 1백여 교회이다. 부흥회 당시에 이적과 기사가 많이 나타났다. 그의 집회에서 자복하는 선교사도 있었고, 기절을 한 신사도 있었고, 통회 자복한 강도도 있었다고 한다. 병 고침을 받은 환자가 많았으며, 성령의 불길을 눈으로 본 사람들도 허다하다고 전하여진다.

　　그는 구약 성경을 3백독, 신약 성경은 1천독이 넘으며 특히 요한계시록은 1만 2백독을 하였다고 한다. 당시 그의 요한계시록 강의를 듣지 않은 사람이 없을 정도였다. 그는 성경 학자요, 선교사들보다 앞선 전도자요, 부흥사였다. 따라서 그의 설교와 성경 강해는 한국 교회에서 가장 환영 받았고, 또 그의 신앙과 사상은 한국 교회의 표준과 같이 되었다. 그의 신학 사상이란 마펫 등 선교사들로부터 받은 보수적인 신앙이었다.[253] 길선주는 마펫으로부터 조선 땅에 전수된 경건한 복음 신앙을 이어받아 장대현 교회에서 목회한 조선인 최초의 목회자였다.

　　평양은 1907년 전후 부흥을 거치면서 한국 기독교의 중심지가 되었고, 1920년대에 "조선의 예루살렘" 또는 "기독교의 서울"로 불렸다.

1903-1908년의 대부흥 운동을 통해 한국 개신교에 토착화된 기독교 의례와 영성이 형성되었으며, 평양을 중심으로 형성된 한국인 교회 지도자군에 의해 한국 장로 교회와 나아가 한국 개신교회의 영성의 원형이 창출되었다.

부흥 운동을 통해 회개하고 성령의 충만함으로 능력을 받은 한국인들은 전국적인 전도 운동을 전개했으며, 대한제국을 기독교 국가로 만들려는 전망을 가지고 교육 계몽 운동에 참여했다. 대부흥 운동의 직접적인 결과는 자급, 자전, 자치하는 복음주의 한국 개신교회가 형성되었고, 그 장기적인 결과는 한국 개신교회가 일제 식민지 기간 (1910-1945)의 핍박과 난관을 충분히 인내할 수 있는 영적인 힘과 거룩한 기억을 제공받는 것이었다. 한국 종교사의 관점에서 보면 대부흥 운동을 통해 개신교는 외국 종교에서 벗어나 새로운 한국 근대 민족 종교로 변형되어 한국인의 영혼에 뿌리를 내렸다.

1903년 2월 웰번(Arther Garner Welbon, 1866-1928) 목사가 인도한 황해도 배천교회 사경회 때 일어난 작은 부흥과 1903년 여름에 중국에서 활동하던 여자 선교사 화이트(Mary C. White) 양의 기도와 강원도 지역에서 활동하던 하디(Robert Hardie) 목사의 회개로 원산에서 시작된 개신교의 대부흥 운동은 정미년 1907년 1월 평양 장대현 교회에서 열린 겨울 사경회에서 회개 운동으로 이어지면서 그 절정에 이르렀는데, 이를 전국적으로 확산시킨 주역 중 한 사람이 길선주였다. 그는 장대현 교회에서 시무하면서 평양을 중심으로 한 북한 지역에 선도적 영성과 의례를 기독교적으로 토착화하고 이를 정착시킨 지도자였다.[254]

4-6. 마펫과 이기풍 – 한국 교회 첫 선교사가 되다

선교사 마펫에게 돌을 던져 턱에 흉터를 남기게 한 장본인, 훗날 회개하고 돌아와 마펫이 세운 평양 신학교를 1회로 졸업하고 한국인 최초 7인의 목사 중의 한 사람이 되었고, 한국 교회 첫 선교사가 된 사람이 이기풍(李基豊) 목사이다. 이기풍 목사는 한국 교회 첫 선교사로 제주도에 파송되었다. 그의 생애를 생각해 볼 때 우선 떠오르는 성경 본문이 사도행전 9:13-19절이다. 이기풍은 "사울이 바울되어 위대한 하나님의 사람으로 쓰임 받은 사실"과 흡사하다.

이기풍 목사 가족

청년 사울은 예수님을 핍박하는데 전심전력을 다했다. 많은 그리스도인을 잡아다 가두고, 예루살렘 교회 첫 집사 스데반을 죽이는데 앞장선 주동자였다. 예수님은 그런 사람 사울을 찾아 만나주셨다. 예수님은 그의 불의한 발걸음을 멈춰 세웠고, 그를 붙잡아 잘못된 생의 방향을 완전히 바꿔 놓으셨다. 다메섹의 성도 아나니아가 예수님께 사울은 많은 성도에게 크게 해를 끼치는 자라고 말씀 드렸을 때, 예수님은 "이 사람은 내 이름을 전하기 위하여 택한 나의 그릇이라"(행 9:15) 말씀하셨다. 어떻게 그런 못된 사람이 예수님을 위해 소중하게 쓰임받는 그릇이 될 수 있었을까? 하나님의 놀라운 은혜이다. 예수님은 그런 사울을 기독교 역사상에 가장 귀한 그릇으로 사용하셨다. 이기풍 청년은 사울처럼 선교사를 돌로 쳐서 쓰러뜨렸으니, 예수님은 이기풍을 15절 말씀처럼, 주님의 택한 그릇으로 능력 있게 사용하셨다.

1865년 12월 23일, 이기풍은 평양에서 농민의 아들로 출생했다. 그는 12세에 붓글씨 백일장에서 장원을 할 정도로 뛰어났으나, 뜻을 펼 길이 없어, 괄괄한 성격에 평양성이 알아주는 불량배로 빗나갔다. 그가 25세 때였다. 한국말을 이상하게 하면서 전도하는 선교사 마펫 (Samuel A. Moffett)을 만나 돌을 던졌다. 턱을 맞은 마펫 선교사는 피를 흘리며 땅 바닥에 쓰러졌다. 그 후 그는 30세에 청일 전쟁이 터져 평양성이 전쟁터가 되자, 원산으로 피해 갔다. 어느 날 거리에서 "청년 죄를 회개 하시오, 예수 믿고 구원 받으시오." 이 말을 듣고, 전에 들어 본 듯한 이상한 말씨에 깜짝 놀랐다. 몇 년 전에 자신이 돌로 쳐서 피 흘리며 쓰러지게 했던 사람과 똑같이 생긴 서양 사람이었다. 스왈른 선교사 부인이 전도를 하고 있었던 것이다. 그는 그 후 스왈른(W. L. Swallen) 선교사에게 세례를 받았다. 그리고 평양에 계신 마펫 선교사를 찾아가서 울며 용서를 구했다.

이기풍은 이때부터 마펫과 함께 지방 전도 여행을 다녔다. 마펫은 1901년 개교한 평양 신학교에 이기풍을 보내서 공부하게 했다. 1907년 한국 최초의 신학생 7인 (서경조, 방기창, 한석진, 양전백, 송린서, 길선주, 이기풍)이 졸업하자, 9월 17일에 "조선야소교 장로회 독노회(朝鮮耶蘇教 長老會 獨老會)를 조직하고 그 7인을 안수하여 한국 첫 목사로 임직시켰다. 이때 노회 창립 기념으로 한국 최초의 선교사를 제주도에 파송하는데, 이기풍 목사로 결의 했다.

이기풍 목사는 다음해 1908년 새해를 맞자, 인천에서 배를 타고 제주도로 향했다. 가다가 겨울 풍랑이 심하여 그 부인을 목포 선교회에 맡기고 홀로 제주도로 향했다. 그런게 한 달이 넘도록 소식이 없자 사모님은 이기풍 목사가 죽은 줄 알았다. 이기풍 목사를 태운 배는 제주도로 항해를 가다가 심한 풍랑을 만나 전원이 사망했다. 그런데 이기풍은 홀로 기절하여 추자도 해변에 떠밀려 나와 있었다. 어느 해녀가 생명이 있는 것을 보고, 자기 집에 옮겨 살렸다. 그는 제주 산지포에 1908년 이른 봄에 도착했다. 이기풍 선교사는 그 후 제주에 성안, 성내, 삼양, 내도, 금성, 한림, 협재, 두모, 용수, 고산, 모슬포, 중문, 법환, 성읍, 세화, 조천, 그 외의 많은 교회들을 세웠다. 대한예수교장로회 제 10회 총회장(1921년) 을 역임했고, 일제의 신사 참배 강요를 거절하다가 77세인 1942년 6월 20일, 77세로 순교했다.

한국 교회사에서는 극적인 전환 사건을 수없이 찾아 보게 된다. 그 중에서도 마펫과 이기풍 사이에 벌어졌던 일은 한 낱 옛 이야기로 흘려버리기에는 너무나도 감격적인 일화라 아니할 수 없다. 자기를 핍박하고 또 돌로 치던 악한 사람을 자신의 주선과 안수로써 목사로 장립시켜 선교사로 제주도에 파송한 사람, 그가 바로 마펫이다. 이것은 한국 선교 역사상 특이한 사건이 아닐 수 없다. 세계에 자랑할 만한 일임에 틀림없다. 마펫 역시 여러 모임에서 이기풍과의 사연을 이야기 했고, 이것은 선교 일화로 널리 알려지기도 했다.[255]

4-7. 마펫과 주기철 – 마펫의 신앙의 정절을 지키다

주기철 목사

한국 교회가 낳은 세계적인 신앙인이요, 순교자인 주기철(朱基徹, 1897-1944) 목사는 1897년 11월 25일 경남 웅천읍에서 주현성 장로와 조재선의 넷째 아들로 태어났다. 그는 예수 믿는 가정에서 출생하여 어릴 때부터 기도와 경건을 몸에 익혔다. 1912년, 춘원 이광수의 강연을 들은 그는 망국의 비탄에 잠겼지만 끝내는 민족 교육의 본거지인 평북 정주, 오산학교에 입학했다. 그는 그곳에서 일세의 문인이요, 자유 분망한 지식의 방랑자 춘원 이광수, 규칙과 엄격의 신앙인이요 기묘의 인간 유영모, 그리고 민족 자본의 웅대한 경륜과 기독교적 신앙을 민족주의 열정 가운데 조화시켜 불타게 한 남강 이승훈, 또 실생활로서 신앙의 절개를 역설하고 경제적 자립에 의한 민족 구원을 염원하던 고당 조만식, 이런 당대의 둘도 없는 민족의 대선각자들과 스승들을 만나 교육받게 되었다.

1922년 3월, 평양 신학교에 입학하여 제 19회로 졸업하니 그의 나이 30세였다. 주 목사는 그해 겨울부터 부산의 초량교회에서 목회를 시작하였다. 후진 교육에 힘쓴 결과 손양원, 이정심, 전재선, 박손혁 등의 목사를 배출해 내었고, 미약했던 교회는 날로 성장하게 되었다. 이러한 때 일제는 한국 교회와 학교에 신사 참배를 본격적으로 강요하기 시작하였다. 그러나 주 목사는 분명한 신앙의 확신 속에서 이를 극렬히 반대하였다. 그때부터 일제의 주목을 받기 시작하였다. 6년간 초량교회에서 목회하던 중 한 가정의 남편으로서 비탄에 잠기게 되었으니 현모양처인 아내 안갑수를 먼저 보낸 까닭이다. 그 후 다시 재혼을 하게 되었는데, 그가 바로 순교의 길까지 갈 수 있도록 기도하며 내조한 오정모 사모였다.[256]

십자가 지고 고난의 길을 묵묵히 간 사람, 이 땅에 영원히 빛날 순교자, 일사각오의 삶을 사신 주기철 목사(1897-1944). 1935년 12월 19일 목요일, 주기철은 평양 장로회 신학교에서 피를 토하며 설교했다. 손양원, 한상동, 방지일, 김양선을 비롯한 120여 명의 신학생들은 숨을 죽이며 그의 설교를 들었다. 그 유명한 "일사각오"의 설교였다. 평안남도 도지사 야스디케가 평남 공사립학교 교장들을 모아 놓고 신사 참배를 강요한지 한 달이 조금 지난 때였다. 주기철은 신사 참배 바람이 거세게 평양에 몰아칠 것을 예감했다. 아니나 다를까 끝내 신사 참배를 거부하던 숭실 학교 교장 조지 매큔이 1936년 3월 21일 미국으로 강제 퇴거를 당했고, 5월 25일 로마 교황청이 신사 참배를 수용하는 교서를 발표했다. 다행히 7월 1일 북장로교 선교회가 69대 16으로 미션 스쿨을 철수하는 한이 있더라도 신사 참배를 거부하기로 결정했다. 앞으로 신사 참배 바람이 얼마나 무섭게 불어올지 예측할 수 없는 상황에서 주기철은 평양 산정현교회에 부임했다. 돌이켜보면 그는 하나님이 이 민족과 한국 교회를 위해 예비해두신 인물이었다.

하나님의 뜻에 순종한 사람, 주기철은 확실히 남달랐다. 그는 자신이 원하는 목회지가 아닌 주님이 원하시는 목양지를 찾았다. 그는

1925년 평양 신학교를 졸업하고 부산 초량교회에 부임했다. 어려운 목회지였지만 교회가 곧 안정을 찾고 비약적으로 성장하기 시작했다. 그런 어느 날 마산 문창교회가 어렵다는 소식을 들었다. 선배 목회자들은 주 목사가 가야 해결할 수 있다고 조언했다. 그는 하나님의 뜻을 간절히 찾은 후에 어렵게 안정을 찾고 도약하는 교회를 뒤로 하고 문창교회로 옮겼다.

자신의 보신이나 안주보다 하나님의 뜻을 최우선했다. 1931년 갈기갈기 찢어진 문창교회에 부임한 후 주기철은 한올 한올 정성을 다해 꿰메고 다듬어, 전보다 더 활기차고 역동적인 교회로 만들었다. 보통 목회자는 안정된 곳에서 목회하기를 원한다. 더구나 어려운 교회에 부임해 안정과 회복을 이뤘다면 그곳을 은퇴하기까지 봉직하는 것이 당연한 것이었다. 그러나 주기철은 자신이 감당해야 할 곳, 서야할 곳을 임지로 택했다. 그가 산정현교회 당회로부터 초빙을 받고 1936년 7월 평양으로 올라간 것도 그 이유였다.

주기철의 산정현교회 부임은 너무도 시의적절했다. 당시 「신앙생활」 잡지 발행인 김인서는 감격에 겨워 "주기철 목사! 산정현교회 임목"이라고 전했다. 그는 산정현교회 담임이자 이성휘의 말대로 "평양의 주인 목사, 조선의 주인 목사, 세계의 주인 목사"로 부임했다. 부임 첫 주 수요기도회 때 오정모 사모는 이렇게 예언적인 기도를 드렸다. "주님, 주 목사가 대신 제물이 되어서 하나님이 이 땅에서 정계를 내리지 않을 수만 있다면 그 뜻대로 하옵소서!"

부임 후 교회는 달라졌다. 온 교우들은 은혜롭고 능력있는 그의 설교, 뛰어난 목회 리더십, 한국 교회를 향한 시대적 각성에 깊이 매료됐다. 그가 산정현교회를 목회하면서 가장 강조한 것이 "성령의 충만"이었다. 그는 김익두에게 은혜를 받은 대로 성령 충만을 받으라고 촉구했다. 그가 볼 때 이 민족을 향한 하나님의 섭리에 동참하는 길은 바로 개인의 회심을 통해 구원의 은총을 힘입는 것이고 그 채널은 성령이었다.

일제의 무서운 도전 앞에 각 개인이 살아남을 수 있는 것도 바로 성령 충만을 통해서다. 성령의 충만과 능력을 힘입는 것이야말로 사탄과의 전투에서 승리하는 비결이다. 그런 의미에서 이 땅에서 그리스도인의 참된 삶은 성령의 능력과 권능을 힘입을 때 가능하다.

고난의 길, 십자가의 길, 1935년 길선주가 세상을 떠나고 마펫 역시 한국을 떠난 상황에서, 게다가 한국천주교회가 신사 참배를 결정한 상황에서 주기철이 평양에 올라온 것이다. 그는 1936년 11월 18-22일 평양 신학교에서 특별 새벽기도회를 인도했고, 이듬해인 1937년 8월 17-24일에는 평양 장대현 교회에서 열린 평양노회 도 사경회 저녁 집회 강사로 섬겼다. 그해 9월 10-16일에는 대구남성교회(현 대구제일교회)에서 열린 제 26회 총회 새벽기도회를 전담했다. 그는 총대들에게 성신의 능력, 성신 받는 길, 십자가의 길, 하나님이 제일 미워하시는 죄, 그리고 예수를 사랑하는 마음을 설교했다.

그가 볼 때 한국 교회가 시대를 극복하고 앞으로 닥칠 신사 참배 강요에 맞서기 위해서는 성령의 능력을 받아야 했다. 영적 위기를 대비하기 위해서는 고난의 길, 십자가의 길을 걸어야 한다고 했다. 1937년과 1938년 각종 신문과 잡지에 실린 그에 관한 기사는 그가 얼마나 전국적으로 주목을 받았는지 보여준다. 그렇지만 그는 인기에 영합하거나 교만하지 않았다. 묵묵히 자기 십자가를 지고 고난의 길을 걸었다.

신사 참배 반대 운동의 구심점은 바로 그였다. 1937년 감리교가 신사 참배를 결정한 후 일제는 온갖 방법을 동원해 장로교 노회와 총회를 압박하며 참배를 강요했다. 총회 산하 23개 노회 가운데 17개 노회가 참배를 결정했고, 1938년 9월 총회마저 무릎을 꿇었다. 신사 참배 결정 후 한국 감리교와 장로교는 정통성을 잃었다. 신사 참배를 결정한 후 이를 교단의 입장으로 정하고 여기에 순종하지 않는 자들을 징계하기 시작했다. 선교사들[257]이 미션 스쿨을 폐쇄하고 신사 참배를 반대한 것과는 극명하게 다른 길을 걸었다.

일제의 신사 참배 강요에 맞선 것은 교단이 아니라 소수의 개인이었다. 그 중심에는 언제나 주기철이 있었다. 그는 온 몸으로 신사 참배 강요에 맞섰다. 산정현교회 목회 현장에서, 전국의 각종 집회에서, 노회와 총회 총대들 앞에서 신사 참배가 죄라는 사실을 분명히 선포했다. 6년이 넘는 긴 투옥, 무서운 고문, 일제의 회유에도 전혀 흔들리지 않았다. 주 목사만큼 믿는 대로 실천하고 살았던, 언행이 일치했던 지도자는 드물었다. 그가 있었기에 안이숙, 주남선, 한상동, 손양원, 이기선, 박관준, 박영창이 나올 수 있었다.

필자는 그가 남다른 신앙의 길, 고난의 길을 걸어간 것을 높이 평가한다. 그러나 그가 지극히 평범한 인간 주기철이었다는 사실에 더 주목한다. 어느 날 가족과 함께 아침 밥을 먹고 있을 때 일경(일경)이 그를 체포하기 위해 사택에 들이닥치자 그는 후다닥 부엌문으로 도망가서는 기둥을 부여잡고 엉엉 울었다. 옥중 생활이 얼마나 힘들고, 고문이 얼마나 고통스러운가를, 그리고 사랑하는 가족과 떨어져 지내는 것이 얼마나 힘든가를 온 몸으로 체험했기 때문이다. 순교 직전 오정모 사모에게 마지막 한 말은 "여보, 나 숭늉 한 그릇 먹고 싶소"였다. 신사 참배를 반대해 평양 감옥에 함께 수감돼 있던 안이숙 여사에게는 쑥갓을 흰밥과 함께 실컷 먹고 싶다는 의사도 피력했다.

1944년에 접어들어 자신의 죽음이 얼마 남지 않은 것을 직감한 주기철은 사랑하는 아내에게 아들 영진의 결혼과 광조의 장래를 부탁하고 "나를 대신해 어머님을 부탁한다"는 말도 잊지 않았다. 주기철, 그는 순교자이기 이전에 지극히 평범한 목사요, 남편이요, 아버지였다. 그는 강인한 정신력과 신앙을 소유했지만 이 땅을 살았던 인간 주기철이었다. 그래서 겟세마네 동산에서 내 뜻대로 마옵시고 아버지의 뜻대로 해달라고 기도하셨던 주님처럼 그의 고난이 더 아름답고 값진지 모른다. 그는 죽어 가면서도 한국 교회가 진리의 교회가 되길 소망했다.[258]

박용규 교수는 "신사 참배 반대 운동의 주역이자 참 목회자로 모든 이들의 존경을 받는 주기철 목사님에게 가장 지대한 영향을 미친 인물은 초대 교회의 교부 폴리갑과 존 녹스였다"[259]라고 했다. 주기철은 존 녹스에 의해서 세워진 스코틀랜드 장로교의 후예로서 평양 신학교를 세운 마펫의 장로교 정신을 가장 잘 지켜간 진정한 장로교 목사였다. 일제의 신사 참배 강요에 의해서 결국 학교를 폐쇄하고 조선을 떠났던 마펫을 이어서 이 땅의 교회를 지킨 주기철이야말로 마펫이 세운 평양 신학교의 진정한 제자라고 할 수 있다.

4-8. 마펫과 한경직 - 마펫이 세운 자작교회에서 성장하다

한경직 목사

마펫은 한경직 목사가 신앙적으로 자라나 큰 믿음의 거목이 되는데 결정적인 영향을 미쳤다. 마펫에 의해서 간리에 세워진 자작교회의 이야기를 알아보자.

"1895년 어느 날 마펫 선교사는 원산에서 선교 일을 마친 후 조랑말을 타고 평양으로 돌아오고 있었다. 그와 함께 오고 있는 사람은 그의 동역자인 한석진(韓錫晋) 조사였다. 이들은 순천(順川)을 지나 계속 산길을 따라 평양으로 갈 길을 서둘렀다. 원산에서 평양으로 가는 초행길이었으므로 이들은 가고 있는 길이 순천에서 자산(慈山) 사인장(舍人場)으로 빠져 지나가는 길인 줄 알고 계속해 나갔다. 그러나 그들이 길을 잘못 들어섰다는 것을 깨달았을 때는 이미 저녁이 되었다. 해는 뉘엿뉘엿 저물어 갔다. 그러다가 깊은 산속이라 해가 금세 떨어지면서 어두움이 깔려오기 시작했다. 날이 저물자 더 이상 갈 길을 갈 수 없게 되어 산길에서 마을로 들어가 하룻밤을 마을에서 지내게 되었다. 산촌 마을이라 여관은 물론 여인숙도 없으므로 이들은 어느 부잣집의 호의로 하룻밤을 보낼 수 있게 되었다.

인심 좋고 순박한 간리 마을 사람들은 서양 사람이 조랑망을 타고 이웃집에 왔다는 말을 듣고 사람을 구경하러 모여들었다. 이 마을의 많은 사람들은 그때까지 서양 사람을 직접 보지 못했으므로 이들 앞에 선교사는 구경거리였다. 이처럼 그들은 그저 호기심으로 몰려왔다. 그러나 차츰 이 사람의 입으로 나오는 한마디 한마디에 감동이 되어 고개를 끄덕이며 열심히 경청했다.

마펫은 열심히 그리스도의 복음을 전했다. 그는 쉬운 말로 복음의 핵심을 전했고, 예수를 믿으면 영생을 얻는다는 구원의 진리를 아주 평범하며 감동깊게 전해 주었다. 한석진 조사도 이들에게 예수를 믿게 된 동기와 예수를 믿으면 영원히 죽지 않는다는 깊은 진리를 말하며 자신의 간증을 들려 주었다. 이들은 마을 사람들과 밤이 새도록 오랫동안 이야기를 나누었다. 그들은 차츰 소문으로만 듣던 기독교에 대한 여러 가지 부정적인 이야기들이 사실과 다르다는 것을 깨닫게 되었다. 그들은 서양 사람을 구경거리로 생각하고 사람을 구경하러 오게된 자신들의 모습이 점점 부끄러워졌고, 밤이 깊어 갈수록 진리의 말씀에 감동되어 머리가 숙여졌다.

그날이 간리 마을에 복음의 씨앗이 떨어진 첫날 밤이었다. 그 열매는 즉시 세 명의 결신자를 얻는 성령의 역사로 나타났다. 이 날 밤을 이렇게 새우고 아침 일찍 마펫과 한석진은 갈 길을 서둘러 간리 마을을 떠나 평양으로 갔다. 떠나는 날 아침 지난 밤 밤깊도록 대화를 나누었던 마을 사람들이 환송하러 나왔다. 마을 사람들은 이들과 헤어지기 싫었지만, 그렇다고 그들의 갈 길을 막을 수도 없으므로 석별의 정을 나눈 후 이들을 떠나 보냈다.

이 일이 있은 직후 이 날 밤에 참석했던 청년들 가운데 세 명이 평양에 있는 마펫 선교사를 만나러 왔다. 마을에 교회를 세우려는 계획을 말하고 많은 조언을 듣고 돌아 갔다. 평양에 갔다온 이들은 우선 가족들과 함께 모여 마을 동쪽 언덕 위 돌배나무 밑에 모여 주일 예배를 드리기 시작했다. 이것이 자작교회의 시작이다. 마펫 선교사와 한석진조사가 머물던 밤에 함께 있던 사람들도 그날 밤의 뜨거운 체험과 마음에 이상한 느낌을 받으며 자발적으로 한 두 가정씩 모이기 시작했다. 이렇게 해서 차츰 온 동네가 예수를 믿는 대역사가 일어났다. 한 씨 가문도 20여 가구가 믿게 되었다.[260]

"이곳에 학교가 세워지면 여러 마을이 인접한 곳이라 장소도 좋고, 또 학교 부지도 마련될 수 있어 이곳에 학교를 세웠고, 그 이름을 "진리의 빛"이란 뜻으로 진광(眞光)소학교라고 했다. 이 학교의 설립자는 방위량(邦偉良, William Newton Blair)이였다. 그리고 한경직의 할아버지 한 분도 설립에 관여했다. 마펫 선교사는 이곳에 복음의 씨를 뿌렸고, 방위량 선교사는 이곳에 배움의 집을 세웠으며, 하나님은 이곳을 거룩한 땅으로 택하여 역사하신 것이다. 그 축복의 열매가 한국 교회에 크게 영향을 주게 된 것은 하나님만이 알고 계신 계획이었다.[261]

그 후에 한경직은 마펫 선교사가 세운 자작교회에서 신실한 믿음의 사람으로 성장하였고, 배위량 선교사가 세운 진광학교에서 믿음의 지식을 키워갔다. 그리고 방위량 선교사의 비서로 일하면서 구체적인 하나님의 인도함을 받고 미국 유학길에 오르게 된다.

> 제가 24살 나던 해니까 1925년도에 숭실대학을 마치고 나가게 됐지요. 당시 숭실 학교에는 이과(理科) 문과(文科) 농과(農科)의 3과가 있었는데 저는 그때 이과를 택하여 자연과학을 공부하고 있었지요. 그런데 방위량(Williams)이라는 선교사가 있었어요. 내가 그분 비서로 있으면서 공부하였는데 황해도 구미포 소래라는 곳에 선교사 피서지가 있었지요. 여름마다 피서갈 때 나도 같이 가서 번역을 한다든지 일을 거들어 주곤 했지요. 3학년 때 한번은 구미포 모래 사장에 혼자 조용히 산보를 하는데, 내가 앞으로 무엇을 할거냐 하는 문제를 놓고 꿇어 앉아서 기도하고 싶었습니다. 그때 기도하던 중 분명히 마음속에 하나님의 지시가 왔지요. 사실 그때 중요한 것은 민족이니깐, 민족을 위해서 일하라는 그런 부름을 받았지요. 학교에서 그날 저녁에 오랫동안 기도하면서 제가 방향을 바꿨지요.[262]

마펫으로 인하여 세워진 자작교회에서 자란 한경직은 그 후에 공산주의를 피해 서울에 영락교회를 세우고, 북한에 있던 숭실 학교의 재건과 마펫이 세운 평양 신학교의 후신인 장로회신학대학교 이사장 등의 역할을 하면서 마펫의 정신을 이어갔다. 한경직 목사는 1992년 나이 90세 되던 해에 종교계의 노벨상으로 알려진 템플턴상을 수상하였으며, 은퇴 후에는 남한산성의 우거처에서 여생을 보내며 한국 교회의 연합을 위하여 북한 교회의 회복을 위하여 기도하였다. 2000년 5월 20일 초판 발간된 『아름다운 빈손 한경직』에서 김수진 저자는 다음과 같이 한경직 목사의 남한산성 한경직 우거처에서 보낸 말년의 삶을 기록하고 있다.

> 인간적으로 보면 얼마나 외로운 날들이었을까. 그러나 그는 모든 것을 하나님께 맡기고 날마다 자연의 아름다움을 누리며 말년을 보냈다. 때로는 나무에 기대앉아 묵상도 했고, 계절의 변화에 따라 바뀌는 산속 풍광을 보며 찬송가를 부르기도 했다. 추운 겨울이면 유난히 눈이 많이 내렸던 고향 간리를 생각했다. 백두산의 튼튼한 소나무로 북녘 고향 땅에 교회를 지어 예배드리고 싶다는 것은 그의 마지막 소원이었다.[263]

제5장

선교 정책 지도자 마펫:
복음화 사역에서 현지 교회가 차지하는 위치

마펫은 1910년 6월에 스코틀랜드 에딘버러 선교 대회에서 복음화 사역에서 현지 교회가 차지하는 위치[264] (The Place of the Native Church in the work of Evangelization)라는 제목으로 다음과 같이 그의 선교 정책에 대해 발제하였다.

나는 이런 주제를 한 선교사에게 맡겨 발제하게 할 때 요구되는 것은 그 주제를 추상적인 언어로 학문적으로 다루는 것이 아니라 선교 현장에서 일어나는 사실들을 기초로 한 구체적인 실례들을 제시하는 것이라고 생각한다. 그 민족을 복음화시키려 할 때 현지 교회의 현재의 위치가 어떠한지 또는 그 교회가 어떤 역할을 해야만 할 것인지를 예시하는 것이다.

국제선교대회(에딘버러, 1910)

나는 조선이라는 나라에서 왔다. 그 나라에서는 1,200만 민족의 복음화를 위해서 그곳 교회가 결연히 일어선 나라이다. 거기에서 우리는 오늘날 수십만 명을 효과적으로 복음화시키는 놀랄만한 전도 운동이 벌어지고 있다는 사실을 증언하고 있다. 또 거기에서 주님께서는 분명히 성령을 부어주셔서 강력한 역사가 일어나도록 하고 있다. 나는 여러분들 앞에서 주어진 주제를 가장 훌륭하게 발전시킬 수 있는 길은 바로 한국에 있는 교회가 어떤 일을 하고 있는지를 있는 그대로 보여주는 것이라고 확신한다.

조선 교회는 복음화 사업을 펼쳐나갈 때 너무나 적극적이고 너무나 성공적이어서 모트 박사(Dr. Mott)와 주의를 기울여 그곳 상황을 살펴본 관찰자들의 견해에 따르면 조선은 현재 비기독교 국가들 가운에서 복음화되는 첫 국가가 될 가능성이 충분히 있다고 한다. 우리는 조선이 일본이나 중국 등 이웃 나라들과 같이 군사 대국이나 통상 대국이 되리라고 기대하지는 않는다. 그러나 그 나라가 하나의 기독교 국가, 하나의 영적 강대국이 될 수는 있지 않을까? 아마도 중국과 일본, 심지어 러시아까지를 포함하는 열강 제국들에 영적으로 깊은 영향을 미치는 극동 지역의 영적 대국은 될 수 있지 않을까? 위대한 경제적 군사적 강대국들이었던 앗시리아, 바벨론과 로마에 복속되어 부끄러움을 당하고 포로로 잡혀가기까지 했던 작은 유대 나라를 들어 세계의 위대한 영적 대국으로 만드셨던 하나님께는 그것이 불가능한 일이 아니다. 그들이 가장 큰 치욕을 당하고 있던 그때에 하나님께서는 유대 땅을 통해 메시아 곧 그리스도이신 우리 주님을 보내셨던 것이다. 우리 주님은 거기에 그의 교회를 세우셨고, 거기서부터 유대 나라가 예속되어 왔었던 바로 그 나라 사람들에게 복음을 전하게 하셨다. 세상의 약한 것들을 택하여 강한 것들을 부끄럽게 하시고 세상의 천한 것들과 멸시 받는 것들을 택하여 있는 것들을 실패로 끝나게 하기를 기뻐하시는 하나님이신 것이다.

보시라. 보잘 것 없고 멸시를 당하며 다른 나라에 예속되어 부끄러움을 당하는 조선을 통해 모든 극동 지역에 풍성한 영적 축복을 가져다주고, 조선을 열국 가운데 하나의 정치적 강대국이 아니라 하나의 영적 강대국으로 삼으심으로써 그의 권능을 드러내시는 것이 하나님께는 불가능한 일이 아니다. 이 대회가 열린 처음 이틀 동안에는 다른 모든 사실들보다 우선적으로 이 한 가지 사실이 강조되었다. 즉 어느 지역을 완전히 복음화시키는 일은 외국인 선교사들에 의해서가 아니라 복음을 전하는 현지인 목사들과 복음 전도자들, 기독교 사역자들과 교사들이 있는 현지인들의 교회에 의해서만 효과적으로 달성되리라는 것이다. 오늘날 다른 어떤 선교 현장에서보다도 우간다(Uganda)가 아닌 조선에서 아마 여러분은 그런 교회를 찾아볼 수 있을 것이다. 그 교회는 현지인 일꾼들을 통해서, 그리고 한국 교회와 자원해서 나선 현지 사역자들의 지원을 받는 현지인 목사들과 복음 전도자들에 의해 전국 복음화를 향해 신속히 진군하고 있는 것이다.

조선 땅에 개신교 선교사들이 가서 주재한 것은 25년밖에 되지 않았다. 그 이전에 스코틀랜드 성서공회(the National Bible Society of Scotland)를 대표하는 스코틀랜드 사람 하나가 처음으로 한문으로 된 성경 말씀들을 한국 사람들에게 나누어 주었다. 이 일은 1865년과 66년에 이루어진 일이었다. 그러나 1866년에 그는 잡혀서 토막 살해되었고 평양 인근의 대동강 둑에서 불태워졌다. 그 후 계속해서 만주에 들어와 있던 스코틀랜드 선교사들이 만주와 압록 강변을 따라 거주하는 조선 사람들에게 복음의 씨앗을 심었고 많은 회심자를 얻어 세례를 베푸는 쾌거를 거두었다.

그러나 지금부터 25년 전까지 조선에는 선교부가 세워지지 않았었다. 그때가 되어서야 미국 선교사들이 한성에 주재하게 되었던 것이다. 그들이 조선에 들어가서 2년간의 사역이 끝났을 때 그곳 세례 교인은 9명이 되었고 10년간의 사역을 마쳤을 때 그 수는 400명이 조금 못 되었다. 그러나 이 소수의 사람들에게 하나님께서는 그의 성령을 부어주셨다. 그리고 그때 그는 그의 섭리하에 1894년에 일어난 청일 전쟁을 통해서 그 나라 전체를 흔들어 놓으셨다. 특히 그 전쟁이 끝난 때로부터 현재에 이르기까지 거기서는 복음 전도 운동이 꾸준히 활발하게 계속되어 왔다. 그래서 지난 15년 동안에 그 교회는 6만 명 이상이 세례를 받았고 4만 명의 초신자(원입 교인)가 있을 만큼 엄청난 무리를 이루게 되었다. 그리고 조선인들 스스로의 자발적인 노력을 통해서 약 25만 명이나 되는 사람들이 그리스도인의 대열에 서려고 너무너무 크게 무리지어 모여들고 있는 형편이다. 그들은 그렇게 많은 회심자들(converts)을 양육시키고 훈련시켜 달라고 선교사들에게로 데려오는 것이었다. 우리가 안고 있는 가장 큰 문제는 그렇게 많은 사람들을 어떻게 돌보아야 하는 것이다. 그들은 모두 자신의 죄를 의식하고 그리스도를 통한 구원을 얻어야 한다는 것을 깨달은 사람들이요, 그분을 기꺼이 영접하고 그의 말씀에 계시된 대로 그의 뜻이 무엇인지를 배우려는 사람들이다.

20년 전 내가 처음으로 평양을 방문했을 때 그 도시나 그 지방에는 그리스도인이 한 사람도 없었다. 그런데 지금은 거기에 9개의 교회가 세워져 있고 그 도시에서 15마일 반경 안에 50개의 교회가 설립되어 있으며, 평안도 지역 전체에는 300개의 교회가 자리잡고 있다. 그 지방에서는 이제 전체 인구의 4/5가 어느 교회에서든 3마일 반경 안에 살고 있는 셈이 된다. 한성에는 이제 15개의 교회가 있고, 송도(개성)에는 4개의 교회가 있다. 북쪽에 있는 한 도(道)에는 42개의 교회가 있는 셈이고 남쪽에 있는 한 도에는 24개의 교회가 있는 셈이다. 그리고 오늘날 조선 땅 전체에는 2500개 이상의 교회가 설립되어 있고 수백 개의 마을들의 주민이 주로 그리스도인들로 이루어

살고 있다고 할 수 있다. 주민의 1/5이 교회에 출석하고 있는 평양과 같은 그런 도시에서의 생활은 기독교가 그 최대의 변수로 되고 있는 형편이다. 또 선천은 주민의 1/3이 그리스도인들이라고 보고되고 있다. 참으로 우리는 믿을 수 없을 만큼 짧은 기간에 일어난 이 놀라운 변화를 증언해왔을 뿐이다. 이런 일이 어떻게 이루어져 왔는지를 보여주기 위해서 나는 조선 교회의 몇 가지 특징적인 일들을 언급하고, 나아가서 이 교회가 그 나라의 복음화를 위해서 차지하고 있는 그 자리를 보여주려고 한다."

5-1. 성경을 사랑하며 배우는 교회

무엇보다 먼저 그 교회는 성경을 사랑하는 교회요 성경 말씀을 배우는(studying) 교회이다. 그 교회는 성경 말씀을 하나님의 말씀으로 받아들이고 있고, 그의 아들 예수 그리스도를 통하여 죄로부터 구원해주신다는 그의 약속을 믿는 단순한 믿음을 가지고 있다. 나는 주저하지 않고 한국 사람들의 영적 생활의 변화를 일으키는 주요 인자와 한국 교회를 복음화 사역을 하기에 적절한 위치로 올려놓은 것은 바로 훌륭한 성경 사경반(査經班: Bible Training Classes) 제도였다는 나의 확신을 피력할 것이다. 물론 어느 나라에서나 성경은 복음화를 위한 가장 중요한 요소이다. 그러나 한국에서의 사역에서 그것은 확실히 좀 더 독특한 위치를 차지해왔다. 그리고 한국 교회는 그것이 가진 능력과 영성, 기도에 대한 확실한 신앙, 그리고 말하자면 전체 교회가 하나님의 말씀을 아는 지식에 몰두해왔다는 사실로부터 얻은 열린 마음 등을 보게 된다.

이러한 성경 사경반과 양육반들은 교육과 양육, 그리고 그 교회 전체를 하나의 전도하는 공동체로 발전시키는데 가장 중요한 요인이 되게 하였다. 이러한 사경반들을 통해서 전체 교회 곧 노소와 유무식을 불문하고 모든 교인들이 체계적인 교육과 훈련을 받게 될 것이다. 그런 사경반들 가운데 일부는 선교 본부에서 주관하는 사경회(査經會)들이다. 그런 모임은 선교 본부에서 관리하고 있는 전체 지역을 위해 기획되는 것으로 대부분 선교사들이 직접 가르친다. 일부 사경회 모임은 좀 더 좁은 지역의 교회들을 위해서나 어느 한 교회의 교인들을 위해서 열리기도 한다. 그런 경우 일부 선교사들이 가르치기도 하지만 전체적으로 볼 때 거의 한국인들이 그 집회를 맡게 된다. 일부는 남자들만을 위해서 열리고 또 어떤 일부는 여성만을 위해 열리기도 한다.

중앙에서 주관한 사경회는 처음에 단지 일곱 명의 남자들로 시작했는데 점점 더 커져서 서울에서는 500명이 모여 공부하게 되었고 대구에서는 800명이 재령과 평양에서는 각기 1,000명이 모여 배우게 되었으며, 선천에서는 심지어 1,300명이나 모이기까지 했다. 다른 한 편 여성들을 위한 사경반들은 송도(개성), 부산, 대구, 공주, 평양, 선천 등지에서 열렸는데 150명으로부터 700명의 여성들이 모였다. 어떤 여인들은 거기에 출석하기 위해서 심지어 200마일의 길을 걸어오기까지 했다. 이런 사경반은 전국에 걸쳐 2,500개 이상의 교회나 집단들 하나하나에 가능한 한 남자반과 여자반을 열도록 배려하고 있다. 이런 지방의 사경반에 참석하는 인원은 5명에서 500명에 이르기까지 다양하다. 이 일을 위해서 좀 더 나은 교육을 받은 능력 있는 남녀 인물들은 교사로서의 사명을 감당하도록 해준다. 물론 성경이 그 주 교재가 된다. 그런 공부반들은 전체 교회에 널리 공급되는 영적 전력(spiritual electricity)을 생산하는 상설 발전소들이 되는 셈이다.

어느 선교부의 보고에 따르면 그 선교부 산하에 그런 공부반이 262개가 있고 거기에 13,967명이 등록하고 있다고 한다. 전국적으로 볼 때 그 수는 2,000개가 넘을 것이고 참석자는 100,000명 이상의 남녀가 거기에 참석하고 있다고 할 수 있다. 어느 한 선교부에서만 그 참석자가 70,000명이 넘는다고 보고하고 있다. 이런 성경 사경반들의 영향력을 누가 바로 평가할 수 있겠는가? 여기에서 한국 교회는 위대한 영적 축복을 받았고 영적 진리를 깨달아 아는 능력도 얻었다. 그래서 그 교회는 복음을 증거하는 교회가 되었고 또 물질적인 축복보다 훨씬 뛰어난 기독교의 영적 축복을 무엇보다 중시하는 교회가 되고 있다. 하나님의 사랑, 예수 그리스도를 통한 죄로부터의 구원, 성령의 위로, 부활과 영생의 소망 등의 기본적인 위대한 영적 진리들이 이 백성들을 사로잡아왔고 그들에게 기쁨과 즐거움, 그리고 소망이 충만하게 해주었으며 그것이 그들의 생활과 성품을 변화시켜왔다. 그리고 그 사경반들은 그들에게 닥쳐올지도 모르는 박해나 치욕, 물질적 손실 등 그것이 어떤 것이든 감수해야 한다고 제안하지는 않는다. 그리고 이 사경반에서 공부를 마치고 나오면 그들은 한 가지 메시지를 가지고 다른 사람들을 찾아간다. 그 메시지를 가지고 길거리에나 골짝 골짝에 있는 그들의 집으로 찾아들어가는 것이다.

복음 전도일 약정서(a subscription of the days of preaching)로 알려진 놀랄만한 형태의 그리스도인들의 활동을 발전시킨 것도 이런 사경반에서였다. 그 약정서에 따라 그리스도인들은 이 골짜기에서 저 골짜기에로 이 집에서 저 집으로 다니면서 복음의 이야기를 전하는데 약정된 수의 날을 보내는 것이다. 그 운동은 두 곳의 지방 사경회에서 처음으로 시작되었다. 그 다음 그것은 전국적으로 열 곳으로 퍼져나갔고, 지금은 문자 그대로 수십 만 일의 전도하는 날이 약정되고 있다. 약 5년 전에 그것이 처음 시작될 때에는 한 곳에서 35명의 사람들이 900일을 약정했고 다른 곳에서는 2,200일을 약정했다. 그리고 그것은 올해까지 계속 증가하여 그 보고서들이 속속 들어오고 있다. 한 교회는 840일을 약정했고, 공주에서는 150명이 6,428일을 약정했으며, 평양 중앙교회의 성도들은 22,150일을 약정했다. 그리고 1월 1일부터 4월 1일까지 올해 들어와서 꼭 3개월 만에 이미 복음 전도 사역에 78,066일의 온전한 날을 드리기로 약정한 것으로 보고되고 있다. 아마 그 보고서는 실제로 행해지는 것의 절반도 잡지 못했을 것이다.

어떤 지역들에서는 복음이 전해지지 않은 지역이나 마을들에 복음을 전하는데 교회들이 공동으로 협력 사역을 펼치기 위해서 겨울에 약 15일씩을 따로 제쳐두는 것이 관례로 되어 있다. 한 순회 전도 여행에서는 45명의 사람들이 10일 동안 복음이 전해지지 않은 지역에 가서 전도 활동을 함으로써 이전에는 전혀 복음을 접해보지 못한 지역에서 일단의 새 신자들 모임을 구성할 수 있었다고 한다. 이제 그런 운동과 더불어 선교사들도 간절한 복음 전도의 열정과 지칠 줄 모르는 순회 전도의 본보기를 보여주었고 또 그리스도인들 안에 그런 정신을 고취시키려고 애써왔다는 것이 분명하다고는 하더라도 그런 엄청난 규모의 전도 운동과 한국에서의 엄청난 영혼 구원 사업이 이루어지고 있는 공로는 성령의 역사하심 아래에서 일한 한국 교회에 돌려야 마땅하다.

선교회를 조직해야 한다는 생각이 도출된 것도 이런 사경회를 하는 중에서였다. 그리고 오늘날 한국 교회는 제주도에 사는 10만 주민들 사이에서 일하고 있는 선교사와 시베리아에 살고 있는 50만의 한국인들, 그리고 만주에 살고 있는 한국인들을 위해 자신들이 파송한 일꾼들을 지원하고 있다. 한편 지금 평양에 있는 연합 대학교(the Union College) 학생들은 칭따오에 있는 중국 사람들 사이에서 일할 학생 자원자를 보낼 계획을 추진 중에 있다. 내가 처음 평양에 왔을 때 나를 돌로 쳤던 사람들 중의 하나가 처음 목사로 안수받은 사람들 중의 하나였으며 지금은 그가 한국 교회가 파송한 첫 선교사라는 것은 내게는 개인적인 큰 기쁨이 아닐 수 없다.

1907년도에 일어났던 놀라운 부흥 운동도 역시 이런 사경회 모임들을 통해서였다. 그 운동은 그 이야기가 전해지는 곳마다 사람들의 마음에 큰 감동을 주었다. 평양에서 있었던 도시 사경회와 관련해서는 지난 3년 동안 체계적인 축호 전도가 이루어져 왔으며, 교회들은 말씀을 갈망하는 청중들로 매일 밤 붐볐다. 매일 밤 믿기로 결신한 사람들이 모여들었다. 1905년에 1,000명 이상이 믿는 사람의 이름에 올랐으며, 한 주일에 247명의 원입 교인이 받아들여지기도 했다. 1908년에는 1,000명 이상의 회심자를 남기면서 같은 장면들이 반복되었다. 1907년에는 기도의 영이 선교사들에게 덮쳐왔고, 겨울 사경회 기간의 저녁 전도 집회가 진행되고 있었는데 그때 성령께서 공적으로 임재하심이 분명하게 드러났다. 사람들은 죄의 무서운 결과들을 깨달았고, 죄 없으신 그리스도께서 그들을 위해 고난을 당하셨고 그들 대신해서 죽으심으로 보여주신 그의 사랑도 깨달았다. 그들은 몸부림치며 괴로워했고 그들 중의 일부는 거의 기절하기에까지 이르렀다. 그리고 그들이 완전한 용서를 받았음을 깨달았을 때 위안이 찾아왔다. 그 도시의 교회와 학교들, 그 다음에는 지방에서 모이던 예배 모임들, 방학에서 학교로 돌아오는 대학과 중고등 학생들, 이 모두가 이런 놀라운 체험 과정을 모두 겪었다.

그 다음에 성서 학원들과 신학교에서, 거기서부터 다른 선교부들로, 그리고 전국에 있는 교회를 통해 그 운동은 확산되어 갔다. 사람들은 마음에 큰 감동을 받아 죄를 고백하고 새로운 헌신을 다짐하며 새로운 능력을 맛보며 새로운 기쁨을 누리게 되었다. 또 그 운동은 수십만의 불신자들에게도 큰 영향을 미쳤다. 그것은 이때에 한국을 방문했다가 하나님께서 한국에서 일으키신 놀라운 일에 대한 증언을 가지고 돌아갔던 고포드 씨(Mr. Goforth)를 통해 한국으로부터 만주와 중국 각지로 확산되기도 했다. 우리는 한 발 비켜서서 한국 교회에 이런 큰 일을 이루어주신 하나님께 감사를 드린다. 그리고 이런 운동은 한국인 스스로의 교회를 통해서 이루어졌기 때문에 우리는 복음화 사업을 펼쳐나갈 때 그것을 맨 앞에 내세운다. 이 사업은 지금도 계속되고 있다. 그리고 바로 지난 겨울에도 서울의 한 교회는 643명의 새 신자를 얻었다고 보고했고, 평양의 한 교회는 700명의 새 이름이 교적부에 올랐다고 했으며, 그 도시는 한 달 안에 2,000명 이상의 사람들이 예수 그리스도 앞으로 나아와 서게 되었다는 것을 알게 되었다. 실지로 이 모든 사람들은 한국인들이 행한 개인 전도를 통해 그리스도 앞으로 인도함을 받은 사람들이다.

올해 이런 사경반들을 통해 그들은 할 수만 있다면 한국에 있는 모든 가정에 마가복음 한 권씩을 비치할 수 있도록 쪽복음서 마가복음을 발행하려고 한다. 한 달 전 내가 한국을 떠날 때, 이미 70만 권이 발행되어 팔려나갔다. 대구에 있는 한 반은 16,432권을 구입했고, 서울에 있는 한 교회는 단지 60명이 15,000권을 구입하여 보급하였다. 시골에서 사경반을 운영하는 한 선교사는 소가 끄는 수레에 가득 실린 복음서를 받고 놀랐다. 그의 아내가 보낸 것이었다. 그러나 더욱 놀란 것은 그 사경반에서 단 몇 분 만에 26,427권이 예약 주문되었다는 것이다. 그 수는 그가 받은 복음서의 수보다 훨씬 많은 것이었다. 다른 어떤 사경반은 26,000권을 구입했고 또 다른 사경반은 33,000권을 구입했다고 한다. 어떤 사람은 10권을 사고 어떤 사람은 100권, 또 어떤 사람은 심지어 1,000권을 구입하여 복음 전도의 날을 약정한 사람들이 그걸 들고 나가서 배포할 수 있게 했다. 참으로 한국에서는 올해 100만 권의 마가복음서가 배포될 것이다. 나는 백만 명의 사람들이 즉각적으로 그 복음서의 영향을 받으리라는 것을 전혀 의심하지 않는다. 한국 교회는 현지인들의 교회가 자기 민족에게 복음의 메시지를 전할 수 있음을 보여주고 있다. 그것이 바로 그 땅을 복음화시키기 위하여 그 교회가 차지해야 할 자리이다.

5-2. 자립하는 교회

복음화 사업에서 한국 교회가 차지할 위치는 그 교회가 하나의 자립하는 교회(a self-supporting church)라는 사실에서 찾아볼 수 있다. 그리고 나는 그 교회가 자립이라는 기반 위에 세워지기까지는 어떤 교회도 그 민족의 복음화를 이룰 수 없다고 주장한다. 그리고 자립이 좀 더 빨리 좀 더 완전하게 이루어질수록 그 복음화 사업도 더 빨리 더 완전하게 장점으로 될 것이다. 한국 교회는 하나의 자립 교회로서 발전해왔다. 그리고 한국인들은 자기들에게 지워지는 재정적 부담을 기꺼이 감당해내는 식으로 특이할 정도의 넓은 마음과 믿음의 확신과 성도의 고귀한 성품을 장점으로 보여주었다. 그들은 자기들의 교회 건물과 초등학교의 건물들을 모두 자기네 힘으로 지었다.

한 선교부의 관할하에 지어진 840개의 교회 중에서 그 교회 건축을 위해서 해외 기금을 받아서 건축한 교회는 20개도 되지 않았다. 아주 대형 건물을 건립한 몇 개의 교회도 보조를 받았지만 그것도 건축비의 1/3을 넘지 않는 정도에서였다. 589개의 초등학교 건물은 실지로 모두가 한국인들 스스로의 모금으로 그 비용이 충당되었다. 어느 한 선교부에서 봉급을 받고 일하는 1,052명의 한국인 일꾼들 가운데 94%는 한국인들의 후원으로 생활비가 지급되고 있다. 자립이라는 이런 정책을 확립하는 것도 쉬운 일이 아니었고 그런 정책을 계속 유지하는 것도 쉬운 일은 아니었다. 그래서 그런 정책을 버리고 싶은 유혹은 많았고 자주 찾아왔다.

그러나 그 정책이 가진 훌륭한 가치를 선교사들과 한국인들 모두 더욱더 감사하게 받아들여왔다. 이제 한국인들 자신들보다 더 그것을 기뻐할 사람은 아무도 없다. 그들은 그것이 개인의 성품과 교회의 장점을 발전시키는데 있어서 얼마나 소중한 요소인지를 깨닫고 있기 때문이다. 그들은 스스로 제주도와 시베리아에서 선교 사역을 펼쳐 나갈 때 그 정책을 그대로 실행에 옮기고 있다. 성서 공회들은 이제 이런 자립이라는 정책이 그들의 사업에도 어떤 가치를 지니는 것인지를 증언하고 있다. 성경 말씀들과 전도용 소책자들도 그냥 주어지지 않고 값을 받고 팔고 있다.

한국 교회는 올해 병원비로 지출된 것을 제외하고도 총액 131,000달러를 각종 목적을 위해 연보했다. 사역의 이런 면과 관련해서 할 수 있는 자기희생과 관대한 마음에 대한 이야기를 하려면 한 권의 책을 모두 채울 것이다. 여성들은 그들의 결혼반지와 머리카락 자른 것, 그리고 그들의 장신구들을 가져다 바쳤고, 어떤 가정들에서는 주님의 일을 위해 바치려고 쌀을 내다 팔고 조를 사서 조밥을 지어먹기도 했다. 수백 가정이 십일조 헌금을 드렸고 많은 사람들은 자기 소득의 1/3 씩이나 바치기도 했다.

그 능력이 닿는 데까지 그 짐을 나누어지는 것이 복음화를 위한 현지 교회(the Native Church in Evangelization)의 자리이다.

5-3. 훈련받고 책임을 지는 지도자

교회 지도자로 선택을 받고 훈련을 받은 사람들은 그것을 감당할 수 있는 자질을 갖추는 대로 지도자로서의 책임과 교회 정치의 책임도 져야 한다. 그리고 목사들과 전도사들로 세움을 입어 최전선에서 사역하도록 해야 한다. 한국에서 그리스도인들은 순회 선교사들과 밀접한 관계를 맺고 지냄으로써 그리고 사경회를 통한 수년간의 교육을 받음으로써 교회 사역자들로서의 봉사를 위한 자질을 갖추어 왔다. 실지로 모든 목사들과 전도사들은 먼저 지 교회에서 직분자들로 훈련을 받아왔고, 다음으로 조사(助事)로서의 시험 단계를 거친 다음 더 중요한 일을 맡게 된다.

교회를 인도하고 사경반에서 배우기도 하고 가르치기도 하며, 교회를 통솔하고 기도회를 인도하며, 자발적으로 마을마다 다니면서 복음을 전하고 개인적인 일을 하며, 교회 직분자들을 위한 제직 특별 수련회에 참석하여 교육을 받고 무거운 책임을 지는 일등을 하면서 이런 복음 전도자들은 잘 양육되어 헌신적이고 유능하여 다른 사람들에게 도움이 되는 믿을 만한 사람들로 이루어지는 공동체를 구성하게 되었다. 그들에게는 사역의 짐을 맡겨도 되는 것이다. 이런 복음 전도자들에게 특별한 신학적 훈련을 받게 한 뒤에 우리는 25명에게 안수하여 사역 현장으로 보냈다. 그리고 현재 다른 250명 이상의 학생이 두 개의 신학교에서 교육을 받고 있는 중이다.

나는 여러분에게 한 석진 목사와 김창식 목사와 같은 사람들의 이야기를 들려주고 싶다. 1894년 그들은 실컷 두들겨 맞고 차꼬에 채워져서 감옥에 갇히게 되었으며, 하나님을 저주하지 않으면 처형해버린다는 위협까지 받았다. 그래도 그들은 굳세게 버티었고 결국 형장으로 끌려 나왔다. 마지막으로 하던 주장을 철회할 수 있는 기회가 주어졌고 그렇지 않으면 바로 목을 벤다고 했다. 그러나 그들은 다음 순간 바로 처형될 수 있다는 것을 알면서도 그리스도를 모른다고 할 수 없다고 했다. 그런데 놀랍게도 그들은 거기서 풀려났다. 그리고 그들은 그 일생을 주님께 드렸다. 하나님께서 그런 사람들을 교회를 세우는 데 쓰셨다는 것은 결코 놀라운 일이 아니다. 내가 아는 바에 따르면 한 목사는 열네 교회를 세우는 도구로 쓰였고, 그 중 한 교회는 성도가 400에 이르는데 그는 3년 전에 목사로 안수를 받고 그곳의 담임 목사가 되었다. 김 목사(감리교 목사로 한국 개신교에서 최초로 안수를 받은 목사: 역자)는 다른 분야에서 이와 비길만한 선한 일들을 해오고 있다.

나는 여러분에게 길선주 목사 이야기도 할 수 있었으면 한다. 그는 한국 교회 최고의 능변의 설교가이고 가장 큰 영적 능력을 받은 분이다. 그는 하나님의 말씀의 위대한 진리에 근거한 설교 원고를 들고 회중 앞에서 그 말씀을 전할 때 평양 중앙교회의 1500명 회중을 마음대로 휘어잡는다. 그는 대부흥 운동의 한 가운데 있었던 사람이었다. 그는 복음을 듣기 전에 여러 해 동안 몇 달씩 산속에 들어가서 진리를 찾는 구도자의 삶을 살았다. 어느 해 그는 3개월을 깊은 골짜기에 혼자 들어가서 가능한 한 적게 먹고 거의 말은 하지 않으면서 성냥불로 다리를 지지거나 옷을 벗고 냉수를 끼얹거나 얼음으로 눈을 비비거나 하면서까지 맑은 정신으로 진리를 찾아보려고 했다. 그럼에도 진리를 발견하지 못했다. 그런 그가 복음 이야기를 듣고 그의 죄를 깨닫는 기도의 아픔을 통해 그리스도를 그의 구주로 영접하게 되었다. 그리고 그 이후로 줄곧 영적 능력이 충만하여 지내오고 있다.

나의 일생에서 가장 행복했던 날 중의 하루는 1907년 10월에 있었다. 그때 여러 해 동안 그래함 리 목사(Graham Lee; 李 吉成)와 나, 그리고 많은 목사님들의 조사(助事)로 일해오던 길 목사가 안수를 받고 중앙교회의 목사로 취임했던 것이다. 그때부터 우리는 그를 돕는 조사의 자리로 한발 물러섰다. 나는 사람들이 목사로서 안수받을 준비가 되는대로 바로 그들의 은사에 따라 그들의 민족을 복음화하기 위해 지도자로서 책임있는 자리에 앉혀져야 한다고 깊이 확신한다. 그런 자리에 앉을 만한 귀중한 사람들의 수가 많으면 많을수록 그리고 그들이 그런 자리에 앉기 위해 훈련을 빨리 받을 수 있으면 빨리 받을수록 선교 사역의 성공 확률은 더욱 커지게 되는 것이다.

5-4. 한국 선교 정책의 성공 비결

"나에게 시간을 내 달라고 구두로, 그리고 서면으로 요청을 하면서 주어진 주제는 한 마디로 "한국에서 복음 전도가 성공적으로 이루어진 비결은 무엇인가?"라는 것이다. 나는 그 질문에 대해서 하나님께서 그의 계획과 목적에 따라 한국 사람들에게 그의 성령을 부어주시고 한 교회를 불러내어 큰 영적 능력과 복음 전도를 향한 열정을 갖게 하시기를 기뻐하셨다는 것보다 더 나은 답을 할 수 있는 사람이 있을지 모르겠다. 그래서 그의 은혜와 그의 능력이 어떠한지를 명백히 드러내시고 아직 완전히 드러나지 않은 것을 이루시려는 것이다. 그러나 나는 한국 교회로부터 나온 그 메시지를 우리의 마음에 새겨두고 싶다. 즉 한 민족을 복음화시키기 위해 하나님께서 주신 위대한 하나의 수단은 그 자신의 말씀이고, 그의 말씀을 순전히 받아들인 것이 한국 사람들에게 내리신 복을 가져다주었다는 사실을 잊지 말자는 것이다. 한국에서의 사역이 보여주는 하나의 아주 당당한 특징은 바로 그 하나님의 말씀으로서의 성경 말씀을 가르치는 일과 믿는 모든 사람에게 구원을 주시는 하나님의 능력에 주어진 그 자리, 그 최고의 자리, 아마 거의 다른 예를 찾아볼 수 없는 그 자리였다."[265]

마펫 목사: 나는 여기에서 인도의 복음화나 중국이나 만주의 복음화를 말하려는 것이 아니다.[266] 또 그것은 외국 돈을 쏟아 부음으로 이루어지는 일도 아니다. 외국의 원조로 들어오는 돈을 공급해줌으로써 그 일이 좀 더 빨리 그리고 가장 효과적으로 성취될 수만 있다면 정말 좋은 일이다. 수백 만 불씩이라도 쏟아 부어라. 그러나 한국에서 일하는 우리는 확실하게 외국에서 들어오는 돈이 한국의 복음화를 성취하기 위해서 현지에서 일하고 있는 자국민 일꾼들을 지원하기 위해서 마구 쏟아 부어져야 한다고는 느끼지 않는다. 우리는 자국

민 전도자들을 지원해야 할 필요성을 현지 교회가 깨닫고 그 일을 스스로 감당할 수 있다는 가능성을 이미 보아왔기 때문에 그런 입장을 취하고 있다. 그리고 그 일은 1,200만 민족에게 복음을 전하기 위해 그들이 일어나게 하고 있고 그들이 살고 있는 모든 마을에 사람들을 들여보내고 있다. 또 그것만이 아니다. 그런 문제가 한국 교회 앞에 던져진다고 할 때 몇 년 전만 해도 복음화를 위해서 일하는 더 많은 유급 전도자들에게 급료를 주기 위해서는 더 많은 돈을 확보해야 한다고 우리에게 강력히 주장한 사람들이지만 지금은 그 일을 지원하기 위한 짐은 첫 선교사에 의해 거기에 모이게 된 자기들의 어린 교회가 마땅히 져야한다고 하면서 우리들과 같은 마음을 가진 사람으로 서 있는 것이 바로 한국인 지도자들이다. 중요한 점은 모금을 하는 문제가 아니라 인격적 존재인 사람을 파악하는 문제요, 현지 교회에서 찾아낸 인물의 장점을 발전시켜야 한다는 것이다.

그리고 한국에서는 아마 한국 사람이 가진 장점을 발전시키기 위해서 무엇인가를 하는 것이 반드시 필요했다. 사람의 됨됨이를 바로 파악하는 것이 반드시 필요했을 수도 있다. 우리는 그런 일이 만족하게 이루어지는 것을 확실히 보아왔다. 그리고 이제 한국인들 스스로 우리를 찾아와서 감사하는 마음으로 이렇게 말하고 있다. "우리는 당신들이 우리에게 짐을 지운 일에 대해 감사한다. 그리고 초창기에 우리가 더 많은 돈을 요구하는 요구를 들어주지 않은 것에 대해서도 감사한다"는 것이다. 우리가 아는 것은 바로 이것이다. 사람이 가진 장점을 발전시키기 위해서, 그리고 그것이 바로 우리가 어느 나라에 가서 그곳 교회의 최초의 신자들에게서 우리가 필요로 하는 것인데 우리는 그들을 거지 근성에 젖어있는 가난한 사람들로 만들어서는 안 되며, 또 우리는 그들이 스스로의 짐을 질 수 있는 한계점을 파악하고 그 선을 넘어서서 도움을 베풀어서는 안 된다는 것이다. 물론 그 선을 넘어설지라도 사려분별이 분명한 현명한 도움은 분명히 베풀어져야 한다. 그러나 내가 믿는 바로는 적어도 한국에서는 우리의 후원 이사회(Boards)들이 현지에서 일하는 한국인 사역자들을 지원하기 위해서 돈을 쏟아 붓지는 않을 것이다.

제6장

조선을 사랑한 은인 마펫: 마펫의 유산

6-1. 3.1운동의 증언자 역할을 하다

방송사상 처음으로 공개되는 진귀한 기록 속에서 필자는 잊혀진 3.1운동의 숨은 공로자 '사무엘 오스틴 마펫!'을 만났다. 101년 전, 한반도를 만세의 물결로 뒤덮었던 3.1만세운동! 강제로 국권을 침탈한 일제는 물론, 당시 전 세계를 깜짝 놀라게 했던 자랑스러운 그날의 역사의 진실과 만났다. 〈KBS1 다큐세상〉에서는 3.1절을 앞두고 방송사상 최초로 공개된 미국 명문 프린스턴 신학교의 특별 자료관과 조선총독부 고위 관리의 회고록, 그리고 방대한 한국사 기록물 속에 100년 가까이 묻혀 온 한 인물에 관한 놀라운 진실을 조명하였다.

사무엘 오스틴 마펫. 그는 지금까지 구한말부터 일제 강점기 말까지 한국에서 활동했던 미국 북장로교 선교사로만 알려져 왔다. 그러나 이번에 공개되는 미국과 일본의 진귀한 자료들, 그리고 국내외 저명한 사학자들에 의하면 그가 3.1운동을 가장 먼저 시작하고 이후의 독립운동을 이끌어갔던 걸출한 독립운동가들을 키워낸 대부이자, 한국의 독립운동을 적극적으로 도왔던 '숨은 손'임을 증언하고 있다.

1919년 3월 22일. 전국적으로 일어난 3.1만세운동에 놀란 조선총독부는 급히 한국에 있던 선교사들을 조선호텔로 불러들여 긴급 간담회를 열었다. 당시 일제는 조선인들이 미개하여 3.1만세운동과 같은 수준 높은 평화적 시위를 할 능력이 없으며 따라서 배후에서 선교사들이 사주했다고 우기면서 강력하게 경고를 할 참이었다. 그런데 회의를 시작하자마자 한 선교사가 목소리를 높여 항의했다. 총독부 요인들을 당황하게 만든 낯선 얼굴, 그는 바로 미국 북장로교 평양 선교부 대표 사무엘 오스틴 마펫이었다. 미국 인디애나주 매디슨에서 신실한 청교도의 후손으로 태어난 그는 탁월한 통찰력과 개척 정신이 강한 인물로 알려져 있다. 그는 조선에 온 지 불과 3개월 만에 한국인의 미래를 이렇게 예견했다.

> "나는 이 나라에 무한한 가능성이 있다고 생각합니다. 한국인은 지적이고 매력적입니다. 체면을 앞세우거나 노동을 천하게 여기는 인식만 버린다면 장차 강한 민족으로 발전할 것입니다."

그는 자신의 믿음을 행동으로 실천했다. 그는 46년간 직간접으로 숭실전문대와 평양 신학교, 숭의여고, 숭실중학교 등을 비롯한 300여 개의 학교를 세웠다. 나라를 잃고 의지할 데 없는 조선의 청년들을 단순히 구제를 하는 수준을 넘어, 구미, 유럽 수준의 높은 지식 교육과 전인 교육을 실시했다. 그 과정을 통해 윤동주, 조만식 등 북한 지역을 기반으로 하는 수많은 기독 애국 청년들이 성장했고 이들을 중심으로 안창호, 김구 등 독립지사들이 평안도를 기반으로 활발한 독립운동을 펼칠 수 있는 장을 제공했다.

이번에 방송을 보면서 새롭게 발견한 내용 중 하나는 3.1만세운동이 평양에서 최초로 시작됐다는 사실이다. 3월 1일 당일, 서울에서는 탑골공원에 모인 인파들과 태화관에 모인 민족대표들 사이에 연락이 지체되어 당초 2시에 시작하기로 했던 시위를 3시에나 시작했던 반면, 평양 장대현 교회에 모인 약 3천 명의 기독교인들은 1시에 독립선언문을 낭독하고 태극기를 흔들며 만세 시위를 시작했다. 또한 진귀한 기록 사진을 통해 사무엘 마펫이 독립선언식에 참석했다는 사실과 더불어 33인의 민족대표 중 5명(길선주, 이승훈, 유여대, 양전백, 김병조)이 그의 제자였다는 사실도 방송사상 처음으로 공개되었다. 사실 3.1운동은 마펫의 일생에도 큰 전환점이 되었다. 그 이전까지만 해도 교회 중심의 다소 보수적 선교사의 길을 걷고 있던 그는 민중들이 전개하는 조직적이고 일치된 비폭력 평화 시위에 깊이 감동되어 독립운동을 적극 도왔다는 사실이다.

사무엘 마펫은 스코필드 등 몇몇 선교사들과 함께 마음을 같이 하여 수많은 편지와 보고서를 통해 3.1만세 시위의 비폭력성과 일제의

야만적인 진압 사실들을 적나라하게 알렸을 뿐 아니라, 미국인이라는 신분을 십분 활용하여 자신의 집과 자신이 세운 학교에서 독립운동가들이 마음 놓고 활동할 수 있도록 근거지를 제공했다. 3.1운동을 비롯한 중요한 독립운동이 그의 집에서 논의되었고, 평양 판 〈독립신보〉가 그의 서재에서 탄생했다. 방송을 통해서 최초로 밝혀지는 놀라운 사실도 있는데, '제 2의 3.1운동'이라 불리는 '비밀결사 대한국민회와 대한독립청년단의 통곡 시위' 준비도 그의 집에서 이루어졌다.

일제 강점기 말기에는 일본의 집요한 신사 참배 요구를 끝까지 거부하고 이를 위해 자신이 세운 기독교 학교들을 자진 폐교함으로써 조선 민족에게 '무엇이 더 중요한가'를 일깨워, 독립운동 중흥의 단초를 제공하기도 했다. 일제의 암살 시도를 피해 잠시 미국으로 피난을 갔을 때, 가진 모든 것을 한국에 쏟은 그에게는, 단칸방을 얻을 돈도 없었다. 병든 아내와 함께 지인의 집 창고에서 3년을 사는 동안 그는 가난과 병에 시달려야 했다. 그러나 마지막 숨을 다할 때까지, 그는 한국인의 영혼과 한국의 독립을 위해 기도했다. 46년간의 뜨겁고도 간절했던 아버지 마포삼열의 한국 사랑은 아들들에게 이어져갔다. 특별히 그의 넷째 아들이었던 하워드 마펫 (한국명: 마포화열)은 46년간, 미군 막사에서 시작한 작은 병원을 경북 지역 최고 수준의 의료 기관 (대구 동산병원과 계명대학교 의과대학병원)으로 성장시킨 미담의 주인공이다. 또한 어린 시절 대구에서 성장하며 한국인 전쟁고아들과 함께 성장한 하워드 마펫의 둘째 아들 찰스 마펫은 세 명의 한국 고아를 입양하여 훌륭하게 키워냈다. 할아버지에서 아버지에게로 이어진 한국 사랑이 3대에 걸쳐 이어지고 있는 것이다.

6-2. 한국 교회의 은인 사무엘 마펫

조선에서 마포삼열 목사의 사역[267]

마펫의 친구인 카메론 존슨은 "한국에서 마포삼열 목사의 사역"이라는 글을 "Missionary" (1903)에 다음과 같이 소개하였다.

얼마전 내 오랜 친구인 마포삼열 박사가 4개월간 모국에서 짧은 휴가를 보내러 가는 길에 고베를 지나갔다. 그는 이 광대한 극동 지역에서 사역한 가장 훌륭한 선교 사역자 중 한 사람이다. 한국 북부에서의 위대한 부흥의 역사는 몇 년 전 그의 조용하고 끈기 있는 노력에 직접적으로 기인한다. 그는 선교지에 단지 12년 동안 있었는데 하나님께서 그처럼 크게 사용한 사람은 거의 없다. 조용하고 상냥한 기질과 공평하고 꾸밈없는 성격, 그리고 영혼에 대한 불타는 사랑을 생각하면, 한국인들이 그를 절대적으로 사랑하고 신뢰하며, 그가 실제로 그런 존재이지만 마치 그가 "복음의 아버지"인 듯이 그에게 몰려드는 것은 놀랄 일이 아니다.

그가 전해준 말에 의하면, 한국에서 떠나기 몇 주전 주일에 그들은 연례 성찬주일을 지켰는데, 그는 140명의 학습 교인에게 세례를 주었고 추가로 세례 받을 준비가 아직 되지 않은 30명을 더 문답했다고 한다. 이것은 물론 그해 사역의 요약일 뿐이다. 얼마나 많은 본국의 목사들이 같은 기간에 이와 같은 수확을 보고할 수 있겠는가? 나는 그에게 성경 공부를 위한 연례 가을사경회에 대해 물었는데 그 대답을 듣고 깜짝 놀랐다. 2주일 동안 도시 주변의 다양한 시골 구역으로부터 500명의 조사(助事)들이 왔는데, 평양에 있는 선교사들로부터 약간의 도움을 받는 약 40명을 제외하면 모두 전적으로 자비로 참석했다고 한다. 또한 내가 작년에 평양에 갔을 때 아직 완성되지 않았던 대규모 한국인 예배당은 이제 완성되었는데 한국인들이 5,000-6,000엔에 해당하는 전체 비용의 2/3를 제공했다고 한다. 나는 그에게 교인 중 가장 부유한 자가 얼마나 부자인가를 물었다. 그는 잠깐 생각하더니 가장 부자인 사람의 전 재산을 계산해보면 1,200달러 이상이 되지 않는다고 말했다. 그리고 그 사람은 교회의 다양한 사역을 위해 150달러를 헌금했다고 한다.

불과 몇 년 전만 해도 이 사람은 노골적인 이교도로 그 도시에서 가장 비도덕적인 사람중에 하나였고 선교사들이 들어오는 것을 반대하면서 얼마 동안 최악의 원수로 있던 자였다. 그의 이름은 최치량(최초시)인데, 나는 지난 여름 그를 평양에서 만났다. 나는 마포삼열 목사가 "랄프코너"[268]의 유쾌한 책에 나오는 "황무지의 목회자"와 파슨 부부와 같다고 말하는 것보다 독자들에게 그의 인품을 더 잘 보여줄 수 있는 비유가 없다고 생각한다. 그는 선교지가 다르고 민족이 다를 뿐 다른 선교사들과 마찬가지로 경건하고 헌신적으로 일하고 있다.[269]

위의 글은 일본 고베에서 사역하던 마펫의 친구이며 동료인 카메론 존슨의 "한국에서 마포삼열 목사의 사역"에 대한 증언이다. 카메론 존슨의 증언대로 하나님께서는 마포삼열을 준비하여 크고 위대하게 사용하셨다.

마포삼열은 많은 장로교 선교사 중에서도 가장 활동적이고 그 전담 구역도 광범하지만, 몇 배의 노력과 정력과 시간과 정성을 경주 하였기 때문에 그 실적도 타의 추종을 불허하리 만큼 거창한 것이었다. 그리하여 미국 교회와의 관계에 있어서도 마포삼열 목사의 청원이면 무엇이나 승낙하고 지지해 주었다. 평양 신학교 설립을 위시하여 피어슨 성경 학교, 그리고 일반 미션 스쿨이며, 심지어 장로회 출판 비용까지, 많은 원조를 마포삼열에게 보내 주고 도와 준 것이다.

이러한 신임과 업적을 가져오기까지에는 남모를 고심과 인내와 투쟁이 있었던 것을 잊을 수 없다. 결코 하루 아침에 이루어진 것이 아니었다. 한국 교회를 위하여 잠자는 시간을 빼놓고 동분서주하는 마포삼열 목사는 그 일만으로도 힘에 겨운 것이었고, 그 수행한 업적으로 보면 초인(超人)으로서의 면모를 연상케하는 바가 있다. 도대체 어떻게 이렇게 할 수가 있었으며, 무엇이 그렇게 만들었는지 궁금할 정도이다.

1930년 4월 10일 오후 2시에 마포삼열 박사의 한국 선교 40주년 기념식이 평양에 자리잡고 있는 숭실대학 대강당에서 모였다. 평양에 있는 12교회가 주최하는 이 기념식에는 303평이나 되는 대강당에 3천여 명의 인사들이 입추의 여지없이 모였다. 이 자리에는 마포삼열 부부를 비롯하여 세 아들이 자리를 같이 했고, 각 교파의 인사와 장로교의 중진급들이 자리를 빛내 주었다. 김우석(金禹錫) 목사의 사회로 시작하여 임택권(林擇權) 목사의 기도가 있었고, 숭실대학 악대의 우렁찬 연주가 장내를 엄숙하게 울려 퍼지도록 했다. 이날 숭의여학교의 기념가와 루스 부인의 독창은 한결 기념식을 부드럽게 장식하였다.

이날 길선주 목사가 등단하여 기념사를 통해, 66년 전 미국에서 1월 25일에 출생하신 마 목사께서는 바로 생일날에 한국의 마포강 포구에 상륙했다는 서두로 시작하여 감명 깊은 기념사로 청중을 감동시켰다. 총회장인 차재명 목사의 기념사 및 남궁혁 박사의 기념사도 있었다. 답사에 나선 마포삼열 목사는 감회 깊은 40년간의 선교 여정을 회고하면서 특히 자기 턱에 생긴 흉터의 유래를 감명 깊게 이야기 하다가 바로 이기풍 목사를 가리키며 저 사람이 그랬다는 대목에 이르러서는 잠시 말을 멈추기까지 했었다. 그러나 그가 이것으로 인하여 회개하고 목사요 제주도의 선교사가 된 것을 기뻐한다고 말하자 장내는 박수소리로 떠나가는 듯했다. 그 후 1934년 1월 25일에는 그의 탄생 70주년 기념 축하식이 있었는데 이 기념식에는 전국 방방곡곡에서 수많은 신자들과 정부 고관들까지 참석하였다.

처음에 그가 도착한 1893년에는 150마일(약 240 킬로미터) 이내에 한 사람의 크리스천도 없었다. 눈이 샛노랗고 코가 크고도 길며, 키까지도 말보다 큰 양코백이라고 놀림을 받았고 돌팔매질과 수없는 야유와 수모를 한 몸에 받았던 것이다. 그가 자전거를 타고 가면, 아이들이 안경타고 굴러간다고 떠들어 대며 따라 다닌 것이 어제 일처럼 느껴졌던 것이 사실이다. 이때 처음에는 한 사람의 신자도 없던 평양을 중심한 관서 일대에는 15만 명의 신자가 있게 되었고, 1,000여 교회를 헤아렸으며, 800여 명의 목사가 교회를 목회하고 있었다. 아들 다섯이 모두 아버지 마포삼열 박사의 뜻을 이어받아 그의 선교의 발자취를 따르고 있으니 얼마나 행복한가!

곽안련(Charles Allen Clark) 목사가 장로교 기관지에 기고한 글에 의하면, 전 세계적으로 알려진 윌리엄 케리(William Carey), 모리슨(Morrisen), 그리고 리빙스턴(Livingstone)을 흔히 위대한 선교사라고 하지만, 실상 이들보다 더 위대하고도 많은 일을 한 여러 개척 선교사들을 잊어버리고 있다는 말을 했었다.[270] 그토록 잊혀진 보다 위대한 선교사들 중에 마포삼열을 꼽았다. 마포삼열과 같은 선교사는 이 역사가 결코 잊어버릴 수 없다고 지적하였다. 그가 그렇게 세계적인 선교 업적을 가져 올 수 있었던 것은 무엇보다도 그에게는 선견지명이 있었기 때문이다. 성경적 용어로 바꾸어 말하면 예언자적 통찰력이 있었다는 말이다. 그래서 처음부터 그는 한국 교회를 자립하는 교회로 키우는데 전력을 기울였다. 그가 많은 도움을 주었다. 여러 가지 면에서 특히 경제적으로, 정신적으로 또는 지식적으로도 지대한 도움을 주었지만, 그 모든 도움은 온전히 자립을 전제한 도움이었다. 그는 이미 1917년 장로회 선교사 협의회에서, "이젠 선교사들이 일선에서 후퇴하여 한국 교회에 전적으로 모든 권한을 넘겨 줄 때가 오지 않았느냐"고 제의를 한 적이 있었다.[271] 1917년이면 마포삼열이 한국에 온 지 17년이 되는 때였다. 아직 한국 장로 교회는 약했다. 그래서 한국의 복음화를 위해 계속하여 진력했다. 마포삼열은 선견지명을 가진 세계적인 선교사라고 할 수 있다.

그의 발길이 닿지 않는 관서 관북에는 아직 교회가 없었다. 그리하여 마포삼열을 가리켜 "저 거리의 사람을 보라(The looking up the road man)"고 했다.²⁷² 그러나 누가 예측 했으랴! 평양 성내에는 많은 학교가 설립되어 아이들이 새로운 학문을 배우게 되었고, 숭실대학이 설립되며, 평양 신학교가 서고, 교회가 여기 저기 수없이 서면서 주일이면 종소리가 여기 저기에서 들려왔던 은총의 도시를 누가 감히 꿈꿀 수 있었겠는가! 평안북도의 수많은 소학교, 중학교는 3분의 2가 마포삼열 목사가 설립자로 되어 있었고, 교회도 그가 개척하지 아니한 교회가 거의 없었다. 이러한 기적과 같은 일은 바로 "거리의 사람"이라고 불린 마포삼열의 기도와 노력으로 이룩된 업적이었다. 그는 평양의 하늘을 지붕으로 삼았고, 평양의 거리를 안방 드나들 듯 드나들었다. 그 결과 크리스천 한 사람이 없던 암흑의 도시 평양은 한국의 예루살렘, 아시아의 예루살렘이 되었다. 그 후부터 마 목사는 "조선 교회의 아버지"로 불릴 만큼, 마포삼열은 한국 장로 교회의 한 상징적 존재로 부각되었던 것이다.

그러나 마포삼열은 "내가 무엇을 한 것이 있습니까? 조선 선교 사업이 이렇게 된 것은 우선 하나님의 무조건 축복하신 결과요, 다음으로는 같이 고생한 선교사 제 씨, 특별히 이길함 선교사, 배위량 박사의 노력이 크지요. 조선 사람 여러분의 성의있는 노력 때문이 아닙니까?"라고 했다. 그는 하나님이 그에게 맡겨 주신 재능과 분량으로 일 했을 따름이었다. 근 반세기 세월을 두고 씨를 뿌리며 피눈물로 가꾸어 놓았지만 일꾼이었던 마포삼열에게는 아무 것도 그의 손에 쥐어진 것이 없었다. 요즘 한국 교회에 세습에 관한 논란이 있지만, 마포삼열이야 말로 가방 두 개만을 들고 한국을 떠났고, 그의 다섯 아들들은 아버지의 뜻을 따라서 모두 선교에 헌신하였다.

아들 찰스는 자기 부친인 마포삼열에 대하여 이렇게 이야기하였다. 그리스도의 가르침을 가장 명석하게 이해하고 그것을 모든 생활면에 적용한 영적 거인이시다. 부친이야말로 그리스도가 말씀하신, "내가 온 것은 너희로 하여금 생명을 갖게 하며 더욱더 그것을 풍성하게 하려 함이라(요 10:10)"는 사실을 실제로 걸어다니시면서 실증한 분이다. 그는 매일 한 생명이라도 더 구원하기 위해 거리를 활보하며 복음의 씨를 기쁨으로 뿌렸다.

> "마 목사", 그는 한국 장로 교회의 아버지요, "거리의 사람"으로 불리운 복음의 거인이었다. 그의 발길이 이르는 곳마다 복음의 씨가 아니 떨어진 데가 없고, 싹이 돋아 나지 아니한 데가 없었다. 일제의 압제를 피해 급히 한국을 떠난 그는 마지막까지 한국 교회를 위해서 기도하면서 세상을 떠난 한국 교회의 진정한 은인이다. 그는 1939년 10월 24일 친구가 빌려준 차고를 개조하여 만든 거처에서 75세를 일기로 세상을 떠나고 말았다. 그가 헌신하여 세운 장로회신학대학교에서는 2006년 그의 유해를 장신대에 모셔 안장하여 그의 헌신과 숭고한 헌신의 뜻을 기렸다. 그 위대한 영적 거인 선교사인 마 목사가 거리를 오갈 때마다 한국의 역사는 소리없이 자라고 있었던 것이다.

6-3. 마펫이 한국 교회의 아버지인 10가지 핵심 이유

마펫은 오늘날 한국 교회의 130여 년 동안 지속적 성장과 그 역할에 광범위한 영향과 바탕을 제공한 기초자(Founder)요, 설계자(Planer)였기에 오늘날도 그를 한국 교회의 아버지라고 평가하고 있다. 그 근거를 10가지만 요약해 보면 누구나가 공감하고 인정할 수밖에 없을 것이다.

첫째로는 그의 과감한 개척 정신이었다. 그는 1890년 1월에 입국하여 언더우드나 아펜젤러보다 5년이나 늦게 들어 왔다. 이미 그 당시 20여 명의 선교사들이 한성(서울)을 중심으로 사역하고 있었고, 언더우드 등 여러 선교사들은 이미 이북 지방을 향한 선교 여행을 한 바 있었다. 그리고 이북 지방을 선교해야 할 합당한 이유를 파악하였지만 이들은 이미 자신들의 사역이 서울을 중심으로 확보하고 있었기에 굳이 이북 지역을 새로운 선교지로 택할 이유가 없었다. 그 외의 다른 선교사들은 그들 나름대로 사역이 진행되고 있었다. 그래서 이북 지방은 치안상의 문제와 더불어 이북 지역에 대한 부정적인 소문과 판단으로 그곳을 선교지로 택하여 진출하지 않으려 했다.

그러나 마펫은 황해도의 서상륜에 의한 소래교회와 의주 지역에 이미 백홍준을 중심으로 한 전도와 자생적으로 구축된 기독교인들이 예배와 전도와 양육이 되고 있음을 파악했다. 무엇보다 이남 지역과는 달리 매우 활달하고 복음화가 진행되고 있음을 보고 이북 지역의 복음화에 대한 무한한 가능성을 발견하였기에 몇 차례에 걸친 평양을 위시한 의주 지역을 선교 여행을 통해 답사한 후 과감하게 선교 지점(Mission station)을 결정하여 여러 시도 끝에 평양에 최초의 교회인 널다리골 교회를 1894년 1월에 개척하였다. 이 교회는 그 후 50여 년에 걸쳐서 3천여 교회로 확장됨으로 평양을 선교지로 삼았다는 것은 그의 탁월한 선견지명이었고 과감한 도전을 실행한 결과였다.

둘째로는 열정과 인내였다. 마펫의 평양을 위시한 선교 사역 중에 모진 위험과 위기가 선교 초기부터 있었으나 이를 그만의 열정과 인내와 도전으로 이를 극복하여 마침내 최초의 널다리골 교회를 지속적으로 부흥시켜 나갔다.

그가 1893년 마침내 집을 구입하고 한석진과 교회를 개척하였으나 그당시 동학난으로 인해 매우 어지러운 상황이었다. 특히 1894년 여름부터 평양 도성에서 청국과 일본이 피비린내 나는 전투로 평양이 초토화되고 수많은 도성 주민들이 죽임을 당하고 교회도 피해를 보고 얼마되지 않은 교인들도 피난을 감으로 널다리골 교회는 거의 붕괴 상태였으나, 마펫은 그의 특유의 도전 정신과 용기를 갖고 다시 그 교회를 재건하였다. 인간적으로 볼 때 환경은 매우 열악했지만, 마펫의 성도들을 향한 사랑과 보살핌이 저들에게 크게 감동을 줌으로 오히려 교회가 더욱 결속되었다.

그 전쟁 이후 바로 각종 콜레라와 디프테리아 전염병의 창궐과 평양 곳곳에 널부러져 있는 전사자들의 시신과 동물들의 사체가 부패해져 그 지역에 악취와 전염병이 더욱 기승을 부렸지만, 마펫은 그들과 생사고락을 함께함으로 교인들과 주민들에게도 크나큰 신뢰를 주어, 오히려 교회가 위기 가운데에서도 그 지역에 긍정적인 영향을 주었다. 만일 그러한 악조건의 상황을 보고 평양을 포기하였다면 평양의 최초의 교회는 재건될 수 없었을 것이다. 그는 청교도적인 개척 정신과 도전 정신과 복음을 전해야 한다는 열정으로 인내하며 헌신했기에 널다리골 교회에서 장대현 교회로 크게 부흥케하는 역사를 경험하게 되었다.

셋째로는 최초의 신학교 설립이었다. 1900년에 그의 집에서 시작된 신학반이 1901년 9월에는 대한예수교장로회 연합공의회에서 신학교 설립을 공인하였고 마침내 1903년에는 정식으로 "조선예수교장로회 평양 신학교"를 세움으로 장차 한국 교회의 모판의 역할과 한국 교회의 요람이자 메카로 자리매김을 하게 되어 한국 교회의 자립과 성장에 가장 큰 역할과 공헌을 하였다. 사실상 신학반을 먼저 시작한 선교사는 한성에서 언더우였으나 최종적으로는 미국 북장로교 해외 선교부에서 평양에 신학교를 설립하도록 결정해 주고 재정적, 인적인 지원을 해줌으로 마펫이 후발자였지만 그의 열정과 지역적 조건 등이 고려되어 평양에 최초의 신학교가 설립된 것이다. 그래서 평양 신학교는 오늘날 한국과 해외의 한인 장로교 계통의 모든 신학교의 원형이다. 평양에 교회가 개척된지 (1894) 7년 만에 현지인들을 중심으로 한 신학교가 세워졌다는 사례는 세계 선교 역사에 전무후무한 결과로 남아 있다.

**넷째로는 한국 교회의 최초의 헌법과 신경 제정과 노회를 조직함으로 공교

회를 창안하였다. 1901년 신학교를 설립하여 1907년 6월 20일에 한국 최초의 목사 길선주를 비롯한 7인이 졸업을 하였다. 그러나 이들에게 목사 안수를 주기 위해서는 노회가 필요하였고 교회법이 필요하였다. 따라서 1907년 9월 17일에 최초의 독 노회가 진행되었다. 성원은 모두 78명으로 선교사들과(33명) 한국인 서경조를 비롯한 36명과 찬성 회원 9명이 참여하였다. 여기서 마펫이 노회장으로 선출되었다. 그 순서 후에 안수위원들에 의해 목사 안수가 성사됨으로 한국 교회 역사상 최초의 한국인 목회자가 세워졌다. 이는 곧 한국 교회의 자립의 첫 걸음이었다. 안수위원이 바로 마펫으로 이들 7인의 머리에 손을 얹고 기도함으로 이 땅에 복음이 들어온 지(1885년) 22년만에 토착인 목사가 탄생했다.

이는 곧 해외 선교사로부터 한국 교회 지도자에게 교권을 넘겨 준 것으로서 그 교회사적 상징성이 매우 깊은 역사적인 날이 되었다. 노회 이틀째인 9월 18일 마펫이 손수 제정한 "조선예수교회 신경(Creed)"이 선포됨으로 교회의 법과 조직이 완비됨으로 명실공히 한국 장로 교회는 교회로서의 면모를 완벽히 구비하여 세계 교회사에 등제되는 쾌거를 마침내 성사시켰다. 이 역할을 마펫이 직접 산파의 역할을 한 것이다.

다섯째로는 교회의 자국인 지도자 및 전도인에게 양육하고 전도할 수 있는 권한을 주었다. 마펫은 현지인의 지도자 양육에 힘쓰고 저들을 최대한 역할 분담을 주어 저들이 교회를 섬기며 전도하게 하는 현지인화에 힘썼다. 즉 교회의 어느 정도 구성원이 세워지면 그 교회의 지도자인 영수를 세웠다. 최초의 영수가 바로 마펫의 동역자인 한석진이었다. 그로 인해 현지인 지도자가 교회의 주인 의식을 갖고 섬김으로 교회의 자립화를 견인하였다. 뿐만 아니라 전국 곳곳을 다니면서 전도하는 권서인(매서인)을 유급 및 무급으로 하여 저들이 성경과 전도지를 갖고 전도하는 역할을 하도록 하여 저들이 사실상 교회 개척의 선봉에 서게 하였다. 이들의 최대 규모가 많을 때에는 500여 명에 이르기도 하였다. 이들이 사실상 교회의 모세 혈관과도 같은 큰 역할을 하였다.

여섯째로는 사경회라는 성경 학습을 통해 복음을 체계적으로 학습시켰다. 단순히 믿는 차원에서 구원의 역사와 그 내용을 이해시키며 확신시킴으로 저들 스스로가 구원의 확신과 성도의 본분과 전도의 사명 의식을 고취시켜 주었다. 그리고 장대현 교회가 끊임없이 부흥되어 다시 전국으로 교회가 확산되고 부흥케하는 결정적인 영향력을 끼치도록 했다. 그래서 마펫은 이들을 전국적인 사경회를 통해 말씀으로 양육시키고 즉시 나가서 전도하는 사역을 맡김으로 평신도들도 자율적 전도인으로 양성하였다. 즉 평신도의 제자화 교육을 충실히 하였다.

일곱째로는 여성들과 어린이 전도와 맹인 전도와 양육에 힘썼다. 마펫과 결혼한 앨리스 피쉬 마펫은 의사로서 여성 사역에 힘썼다. 1902년부터 여성 학습 교인반을 매주 실시하여 최초로 본격적이고 체계적인 여성들을 대상으로 한 교육 사역과 전도 사역에 힘썼다. 그로 인해 조선 봉건 문화 중 하나인 여성 비하와 차별로부터 저들을 자유케 하였고 한글 교육을 시킴으로 무지한 저들을 문명 세계로 이끌었다. 이로 인해 인격적으로나 사회적으로 남녀평등 사회를 실현하는 데에 큰 역할을 하였으며 이들에게 교회를 통한 교회 봉사와 사회봉사에도 활용함으로 여성을 사회화하는 공교육화에 공헌하였다. 결과적으로는 교회의 부흥에 결정적인 역할을 하여 교회의 남녀 구성에 균형을 맞추고 이들로 인해 자녀들의 교육에도 큰 영향을 주어서 가정의 복음화와 지역 사회의 복음화에 크나큰 영향을 주었고 교회의 부흥에 크게 일조하였다. 특히 그 시대에는 무시되고 소외되었던 맹인들에게도 점자 교육을 시킴으로 장애인 교육 사역과 구원 사역에도 크게 기여하였다.

여덟째로는 일반 학교를 세움으로 현지인들의 문명화와 지도자 양육에 헌신하였다. 마펫은 1903년 숭의여학교와 숭실중학교, 숭실전문대의 교장으로서 교육자로서 지도력과 행정력을 통해 그 시대에 공교육이 전무하였던 사회 현실에 모두가 신분 차별없이 근대화된 교육의 기회와 환경을 제공함으로 그 시대와 그 사회의 신문명화에 기여하였다. 그 당시 주로 이남 지역의 근대 교육 기관들이 선교사들에 의해 세워져 큰 공헌을 하고 있었다면 이북 지방에서는 마펫과 베어드에 의해 배움의 전당을 세워줌으로 그 지역의 수많은 인재들을 양육하여 배출하는 공헌을 했다. 특히 여성들을 위한 학교 설립은 여성 지도자의 양성으로 개화 시대를 이끌게 하였다.

특히 3개의 숭실 학교를 졸업한 학생 중에 학업과 신앙이 특출한 학생들에게는 미국에 유학의 길을 터줌으로 일반 학문과 신학과 의학의 최고의 엘리트화에도 크게 기여하여 정치가 이승만, 의사 서재

필, 신학자인 박형룡과 한경직 목사 같은 각계의 민족 지도자들을 양성하는 데에 큰 공헌을 하였다.

아홉째로는 선교사를 파송함으로 교회의 본 역할을 감당케 하였다. 교회가 독노회를 구성한 후에 7인의 목사를 배출한 후에 바로 그해 선교사 파송을 결정하여 교회 초년생인 상황에도 선교사를 파송하는 일에 우선을 두었다. 이는 사도행전의 초대 교회처럼 바울과 바나바를 해외 선교사로 파송했던 것처럼 평양 독노회는 이기풍이 자원을 하자 그 시대에 해외로 여겼고 복음의 불모지요 유배지인 험한 제주도로 그를 한국 교회 역사상 제 1호 선교사로 파송하였다. 그 후 일본과 만주와 유교의 본고장인 중국과 러시아 연해주에도 해외 선교사를 파송함으로 교회의 기본적이며 중추적인 사명을 감당하였다. 그 전통이 계속이어져 오늘 날에는 세계 170여 개국에 약 3만여 명의 선교사를 파송하는 선교국이 된 것이다. 이 일에 주춧돌을 놓은 사역자가 바로 마펫이었다.

열째로는 애국심을 한국 교회에 심어주었다. 그는 "한국 교회와 한국을 지극히 사랑한 사람"이었다. 그의 한국 교회 사랑은 널다리골 교회를 시작으로 이루어진 장대현 교회를 통해서 수많은 교회를 탄생하게 하였고, 3.1운동이 마펫의 집에서 준비될 만큼 한국을 사랑한 지도자였다. 마펫은 오늘의 한국 교회와 한국이 있게 한 훌륭한 신앙의 사람이었다. 마펫에게서 진정한 나라 사랑과 교회를 사랑하는 정신을 배운다.

에필로그

"나의 갈 길 다가도록"

한 나라와 그 민족의 흥망성쇠는 어떤 종교를 받아들이고 그것을 흥황케 하냐에 따라 그 민족의 장래가 좌우된다는 것을 세계 문명사가 입증하고 있다. 20세기의 위대한 역사학자 아놀드 토인비는 그의 문명 사관에서 그 나라의 종교가 그 민족뿐만 아니라 인류의 흥망에 어떤 영향을 주었는지를 잘 말해주고 있다.

한국 교회의 기독교 역사도 이를 대변하는 한 예이다. 한국의 초기 근대 문명사에서 기독교의 역사가 그 선봉에 서 있었고 그 영향력은 지금까지 지속하여 왔다. 그렇다면 한국 근대사와 교회 역사에 최초로 영향력을 준 기독교 문명의 전수자들을 꼽는다면 당연히 조선 말기 흑암기에 기독교의 복음을 들고 조선에 빛의 메신저로 들어 온 서구의 선교사들일 것이다. 이들은 단지 보편적 문명만을 전한 것이 아니라 핵심적으로 기독교 전파를 통한 정신과 삶의 변화를 가져다 준

정신적 승화(Etherealization)의 전승자였다. 그 중심에 바로 사무엘 마펫(Samuel Austin Moffett)이 우뚝 서 있다.

마펫 선교사가 조선에 들어와 평양과 이북 지방의 사역을 하기까지의 과정을 보면 하나님께서 그를 통해 하시고자 하시는 섭리가 확실해진다. 한국 교회의 최초의 시발점은 평양 대동강으로부터 시작된다. 1866년 미국적 상선 제너럴 셔먼호에 승선하여 평양 주민들에게 성경을 전함으로 순교당한 토마스 선교사는 대동강의 번제물이 되었다. 그 사건으로 인하여 1871년에는 미국과 조선과 군사 충돌로 이어지는 신미양요(辛未洋擾)가 발생하게 되었고, 결국은 청나라(리홍장)의 중재와 강요로 조선과 미국은 '조·미 수호 통상 조약'을 1882년 5월에 제물포에서 체결함으로 조선은 이제 은둔의 나라가 아닌 세계 열방에 속한 나라로 알려지게 되었다.

이어서 조선의 수도인 한성에 1883년 5월에 미 공사관이 세워짐으로 미국 성조기가 올려지게 되었고 그 다음해 9월에 알렌 선교사가 공사관에 공의(公醫)로 입경하였다. 그해 12월 갑신정변 때에 개화파에 의해 테러를 당한 민영익을 알렌 선교사가 서양 의술로 살려 내자, 그 보답으로 1885년 2월에 최초의 서양 의료 기관인 제중원(濟衆院)이 세워졌다. 그로 인해 선교사들이 들어올 수 있는 발판이 구축되었다. 이는 한국 교회사적인 측면에서 보면 미국의 선교사들이 조선에 들어오게 하기 위한 하나님의 주도면밀한 계획이었다.

그해 4월 5일 부활절인 그날에 미국 북장로교에서 파송받은 언더우드 선교사와 미 북감리교회에서 파송받은 아펜젤러 선교사가 그 병원에 직원으로 들어오게 됨으로 지속적으로 선교사들이 연이어 조선으로 입경함으로 본격적인 복음화(Evangelization)와 문명화(Civilization)를 위한 선교 시대가 조선 땅에 구현되기 시작하였다. 그러나 그 초기에는 한성이라는 곳에 제한된 사역이 교육과 의료 사역 중심으로 이루어지고 있었다. 언더우드와 아펜젤러 선교사 등이 3남 지역뿐만 아니라 이북 지역에도 복음을 전하기 위한 이북 지역의 전도 여행을 몇 차례에 실시하였으나, 그 당시 현실로는 이북 지방의 선교 거점을 만들기에는 여러 모로 한계가 있었다.

1890년에 입국한 마펫 선교사는 그해 8월부터 시작한 이북 지역의 선교 여행을 8차에 걸쳐 행한 이후 마침내 1894년 1월 7일에 평양의 대동문 '널다리골 교회'를 개척함으로 평양을 위시한 이북 지방을 향한 새로운 선교 시대를 열었다. 여기에는 언더우드를 비롯한 여러 선교사들의 협력 선교가 있었기에 가능한 것이었다. 특히 평양에 선교지를 삼은 베어드 선교사와 마펫과의 3숭실 학교 설립은 평양과 이북 지역의 복음화와 문명화에 지대한 영향을 주었다.

마펫의 선교 정책은 어느 선교사보다 탁월하였으며 선교와 목회와 현지인 지도자 양육과 이들의 파송과 이웃 봉사와 함께 다양한 문명화 사역에서 발군의 열정과 지혜와 추진력이 합하여 놀라운 결실을 거두었다. 특히 어느 선교사도 시도하지 못한 여성 전도와 양육 사역은 그와 결혼한 아내 피쉬 마펫 의사 선교사의 여성 전도와 교육은 이북 지역의 여성들을 유교 전통의 여성 비하 전통에서 해방시킨 경이로운 개변의 역사였다. 그 결과로 조선의 여성들이 교회의 역할에 중심축이 되게 하는 전도와 교육을 제도화함으로 한국 교회사의 발전과 부흥에 큰 기여를 하였다. 나아가서 '널다리골 교회'에서부터 어린이 전도와 교육을 제도화함으로 모든 연령 계층과 세대에 이르는 광범위한 균등한 사역은 이북 지역의 경이적인 놀라운 교회 부흥과 문명화에 크게 기여하였다.

그동안 한국 교회사에서는 대체로 이북 지역에서 선교하였던 선교사들이 이남 지역에서 사역하였던 선교사들에 비해 저평가되고 편향되어 왔었다. 그로 인하여 사무엘 마펫에 대해서도 한국 교회사에서는 객관적으로나 균형적인 평가가 제대로 이루어지질 않았다.

특히 1953년 휴전 후 남과 북이 군사적으로나 정치적으로 대립되고 오랫동안 반공 문화로 인하여 이북 지역의 교회 역사와 선교 활동에 대해 이북 지방에서 선교한 그들의 사역에 대한 소상한 역사의 소개와 평가가 사실상 부족하였다. 뿐만 아니라 분단의 벽으로 인하여 정확한 이해와 접근이 불가하였기에 이북 지역의 선교 활동과 그곳 선교사들의 사역에 대한 결과와 영향에 대해 객관적으로 평가되지 못하였고 군사정부 시절에는 북한과 관련된 역사와 문화와 학문에 대한 연구가 거의 금기시 되는 엄정한 시대였기에 의도적으로 회피되기도 하였다.

금년 2020년 2월 28일에 KBS TV 방송국에서 '3.1절 만세운동 100주년'을 기념하는 특집 방송이 소개되었다. 놀랍게도 그 내용 중에 마펫이 한국 독립 운동사에 기여했다는 사실이 새롭게 조명되어 그 당시 이북 지역에서 사역하였던 선교사들이 우리 독립운동사에 마펫을 비롯한 헐버트와 스코필드 등이 애국지사들과 함께 독립을 염원하는 한국인들의 편에 섰다는 점이 부각되었다. 이 방송을 주의 깊게 시청하였던 박성배 박사는 본 필자와 대화 중에 마펫에 대한 연구 자료를 집필해 보자는 제의를 하였다. 필자는 금년 1월에 '근현대사로 읽는 북한 교회사'(쿰란)를 출간한 이후 그 다음 새롭게 집필할 저서에 대해 기도하던 중에 박 목사님의 제의를 받아들여 집필을 결정하였다.

마펫에 대한 인물에 대해 심층적으로 살피던 중에 그에 대한 연구와 집필의 타당성을 발견한 두 저자에게는 그에 대한 집필의 필요성과 가치와 목적이 있어야 했다. 그점에 있어서는 그가 한국 교회의 토착화와 부흥에 기여한 객관적 사실과 현재까지 그의 사역과 헌신의 영향이 지속되고 있냐는 점과 나아가서 미래 지향적으로는 남과 북의 교회를 화합하며 통합시킬 수 있는 잠재적 능력을 평가할 수 있어야했다. 그런 면에서 그는 이미 검증을 받았다. 평양 신학교가 세워지기 전에 평양과 한성에서 나누워져 운영되었던 두 개의 신학반을 평양 신학교를 세움으로 하나로 통합하였고 평양이 남과 북의 모든 사역자를 양성하는 새로운 선교와 교회의 중심 역할을 해내었다. 나아가서 1907년의 평양 대부흥 운동은 남과 북의 모든 교회의 성장에 큰 동력을 제공하였고 120년이 지난 지금도 교회 부흥의 모델이 되고 있으며 장차 이루어질 남과 북의 교회 연합과 부흥의 근저를 뒷받침하고 있다.

이러한 근거들을 교회사적 측에서 저술하려면 그에 합당한 자료가 있어야 했다. 박성배 박사와 나는 그에 대한 자료를 구하는 중에 전 장신대 겸임 교수인 장승익 박사님이 장신대 도서관에서 유익한 자료들을 제공해 줌으로 큰 힘이 되었다. 또 장신대에서 강의한 바 있는 박종상 교수님이 마펫에 관련된 다양한 자료를 수집해 줌으로 기본적인 자료들이 모아졌다. 특히 여러 저서들 가운데에 1973년에 발간된 "마포삼열 박사 전기"(대한예수교장로회 총회교육부)에서 출간된 자료가 매우 유익했다.

그러나 50여 년 전의 자료이기에 최근에 마펫과 관련된 신간 자료가 필요하였는데, 마침 2017년에 미국의 UCLA 석좌 교수인 옥성득 교수가 마펫의 귀중한 자료를 발굴하고 번역하여 '새물결플러스' 출판사를 통해 마펫의 선교 보고 서신 자료집 4권이 출간됨으로 반세기에 걸친 그의 사역의 상당 부분을 소상히 알 수 있게 되었다. 그 내용은 사료적 가치가 매우 높았으나, 그 저서의 분량이 너무도 방대하여 일반인이 접근하기 어려운 점도 있었다. 그러나 이 자료집이 있었기에 본 책을 기본으로 하여 집필할 수 있게 되었으며 마펫을 연구하는 자료로서는 최고의 자료집이자 원전이 되었다. 이 자료가 한국 교회사 연구에 기본 사료가 될 수 있도록 귀한 자료집을 만들어 주신 옥성득 교수님과 새물결 플러스 출판사에 심심한 감사를 드린다. 아직 발간되지 못한 자료집도 속히 제작되기를 기대해 본다.

한국 교회사와 선교학을 전공한 박성배 박사와 그 내용을 분할하여 1부는 '마펫의 평전'을 본 저자가 쓰기로 하였고, 박성배 박사는 그의 선교 사역을 심층적으로 분석하여 주제별로 집필을 하였다. 두 저자는 집필 중에 마펫의 삶과 사역이 단지 130여 년 전의 한 선교사의 지난 역사가만이 아닌 한국 교회사의 중심적인 역할과 지금의 한국 교회가 부흥되고 선교국으로 설 수 있게 한 기초자(Founder)였으며 선봉자(Vanguard)였음을 재발견하게 되었다. 본 저자는 그의 자료집을 수집하면서 집필 중에 많은 감동과 은혜와 도전을 받았다. 그는 세상에 없지만 그의 사역은 사실상 현재 진행형이다. 그만큼 그의 100여 년 전 사역은 모든 목사와 선교사와 평신도들에게 큰 감동과 영감과 선교의 열정을 불러일으킬 수 있는 위대한 사역자이기 때문이다. 그가 반세기에 걸쳐 남긴 사역의 유산과 흔적은 현재의 한국 교회와 지금의 북한의 지하교회 성도들에게도 청교도적 신앙의 정체성(Identification)과 지난 날 평양을 동양의 예루살렘으로 만든 교회 역사의 자긍심을 되새겨 주고도 남음이 있다.

그러나 안타깝게도 지금의 한국 교회가 급속한 세속화와 인본적 자유주의적인 신앙과 신학으로 많이 변질되어 가고 있음을 보면서 한국 교회가 다시 부흥되고 지속적 성장과 세계 선교의 선교국으로 선도하며 장차 통일 시대에 남과 북의 교회를 다시 새롭게 하기 위해서는 '제 2의 평양 대부흥 운동'이 리바이벌 되야 한다는 절실한 심정을 금할 수 없다. 이를 위해서 사무엘 마펫의 청교도적 복음주의 영성과 리더십과 열정적인 헌신을 롤모델로 삼아야 할 것이다.

본 저자는 이 책이 한국 교회와 성도와 신학생과 목회자들에게 영적인 각성과 복음적 비전을 새롭게 하는 작은 불씨가 되기를 소원한다. 뿐만 아니라 장차 통일이 되어 이 책이 북한 성도들에게도 알려지고 읽혀진다면 그들 또한 130여 년 전의 동양의 예루살렘의 역사에 대한 소명감을 갖게 될 것이며 가장 복음주의적인 신앙에 큰 유익을 줄 것이라 확신한다.

장문의 격려로 발간사를 써주신 다일공동체 대표이신 최일도 목사님과 한국 신학계의 사표이신 민경배 교수님의 분에 넘치는 추천사로 인해 큰 힘을 얻게 하셨다. 마펫의 마지막 소원이었던 그의 유골이 한국에 묻히게 함으로 그 소원을 성취시켜 주신 전 장로회신학대학교의 명예 총장님이신 서정운 교수님께서 멀리 미국에서 친히 감동적인 추천사를 보내 주셨다. 이어서 한국 칼빈주의의 대가이신 전 총신대의 정성구 박사님과 120여 년의 평양 신학교의 전통을 계승한 대표적 두 신학교인 장신대의 전 총장인 임성빈 교수님과 총신대 현 총장인 이재서 교수님과 백석신학대학교의 이상규 석좌 교수님의 정수와도 같은 추천사를 보내 주시어 본 저서의 가치를 한 없이 높여 주셨다.

특히 감수해주신 장승익 박사님(함께하는교회 예수마을 담임 목사)과 총신대의 안인섭 교수님, 유해석 교수님과 동안교회 김형준 목사님, 인터콥 본부장이신 최한우 박사님, 침신대의 김태식 교수님, 전 거룩한 광성빛교회 정성진 목사님, 3.1절 특집방송으로 본 저서를 구상하도록 동기 부여를 주신 이소윤 님(KBS PD)의 추천사와 처음부터 본 저서의 출간을 위해 중보 기도를 해 주신 새하늘선교회 대표이신 이인석 회장님을 비롯한 모든 회원님들과 나영주 장로님과 송미란 권사님의 기도와 관심에 심심한 감사의 글을 드립니다. 마지막으로 본 저서를 인정해주시고 흔쾌히 출간을 결정해 주신 킹덤북스(Kingdom Books) 대표 윤상문 목사님과 모든 직원분들께 깊은 감사를 드린다.

 무엇보다도 본 저서를 쓸 수 있도록 지혜를 주시고 힘을 주신 주 하나님께 세세토록 영광을 올려 드린다.

서울 논현동 사저에서
2020년 12월 14일
강석진 목사

사무엘 마펫(Samuel A. Moffett)의 연표

1864년 1월 25일 : 미국 인디애나주 메디슨에서 5남 2녀 중 4남으로 태어남
1864년 10월 1일 : 미국 메디슨 제일장로 교회에서 유아 세례 받음
1884년 6월 12일 : 하노바 대학 최우등 졸업(학사)
1885년 6월 : 하노바 대학 석사 졸업
1885년 9월 : 맥코믹 신학교 입학
1888년 4월 : 맥코믹 신학교 졸업
1888년 5월 8일 : 베어드와 미국 북장로회 목사 안수
1889년 3월 26일 : 미국 북장로회 해외 선교부에 선교사로 지원
1889년 4월 15일 : 미국 북장로회 해외 선교부에서 선교사로 임명
1889년 9월 9일 : 해외 선교부가 조선에 임명
1889년 12월 1일 : 고향 메디슨 제일장로교회에서 고별 설교와 교인들 지원과 기도로 서원함
1889년 12월 16일 : 샌프란시스코항에서 출국
1890년 1월 3일 : 일본 요코하마항에 도착, 언더우드와 박용호. 알렌 만남
1890년 1월 25일 : 조선 한성 도착(26세 생일)
1890년 3월 : 언더우드 고아원 책임과 남학교로 전환
1890년 6월 : 북장로회 한국 선교회 연례 회의에서 회장 선임과 네비우스 정책 채택
1890년 8월 29일 : 제 1차 전도 여행 출발, 아펜젤러와 헐버트 동행,

평양 2주 체류, 500마일 여행

1891년 2월 25일 : 제 2차 전도 여행, 게일과 서상륜 동행, 3개월간 평양, 의주, 만주 심양, 통화, 함흥, 원산 방문. 심양에서 로스 목사 만나 선교 방법 배움

1891년 9월 : 제 3차 전도 여행, 의주에서 집 구입, 의주에서 3명의 남자와 2명의 여자에게 세례 줌

1892년 5월 6일 : 제 4차 전도 여행 출발, 휴브라운 의사 동행, 평양과 의주에서 4개월 체류와 12명 신자로 여름 사경회 15일 운영, 백홍준 조사의 협조, 의주에서 보낸 마지막 2주 동안 빈튼 의사가 봉사

1892년 12월 27일 : 제 5차 전도 여행, 레이놀즈와 공주 여행

1893년 3월 6일 : 제 6차 전도 여행, 스왈론, 서상륜, 한석진과 함께 평양행(5차) 서상륜과 한석진의 이름으로 주택 구입했으나, 문제가 발생하여 반환

1893년 5월 15일 : 제 7차 전도 여행 혼자 평양으로 가서 주일 예배 인도와 한석진은 집 매입, 마펫은 여관에서 지냄. 6월 10일 경 귀경

1893년 7월 중순 : 제 8차 전도 여행, 부산 베어드집에서 여름 휴가 보내며 공부 소책자 준비. 베어드의 전도 사업 조력

1893년 9월 : 제 9차 전도 여행(7차 이북 여행) 평양에서 학습반 조직, 주일 예배 참석자 증가

1893년 10월 : 한국 선교회 연례 회의에서 회장으로 두 번째 연임, 남학교는 밀러 목사가 맡고 마펫은 평양만 맡게 됨

1893년 11월 11일 : 제 10차 전도 여행 평양으로 감, 홀 의사 만남, 한석진과 함께 처음으로 평양에서 성탄절을 보냄

1894년 1월 7일 : 평양 최초의 세례식 8명과 성찬식, 대동문 널다리 골 교회 설립(1907년까지 담임) 2명은 학습 교인으로 받음

1894년 2월 24일 : 의주에서 세례 신청자 교육, 기독교식 결혼(김관근과 백홍주 딸)

1894년 3월 16일 : 의주에서 12명 참석한 사경회에서 15일간 누가복음 학습

1894년 5월 : 서울에서 체류, 평양 예수교인 박해 사건 발생, 김창식과 한석진 투옥되고 사형 협박, 마펫과 메켄지와 함께 평양 도착

1894년 7월 30일 : 청일 전쟁 중 평양에 남아 성도를 돌봄, 8월 중순 서울 귀경

1894년 10월 1일 : 평양에 다시 돌아감, 리 목사, 홀 의사와 함께 평양 전투 후 상황 조사, 반환된 집 다시 구입

1894년 11월 중순 : 홀 의사 이질 감염, 마펫과 데이트 선교사 홀 의사를 데리고 제물포 거쳐서 귀경

1894년 11월 24일 : 홀 의사 사망, 양화진에 장사됨

1895년 1월 중순 : 리 목사와 평양에 돌아옴

1895년 10월 8일 : 명성황후 시해 사건, 고종 알현

1896년 3-5 : 과로로 중국 상해에서 휴식

1896년 11월 : 마펫 첫 안식년 휴가로 미국 출발

1897년 봄 : 평양에 첫 여자 초등학교 개설됨. 리 부인과 웰즈 부인이 교사가 됨

1897년 12월 3일 : 메리 앨리스 피쉬 의사(다음 해에 마펫과 결혼) 한국 도착

1898년 3월 16일 : 마펫 안식년 마치고 평양으로 자전거로 옴

1899년 6월 1일 : 마펫과 피쉬 결혼(서울), 리 목사 주례

1900년 : 마펫 집에서 최초 외국인 학교 설립 운영

1900년 9월 9일 : 서울 정동교회에서 신약 전서 출판 감사 예배

1900년 9월 : 장로회 공의회에서 기존 장로 2명에서 3명 장로 추가

안수 결정, 한국 장로 교회 설립을 위한 자치 단계로 감

1900년 10월 : 평양 장대현 교회 예배당 준공

1900년 2월 6일 : 김종성 장로와 방기창 장로를 신학생으로 받아들임, 신학반 시작(1902-1924년 신학교 교장)

1901년 5월 15일 : 평양 대동문 마펫 선교사 사택에서 평양 조선예수교장로회신학교 개교와 마펫 초대 교장 취임

1901년 6월 13일 : 하노바 대학에서 마펫에게 명예 신학 박사 학위 수여

1901년 11월 23일 : 마펫 아내 피쉬의 질병으로 요양차 미국 출국

1902년 4월 19일 : 아내를 데리러 미국 출국 10월에 돌아옴

1903년 : 최초 평양 남맹아 학교 설립

1903년 9월 8일 : 조선예수교장로회신학교(평양 신학교 설립자 겸 교장) 승인 됨

1903년 10월 : 마펫 집에서 3주일간 부흥사 프란손 목사와 네비우스 선교 방법 연구함

1903년 10월 31일 : 평양 숭의여학교 설립, 스누크와 베스트가 가르침

1904년 : 러일 전쟁으로 마펫과 동료 선교사 평양 체류

1904년 9월 22일 : 알렌 의사 한국 내한 25주년 기념선교대회(서울)

1904-1905년 : 부산-서울-평양-신의주-만주 안동 경의선 철도 개통

1906년 6월 1일 : 안식년으로 가족과 미국 출국, 하와이에서 2주간 체류하며 한인 이민자들과 교회 문제 상의

1906년 7월 3일 : 아내와 아들과 샌프란시스코에 도착

1906년 11월-1907년 2월 : 프린스턴 신학교에서 대학원 과정 신학 공부

1907년 6월 20일 : 조선예수교장로회 신학교(평양 신학교) 최초 1기 7인 신학생 배출

1907년 9월 17일 오전 9시 : 최초 평양 독노회 설립(선교사 33명, 한국인 36명, 찬성 회원 9명, 모두 78명)

동일 오후 7시 30분 : 7인 목사 안수(서경조, 방기창, 이기풍, 길선주, 송인서, 양전백, 한석진)

1907년 9월 18일 : 조선예수교장로회 신경(Creed)과 헌법, 규칙 제정 선포

1907년 9월 19일 : 이기풍 최초 해외 선교사 파송 결의(제주도)

1908년 5월 12일 : 평양시 하수구리 100번지 교사 건축 이전

1910년 5월 19일 : 세계주일 학교연합회의 참석

1912년 : 마펫 아내 앨리스 피쉬 평양에서 소천

1916년 : 영국 에딘버러 세계선교대회 참석

1918년 : 조선예수교장로회 신학교에서 '신학지남' 학술지를 호주 선교사 엥겔이 편집인이 되어 창간함

1918-1928년 : 숭실 학교 교장 역임

1919년 : 마펫, 조선예수교장로회 제 8대 총회장 선임

1920년 : 미국 피츠버그 장로회연맹총회 한국 대표 참석

1922년 : 중국 난징 아시아장로교 선교 대회 참석

1925년 : 일본 정부로부터 신문화교육 기여 공로로 표창장 받음

1928년 : 예루살렘 세계선교대회 참석

1934년 : 일본 교육협회로부터 특수 교육 공헌자로 인정되어 표창장과 금메달 받음

1934년 : 미국 북장로교 선교부로부터 은퇴됨(72세)

1935년 : 성도들의 헌금으로 마포삼열기념관 세움(평양 신학교와 서문밖교회 사이)

1936년 : 일본 총독부에 의해 추방 조치 받음 / 출국

1937년 10월 29일 : 3숭실 학교 폐교 제출

1938년 3월 31일 : 일본 총독부에 의해 3숭실 폐교 조치

1938년 9월 20일 : 평양 조선예수교장로회신학교 폐교
1939년 10월 24일 : 미국 먼로비아에서 75세로 별세함
1966년 : 대한민국 건국 공로 훈장과 문화 훈장 수여
2006년 5월 9일 : 마펫의 유골이 장로회신학대학교 동산에 이장됨

미주

1) 민경배, 『한국 기독교회사』, 서울: 연세대학교 대학출판문화원, 2017, p. 19.
2) 김명구, 『복음, 성령, 교회 재한 선교사들 연구』, 서울: 예영, 2017, p. 234, 참조.
3) 김명구, 『복음, 성령, 교회 재한 선교사들 연구』, p. 235, 참조.
4) 옥성득, 『마포삼열 자료집 1』, 숭실대학교 가치와 윤리연구소 간행, p.109, 참조.
5) '뉴스앤조이', 2015. 04. 05, 재인용.
6) "korea, History, Strangeness, First Impression"-for sights he may have seem, 재인용.
7) H. G Underwood, *Letter to Ellinwood*, March 27, 1891, 재인용.
8) 마포삼열 박사 전기, 대한예수교장로회 총회교육부, 1973, p. 76-77.
9) 언더우드 부부와 송순용은 조선어 사전과 문법서를 출판하기 위해 1889년 10월에 요코하마에 갔다. 그들은 네덜란드 개혁 교회 출신 미국 선교사 벨라(James Ballagh) 부부 집에서 지내며 횡빈출판사에서 한글 자모를 만들고 사전을 인쇄하고 조선어 문법책을 출판했다. 이들은 1890. 5월에 서울로 돌아왔다. 재인용.
10) 제중원의 의료 사역은 최초의 의사 선교사인 알렌에 의해 이루어졌다. 그 후에 들어온 언더우드와 헤론은 모든 일에 알렌의 지시를 받아야 했고 그로 말미암아 서로 다른 견해로 충돌이 매우 심각하기도 했다. 그러나 알렌이 1887년에는 주미 공사의 참사관으로 활동했다. 그 후 1890년에는 주한 미국 공사관을 역임했다. 그런 관계로 제중원의 원장으로 헤론이 후임자가 되어 의료와 선교 사역의 모든 일들의 책임자가 됨으로 다시 다른 선교사들과 사역의 운영에 대해 갈등이 재발되었다. 이 당시의 제중원은 국립기관으로 조선의 법치와 운영 방침에 따라야 했음으로 알렌과 헤론의 입장은 다른 선교사들과는 다를 수밖에 없었다. 이들의 이러한 선교사들의 갈등은 미국 북장로교 선교부에 탄원서를 보낼 만큼 갈등이 매우 컸었다.
11) 1890년 9월 처음으로 북장로회 선교회 조선인 조사로 임명된 사람은 서상륜, 백홍준, 최명오 등이었다. 이들은 그 전에 권서인으로 활동하기도 했다.
12) 조선 왕실에서는 이들 선교사들의 입국 목적이 기독교 전파에 있음을 알고 있었으나, 선교사들이 서양식 교육과 의료 활동으로 자국민에게 큰 유익을 주고 있다고 판단하였기에 이들의 비공식적인 전도 사역과 여행에 대해 어느 정도 묵인하여 주었다. 그러나 그 후 1897년 대한 제국이 세워진 후에는 공식적인 선교 활동을 할 수 있게 되었지만 선교사들 가운데에는 그 선교의 방법과 범위를 놓고 많은 갈등이 있었다.
13) 옥성득 편저, 『마포삼열 자료집 1』, pp. 111-119.

14) 의주 지방은 중국과 사신 행로였을 뿐 아니라 중국과의 교역이 활발한 관문이었다. 1884년 중국 심양(봉천)에 스코틀랜드 연합장로 교회로부터 파송되어 온 조선인 청년 백홍준, 서상륜, 이성하, 김진기 등과 선교사들은 함께 조선어 성경을 번역 출간하여 그 성경을 1883년에 백홍준을 통해 최초로 의주에 반입시킴으로 조선에 최초의 성경이 유포되었고 그곳에 자생적 기독교인들이 형성되었다. 그로 인해 관가에서 이들을 감옥에까지 잡아 놓았으며 체포된 서상륜과 서경조는 탈주하여 외가 친척집이 있는 황해도 송천으로 도피하였다. 그로 인해 평안도 의주에서 복음이 황해도로 확산되는 결과를 낳았다.
15) 김지현, 『선택받은 섬 백령도』, 서울: 다자인유니크, 2002, pp. 164-165, 참조.
16) 서경조, "서경조의 신도와 전도와 송천교회 설립 역사", 신학지남, 1925, pp. 89-90, 재인용.
17) 전도사와 권서는 서상륜과 최명오인 듯하다. 이들은 곧 조사로 임명되었다.
18) 여기서 시골의 중산층이란 양반이나 향리를 제외한 신흥 중산층으로 지적이고 부를 축적한 상인과 경작지를 비롯해 어느 정도의 자산을 가진 농민을 지칭한다.
19) 옥성득, 『마포삼열 자료집 1』, pp. 174-175.
20) 마펫 일행은 10월 1일에 장연의 솔래에 도착하여 8일간 지낸 후 10월 10일 해주와 10월 11일, 12일에는 송도 (개성)을 거쳐서 14일에 한양에 도착함으로 약 45일을 여행한 것이다.
21) 마포삼열 박사 전기편찬위원회 편, 『마포삼열 박사 전기』, 서울: 대한예수교장로회 총회 교육부, 1973, pp. 86-87.
22) 옥성득, 『마포삼열 자료집 1』, p. 195.
23) S. A. Moffett, "Evangelistic Tour in the North of Korea," (philadelphia: Presbyterian Bprd of Publication Sabbath School Work), pp. 329-331에서 재인용.
24) "한국 기독교 초석놓은 언더우드", 국민일보, 2014. 08. 26.
25) 옥성득, 『마포삼열 자료집 1』, p. 212.
26) 김명구, 『복음, 성령, 교회 재한 선교사들 연구』, p. 238.
27) 옥성득, 『마포삼열 자료집 1』, p. 219.
28) 김명구, 『복음, 성령, 교회 재한 선교사들 연구』, p. 238에서 재인용.
29) 옥성득, 『마포삼열서한집 1』, 서울: 두란노아카데미, 2011. 12, pp. 209-211.
30) 개교 당시 학생수는 11명이었는데 이들은 평양을 비롯 서울, 대구, 재령, 선천 등 북장로회 선교 구역에서 추천받아 온 학생들이었다. 그들은 사경회 혹은 초등학교 수준 이상의 학력을 가진 자들로서 학제는 3년 과정으로 1년에 3학기로 이루어졌으며 과목은 성경과 교회사와 설교학과 윤리, 심리학, 영어, 음악 등 성경 교사로서의 자질을 갖추기 위한 것이었다. 1928년에는 재학생이 60명으로 발전했다(기독신문/문소재에서-평양여자신학교, 2011. 03. 22, 재인용).
31) 채필근, 『한국 기독교 개척자 한석진 목사와 그 시대』, 서울: 기독교서회, 1971, p. 117, 재인용.

32) 박용규, 『한국 기독교회사』, 서울: 생명의말씀사, 2004. 11, pp. 31-32, 재인용.
33) 김명구, 『복음, 성령, 교회 재한 선교사들 연구』, pp. 239-240.
34) 마펫은 의주와 한인촌 지역의 초창기 교인에 대해 매우 부정적인 평가를 내렸다. 로스가 1885년-1886년에 세례를 준 조선인 촌의 100여 명의 신자들은 물론 의주의 초기 신자 대부분은 선교사의 관리와 가르침을 받지 않은 상태에서 세속적인 동기에서 개종한 "쌀신자"에 불과하다고 비판했다. 이런 첫 신자들 때문에 이후 조선에서는 세례를 주는 데 신중을 기했다. 그 결과 학습 제도가 정착되었고, 선교사와 조선인 조사의 관리와 통제가 강화되었다.
35) 옥성득, 『마포삼열 자료집 1』, pp. 293-303.
36) 홀 선교사(william James Hall, 1860-1894)는 캐나다 출신의 의사였고 로제타 셔우드 의사를 만나 결혼한 후 부인과 함께 1893년 2월에 평양에 선교지를 정하고 평양에 집을 구하였다. 그리고 1894년 한 살된 아들과 부인 셔워드 홀을 데리고 평양에 거주하였다. 이때 평양 예수교인 박해 사건이 발생했다. 이어서 1894년 청일 전쟁으로 평양이 전쟁터가 되자 한성으로 내려가 피신하였다가 전쟁이 끝나자 10월에 마펫과 리 목사와 함께 다시 평양에 와서 부상당한 환자들을 치료하고 매일 밤 전도하고 학교에서 가르치다가 말라리아에 걸려 한성으로 이송되었으나 발진티푸스가 겹쳐 조선에 온지 3년 만에 순직하여 양화진에 안장되었다. 그는 최초로 평양의 의료 선교사였고 그 부인은 그 후 평양에 남편을 기념하는 근대식 '기홀병원'을 설립하여 그 대를 이은 의료 선교를 지속하였다.
37) 셔우드 홀, 『닥터 홀의 조선 회상』, 김동열 역, 서울: 좋은 씨앗, 2003, p. 100.
38) Moffett, *Korea Mission Field*, 한국 서울: Evangelical Mission of Korea, 1925. 3, p. 53. 재인용.
39) 옥성득, 『마포삼열 서한집 1』, pp. 423-424.
40) 널다리골 교회가 세워진 역사를 거슬러 고찰해 보면 최치량의 여관에서 예배가 출발되었다. 1893년 11월에 마펫이 평양으로 정식 부임하기 위한 마지막 준비를 하고 있었다. 그때가 10월이었다. 한석진과 마펫이 그 후 최치량의 집 근처에 있는 새 집의 방 하나를 얻어 가지고 교인 4, 5명과 함께 예배를 드려왔다. 그러다가 최치량과 의논한 끝에 당시 평양의 중심지라고 생각되는 널다리골에 있는 홍종대 소유의 큰 기왓집 한 채를 사게 되었다. 결국 이 집이 교회가 되고 선교 거점지가 되었으며 평양 신학교를 잉태한 장소가 되었다. 이곳은 평양 대동문 안에 애련당이라는 정자가 연못 한 복판에 있었고 이 장소는 평양 감사의 위락처였다(마포삼열 박사 전기, 대한예수교장로회 총회교육부, 1973, p. 105).
41) 옥성득, 『초대 한국 교회사』, 서울: 짓다, 2016. 10, p. 281.
42) 옥성득, 『마포삼열 자료집 1』, p. 475.
43) 평양에서 여관업을 하던 주인 최치량(1854-1930)은 평양 장대현 교회의 첫 신자 가운데 한 명이다. 나중에 오촌리교회를 설립했다. 1910년 장로로 장립되었고, 사재를 털어서 경신 학교와 괴음리교회를 설립했다. 그는 토마스 선교사가 1866년 9월에 대동강 강

변에서 처형될 때 12세였다. 처형 전에 만경대에서 토마스 선교사로부터 성경책을 받았다고 한다. 최치량은 이 한문 성경을 보관하고 있다가 겁에 질려 영문주인 박영식에게 주었고, 박영식은 이것을 뜯어서 자기 집 벽지로 발랐다고 한다. 최치량은 박영식 집에 갔다가 벽에 붙어 있는 성경을 읽고 기독교에 관심을 갖게 되었다. 후에 그는 그 집을 사서 여관으로 만들었고 마펫 선교사가 평양에 왔을 때 그 여관에 투숙을 하였으며 예배를 드릴 때에 참여했다고 한다. 그는 술과 음란과 도박에 빠져서 살았으나 마펫을 만나 완전히 거듭난 믿음의 사람 하나님의 사람으로 변화되어 평양의 기독교 역사에 큰 족적을 남긴 사람이 되었다.

44) 옥성득, 『첫 사건으로 본 초대 한국 교회사』, p. 286.
45) 채필근 편, 『한국 기독교 개척자 한석진 목사와 그 시대』, pp. 59-60, 재인용.
46) 본 사건은 천주교 신자인 황사영이 1801년 신유박해가 일어나자 신앙의 자유를 강구하기 위해 당시 베이징 주교에게 명주 천에 1만 3천여 자를 한문으로 적어 이 당시에 죽은 순교자들의 사건 소개와 장차 포교 방안을 제시하는 글과 군대를 보내어 조정을 굴복시킬 것을 제안한 글이었다. 이를 청나라에 활동하던 프랑스 주교에게 보내려 했으나 발각되어 이와 관련된 천주교인들이 다시 처형을 당하였다.
47) S. A. Moffett, *letter to Ellinwood*, 1894. 1. 12, 재인용.
48) 이 책은 캐나다 선교사 게일(James S. Gale, 1863-1937)이 남긴 장편 실화 소설로서 평양과 서북 지역 선교의 압박과 저지, 마펫(책 속의 주인공 웰리스)과 서울 연동교회 초대 장로 고찬인(책 인물에 고 씨)을 당대의 선교사들의 실제 사역과 조선 초기 사역과 더불어 조선인들의 삶의 모습을 사실감 있게 그린 실화 소설이다.
49) 제임스 S. 게일, 『밴가드』, 김재현 역, 서울: KIATS, 2013, pp. 28-29.
50) 김승태, 『1894 평양 기독교인 박해 사건』, 서울: 한국 기독교사연구, 15, 16호(1987. 8), 재인용.
51) 옥성득, 『첫 사건으로 본 초대 한국 교회사』, pp. 290-230.
  김창식은 홀 선교사의 조사로서 선교사들 못지않게 그 당시 평양의 복음화와 교회 개척에 혁혁한 공헌을 하였다. 그는 1901년 5월 14일에 한국인 최초의 목사가 되었다. 1904년-1910년 영변 구역장이고 1912년 평양 서 지방 감리사, 1913년 영변 지방 감리사로 봉사했다. 50대에는 지방 1회 순회 거리가 700여 킬로의 대장정 사역을 감당했고, 60대에는 1918년부터 1921년까지 해주 지방에 파송되었다. 1922년 집회를 인도하다가 고혈압으로 쓰러졌다. 그는 평생 걸어 다니며 48개 교회를 개척했으며 225개의 교회를 맡아 목회하였다. 그는 길 위의 순행 목사였다.
52) 옥성득, 『첫 사건으로 본 초대 한국 교회사』, pp. 294-297.
  이 배상금 오백 달러는 교인들과 마펫이 상의하여 교회 건축 헌금으로 드려졌다.
53) 채필근 편, 『한국 기독교 개척자 한석진 목사와 그 시대』, pp. 69-71.
54) 제임스 S. 게일, 『밴가드』, 김재현 역, pp. 115-116.
55) 윌리엄 제임스 홀(William James Hall) 의사는 1894년 여름 청일 전쟁이 발발하자 잠시 서울로 피했다가 그해 10월 마펫과 함께 평양으로 돌아가 의료 사역을 하던 중 과로와

발진티프스에 감염되어 11월 서울로 이송되었으나 사망하였다. 그의 아내 로제타는 미국으로 돌아가 모금 활동을 하여 다시 돌아와 평양에 남편의 이름을 딴 근대식 홀 기념 병원을 이북 지역에 최초로 설립하였다. 그의 아들도 의사가 되어 우리나라 최초의 결핵 요양소를 만들어 결핵 퇴치에 힘썼다.

56) 옥성득, 『마포삼열 서한집 1』, pp. 616-620.
57) 옥성득, 『마포삼열 자료집 2』, pp. 103-105.
58) 옥성득, 『마포삼열 자료집 2』, pp. 117-119.
59) 이 글에서 중등 과정은 academic department의 번역이며, 실업 과정은 industrial department의 번역이다. 초기에 장로 교회와 감리회 선교회들은 초등학교 졸업 후 진학할 수 있는 실업 학교를 별도로 설립하지 않고 중학교를 설립할 때 그 안에 실업과를 만들어 노동의 가치를 알리고 가난한 학생들의 자급을 도왔다. 예를 들어, 배재 학당의 일부 학생은 신문인쇄소에서 일하고 학비를 벌었다. 1903년에 설립된 한성 YMCA는 실업 과정을 운영했다. 막스 베버의 자본주의 발전과 기독교 윤리의 상관성 이론에 따르면 선교사들이 운영한 실업 과정은 조선인에게 노동의 존엄성을 심어주고 근검 절약의 윤리와 사업가 정신을 길러주어 초기 자본주의 발전에 기여했다고 볼 수 있다.
60) 옥성득, 『마포삼열 자료집 2』, pp. 155-156.
61) 옥성득, 『마포삼열 자료집 2』, pp. 169-171.
62) 옥성득, 『마포삼열 자료집 2』, pp. 191-195.
63) 옥성득, 『마포삼열 자료집 2』, pp. 341-343.
64) 옥성득, 『마포삼열 자료집 2』, p. 387.
65) 옥성득, 『마포삼열 자료집 2』, p. 399.
66) 유기성 목사 face book, 초대 교회 신분 갈등과 극복, 2013. 7. 8.
67) 앨리스 피쉬 마펫(1870-1912) 선교사는 의사로서 1897년에 내한하여 마펫과 1899년에 결혼하여 그와 함께 평양에서 사역하였다. 그녀는 의료 사역과 여성 교육에 헌신하였고 1901년에 여성 성서 연구반을 조직하여 교육하였다. 1904년에는 평양 맹아학교에서 신앙 지도를 하였다. 특히 평양에서의 여성의 지위와 사회 활동 개발에 큰 기여를 하였다. 안타깝게도 결혼한 후 13년이 지난 1912년에 이질로 순직하였다. 그녀의 두 자녀 가운데 제임스 첫째는 후에 미국 내에서 선교사로 활약했고, 둘째 찰스는 인도 선교사로 헌신하였다.
68) 옥성득, 『마포삼열 자료집 2』, pp. 445-447.
69) 조선 시대에 1냥은 100전에 해당하였으며 그 당시 200냥이면 집을 한 채 샀다. 주막집에서 식사비가 보통 40전이었다. 화폐 단위에서 그 당시 '엔' 단위는 중국이나 일본의 은화인 경우를 말한다. 이 당시 선교사들은 장기간 여행을 할 때는 조랑말에 주조된 무거운 동전 꾸러미를 상자에 담아서 여행길 경비로 사용하였다. 선교사들은 조선인 사역자인 조사 및 전도인들에게는 보통 봉급으로 10냥을 주었다('윌리엄베어드', 리처드 베어드, 숭실대학교 출판부, 2016, p. 347-350).
70) 옥성득, 『마포삼열 자료집 2』, pp. 687-695.

71) 옥성득, 『마포삼열 자료집 2』, p. 697.
72) 오문환(1903-1962)은 평양 출생이며 마포삼열 목사에게 영어를 배워 영어에 능통하였다. 평양 숭실전문대를 졸업하였고 평양 숭의여학교에서 영어 교사로도 근무하였다. 1928년에는 『토마스 목사전』을 저술하였고 토마스 목사 순교기념교회당을 건립했다(위키피디아).
73) 유해석, 『토마스 목사전』, 서울: 생명의말씀사, 2013, pp. 251-252. 그 당시의 증언과 사료마다 약간의 상이점이 있음.
74) 평양감영계록, 병인 7월 24일, 장계, 재인용. 김명구, 『한국 기독교사 1』, 서울: 예영, 2018. 6, p. 38.
75) 강석진, 『근현대사로 읽는 북한 교회사』, 서울: 쿰란, 2020. 2, p. 85.
76) 제임스 S. 게일, 『밴가드』, 김재현 역, 밴가드, pp. 128-132.
77) 제임스 S. 게일, 『밴가드』, 김재현 역, 밴가드, p. 152.
78) NEWS POWER, 김현성, 2019. 02. 22.
79) 휘트모아 목사(N. C. Whittemore)는 뉴욕 파크 대학과 유니온 신학교를 졸업한 후 1896년 10월 내한하여 선천에 선교 거점을 마련하고 책임을 맡았다. 1897년 봄 처음 평북 선천을 순회한 그는 이듬해인 1898년 선천남교회를 설립하였고 1901년부터는 의료 선교사 샤록스와 함께 선천에 상주하며 전도하였다. 1906년에는 선천의 교인들이 신성중등학교를 설립하자 그는 교장이 되었다. 그 후 그는 의주와 강계와 만주로 사역을 확장하였다(기독신문, 송현강 박사, 2008. 5. 31).
80) 옥성득, 『마포삼열 자료집 2』, pp. 415-417.
81) 서명원, 『한국 교회 성장사』, 이승익 역, 서울: 대한기독교서회, 1966, p. 141.
82) 옥성득, 『마포삼열 자료집 2』, p. 417.
83) 옥성득, 『마포삼열 자료집 2』, pp. 467-469.
84) 민경배, 『한국 기독교회사』, 서울: 연세대학교 출판부, 1993, pp. 275-278, 재인용.
85) 양낙흥, 『한국 장로 교회사』, 서울: 생명의말씀사, 2008, pp. 61-62, 재인용.
86) 채필근 편, 『한국 기독교 개척자 한석진 목사와 그 시대』, pp. 100-101, 재인용.
87) 옥성득, 『마포삼열 자료집 2』, pp. 517-519.
88) 옥성득, 『마포삼열 자료집 2』, p. 525.
최치량이 200엔(100달러)을 작정 헌금했다. 이때 조선인 조사의 월급이 5엔 수준이었으므로 연봉 3년 치에 해당하는 큰 돈이었다. 참고로 길선주가 1902년 조사로 임명되었을 때 월급을 6엔을 받았다.
89) 옥성득, 『마포삼열 자료집 2』, pp. 523-525.
90) 옥성득, 『마포삼열 자료집 2』, p. 553.
91) 옥성득, 『마포삼열 자료집 3』, p. 843.
92) 옥성득, 『마포삼열 자료집 3』, p. 279.
93) 1899년 4월 21일부터 5월 1일까지 뉴욕에서 개최된 에큐메니칼 선교 대회에 에비슨 의사가 참석하여 '의료 선교와 연합의 이점'에 대해 발표하였다. 이때 교파간 연합을 근

대적인 대형 병원을 설립해야 한다는 에비슨의 의견에 공감한 루이스 세브란스가 서울에 그런 병원을 짓도록 1만 달러를 기부했다. 세브란스는 당시 록펠러의 스탠다드 석유 회사의 재정 이사로 일하면서 북장로회 선교부의 이사로 해외 선교 사업에 많은 기부를 하였다(옥성득, 마포삼열 자료집 3, p. 111).

94) 옥성득, 『마포삼열 자료집 3』, pp. 55-57.
95) 제임스 게일, 『밴가드』, 김재현 역, p. 18.
96) 서명원, 『한국 교회 성장사』, 이승익 역, 서울: 대한기독교서회, 1966, p. 141.
97) 마펫, 엘린우드에게 보낸 편지, 마포삼열의 선교 편지(1890-1904), 1900. 10. 22, p. 609, 재인용.
98) 김명구, 『복음, 성령, 교회 재한 선교사들 연구』, pp. 249-252, 참조.
99) 옥성득, 『마포삼열 자료집 4』, pp. 133-135.
100) 독노회록 및 제 1회 총회록, 대한예수교장로회 총회, p. 4 참조, 재인용.
101) 대한예수교장로회 노회회록, 대한 융희 이년 무신, 1908, pp. 8-9.
102) 독노회록 및 제 1회 총회록 1907-1912, 대한예수교장로회 총회, pp. 1-3, 재인용.
103) 『마포삼열 박사 전기』, pp. 250-255, 참조.
104) 서원모, 장신대논단 Vol.45.1, 2013, 3, pp. 71-72.
105) 『마포삼열 박사 전기』, 대한예수교장로회 총회교육부, 1973, p. 362, 참조.
106) 맥코믹 여사(1835-1923)는 1907년에 5천 달러를 지원하여 평양 신학교 부지를 구입하게 되었고, 1908년 5월에 신학교 교사를 착공하였다. 1909년에 준공되어 138명의 신학생이 새 교사로 이전하였다.
107) 김광수, 안광국, 『장로회신학대학 70년사』, 서울: 장로회신학대학, 1971, p. 47, 재인용.
108) 『마포삼열 박사 전기』, p. 238, 참조.
109) 옥성득, 『마포삼열자료집 3』, pp. 205-209.
110) 옥성득, 『마포삼열자료집 3』, p. 233.
111) 홀 부인은 평양에서 최초로 의료 선교를 한 윌리엄 제임스 홀의 부인으로서 남편이 평양에서 사역하던 중에 전염병으로 순직한 후 다시 평양에 돌아와서 남편을 기념하는 홀 기념병원을 세웠다. 그 이전에 이화여대 부속병원과 고려대 전신 병원을 세웠고 최초로 한글 점자를 개발하여 맹인들에게 문명 교육을 시켰다. 그 아들 셔우드 홀은 한국 최초의 결핵 요양병원을 해주에 설립하여 한국의 결핵 퇴치에 헌신하였다.
112) 옥성득, 『마포삼열 자료집 3』, pp. 875-877.
113) 옥성득, 『마포삼열 자료집 4』, pp. 187-191.
114) 옥성득, 『마포삼열 자료집 4』, pp. 617-62.
115) 조선 시대에는 무속인들이 전국 각처와 동네마다 있어 매우 광범위하게 활동했다. 특히 조선 시대에는 이들을 대상으로 무업세가 있어 이들의 활동을 공인하였고 일반인들이 굿을 할 경우에도 세를 내야 했다. 그 당시 이러한 무세가 국가 재정에 크게 기여했다고 한다. 이러한 세제 문화가 갑오경장(1894)까지 이어졌다.

116) 옥성득, 『마포삼열 자료집 3』, pp. 921-925.
117) 제임스 S. 게일, 『밴가드』, 김재현 역, p. 372.
118) 카메론 존슨, "조선에서 마포삼열 목사의 사역", Missionary(1903), pp. 485-486, 재인용.
119) 옥성득, 『마포삼열 자료집 3』, pp. 917-919.
120) 옥성득, 『마포삼열 사료집 4』, pp. 109-115.
121) 옥성득, 『마포삼열 자료집 4』, pp. 161-165.
122) 옥성득, 『마포삼열 자료집 4』, p. 165.
123) 평양의 철도 공사는 일본 제국주의 대륙 침략의 목적으로 부설된 것으로 애초에 미국 철도회사에 의해 1896년 착수되다가 자금 부족 문제로 중단되었으나 다시 대한제국의 주도하에 공사가 재개되었는데, 러일 전쟁으로 일본이 1904년 2월에 군용 철도 부설을 위해 불법으로 공사가 착수되어 평양 도성을 관통하는 공사가 진행되었다. 1905년 1월에는 평양-신의주간 철도가 완성되었다. 1911년에 압록강 철교가 완성됨으로 경의선과 만주로 통하는 국제 열차의 운행이 시작되었다.
124) 기자라는 평양 도성에서의 지명은 고조선 역사에서 단군 조선에 이은 두 번째 기자 조선의 역사를 갖고 있으며 기원전 1122년부터 기원전 195년 조선 반도에 존속하였고 평양에 그 이름을 일컬는 기자라는 지명이 있다.
125) 옥성득, 『마포삼열 자료집 4』, pp. 237-247.
126) 옥성득, 『마포삼열 자료집 4』, pp. 265-271.
127) 옥성득, 『마포삼열 자료집 4』, p. 363.
128) 옥성득, 『마포삼열 자료집 4』, pp. 283-285.
129) 옥성득, 『마포삼열 자료집 4』, 서울: 새물결플러스, 2017, pp. 405-419.
130) 옥성득, 『마포삼열 자료집 4』, pp. 479-481.
131) 이 학생 사건은 1905년11월 일본이 조선의 국권을 빼앗은 을사늑약 조약을 반대하는 가두시위로 평양의 숭실 학교 학생들이 한동안 수업을 전폐하고 을사늑약에 반대하는 시위에 나섰다. 이들 중 12명은 한성까지 가서 그곳의 상동청년회와 연계하여 200여 명이 대한문 앞에서 3일 동안 그 조약의 취소 투쟁을 벌였다. 이는 사실상 기독 청년들이 기독교의 교육 영향을 크게 받았음을 말하며 애국, 애족하는 정신과 자주적 역사 의식이 다른 청년층보다 강하였음을 증명하는 것이다. 그래서 기독교 계통의 학생들이 이에 앞장섰음을 보게 된다. 당시 선교사들은 미국 본부 선교회의 방침으로 민감한 정치적 운동에는 공식적으로 관여하지 않는 입장이었다.
132) 평양에서 최초의 '널다리골 교회'로부터 시작된 '장대현 교회'(1894)와 분립 두 번째 교회인 '남문밖교회'(1903)에 이어서 '창동교회'(1905)가 세워졌고 1906년에 4번째로 '산정현교회'가 독립 개척되었다.
133) 옥성득, 『마포삼열 자료집 4』, pp. 513-523.
134) 조선인들의 하와이 농장취업 및 이민은 1902년 시작되었는데 이를 성사시킨 인물은 알렌 선교사로서 그 당시 조선에 인천 지역과 평양도의 기독교인들(감리교와 장로교 출

신)이 주류를 이루어 하와이 사탕수수 농장의 계약 노동자로 취업하였다. 애초에 하와이 농장에 많은 노동력이 필요하자, 처음에는 1852년부터 중국인이 모집되어 일하였으나 곧 중단되었다. 1885년에는 일본인 노동자들이 왔으나 저임으로 파업이 시작되자, 이에 농장 경영자 측에서는 필리핀과 조선인들을 받아들여 대체하기 시작하면서 그곳에 많은 아시아계 노동자들이 분포되기 시작하였다. 그들 가운데 기독교인들이 상당수가 있으므로 자국의 교회 사역자들이 와서 이들을 이끌었다.

하와이 농장의 조선인 취업자와 이민자들은 약 7천여 명이었고 일부는 계약 기간을 마치고 돈을 벌어 조선으로 돌아가기도 하고 일부는 그곳에 남기도 했다. 그리고 일부는 미국 본토 캘리포니아의 샌프란시스코나 로스엔젤리스에서 약 1천여 명 정도가 농장이나 광산에서 노동자로 일하면서 그 지역에 조선인 공동체와 교회들이 세워졌다. 그러나 1910년 이후에는 한일합방이 되면서 중지되었다. 하와이와 미 본토의 조선인들은 각종 애국단체(신민회 등)를 결성하여 애국과 독립운동에 일조하였다. 대표적인 인물이 도산 안창호였다.

135) 옥성득, 『마포삼열 자료집 4』, pp. 537-545.
136) 임요섭, 『한국 기독교 교육사 소고』, 대한기독교교육협회 편, 1959, p. 10, 참조, 재인용.
137) 선우훈, 『민족의 수난(백오인사건진상)』, 서울: 명성출판사, 2008, p. 176, 참조, 재인용.
138) 김양선, "한국 현대 교육 사상에 있어서 기독교 학교의 위치와 그 공헌, 논문집", 숭실대학, 1970, p. 9, 재인용.
139) 『마포삼열 박사 전기』, p. 275.
140) 『마포삼열 박사 전기』, pp. 273-281 참조.
141) 옥성득, 『마포삼열서한집 1권』, p. 33 참조.
142) 『마포삼열 박사 전기』, p. 378.
143) 김명구, 『복음, 성령, 교회 재한 선교사들 연구』, p. 262.
144) 그의 한국 이름은 마삼락으로서 1916년 평양에서 태어났고 평양 선교사 학교를 소년기에 다녔고, 그 후 미국 프린스턴 대학과 예일 대학교에서 공부한 후 다시 한국으로 돌아와 1959년부터 1981년까지 서울 장로회신학대학에서 교수와 명예 총장을 역임했다. 그는 다시 1981년 미국으로 건너가 그의 모교인 프린스턴 대학원에 돌아가 1987년까지 선교학 교수를 역임하였다. 뿐만 아니라 그는 한국에 6.25 전쟁이 발발하자 자원 참전하여 1951년 10월에 평양을 수복할 때에 누구보다도 빨리 올라가 자신이 태어난 땅을 밟았다.
145) 마펫의 유골이 미국에서 한국 장신대 교정으로 이장될 수 있었던 것은 그 유족과 장신대와 미주 장신대 총장이었던 서정운 교수와 동문들에 의해 추진되어 2006년 5월 9일에 성사된 것이다.
146) 미주 중앙일보, 유정원 기자, 2006. 4. 27.
147) 마포삼열 박사 전기편찬위원회 편, 『마포삼열 박사 전기』 서울: 대한예수교장로회 총

회교육부, 1973, p. 19.
148) 마포삼열 박사 전기편찬위원회 편, 『마포삼열 박사 전기』 서울: 대한예수교장로회 총회교육부, 1973, p. 39.
149) Ibid, p. 41.
150) 김명구 지음, 『복음, 성령, 교회 재한 선교사들 연구』, 예영커뮤니케이션, 2017, pp. 231-232.
151) 마포삼열 박사 전기편찬위원회 편, 『마포삼열 박사 전기』 서울: 대한예수교장로회 총회교육부, 1973, pp. 46-47.
152) 이승하, 『역사적 인물을 통하여 본 이승하의 목회 신학 이야기』, 서울: 도서출판 카이로스, 2006, pp. 167-168.
153) 박성배, 『C. H. Spurgeon의 생애와 설교 사역 연구』, 서울: 장로회신학대학원, 1988, p. 11.
154) 이승하, 『역사적 인물을 통하여 본 이승하의 목회 신학 이야기』, 서울: 도서출판 카이로스, 2006, pp. 168-169.
155) W. 워커, 『世界基督敎會史』, 서울: 대한기독교서회, 1982, pp. 301-302.
156) 로렌 커닝햄은 국제예수전도단(Youth with a mission 의 설립자이다. 필자는 2,000년도에 국제예수단 로잔 지부에서 타문화권선교훈련(CCDTS : Cross Cultral Dicipleship Training School)을 받으면서 로렌 커닝햄과 6개월과 함께 생활을 하였고, 그때 제네바를 방문하여 장 깔뱅이 목회하던 교회를 방문하였다.
157) 로렌 커닝햄, 『열방을 변화시키는 하나님의 책』, 서울: 예수전도단, 2007, pp. 101-115 참조.
158) 마틴 로이드, 『청교도신앙』, 서울: 생명의말씀사, 2019, p. 387.
159) W. 워커, 『世界基督敎會史』, 서울: 대한기독교서회, 1982, pp. 311-312.
160) 옥성득, 『마포삼열 자료집 2』, 서울: 새물결플러스, 2017, pp. 191-195.
161) 마포삼열 박사 전기편찬위원회 편, 『마포삼열 박사 전기』 서울: 대한예수교장로회 총회교육부, 1973, pp. 371-390 참조.
162) 김재현 엮음, 『한반도에 심겨진 복음의 씨앗』, 서울: KIATS, 2015, p. 169.
163) 맥코믹 신학교 홈페이지 참조.
164) 저자 주, 곽안련 교수 : 마펫과 함께 평양 신학교에서 동역한 미국 북장로교 소속 선교사.
165) 마포삼열 박사 전기편찬위원회 편, 『마포삼열 박사 전기』 서울: 대한예수교장로회 총회교육부, 1973, p. 1973.
166) 백낙준, 『서울: 한국개신교사: 1832-1910』, pp. 191-192, 220-222.
167) 한숭홍, 『한경직』, 서울: 북코리아, 2007], p. 40.
168) 마포삼열 박사 전기편찬위원회 편, 『마포삼열 박사 전기』 서울: 대한예수교장로회 총회교육부, 1973, pp. 287-311.
169) 김수진, 『이야기 한국 교회사』, 서울: 쿰란출판사, 2016, pp. 30-35.

170) Ibid, p. 35.
171) 김명구, 『복음, 성령, 교회, 재한 선교사들 연구』, 서울: 예영커뮤니케이션, 2017, p. 72.
172) 유해석, 『대동강 강가에 떨어진 한 알의 밀알 토마스전』, 서울: 생명의말씀사, 2013, p. 11.
173) Ibid, p. 71.
174) John Livingston Nevius, 1829-1893, 40년간 중국 선교 사역을 감당함.
175) 옥성득 책임 편역, 『마포삼열 자료집 2』, 서울: 새물결플러스, 2017, p. 47.
176) 총회세계 선교대학 교재용 한국선교교육재단 편, 『세계 선교의 길라잡이』, 도서출판 케노시스, 2015, p. 142.
177) 박성배, 『韓國敎會 初期 宣敎師들의 宣敎 政策 硏究』, 延世大學敎聯合神學大學院, 1994, pp. 21-22.
178) 옥성득 책임 편역, 『마포삼열 자료집 1』, 서울: 새물결플러스, 2017, p. 17.
179) Samuel A. Moffett, 『외지 선교부에 보낸 서신』, 1898년 6월 27일.
180) 서명원, 『韓國敎會 成長史』, 이농익 역, 서울: 대한기독교서회, 1966, p. 257 참조.
181) 옥성득 책임 편역, 『마포삼열 자료집 2』, 서울: 새물결플러스, 2017, p. 51.
182) 김재현 엮음, 『한반도에 심겨진 복음의 씨앗』, KIATS, 2015, pp. 170-171.
183) 옥성득 책임 편역, 『마포삼열 자료집 1』, 숭실대학교 가치와윤리연구소 간행, 2017, p. 211.
184) Ibid, p. 217.
185) 로스는 1906년에 이 책의 증보판에서 "교회를 시험하다"(제 16장)를 추가했다.
186) 로스는 1890년 상하이 선교사 대회가 제사 금지와 일부다처자 세례 반대를 결정하자 그 정책을 따랐다.
187) 저자 주 : 로스가 스코틀랜드 복음주의 정신으로 복음을 전해서 "관동 최고의 인물"이 된 것처럼, 로스의 선교 정책을 평양에 펼친 사무엘 마펫은 한국 교회를 복음으로 낳은 아버지의 역할을 하였다.
188) 마포삼열, 『마포삼열 목사의 선교 편지(1890-1904)』 김인수 역, (서울: 장로회신학대학교출판부, 2000), p. 199.
189) 마포삼열, 『마포삼열 목사의 선교 편지(1890-1904)』 김인수 역, (서울: 장로회신학대학교출판부, 2000), p. 374.
190) S. A. Moffett, *Letter to Ellinwood*, January 12, 1894, Ibid, p. 237.
191) 마포삼열 박사, 전기편찬위원회 편, 『마포삼열 박사 전기』 서울: 대한예수교장로회 총회교육부, 1973, pp. 114-15.
192) D. L. Gifford, "Every Day Life in Korea," Review N. Y. 1898 Chapter 7, What the Gospel did for one Man 참조.
193) 마포삼열 박사 전기편찬위원회 편, 『마포삼열 박사 전기』 서울: 대한예수교장로회 총회교육부, 1973, pp. 112-113.

194) 蔡弼近 編,『韓錫晉 牧師와 그 時代』, 1971, pp. 59-60.
195) 서명원,『한국 교회 성장사』, 서울: 대한기독교서회, 1966, pp. 248-249.
196) 한국 기독교역사연구소 편,『조선예수교장로회사기 상권』(서울: 한국 기독교역사연구소, 2000), 참조.
197) Report of the Quarter-Centennial Celebration of the Nobern Presbyterian Mission, 1909, p. 16.
198) 옥성득 책임 편역,『마포삼열 자료집 1』, 서울: 새물결플러스, 2017, pp. 643-645.
199) 김선욱, 박신순 지음,『마포삼열 馬布三悅』, 숭실대학교 출판부, 2017, pp. 371-373.
200) 김재현 엮음,『한반도에 심겨진 복음의 씨앗』, KIATS, 2015, pp. 173.
201) 옥성득 책임 편역,『마포삼열 자료집 3』, 서울: 새물결플러스, 2017, pp. 41-43.
202) 박성배 박사 논문,『안디옥 교회 선교 모델을 통한 지역 교회 선교의 목회 신학적 연구』, 2009, 장로회신학대학교 목회전문대학원, pp. 43-44.
203) 사도행전 13장 1절에 별칭이 나오지 않는 바나바에 대해서는 "위로의 아들"(행 4:36), 사울에 대해서는 "바울이라고도 하는 사울"(행 13:9)이라는 별칭을 부여하고 있다.
204) 김재현 엮음,『한반도에 심겨진 복음의 씨앗』, KIATS, 2015, p. 171.
205) 김명구,『복음, 성령, 교회, 재한 선교사들 연구』, 서울: 예영커뮤니케이션, 2017, p. 246.
206) 옥성득,『마포삼열 자료집 2』, 서울: 새물결플러스, 2017, pp. 169-171.
207) 김재현 엮음,『한반도에 심겨진 복음의 씨앗』, KIATS, 2015, pp. 171-172.
208) 옥성득,『첫 사건으로 본 초대 한국 교회사』, 서울: 짓다, 2016, p. 274.
209) 강석진,『近現代史로 읽는 북한 교회사』, 서울: 쿰란출판사, 2020, pp. 58-59.
210) 김수진,『이야기 한국 교회사』, 쿰란출판사, 2016, pp. 119-120.
211) 본 장은 조성현,『인물로 보는 한국 교회 설교』(서울: 기독교문서선교회, 2020)의 "제1장 초기 선교사들의 설교 세계"를 참조하여 편집하였음을 밝힌다.
212) 이 설교는 제 8회 총회장(1919)으로 피선되어 선천 삼개노회(황주, 평양, 의주) 연합회에서 행한 설교이다. 김건호 편,『역대 총회장 설교』중권 (서울: 예장총회 종교교육부, 1955), pp. 61-63를 보라
213) O. C. Edwards Jr., *A History of Preaching* (Nashville, TN: Abingdon Press, 2004), p. 680.
214) Peter T. Forsyth, *Positive Preaching and the Modern Mind* (Ann Arbor, MI: Baker Book House, 1980), p. 3.
215) 박용규,『한국 기독교회사 1』(1784-1910), (서울: 생명의말씀사, 2004), pp. 466-69.
216) Unyong Kim "Faith Comes From Hearing: A Critical Evaluation of the Homiletical Paradigm Shift through the Homilectical Theories of Fred B. Craddock, Eugene L. Lowry, and Daivd Buttrick, and its Application to the Korean Church" (Ph.D. diss., Union Theological Seminary and Presbyterian School of Christian Education, 1999), pp. 19-20.

217) 정성구,『한국 교회 설교사』, (서울: 총신대학 출판부, 1991), pp. 31-32.
218) 조성현,『설교 건축가』, (부산: 도서출판 카리타스, 2016), p. 14.
219) 이에 대한 더 자세한 설교학적 정보는 조성현,『설교 건축가』, pp. 13-17을 보라.
220) 곽안련,『설교학』(서울: 대한기독교서회, 1990), pp. 44-45.
221) 이상규는 초기 선교사들과 1920년대까지의 한국인 설교자들의 공통점과 상이점에 대하여 언급했다. 공통점은 영생과 구원, 하나님의 사랑, 내세적인 경향 등은 공통분모이다. 그러나 상이점은 두 가지이다. 첫째, 한국인 설교자의 설교는 유교적인 전이해 속에서 도덕적인 요소가 강했다. 즉 권선징악(勸善懲惡) 혹은 상선벌악(賞善罰惡)의 도덕적인 요소가 설교에 많이 가미되었다. 둘째, 충군애국적(忠君愛國的) 성격이 짙었다. 이는 갑신정변(1884), 청일 전쟁(1894-5), 민비 시해 사건(1896) 등의 정치적인 상황 속에서 탄생된 설교의 주제들이었다. 이상규,『해방 전후 한국 장로교의 역사와 신학』(서울: 한국 기독교역사연구소, 2015), pp. 115-16을 보라.
222) 정장복, "설교 백년, 회고와 성찰과 전망,"「기독교 사상」통권 제 491호(1991년 11월), p. 42.
223) Ibid., pp. 43-44.
224) SungHyun Cho, "Toward A Model of Pastoral Preaching in Jeju Island Churches of Korea With Particular Reference to Their Cultural Context" (D.Min. diss., San Francisco Theological Seminary, 2008), p. 40.
225) Malcolm C. Fenwick, *Church of Christ in Corea* (Seoul: Baptist Publications, 1967), p. 54.
226) 방위량・한부선 선교사 지음,『하나님이 조선을 이처럼 사랑하사』, 서울: 지평서원, 2016, pp. 44-49.
227) 옥성득 책임 편역,『마포삼열 자료집 4』, 서울: 새물결플러스, 2017, pp. 701-705.
228) 옥성득 책임 편역,『마포삼열 자료집 4』, 서울: 새물결플러스, 2017, pp. 61-65.
229) 방위량・한부선 선교사 지음,『하나님이 조선을 이처럼 사랑하사』, 서울: 지평서원, 2016, pp. 96-98.
230)『마포삼열 목사의 선교 편지(1890-1904)』, pp. 327-328.
231) 김명구,『복음, 성령, 교회, 재한 선교사들 연구』, 서울: 예영커뮤니케이션, 2017, p. 248.
232) 이만열,『한국 기독교와 민족의식』, ㈜지식산업사, 2000, pp. 109-110.
233) 국민일보, 2008년 7월 10일 기사 참조.
234) 총회세계 선교대학 교재용 한국선교교육재단 편,『세계 선교의 길라잡이』, 서울: 도서출판 케노시스, 2015, pp. 142-143.
235) 김수진,『이야기 한국 교회사』, 서울: 쿰란출판사, 2016, pp. 114-115.
236) 김수진,『이야기 한국 교회사』, 서울: 쿰란출판사, 2016, p. 115.
237) 김재현 엮음,『한반도에 심겨진 복음의 씨앗』, 서울: KIATS, 2015, pp. 172-173.
238) 마포삼열 박사 전기편찬위원회 편,『마포삼열 박사 전기』, 서울: 대한예수교장로회 총

회교육부, 1973, p. 19.

239) 칼빈과 마펫의 상관 관계는 이미 제1장의 "신앙인 마펫"에서 설명하였다. 마펫에 의해서 설립된 장로회신학대학교 교정에 칼빈과 마펫의 동상이 나란히 서 있는 이유도 그러한 맥락에서 이해하면 될 것이다. 칼빈과 마펫은 모두 복음적 정신에 따라서 사역을 하였던 믿음의 사람들이었다.

240) 마포삼열 박사 전기편찬위원회 편, 『마포삼열 박사 전기』 서울: 대한예수교장로회 총회교육부, 1973, pp. 261-263.

241) 옥성득 책임 편역, 『마포삼열 자료집 3』, 서울: 새물결플러스, 2017, p. 45.

242) 김재현 엮음, 『한반도에 심겨진 복음의 씨앗』, 서울: KIATS, p. 172.

243) 책임 편역, 옥성득 교수 주, 아직 서경조 장로는 신학생으로 받아들여지지 않았다. 아마도 황해도 소래에서 평양까지 수업하러 오는 것이 쉽지 않았을 것이다.

244) 옥성득 책임 편집, 『마포삼열 자료집 3』, 서울: 새물결플러스, 2017, pp. 927-931.

245) 장로회신학대학교 설립 130주년 기념 유튜브 영상을 참조.

246) 김재현 엮음, 『한반도에 심겨진 복음의 씨앗』, 서울: KIATS, 2015, p. 172.

247) 崇實大學에서 1970년 판 論文集, 金良善의 "韓國現代敎育史上"에 있어서 基督敎學敎의 位置와 그 貢獻 참조.

248) Richard H. Baird, William M. *Baird of Korea a profile*, 1968, p. 134.

249) 마포삼열 박사 전기편찬위원회 편, 『마포삼열 박사 전기』 서울: 대한예수교장로회 총회교육부, 1973, p. 131.

250) 이덕주, 『나라의 독립 교회의 독립: 한국 기독교 선구자 한석진 목사의 생애와 사상』, 기독교문사 발행, 1988년 참조.

251) 마포삼열 박사 전기편찬위원회 편, 『마포삼열 박사 전기』 서울: 대한예수교장로회 총회교육부, 1973, pp. 135-136.

252) 도서출판 두란노 편집, 『믿음과 기도로 산 사람들』, 서울: 두란노, 1989, p. 160.

253) 이승하, 『역사적 인물을 통하여 본 이승하의 목회 신학 이야기』, 서울: 카이로스, 2006, pp. 179-199 참조.

254) 옥성득, 『한국 기독교 형성사』, 서울: 새물결플러스, 2020, pp. 611-612.

255) 마포삼열 박사 전기편찬위원회 편, 『마포삼열 박사 전기』 서울: 대한예수교장로회 총회교육부, 1973, pp. 139-146 참조.

256) 도서출판 두란노 편집, 『믿음과 기도로 산 사람들』, 서울: 두란노, 1989, pp. 188-189.

257) 마펫은 신사 참배를 반대하면서 끝내 숭실 학교의 폐쇄를 결정했고, 일제의 독살 음모를 피해서 미국으로 떠났다.

258) 2017. 2. 27, 국민일보, 박용규 교수.

259) 김요섭, 『우리 신학자가 쓴 종교개혁자 산책 John Knox 존 녹스』, 서울: 익투스, 2019, p. 5.

260) 한숭홍, 『한경직』, 서울: 북코리아, 2007, pp. 34-36.

261) 한숭홍, 『한경직』, 서울: 북코리아, 2007, p. 40.

262) 金昞熙 編著,『韓景職 목사』, 서울: 규장문화사, 1982, pp. 22-23.
263) 김수진,『아름다운 빈손 한경직』, 서울: 홍성사, 2000, p. 142.
264) 사무엘 마펫(Rev. Samuel A. Moffett. D. D.)이 1910년 6월 17일 Scotland Edinburgh 에서 열린 세계선교대회(World Missionary Conference)에서 발표한 발제문이다. 이 발제문은 마펫이 직접 작성해서 발표한 내용이고, 그동안 마펫이 조선에서 선교했던 내용을 총 정리한 것이므로 마펫의 선교 정책을 가장 잘 알 수 있는 마펫 선교 정책의 결론과 같은 글이다.
265) 이 글은 The Union Seminary Magazine, Vol. XXII, October-November, 1910, No. 1. pp. 226-235에서 찾은 자료이다.
266) 한국의 선교사 Dr. S. A. Moffett 목사의 발제 후에 이어진 토론의 모두 발언이다.
267) 저자 주 : 이 글은 마포삼열 박사의 친구인 카메론 존슨이 "한국에서 마포삼열 목사의 사역"이라는 글을『미셔너리』(1903년): 485-486쪽에 기고했던 글이다. 옥성득 교수가 마포삼열 자료집 3에 917-918쪽에 포함하였다.
268) 랄프코너의 본명은 찰스 고든(Charles William Gordon, 1860-1937)으로 소설가인 동시에 캐나다 장로 교회 지도자였다. 그는 1800년 목사 안수를 받고 선교사가 되어 캐나다의 로키산맥에 있는 광산이나 벌채하기 위해 사람들이 모인 곳으로 갔다. 그곳에서의 경험과 글랜케리에서 보낸 어린 시절은 그의 소설의 중요한 배경이 되었다. 두 번째 소설 The Sky Pilot in No Man's Land(1899)가 100만부 이상 팔리는 베스트셀러가 되면서 그는 일약 유명인이 되었다. 이 책은 서부 개척지에서 강한 도덕심과 정의감을 지니고 살아간 선교사의 모험을 그렸다.
269) 옥성득 책임 편역,『마포삼열 자료집 3』, 서울: 새물결플러스, 2017, pp. 917-919.
270) The Presbyterian Banner 1934년 3월 1일자에 기고한 "A Greal Pioneer Missionary Retires"에서 인용함.
271) History of the Korea Mission Presbyterian Church, Vol. 2, 1935-1959, p. 218 참조.
272) Presbyterian Life, July 24, 1954에 수록된 The looking up the Road Man by Mary Seth 참조.

참고 문헌

⟨단행본⟩

1) 강석진, 『북한 교회사』(쿰란출판사, 2020)
2) 곽안련, 『설교학』(기독교서회, 1990)
3) 김명구, 『복음, 성령, 교회, 재한 선교사들 연구』(에영커뮤니케이션, 2017)
4) 김병희 편저, 『한경직 목사』(규장문화사, 1982)
5) 김선욱, 박산순, 『마포삼열』(숭실대학교 출판부, 2017)
6) 김수진, 『아름다운 빈손 한경직』(홍성사, 2000)
7) 김수진, 『이야기 한국 교회사』(쿰란출판사, 2016)
8) 김승태, 『1894년 평양 기독교인 박해 사건』(한국 기독교사 연구, 1987)
9) 김양선, 『한국 현대 교육 사상에 있어서 기독교 학교의 위치와 그 공헌』(숭실대, 1970)
10) 김요섭, 『존 녹스 하나님과 역사 앞에 살았던 진리의 나팔수』(익투스, 2019)
11) 김원필 편저, 『초기 선교사 30선 내 사랑 코리아』(도서출판 탁사, 2002)
12) 김재현 엮음, 『한반도에 심겨진 복음의 씨앗』(KIATS, 2015)
13) 김중락, 『스코틀랜드 종교개혁사』(흑곰북스, 2017)
14) 김지현, 『선택받은 섬 백령도』(디자인유니크, 2002)
15) 김흥수 엮음, 『해방 후 북한 교회사』(다산글방,1992)
16) 마포삼열 박사 전기편찬위원회 편, 『마포삼열 박사 전기』(서울, 대한예수교장로회 총회교육부, 1973)
17) 도서출판 두란노 편집, 『믿음과 기도로 산 사람들』(도서출판 두란노, 1993)
18) 로렌 커닝햄, 제니스 로저스, 『열방을 변화시키는 하나님의 책』 김성원 역, (예수전도단, 2007)
19) 리처드 베어드, 『숭실대학교 뿌리찾기』 위원회 역주, 윌리엄 베어드(숭실대학교 출판부, 2016)
20) 마틴 로이드, 『청교도신앙』 서문강 역, (생명의말씀사, 2019)
21) 마포삼열, 『마포삼열 목사의 선교 편지』 김인수 역, (1890-1904)(장로회신학대학출판부, 2000)
22) 민경배, 『한국 기독교회사』(연세대학교 대학출판문화원, 2017)
23) 민경배, 『교회와 민족』(대한기독교출판사, 1992)
24) 박용규, 『한국 기독교회사』(생명의말씀사, 2004)

25) 방위량·한부선 선교사 지음, 『하나님이 조선을 이처럼 사랑하사』 강영선 옮김, (지평서원, 2016)
26) 백낙준, 『한국개신교회사』(연세대학교출판부, 1985)
27) 변창욱, 『세계 선교 역사를 바꾼 한국 교회 선교 운동사』(장로회신학대학교출판부, 2018)
28) 빌렘 판엇 스페이커르, 『칼빈의 생애와 신학』(부흥과개혁사, 2014)
29) 서명원, 이승익, 『한국 교회 성장사』 이승익 역, (대한기독교서회, 1966)
30) 석호인 엮음, 『신앙의 위인상』(보이스사, 1978)
31) 선우훈, 『민족의 수난, 백오인 사건 진상』(명성출판사, 2008)
32) 셔우드 홀, 『닥터 홀의 조선회상』 김동열 역, (좋은 씨앗, 2003)
33) 스텐포드 리이드, 『하나님의 나팔수 존 녹스의 생애와 사상』 서영일 역, (기독교문서선교회, 1984)
34) 안인섭, 『칼빈 하나님의 영광을 위한 열정의 사람』(익투스, 2015)
35) 양낙홍, 『한국 장로 교회사』(생명의말씀사, 2008)
36) 오주철, 『종교개혁자들의 삶과 신학』(한들출판사, 2017)
37) 옥성득, 『첫 사건으로 본 초대 한국 교회사』(짓다, 2016)
38) 옥성득, 『한국 기독교 형성사』(새물결플러스, 2020)
39) 옥성득 책임 편역, 『마포삼열 자료집1, 2, 3, 4』(새물결플러스, 2017)
40) 윌리스턴 워커, 『세계기독교회사』 강근환, 민경배, 박대인, 이영헌 역편, (대한기독교서회, 1982)
41) 유해석, 『토마스 목사전』(생명의말씀사, 2013)
42) 이덕주, 『한석진 목사의 생애와 사상』(기독교교문사, 1988)
43) 이만열, 『한국 기독교와 민족의식』(지식산업사, 2000)
44) 이승하, 『목회 신학 이야기』(도서출판 카이로스, 2006)
45) 이용남, 『복음에 미치다』(두란노, 2007)
46) 이종성, 『칼빈』(대한기독교출판사, 1986)
47) 이희갑 글, 강수진 그림, 『불꽃 열정으로 이 땅을 밟은 첫 선교사 언더우드』(생명의말씀사, 2020)
48) 임요섭, 『한국 기독교교육사 소고』(대한기독교교육협회, 1969)
49) 전택부, 『양화진 선교사 열전』(홍성사, 2007)
50) 정성구, 『한국 교회 설교사』(총신대학 출판부, 1991)
51) 제임스 S. 게일 저, KIATS 엮음, 『밴가드, 게일이 본 조선 교회 선구자들 이야기』(KIATS, 2013)
52) 조성현, 『설교 건축가』(도서출판 카리타스, 2016)
53) 조성현, 『인물로 보는 한국 교회 설교』(기독교문서선교회, 2020)
54) 채필근, 『한국 기독교 개척자, 한석진과 그 시대』(기독교서회, 1971)
55) 총회세계 선교대학, 『한국선교교육재단 세계 선교의 길라잡이』(도서출판 케노시스,

2015)
56) 프레드 그래함, 『건설적인 혁명가 칼빈』 김영배 역, (생명의말씀사, 1986)
57) 한숭홍, 『한경직』(북코리아, 2007)
58) G. H. 존스, 『한국 교회 형성사』 옥성득 역, (홍성사, 2013)
59) 『장로회신학대학 70년사』(장로회신학대학교, 1971)

〈논문〉
1) 박성배, 안디옥 교회 선교 모델을 통한 지역 교회 선교의 목회 신학적 연구(장로회신학대학교 목회전문대학원, 2009)
2) 박성배, 한국 교회 초기 선교사들의 선교 정책 연구(연세대학교연합신학대학원, 1994)
3) 박성배, C.H.Spurgeon의 생애와 설교사역 연구(장로회신학대학원, 1988)
4) 서원모, 한국 장로 교회 정치 원리와 실제, 1922년 헌법을 중심으로(장신논단, Vol 45 No. 1)

〈영문 서적〉
1) O.C.Edward Jr, A History of Preaching(Nashville, TN; Abingdon Press, 2004)
2) Peter T. Porsyth, Positive Preaching and the Modern Mind(Ann Arbor, MI: Baker book house, 1980)

〈잡지, SNS, 유튜브 영상, 신문, 잡지〉
1) 대한예수교장로회 노회 회록, 대한 융희 2년 무신, 1908, p. 8-9, 재인용.
2) 독노회록 및 제 1회 총회록, 대한예수교장로회 총회, p. 4, 참조.
3) 마펫, 앨린우드에게 보낸 편지, 마포삼열의 선교 편지(1890-1904), 1900. 10. 22, p. 609, 재인용.
4) 서경조, "서경조의 신도와 성도의 송천교회 설립 역사", 신학지남, 1925, p. 89-90, 재인용.
5) 유기성 목사, 초대 교회 신분 갈등과 극복, 2013. 7. 8, facebook.
6) 장로회신학대학교 설립 130주년 기념 유튜브 영상.
7) 카메론 존슨, "조선에서 마포삼열 목사의 사역", Missionary(1903), p. 485-486, 재인용.
8) News Power, 김현성, 2019. 2. 22.
9) S. A. Moffett, letter to Ellinwood, 1894. 1. 12, 재인용.

색인

3.1만세운동 292

P
PCUSA 95, 326

Y
YMCA 105, 132, 153

ㄱ
갈원교회 234
갑신정변 258, 476, 500
게일 84, 87, 90
경건주의 308, 312
경신 학교 514
고종 82, 147
고찬익 180
고퇴 217
곤당골교회 166
곽안련 325, 327-8
관서 지방 208
권서 404
그레함 리 119, 129
기포드 71, 325
길선주 311, 372
김상현 405
김익두 161, 311, 319
김창식 135-7
김청송 98-99, 354

ㄴ
남경에서 열렸던 국제 선교사 대회 291
남문밖교회 253-4, 387-9

널다리골 731
널다리골 교회 95, 103, 118
네비우스 선교 337
노방 전도 90, 110, 129
뉴잉글랜드 신학 313

ㄷ
다이이치은행 256
대동문 87, 122
대동문교회 132
대리회 412-3
대한예수교장로회 연합공의회 491
독노회 215-7
동관교회 98, 102
동양의 예루살렘 224, 245, 350
동일화 360
동학란 109, 138

ㄹ
레이놀즈 110-1, 507
로렌 커닝햄 315
로마 카톨릭 306
루시아 헤스터 피쉬 369
릴리어스 호턴 91

ㅁ
마펫 70-6
마포삼열기념관 510
매킨타이어 335, 408
맥길 110
맹약자 306

530 한국 교회의 아버지 사무엘 마펫

맥코믹 신학교 88, 102, 309
몬로비아 301
문광서원 98
미국 공사 89, 142
미국 성서공회 406, 410
미림 230
미국 북장로회 67, 422
미조직 교회 164, 188
밀러 75, 152

ㅂ

박규수 174, 176
박성춘 166
박영식 87, 515
박용규 386, 453
박위렴 325, 327
박자중 294, 430
박춘권 174-80
방기창 209-11, 215
배재 학당 71, 151
백만 명 구령운동 441
백홍준 93, 95, 97
밴가드 133, 139, 180
번하이젤 252, 279
베스트 171-3
베어드 88-9
변창욱 418
복음주의 313, 351
블레어 202, 240, 252
빈튼 115

ㅅ

사경회 109-110, 113
사랑방 전도 124, 359
사무엘 휴 마펫 302
산정현교회 254, 282, 379
삼대지 주제 설교 387-8
상식 철학 353
새문안교회 83-4, 103
새벽 기도 400
샌프란시스코항 301
샬롬스 250
서경조 82, 85, 102
서문밖교회 254, 392, 396
서상륜 74-5, 82-3

선교사회위원회 75
선천 187-9
선천읍교회 188
성내교회 186
성서 공회 406
세계주일 학교연합회 510
세브란스 병원 203
소래교회 82-5
소우물교회 172
송도 91, 463
수잔 도티 69
숭덕학교 330
숭실전문학교 297
숭실중학교 256-7
숭실 학당 380, 430
숭의여중 297
슈만 마펫 307
스누크 268, 396
스왈론 119, 171
스코틀랜드 성서공회 334-5
스코틀랜드 장로교 306, 309, 311
스크렌톤 135
신미양요 439
신사 참배 312, 390
신의주 109, 312, 434
심양 94, 96-7

ㅇ

아시아 장로교 선교사 대회 291
아펜젤러 72, 82
안악군 261
안이와 217
안주군 261
알렌 70, 72, 203
압록강 94, 96-9
야소교 123, 135
양전백 209, 211, 216
언더우드 70, 72, 74-5, 77
엘린우드 74, 76, 99
연화동교회 380
영국 성서공회 406, 408, 410
영수 95, 128, 164
영적 무장 313
에딘버러 선교대회 459
에딘버러 세계선교대회 510
앨리스 피쉬 마펫 228, 233
예수교 학당 75, 129, 151
예수성교전서 410

오닐 의사 264
오문환 177, 517
옥성득 203, 349
올링거 110
요코하마항 66, 69, 72
원산 부흥 운동 313, 440
웨스트민스터 소요리 문답 221
웨스트민스터 신조 307
웰즈 146, 155, 172
위클리프 319
윌리엄 마펫 307
윌리엄 번즈 332, 336
윌리엄슨 332-6
윌리엄 케리 244, 487
윌리엄 홀 104
을사늑약 258, 372
의주 82, 90, 100
이기풍 182-5
이성하 97-8, 335
이승만 291, 495
이양자교회 99
이영언 28, 410
이응찬 335, 408
이재형 166
이화 학당 71, 151
인디애나의 메디슨 73

ㅈ

자작교회 329, 454, 456
장대현 439
장대현 교회 275, 332
장로회신학대학 370
재령 128, 156
전위렴 217
정동교회 84, 409
정성구 387
제너럴 셔먼호 87, 178, 180
제네바 314-20
제물포구 71
제중원 71, 75, 82
조계지 254, 256-7, 259
조사 167, 189-90
조선예수교장로교 총회 179
조선예수교회 신경 493
조시원 291
조직교회 372
존 녹스 314, 316
존 깔뱅 311

존 로스 94, 97-8
주기철 312, 419, 448
중화교회 83, 162
진광 소학교 330
진남포항 249
집안현 99
쪽복음서 97, 356, 470

ㅊ

찰스 마펫 482
창동교회 254, 280, 380
청교도 306-7, 309
청일 전쟁 139, 143-4
초량교회 312, 448-50
최관흘 411
최광옥 294, 430
최치량 87, 120, 122
축호 전도 341, 468

ㅋ

캐나다 장로 교회 210, 411
커크우드 268-9, 280
쿤즈 268-9, 276

ㅌ

태평천국의 난 245
테이트 110, 299
토마스 87, 174
토마스 선교사 순교 기념교회 178-9
통화현 99

ㅍ

파이팅 282, 399
패트릭 해밀턴 319
펜윅 84
편하설 217, 325, 327
평양 관찰사 118, 120
평양 기생 양성소 157
평양 신학교 95 , 108, 110
평양지부 89, 224
프린스턴 대학교 370

피어슨 성경 학교 485

ㅎ

하노바 대학 506, 509
하슬럽 158, 160, 321
하와이 농장 284, 519-20
하워드 마펫 303, 482
한경직 95-6, 103
한국 교회 설교사 387
한국 교회의 모판 207, 422
한국의 요단강 세례 94
한석진 143, 145, 155, 171-3
한일합방 389, 520
한치순 128, 156
허드슨 테일러 215, 337
헐버트 74, 82, 147
헤론 71, 77, 109
헤이든 71
호조 90, 94
호주 장로 교회 210, 411
홍문수교회 166
홍종대의 집 126, 128
황해도 82-4, 86
휘트모어 188
휴브라운 113, 507